그림책 읽어 주기의 실제

- 영유아교사를 위한 연령별/생활주제별 안내서 -

서정숙 · 김언경 · 안은희 · 최현주 · 최소린

창지사

머리말

영유아교육기관에서 그림책 읽어 주기는 그 어느 활동보다도 중요한 활동이다.

아이들은 교사가 읽어 주는 그림책을 들으면서 마음껏 상상의 나래를 펼친다. 등장인물의 마음이 되어 보기도 하고, 나라면 어떻게 할지 생각해 보기도 하고, 다른 그림책의 내용이나 장면과 비교해 보기도 한다. 교사가 어떤 그림책을 선정하고 어떻게 읽어 주느냐에 따라 영유아의 반응은 달라진다. 따라서 영유아교사는 작품성이 있고 발달에 적합하며, 교육적으로 적합한 양질의 그림책을 선정하여 아이들이 그림책을 좀 더 즐기며 감상할 수 있게 읽어 주어야 한다.

그러나 그동안 표준보육과정의 주제별 또는 누리과정의 생활주제별 교육과정에 따라 연령에 맞는 양질의 그림책을 선정하는 방법, 각 그림책의 특징을 감상하는 방법을 구체적으로 제안하는 '그림책 읽어 주기 안내서'는 거의 없었다고 해도 과언이 아니다. 이에 저자들은 영유아교사가 연령에 적합한 그림책을 선정하고, 해당 그림책을 적절하게 읽어 주는 데 필요한 실천적 지식을 쌓고 전문성을 기르는 데 도움을 주고자 본서를 집필하였다.

본서는 그림책과 어린이교육연구소 연구원들과 2년 넘게 매달 모임을 가지면서 연구한 결과물이다. 이론과 함께 현장 경험을 바탕으로 영유아가 좀 더 의미 있게 받아들이고 재미있어 하고 감동하며 볼 수 있는 그림책과 그림책을 읽어 주는 방법에 대해 논의하였으며, 책에 따라서는 실제 영유아에게 그림책을 읽어 주면서 방법을 수정하기도 하였다.

제1부에서는 그림책 읽어 주기의 기초가 되는 내용을 다루었다. 여기서는 그림책의 구성을 비롯하여 그림책이라는 매체가 지닌 속성, 그림책 선정기준 등 그림책에 대한 지식과 함께 영유아 발달에 대한 지식, 그림책 읽어 주기 방법과 관련하여 일반적인 전략 및 상호작용 방법 등에 대해 설명하였다. 이런 지식은 본서에서 제시한 그림책 외에 교사가 앞으로 각자 그림책을 선정하거나 각 그림책에 맞게 읽어 주기 방법을 고안할 때 방향을 잡는 데 기반이 되는 지식이다.

제2부에서는 먼저, 0세반부터 5세반까지 연령별로 그림책은 어떤 의미가 있으며, 어떻게 읽어 주면 좋을지에 대한 연령별 지침을 담았다. 그리고 0세, 1세, 2세 영아반은 표준보육과정의 주제별로 적합한 '본그림책'을 선정하고 주제별로 관련 그림책을 '함께 읽으면 좋은 그

림책'으로 제시하였다. 3세, 4세, 5세 유아반의 경우에는 누리과정의 생활주제별로 적합한 '본그림책'을 선정하고, 그것과 관련되는 여러 그림책을 비슷한 성격끼리 모아 '함께 읽으면 좋은 그림책'으로 제시하였다. 영아반이든 유아반이든, 지면이 허락하는 한 되도록 '함께 읽으면 좋은 그림책'을 여러 권 제시하여 교사가 각 반의 사정에 맞게 그림책을 선택할 수 있게 하고자 하였다.

제2부에 선정된 그림책은 제1부에서 제시한 선정 기준을 근간으로 하되, 고전 그림책부터 최근 출간된 그림책에 이르기까지 골고루 포함하였고, 외국 그림책이나 어느 한 작가의 그림책에 너무 치우치지 않도록 하였다. 선정된 그림책은 서지 정보, 교사가 알아두면 영유아와 상호작용을 할 때 도움이 될 그림책의 특징, 해당 그림책을 읽어 주는 방법을 담았다. '그림책의 특징'에는 각 그림책이 지닌 작품성이나 작품을 만든 동기 등이 담겨 있고, '그림책 읽어 주기'에는 가능한 한 그림책의 가능한 범위에서 구체적으로 언급하여 교사들이 좀 더 실제적인 도움을 받을 수 있게 하였다.

그림책은 연령별 발달적 특성을 반영하여 선정했지만, 실제 현장에서는 발달적 편차가 있으므로 교사는 연령별 발달 특징이나 여러 연령에 제시된 그림책을 참고하여 자신이 맡은 반의 영유아에게 적합한 수준의 그림책을 선정하는 융통성을 발휘하기 바란다. 예를 들어, 3세반을 맡고 있다 하더라도 아이들의 발달적 수준에 따라 4세나 5세 또는 2세에 선정된 그림책을 선택하여 읽어 주면 좋겠다.

본서가 부디 그림책을 열심히 읽어 주려는 영유아교사의 전문성과 자신감을 높여주는 데 도움이 되길 바란다. 또한, 영유아 자녀를 둔 부모는 물론 영유아교사가 되기 위해 대학에서 공부하고 있는 학생과 그림책 읽어 주기 실제에 관심이 있는 연구자들에게도 유익한 안내서가 되길 바란다.

이미지가 많아 번거로운 절차가 많음에도 불구하고 꼼꼼하게 편집에 정성을 다해준 이윤미 편집장과 이혜란 씨, 그리고 책 표지 이미지 사용을 허락해 준 출판사와 작가들에게 감사의 말을 전한다.

2016년 7월

저자를 대표하여 서정숙

차례

■ 머리말 / 3

제1부 그림책 읽어 주기의 기초

chapter 01 그림책의 성격과 읽어 주기 9
1. 그림책은 읽는 대상이다 / 9
2. 그림책은 감상 대상이다 / 12

chapter 02 유아기 그림책 읽어 주기의 의미 15
1. 책에 대한 첫 경험 / 15
2. 듣는 문학으로서의 경험 / 16
3. 글 언어와 그림 언어의 통합적 경험 / 16
4. 교사를 매개자로 한 경험 / 17

chapter 03 그림책의 선정 기준 19
1. 작품성 / 20
2. 대상성 / 21
3. 교수 적합성 / 22

chapter 04 연령별 발달 특징과 그림책 23
1. 0세 / 23
2. 1세 / 27
3. 2세 / 30
4. 3세 / 35
5. 4세 / 40
6. 5세 / 45

chapter 05 그림책 읽어 주기 방법 49
1. 이론적 기초 / 50
2. 읽어 주기 전략 / 52
3. 교사의 역할 / 54

4. 두 가지 접근법: 분석적 접근법과 경험적 접근법 / 57
5. 단계별 그림책 읽어 주기 / 59
6. 글 없는 그림책 읽어 주기 / 63

제2부 연령별/생활주제별 그림책 읽어 주기

chapter 06 0세반 67
1. 그림책과 읽어 주기 / 67
2. 주제별 그림책 / 70

chapter 07 1세반 93
1. 그림책과 읽어 주기 / 93
2. 주제별 그림책 / 96

chapter 08 2세반 123
1. 그림책과 읽어 주기 / 123
2. 주제별 그림책 / 127

chapter 09 3세반 169
1. 그림책과 읽어 주기 / 169
2. 생활주제별 그림책 / 172

chapter 10 4세반 231
1. 그림책과 읽어 주기 / 231
2. 생활주제별 그림책 / 235

chapter 11 5세반 303
1. 그림책과 읽어 주기 / 303
2. 생활주제별 그림책 / 307

- 참고문헌 / 378
- 저자소개 / 382

제1부

그림책 읽어 주기의 기초

제 1 장

그림책의 성격과 읽어 주기

그림책은 글과 그림 또는 그림으로만 이야기하거나 정보를 주는 책이다. 그동안 많은 학자는 그림책의 성격을 예술이나 음악, 드라마, 영화, 심지어 과학이나 기술, 텍스타일에 견주어 설명하였다(Sipe, 2012). 그만큼 그림책이 지닌 특성은 독특하면서도 다채롭다.

유아교사는 유아에게 그림책을 읽어 주거나 읽어 준 후 활동을 하기에 앞서 그림책의 성격을 이해하여야 한다. 유아가 그림책을 즐겨 감상하는 데 교사의 적절한 발문과 상호작용, 비계설정은 중요하기 때문이다.

01 그림책은 읽는 대상이다

그림책은 읽어야 할 기호로 구성되어 있다. 마치 교향곡을 연주하기 위해 다양한 음색의 악기들이 오케스트라를 이루어 연주하듯이, 그림책은 본텍스트와 주변

텍스트, 글과 그림, 내용과 조형 요소가 유기적으로 관련을 맺는 가운데 내용을 전달한다. 그러므로 유아교사는 다음의 요소가 그림책의 내용과 어떤 관련이 있는지를 이해하여 유아와 그림책에 대한 대화를 나눌 때 이에 대한 지식을 활용하여야 한다.

1) 주변텍스트(paratext)

그림책은 본텍스트뿐만 아니라 주변텍스트에도 내용이 담겨 있다. 주변텍스트란 제목, 표지, 면지, 속표지(표제지), 판형, 글자 배열, 글자체, 글자 크기, 겉장(dust jacket), 재질 등을 일컫는 용어이다. 표지의 그림과 제목을 보며 어떤 내용일지 예측하며 읽을 수 있다. 앞표지와 뒤표지가 이어져 있는 경우에는 대체로 펼쳐서 감상하는 것이 좋다.

면지는 표지를 넘겼을 때 나타나는 양쪽 펼침면을 말하는데, 앞표지를 넘겼을 때 나타나는 펼침면을 앞면지, 뒤표지를 넘겼을 때 나타나는 펼침면을 뒷면지라 한다. 이 둘이 같은 경우도 있고, 서로 다른 경우도 있다. 면지는 색이나 패턴, 또는 그림으로 메워지며, 그림책의 주제, 인물, 장소, 때를 나타내기도 하고, 이야기의 프롤로그나 에필로그의 역할을 하기도 한다. 때로는 그림책의 제작 과정을 담기도 한다. 유아에게 면지의 색이나 패턴, 그림을 그림책의 내용과 관련지어 이야기를 나누며 읽어 주면 유아의 그림책에 대한 흥미도와 언어표현력이 높아질 수 있다(서정숙, 박경자, 현정희, 2010).

그 외에도 속표지(『괴물들이 사는 나라』), 판형(『100층짜리 집』), 글자 배열(『작은 집 이야기』), 글자체(『우리 할아버지』), 글자 크기(『곰 사냥을 떠나자』), 겉장(『파도야 놀자』), 재질(『이건 상자가 아니야』) 등도 그림책의 내용과 관련지어져 있다.

2) 글과 그림의 관계

그림책의 글과 그림은 매우 다양한 방식으로 조합되어 있다.

첫 번째로, 글이 거의 이야기 진행을 하고 그림은 분위기를 살려주는 역할을 하는 '결합 그림책'(『당나귀 실베스터와 요술조약돌』)이 있다.

두 번째로, 글과 그림이 서로 도와 이야기의 진행을 완성하는 '보완 그림책'이 있다. 글에서 왜 그런 이야기를 하고 있는지 그 이유가 될 만한 구체적 상황을 그림으로 보여 준다든지(『아빠! 머리 묶어주세요』), 글에서 한 이야기를 그림으로 부연해서 설명하는(『장화 쓴 공주님』) 것이다. 그리고 다음 이야기로 이어질 수 있게 그림이 글보다 확장된 내용을 이미지로 보여 준다든지(『만희네 집』, 『강아지 똥』), 글이 하던 이야기를 그림이 이어받아 진행하는 경우(『넉 점 반』)도 있다.

세 번째로, 글과 그림이 서로 다른 인물이나 사건, 장르, 시점의 이야기를 하는 '대위법 그림책'(『로지의 산책』, 『도대체 그동안 무슨 일이 일어났을까』, 『동물원』, 『내 모자가 아니야』)이 있다.

교사는 그림책을 읽어 주며 유아가 글과 그림으로부터 의미를 구성하며 읽을 수 있게 적절하게 비계설정을 해주어야 한다. 그림이 글 내용을 어떻게 표현하고 있는지, 글에는 언급이 없지만 그림에 담겨 있는 인물이나 상황 등은 어떠한지 유아가 이야기로 채우며 읽을 수 있도록 안내해 주어야 한다. 또한, 글과 다른 인물이나 사건을 담고 있는 그림을 보며 글과 그림의 이야기를 하나로 연관 지으며 읽을 수 있게 해주어야 한다.

3) 그림의 조형 요소

그림책은 글뿐 아니라 그림으로 이루어져 있다. 그림의 조형 요소는 글이 알려주는 이야기 못지않게 등장인물이 어떤 성격인지, 어떤 정서 상태인지, 언제 어디서 벌어지고 있는 이야기인지 등에 대해 많은 이야기를 들려준다.

색은 대체로 사태의 분위기나 정서에 영향을 미치는데, 그림책에서 인물의 개별성, 캐릭터의 대조, 인물의 정서, 시간적 배경, 흑백 그림 속 강조, 장르의 전환 등에 기여한다(서정숙, 남규, 2013). 선은 작가의 예술성이나 스타일을 드러내는 데 가장 영향력 있는 요소(Sipe, 2008)로 직선은 경직된 느낌, 곡선은 부드러운 느낌, 수평선은 안정감을 주고 수직선은 멈추어 있는 느낌을 주며, 사선은 강하고 자극적인 효과를 낸다. 모양도 그림책의 느낌과 의미에 영향을 미친다(Bang, 2000). 뾰족한 모양은 날카로운 대상을 연상시키므로 불안감과 공포감을 조성하며, 둥글고 굽은 모양은 편안함과 안전함을 느끼게 해 준다. 배치는 글과 그림을 각각 어디에 배치하느냐에 대한 것이다(Bromley, 1991). 글과 그림을 어떻게 자리 잡느냐에 따라 현실에서 환상, 환상에서 현실로의 전환을 용이하게 나타내기도 하고(『괴물들이 사는 나라』), 시간적 거리감을 느끼게도 하며(『할아버지의 긴 여행』), 리듬감을 느끼게도 한다(『곰 사냥을 떠나자』). 그리고 질감은 "예술가가 작품 표현에서 강조하여 감상자의 감정과 흥미를 유발시키는 요소"(윤민희, 2008에서 재인용)이다. 각 매체의 질감은 그림책의 내용과 결합하여 그것에 적절한 효과를 만들어낸다.

02 그림책은 감상 대상이다

그림책은 문학작품이자 예술작품이다. 작가가 하고자 하는 이야기와 메시지에 적절한 말과 이미지를 선택하여 그것을 문학적으로, 예술적으로 형상화한 것이 그림책이다. 독자는 그림책을 읽으며 작가가 만든 이야기를 읽는 동시에 독자 자신의 이야기를 만들어낸다. 그림책을 읽으며 어떤 느낌이 드는지, 어떤 생각이 드는지, 자신에게도 비슷한 경험이 있었는데 그때가 떠오르니 어떤 마음이 드는지, 이전에 보았던 다른 책과는 어떻게 다른지 등 유아는 그림책을 보면서 자신의 생각과 느낌, 상상을 덧붙여 자신의 이야기를 하곤 한다.

문학작품 또는 예술작품은 감상하는 사람에 따라 아주 다양하게 해석될 수 있다. 정해진 답이 있는 수학과는 다르며, 글자를 정해진 소리대로 읽는 해독(decoding)과는 다르다. 그러므로 그림책에 대한 느낌과 생각은 유아마다 다를 수 있다. 유아마다 발달 정도나 읽기 수준, 이전에 읽은 책의 종류도 다를 수 있고, 비록 몇 해 안되는 경험이라 할지라도 유아가 그 동안 각자 했던 경험은 그림책 속 이야기에 대한 유아의 반응에 영향을 미친다. 비록 전체 줄거리에 대한 이해 정도는 비슷할지라도 유아마다 그림책 전체 또는 장면별 감상은 다를 수 있다.

그러므로 교사는 한 가지 읽기 방식 또는 특정 읽기 방식으로만 읽게 하려고 하지 말고 유아가 그림책을 읽으며 하는 반응이 서로 다를 수 있다는 사실을 인식하고 각 반응을 수용하고 격려하며, 그것을 기초로 유아의 사고를 확장시키고 감성을 계발해 주어야 한다.

제 2 장
유아기 그림책 읽어 주기의 의미

01 책에 대한 첫 경험

그림책은 유아기에 처음으로 경험하는 책이다. 무엇이든 첫 경험은 중요한 의미를 지닌다. 처음 접하는 그림책에 대한 경험이 긍정적이라면, 이후에 접하는 책에 대한 태도도 긍정적일 수 있다. 초등학교 입학 후 접하는 교과서나 참고서와 같은 책은 학습이라는 외적인 목적이 있는 책이기 때문에 책에 대한 경험 없이 초등학교에 입학하는 어린이에게 자칫 책에 대한 무미건조한 경험을 생성시킬 수 있다. 이와는 달리, 유아기에 읽는 그림책은 그 자체로 즐거움을 주는 책이다. 유아기에 그림책의 즐거움을 알게 된다면, 유아는 책에 대한 긍정적인 태도의 기초를 갖추게 될 것이다.

유아교사는 이 점에 유의하여 그림책을 자주, 정기적으로 읽어 주어 그림책을 보는 습관이 생길 수 있도록 해야 하고, 그림책을 읽는 시간이 자발적인 놀이를 하는 시간처럼 즐거운 시간이 될 수 있도록 노력해야 한다.

02 듣는 문학으로서의 경험

유아기는 일반적으로 읽기 문학의 시기가 아닌 듣기 문학의 시기라고 한다. 아직 유창하게 읽기를 할 수 없기 때문에 누군가 읽어 주는 책이나 누군가 들려주는 이야기에 귀 기울이면서 문학적 감성을 키우는 시기이기 때문이다. 유아는 교사가 읽어 주는 이야기를 들으면서 등장인물이나 배경에 대해 마음껏 상상하고 생각하고, 언어적 또는 소리의 리듬감을 즐기는 등 이후 읽기 문학의 시기에 필요한 지식과 기술 그리고 태도의 기초를 익히게 된다.

그러므로 교사는 유아가 그림책의 내용을 더 잘 이해하고 문학적 감수성이나 문학적 상상력을 더욱 키울 수 있도록 읽어 주어야 한다. 이를 위해 교사는 등장인물의 성격이나 심리가 잘 드러나게 목소리의 크기나 높낮이, 읽는 속도 등을 조절하여 읽어 준다.

03 글 언어와 그림 언어의 통합적 경험

글 없는 그림책도 있지만, 대부분 그림책은 글과 그림으로 이루어져 있다. 그림책이 글과 그림으로 이루어져 있다는 것은 글과 그림의 단순한 합을 의미하는 것이 아니라, 글이나 그림 중 어느 하나가 없으면 그림책의 내용이나 분위기가 제대로 전달될 수 없음을 의미한다. 그러므로 그림책을 제대로 감상하기 위해서는 글 언어와 그림 언어를 각각 또는 그것들 간의 유기적 관계를 읽어낼 수 있어야 한다.

이것은 유아교육에서 중요한 의미가 있다. 유아교육은 다양한 종류의 소양을 기초적으로 마련하는 일이다. 그림책은 문자 언어를 통해 그림책의 내용을 이해하고 느끼도록 할 뿐만 아니라 시각적으로 이미지화된 그림 언어를 통해 유아에게 느끼고 생각할 수 있는 기회를 준다. 그러므로 어려서부터 문자 언어, 그림 언어를 통합적으로 발달시킬 수 있는 기회를 주는 그림책과의 만남은 유아에게 중요하다.

그런데 아직 글을 혼자 유창하게 읽지 못하는 유아는 누군가 글을 읽어 주지 않으면 두 언어가 만들어 내는 이야기 세계를 능숙하게 구성해 내기 어렵다. 그러므로 교사는 유아가 그림책의 글과 그림을 함께 구성하여 내용을 이해할 수 있게 적절한 상호작용을 하며 읽어 주어야 한다.

04 교사를 매개자로 한 경험

그림책은 유아의 발달 정도나 사전 경험, 읽고 있는 상황에 따라 이해와 감상 정도가 달라지는 책이다. 따라서 유아교사가 그림책을 읽어 줄 때 어떻게 읽어 주느냐는 유아의 그림책에 대한 반응에 영향을 미친다. 다시 말해서, 그림책 읽어 주기는 교사의 비계설정 역할이 매우 중요한 교육활동이라고 할 수 있다.

유아교사는 유아들의 개별 반응을 경청하고 수용해 주어야 한다. 그림책의 이야기나 그림은 유아의 상상력을 자극하는 경우가 많아 때때로 유아의 엉뚱한 반응을 유발하기도 한다. 이때 교사는 유아의 반응을 긍정적으로 받아들이고 격려해야 한다. 유아들이 자신의 반응을 더욱 명료하게 표현할 수 있도록 도와주어야 하며, 자신의 생각을 좀 더 확장시킬 수 있도록 새로운 정보나 지식을 제공해야 한다. 또한, 그림책의 내용과 유아의 이전 경험을 연결해 주거나, 책에 대한 생각이나 느낌을 함께 나누고, 다른 그림책과 연결해 주어 유아에게 그림책과의 경험을 다양하게 안내해야 한다.

제 3 장

그림책의 선정 기준

미국의 칼데콧 메달의 선정 기준(www.ala.org)을 보면, 예술 기법이 뛰어나야 할 뿐만 아니라, 내용, 주제 또는 개념에 대한 그림 표현이 뛰어나고 그림과 서로 잘 어울려야 하며, 플롯, 주제, 인물, 배경의 분위기나 정보가 그림으로 잘 표현되어 있어야 한다. 또한, 어린이 독자를 얼마나 잘 고려하여 표현하였는가도 선정 기준에 들어가 있다. 이탈리아에서 열리는 볼로냐 아동도서전에서는 예술성, 시각적 경험, 그림과 텍스트의 조화 또는 시너지가 우수한 그림책을 선정한다. 그리고 케이트 그린어웨이 상의 선정 기준(www.carnegiegreenaway.org.uk)은 그림의 양식과 포맷, 글과 그림의 시너지, 시각적 경험의 측면에서 우수한 그림책이다.

이상을 정리해 보면, 그림책의 선정 기준은 "나타내고자 하는 바(이야기 혹은 정보나 개념)가 명확하게 잘 나타나 있어야 하고, 그것을 표현한 방식이 우수하고 참신하며, 유아의 동심이나 이해 수준에 적합하며 유아의 성장에 도움이 되는 그림책"이라고 할 수 있다. 교사가 그림책을 선정할 때 다음의 네 가지에 구체적으로 답할 수 있는 그림책을 선정하도록 한다.

- 하고 싶은 이야기(어떤 정보나 개념)가 분명하게 담겨 있는가?
- 얼마나 새로운 방식으로, 얼마나 자연스럽게 그것을 표현하고 있는가?
- 유아가 이해하고 공감할 수 있는가?
- 어떤 점이 유아에게 도움이 될 수 있을까?

이상을 현장에서 교사가 그림책 선정하는 과정과 관련지어 단계별로 좀 더 자세히 살펴보면 다음과 같다.

01 작품성

그림책이 나타내고자 하는 이야기나 정보를 얼마나 잘 나타내었는가에 대한 평가이다. 작품성은 무엇을 어떻게 표현하였는가에 대한 것으로 내용과 형식으로 평가할 수 있다.

첫째, 내용이 유익하고 참신하며 재미있고 감동적이어야 한다. 내용이 유익하다는 것은 반드시 도덕적 측면에서의 훈육이나 교훈을 담고 있어야 함을 의미하는 것이 아니다. 내용이 유익하다는 것은 오히려 '교육적'이라는 말과 통한다. 유아에게 심미감을 고양시키거나 간접 경험의 폭을 넓혀 주거나, 동일시 과정을 통해 카타르시스를 경험하게 하거나, 상상력을 신장하거나 지적 호기심을 자극하거나, 언어적 즐거움을 주는 등 유아의 성장에 이바지하는 유익함을 말하는 것이다. 다음으로, 내용이 참신하다는 것은 이전에는 다루어지지 않았던 소재나 주제를 다루거나 이제까지 다루어진 보편적인 내용이라 할지라도 이제까지와는 다른 시각으로 다루어진 내용의 작품을 의미한다. 또한, 이야기가 재미있고 감동적이라면 더욱 좋다.

둘째, 그림책의 표현 방식이 독창적이고 탁월해야 하며, 그림책의 구성 요소가 조화로워야 한다. 표현 방식이 독창적이라는 것은 어휘나 문체 등 글의 표현이 독창적이고, 그림의 표현기법이나 사용된 재료가 독창적인 것을 의미한다. 표현 방식이 탁월하다는 것은 글이나 그림의 표현력이 뛰어남을 의미한다. 그리고 그림책의 구성 요소가 조화로워야 한다는 것은 글과 그림, 본텍스트와 주변텍스트, 조형요소(색, 선, 모양 등)와 내용이 긴밀한 관계를 맺고 있어야 한다는 것이다.

02 대상성

유아의 발달에 적합해야 하고 유아가 관심을 갖는 요소가 포함된 그림책이 좋다. 여기서 발달에 적합하다는 것은 유아의 현재의 자연적 발달에 적합한 것만을 의미하지는 않는다. 이는 교사가 매개자가 되어 유아에게 읽어 줌으로써 발달을 유도할 수 있는 유아의 잠재적 발달도 포함한다. 이것은 비고츠키(Vygotsky)의 근접발달영역의 개념에 기초한 것이다. 유아가 혼자 읽기에는 어렵거나 익숙하지 않더라도 교사가 매개자가 되어 읽어 주면 이해하기 쉽고 즐겁게 감상할 수 있는 그림책들이 있다. 교사는 유아가 혼자 읽기에 도전적인 그림책을 읽어 줌으로써 유아에게 좀 어렵고 새로운 내용이나 형식의 그림책을 경험시켜야 한다. 즉, 유아의 발달에 적합한 그림책이란 현재 유아가 혼자서 보기에 적합한 그림책을 포함하여 교사의 도움을 받아 유아가 읽기에 적합한 그림책을 말한다.

그리고 그림책을 선정할 때 유아가 관심을 갖는 요소가 포함된 그림책이라면 유아의 적극적인 반응을 얻을 수 있다. 일반적으로 유아가 좋아하는 요소는 리듬감이 살아 있는 재미있는 언어, 행위 중심의 이야기와 그림, 반전이나 의외성을 갖춘 이야기와 그림, 전개가 빠른 이야기, 유아의 상상력이나 생각을 자극하는 요소 등이다. 그러나 유아의 흥미에 관한 고려 역시, 현재 유아가 관심을 두는 소재나 주제, 이야기 구성, 문체, 그림의 특성, 장르 등에 제한을 두지 말고 유아의 잠재적 관심을 이끌어 낼 만한 요소도 포함해야 한다.

03 교수 적합성

그림책의 작품성, 대상성에 대한 평가와 함께 그것을 언제 어떻게 읽어 주면 좋을 것인가를 고려하여 그림책을 선정할 수 있다. 생활주제와 관련이 있는 그림책을 도입하면 유아에게 더욱 의미 있는 경험이 될 수 있으므로 생활주제와 관련되는 그림책을 고르는 것도 좋은 방법이다. 물론, 생활주제와 관련이 없는 그림책을 읽어 줄 수도 있다. 그림책은 유아교육기관의 생활주제를 고려해서 만들어진 것이 아니며, 생활주제와 관련이 없는 그림책도 많이 있다. 그러므로 생활주제와 관련이 없는 그림책이라 할지라도 작품성이 우수하고 유아에게 발달적으로 도움이 되거나 유아가 관심을 가질 만한 그림책을 선정하여 읽어 주도록 한다.

생활주제뿐만 아니라 날씨나 최근 유아의 경험이나 관심사, 시사와 관련되는 그림책을 그때그때 상황에 맞게 선정한다. 예를 들면, 비가 오는 날, 바람 부는 날, 눈 오는 날에 날씨와 관련된 그림책을 선정할 수도 있고, 동물원 견학을 가기 전이나 갔다 온 후 동물원과 관련된 그림책을 선정할 수도 있으며, 생일을 맞거나 동생이 생기는 유아의 경험을 교육내용으로 끌어들여 관련 그림책을 읽어 줄 수도 있다. 그리고 어느 한 장르의 그림책에 치중하기보다 다양한 장르의 그림책을 선정하여 읽어 준다.

제 4 장

연령별 발달 특징과 그림책

01 0세

1) 신체운동발달

영아는 생후 1년 동안 급속한 신체발달을 이룬다. 턱 들기, 가슴 들기, 몸 뒤집기, 다리에 힘주기, 물건 쥐기, 앉기, 기기, 붙잡고 일어서기가 가능해지고 돌 전후로 혼자 걷기가 가능해진다. 영아의 대근육 발달에 따라 그림책을 제시해 주는 방법도 다르게 제시할 필요가 있다. 예를 들어, 기기가 숙달된 영아는 빠르게 이동할 수 있으므로 기어가는 상태에서도 그림책을 발견할 수 있는 환경 구성이 필요하다. 또한, 이 시기의 영아는 눈과 손의 협응 발달이 이루어짐에 따라 잡기 기술이 발달하므로 넘기기 쉬운 두꺼운 보드책이나 헝겊책 등을 제시하는 것이 좋다. 그리고 움직임이 많아지는 5~6개월에는 따라할 수 있는 동작이 담긴 그림책을 제공하여 움직임의 기회를 주도록 한다.

2) 언어발달

출생 후 영아는 울음을 통해 의사소통을 하다가 익숙한 소리에 반응을 하여 엄마의 목소리에 고개를 돌리기도 하며, 쿠잉(cooing)과 옹알이의 시기를 거친다. 9~10개월이 되면 어른의 말소리를 메아리처럼 그대로 모방하는 반향적 모방이 나타나는데 이 시기에는 쉽게 따라할 수 있는 친숙한 단어가 포함된 그림책을 제시해 주는 것이 좋다. 영아는 자신의 생각을 언어로 표현하는 것이 다른 사람의 말을 이해하는 것보다 미숙하다. 12개월 전후로 영아는 한 단어를 이용하여 다양한 의미를 표현한다. 영아의 일상적이고 익숙한 모습을 그린 그림책을 제시함으로써 영아가 더욱 그림책에 관심을 가질 수 있도록 하는 것이 좋다.

3) 사회성발달

부모와의 기본적인 신뢰감을 형성하며 주위 환경에 관심을 갖고 자신과 그 주변 환경에 대해 인식하기 시작한다. 이 시기 영아는 주변사람들과 접촉하고, 관심을 끌고 싶어 한다. 다른 사람의 행동을 모방하기도 한다. 이때 주변의 성인과 간단하게 할 수 있는 놀이가 포함된 그림책(예: 까꿍놀이 관련 그림책)을 제시해 주는 것이 바람직하다.

4) 정서발달

영아 초기에는 기쁨, 놀람, 슬픔, 혐오, 분노, 공포 등 기본 정서를 표현한다. 다른 사람의 돌봄을 통해 사랑받는 존재임을 느끼고 정서적 안정감을 경험한다. 주 양육자와의 긍정적이고 따뜻한 관계가 담긴 그림책, 부모와 영아의 일상이 담긴 그림책을 제시해 줌으로써 안정된 애착형성에 도움을 줄 수 있다.

5) 인지발달

원색을 다른 색보다 더 오래 쳐다보는 경향이 있고, 물건보다는 인간의 얼굴, 특히 친숙한 얼굴을 더 선호하며 형태 변화나 움직임 등에 반응하므로 원색, 사람의 얼굴이 그려진 단순한 그림의 그림책을 제공하는 것이 좋다. 기억력이 발달하여 단순한 모방이 가능해지며, 대상영속성이 발달하기 시작하여 부분이 보이면 찾으려고 시도한다. 영아는 소리, 움직임 등 특정 자극에 주의를 기울이기 시작하므로 주변의 세상을 다양한 감각을 통해 알아가는 경험의 기회를 줄 수 있는 그림책을 제시하는 것이 좋다.

〈표 4-1〉 0세 발달 특징 및 그림책 선정을 위한 시사점

구분	발달 특징	시사점
신체 운동 발달	• 고개 들기에서 걷기까지 급속한 대근육 발달을 이룬다. • 손을 뻗어 물건을 잡거나 떨어뜨리고, 던지기 시작한다.	• 대근육 발달을 고려한 그림책 및 환경 구성(예: 병풍그림책을 바닥에 진열) • 집기 쉬운 그림책(예: 두꺼운 재질의 보드책이나 헝겊책) • 신체를 이용하여 따라할 수 있는 동작이 담긴 그림책
언어 발달	• 쿠잉과 옹알이 시기를 거친다. • 말소리에 반응을 하며 반향적 모방이 나타난다. • 한 단어를 이용하여 다양한 의미를 표현한다.	• 친숙한 단어가 포함되어 모방이 가능한 그림책 • 의성어를 접할 수 있는 요소가 담긴 그림책
사회성 발달	• 부모와의 기본적인 신뢰감을 형성한다. • 주 양육자와의 긍정적인 경험을 토대로 안정적인 애착을 형성한다. • 익숙한 주변 사람에 대한 관심이 증가하며 관심을 끌고 싶어한다.	• 신뢰감 형성에 도움이 되는 그림책 • 부모와 영아가 함께 공유할 수 있는 일상이 담긴 그림책 • 주 양육자와의 긍정적인 경험이 담긴 그림책
정서 발달	• 기본 정서가 출현한다. • 낯가림과 분리불안을 경험한다.	• 따뜻하고 편안한 분위기의 그림이 그려진 그림책 • 사랑받는 존재임을 느낄 수 있는 그림책
인지 발달	• 자신의 신체에 관심을 가지며 감각이 발달한다. • 원색, 사람의 얼굴, 말소리를 선호한다. • 형태 변화와 움직임에 관심을 가지고 반응을 보인다. • 주변에 대한 호기심이 증가하고 입으로 탐색하기를 즐긴다. • 대상영속성 발달이 시작된다.	• 다양한 감각을 경험할 수 있는 그림책(예: 촉감책, 향기 나는 그림책, 소리 나는 그림책) • 원색, 사람의 얼굴이 그려진 단순한 그림의 그림책 • 입으로 빨아도 안전하고 세척이 용이한 그림책(예: 친환경 소재의 그림책, 헝겊책, 비닐책)

02 1세

1) 신체운동발달

이 시기 영아는 걷기가 능숙해지고 달리기를 시도하기는 하나 능숙하지 않으며, 붙잡고 계단을 오르거나 옆으로 혹은 뒤로 걷기에 흥미를 가지며 자신의 활동반경을 넓혀 간다. 엄지와 검지를 이용하여 작은 물체 잡기를 시도하며 보드책의 책장 넘기기가 가능해진다. 배변훈련을 시작하는 시기로 영아의 배변에 관련된 의사표현에 대한 성인의 반응이 중요하다. 특히, 영아가 배변에 대해 즐거운 경험을 기대할 수 있는 배변훈련과 관련된 그림책을 제시해 주는 것이 좋다. 또한, 이 시기의 영아는 주변에 친숙한 사물에 대해 인식하며, 이러한 사물을 스스로 사용해 보기를 원한다. 이때 영아가 쉽게 접할 수 있는 식사도구, 양말, 신발, 옷 입기 등을 표현한 그림책을 제시해주어 보다 친숙하고 긍정적인 경험을 가질 수 있도록 하는 것이 필요하다.

2) 언어발달

이 시기의 영아는 단어나 몸짓으로 의사소통을 시도하며(Berk, 2014), 폭발적 명명기(Flavell et al., 1993)로 구체적인 사물의 이름을 빈번하게 물어보며 어휘를 습득한다. 사물에 대한 관심이 증가하고 간단한 문장의 이야기를 집중하여 들을 수 있으므로 영아에게 주변의 사물에 대한 관심을 유지할 수 있는 그림책, 간단한 문장과 익숙한 장면이 그려진 그림책을 제시하는 것이 필요하다. 다양한 의성어, 의태어가 포함된 그림책을 통해 말하기를 즐기도록 하는 것이 좋다.

3) 사회성발달

자아개념이 생기기 시작하고, 혼자 놀거나 성인과 함께 놀기를 즐기며, 인정과 칭찬을 받고자하는 욕구가 나타나 또래를 도와주려는 행동이 나타나기도 한다. 이 시기에 다른 사람과 함께 즐거운 경험을 담은 그림책을 제시하는 것이 좋다.

4) 정서발달

얼굴표정을 단서로 다른 사람의 감정을 이해하기 시작하고 자신의 욕구가 좌절되었을 때 분노가 나타난다. 보다 긍정적인 정서가 표현된 그림책을 제시하여 안정적인 생활에 도움을 줄 수 있도록 하는 것이 좋다.

5) 인지발달

감각을 활용하여 사물에 접근하고 반복하여 탐색하는 것을 즐긴다. 자발적인 모방이 이루어지고 물건을 이리저리 옮기지 않는 경우 완전히 다 감춰진 물건도 찾아낼 수 있으나, 위치를 이동한 경우 처음에 감추어 두었던 곳에서 물건을 찾으려고 한다. 자신이 가지고 있는 도식을 새로운 상황에 적용하려는 경향이 나타나며, 시행착오 과정을 통해 새로운 인과관계를 탐색하는 시기이다. 이 시기에는 다양한 감각을 활용할 수 있는 그림책을 제시하고, 까꿍놀이를 소재로 한 그림책을 제시하는 것이 좋다.

〈표 4-2〉 1세 발달 특징 및 그림책 선정을 위한 시사점

구분	발달 특징	시사점
신체 운동 발달	• 걷기가 능숙해지며 활동 반경이 넓어진다. • 엄지와 검지를 이용하여 잡기를 시도한다. • 배변훈련을 시도한다.	• 익숙한 주변 환경과 관련된 그림책(예: 산책을 하며 볼 수 있는 자연물이 담긴 그림책) • 걷기, 달리기 등 다양한 신체 움직임이나 이동을 표현한 그림책 • 배변훈련에 관심을 가질 수 있는 그림책
언어 발달	• 사물의 이름에 관심이 증가하여 익숙한 사물의 이름을 말하고 지적한다. • 두 개의 단어를 조합하는 능력과 언어모방능력이 빠르게 증가한다. • 운율, 리듬, 노래를 즐긴다.	• 사물의 사실적인 그림이 그려진 그림책 • 간단한 문장과 익숙한 장면이 그려진 그림책 • 반복적인 패턴과 운율, 리듬감이 포함된 그림책
사회성 발달	• 주 양육자와의 안정적인 애착을 유지한다. • 자아인식이 발달하기 시작한다.	• 긍정적인 일상 경험이 담긴 그림책
정서 발달	• 얼굴표정을 단서로 다른 사람의 감정을 이해하기 시작한다. • 자신의 욕구가 좌절되었을 때 분노가 나타난다.	• 보다 긍정적인 정서를 표현한 그림책
인지 발달	• 감각을 활용하여 사물에 접근한다. • 자발적인 모방이 이루어지고 반복하여 탐색하기를 즐긴다.	• 다양한 감각을 활용하여 읽는 그림책 • 까꿍놀이를 소재로 한 그림책

03 2세

1) 신체운동발달

2세의 신체발달은 0세와 1세만큼 빠른 속도는 아니지만 꾸준히 진행되어 2세가 되면 달리기가 가능해진다(박성연, 2006; Cratty, 1986; Santrock, 2005). 하지만 방향을 바꾸어 뛰거나 뛰는 것을 순간적으로 멈추기에는 어려움이 있다. 눈과 손의 협응능력이 발달하면서 간단한 조작활동이 가능해진다.

2세 이후 대부분 배변조절이 가능하지만, 4~5세까지는 실수를 하는 경우가 많다. 스스로 숟가락을 사용하여 밥 먹기를 시도하지만 아직 서툴고, 소근육이 발달하여 단추 채우기가 가능하지만 순서가 틀리는 것과 같은 실수를 한다(이숙재, 이봉선, 2008; Hetherington et al., 2006). 이처럼 스스로 하는 것을 좋아하는 2세 영아에게는 비슷한 또래가 스스로 몸을 움직이며 놀이하거나, 다양한 일에 도전해 보는 이야기가 담긴 그림책, 혼자 어려운 상황에 처했을 때 대처하는 주인공의 모습이 담긴 그림책을 제공해 주면 좋다.

2) 언어발달

2세가 되면 두 단어 또는 세 단어 이상을 연결시킨 문장을 만들기 시작한다. 세 단어 문장을 만들기 시작하면서 문법적 형태소가 출현하게 되고 문법적 형태소를 획득함에 따라 말의 길이가 길어진다. 또한, 조사가 처음 나타나는 시기로 "엄마, 물 주세요."와 같이 성인과 비슷한 간단한 문장을 구사하기 시작한다(김금주, 2000; 이지현 외, 2015; 정남미, 2005). 따라서 너무 길지 않은 정확한 문장으로 표현된 그림책을 소개해 주면 좋다.

사회성발달과 함께 상대방과의 대화 규칙의 습득은 이 시기 아이의 언어발달 특징 중 하나이다. 자신의 생각을 말하고 타인의 이야기를 듣는 것이 가능하며, 타인의 언어적 표현에 따라 답하는 것이 가능해진다. 또한, 경어 어미를 사용하는 상대높임(말하는 이가 듣는 이를 높이거나 낮추어 말하는 것)을 습득함으로써 성인과 대화할 때 높임말로 표현하는 것이 가능하다(이영자, 2004). 예를 들어, "선생님, 도와 주세요.", "엄마, 같이 가요." 등과 같은 표현이다. 또한, 두 개의 안울림소리가 서로 만나면 뒤의 소리가 된소리로 발음되는 경음화 현상이 2세 영아에게 나타나기 시작한다. 예를 들어, '국밥'을 [국빱]으로 발음하거나 '입고'를 [입꼬]라고 발음하는 것을 말한다. 이 밖에도 2세는 '할머니'를 '할미'라고 표현하거나 '무서워'를 '무서'라고 표현하는 등과 같이 본래의 소리를 줄여 발음한다. 따라서 교사는 이 시기의 영아에게 정확한 발음으로 그림책을 읽어 주는 것이 좋으며, 높임말 등과 같이 다양한 언어적 표현으로 구성된 그림책을 통해 대화식 읽기를 시도할 수 있다.

3) 사회성발달

자신의 연령과 성을 알고, 자신과 타인을 구분할 수 있다. 이 시기의 영아는 성 정체성을 획득하여 자신의 성에 대한 지각이 가능하지만 여자아이가 커서 성인 여자가 되는지에 대한 이해는 아직 부정확한 상태이다(정옥분, 2004). 또한, 외형적으로 모양이 바뀌면 성 또한 변하는 것으로 생각한다. 예를 들어, 머리가 긴 남자를 여자로 생각하거나 머리가 짧은 여자를 남자로 생각하는 것이다. 따라서 다양한 직업이 소개된 그림책이나 아빠, 엄마 등과 같이 가족을 중심으로 한 성 개념이 소개된 그림책을 소개해 주면 좋다.

2세 영아는 사회적 관계에 대한 기본 이해가 발달하여 또래와의 사회적 상호작용이 가능하다(이숙재 외, 2016; Eckerman & Didow, 1996). 따라서 또래와 함께 역할놀이, 그림책 읽기 등과 같은 활동이 가능하며 놀잇감을 나누어 사용할 수 있다. 하지만 세 명 이상으로 구성된 소집단 또는 대집단에서는 상호작용에 어려움을 느낀다. 또래와의 사회적 상호작용이 가능해지면서 곤경에 처한 또래에 대해 이타적 행동을 보이기 시작하지만, 자기희생적 친사회적 행동은 드물게 나타나기 때문에 자신이 가진 소중한 놀잇감을 양보하거나 좋아하는 과자를 양보하는 등과 같은 행동은 보기 어렵다(Santrock, 2014). 더욱이 이 시기는 공격적인 행동이 처음 시작되는 시기로 또래와 상호작용을 할 때 자신과 의견이 맞지 않는 경우 상대방에게 공격적으로 행동한다. 따라서 교사는 친구와 함께할 수 있는 놀이가 소개된 그림책, 친구와 갈등이 생겼을 때 해결해 가는 모습이 담긴 그림책, 친구의 문제행동이 담긴 그림책을 소그룹으로 읽어 주면 좋다. 이러한 그림책 경험을 통해 영아에게 스스로 문제행동을 수정할 수 있는 기회를 간접적으로 제공해 줄 수 있다.

도덕성 발달은 2세부터 나타나기 시작한다. 2세 영아는 나쁜 행동에 대한 구분이 가능해진다(이숙재 외, 2016; Santrock, 2014). 이 시기에 나쁜 행동을 구분하는 것은 그 행동의 본질적 특성보다 결과적으로 벌을 받은 경우 그 행동이 나쁘다고 생각하는 것으로써 처벌을 피하기 위해 규칙과 권위에 복종하려는 경향이 있다.

4) 정서발달

2세는 기쁨, 분노, 슬픔 등과 같은 기본 정서들과 함께 당황, 질투 등과 같이 좀 더 세분화된 정서가 나타난다. 기본 정서에 대한 원인, 결과 및 행동적 신호를 이해할 수 있기 때문에 행복한 이유, 슬픈 이유 등에 대해 설명할 수 있다(김경희, 2004; 유효순 외, 2016; 정옥분, 2004). 또한, 슬픔과 같은 부정적 정서보다는 행복과 같은 긍정적 정서를 더 쉽게 이해하고 관련 단어(좋은, 행복한 등)를 사용한다. 따라서 다양한 정서가 표현된 그림책을 소개하여 영아가 다양한 감정을 간접적으로 경험해 볼 수 있는 시간을 제공해 주면 좋다.

2세는 정서조절을 위한 언어사용이 가능하며, 좌절에 대한 참을성이 나타나기 시작한다. 예를 들어, 갖고 싶은 놀잇감을 갖지 못했을 경우, 혹은 하고 싶지 않은 일을 해야 하는 경우와 같이 좌절 상황을 직면했을 때, 2세부터 조금씩 견디는 행동을 나타낸다. 따라서 영아가 하고 싶지 않은 일 또는 좌절 상황이 나타난 그림책을 소개하고 주인공이 되어 문제를 해결해 보는 시간을 제공해 주면 좋다.

5) 인지발달

피아제(Piaget)의 인지발달 단계 중 2세는 감각운동기에 해당된다. 이 시기의 영아는 지적 능력이 놀랄 정도로 크게 성장하는 시기이며 자기중심적으로 사고한다. 상대방의 이해 여부와 상관없이 자신만의 생각을 전달하는 자기중심적 언어를 사용하고 보이지 않는 사물이나 사건을 정신적으로 그려내는 것이 가능하다. 또한, 1세부터 시작된 상징적 사고와 대상영속성의 발달은 2세가 되면서 완성된다(이숙재 외, 2016; 정옥분, 2004; Santrock, 2014). 따라서 그림책을 영아와 함께 읽은 후 영아의 생각을 물어보고 언어로 잘 표현해 볼 수 있는 기회를 제공하거나, 그림책에 나왔던 사물 혹은 인물을 그림으로 표현해 보기, 언어 혹은 신체로 표현해 보는 활동을 연계하여 진행하면 좋다.

이 시기의 영아는 인형에게 밥 먹이기, 인형 업기 등과 같이 단순 가장과 모방행동을 나타내거나 또래나 대중매체에서 본 인물의 행동을 모방한다. 또한, 모방을 통해 어떠한 사건을 오래 기억하는 지연 모방이 가능하여 오래전에 본 엄마의 행동이나 언어 등을 일정한 시간이 흐른 뒤에 모방하여 표현하기도 한다(조성연 외, 2005; Bauer & Mandler, 1992). 특히, 특정 자극이나 사물의 세부적인 부분까지 주의를 집중하기 때문에(Santrock, 2014) 그림책에 등장하는 주인공을 자세하게 관찰하여 표현하는 것이 가능하며, 사물의 일부를 보고 전체를 예측할 수 있다. 영아는 그림책에 등장하는 인물이나 상황을 그대로 모방하므로 기본 생활 습관이 소개된 그림책 혹은 다양한 어휘, 문장 등으로 구성된 그림책을 소개해 주면 좋다.

마지막으로 2세 영아는 인접한 시점에 발생한 두 사건이 인과관계가 있다고 생각하는 전환적 추론이 가능하기 때문에 이야기의 사건을 함께 고민해보고 "나라면 어떻게 할까?"라는 질문을 통해 영아가 다양한 방법으로 문제를 해결해 볼 수 있는 경험을 제공하면 좋다.

〈표 4-3〉 2세 발달 특징 및 그림책 선정을 위한 시사점

구분	발달 특징	시사점
신체 운동 발달	• 걷기가 자유롭고 달리기가 가능하다. • 눈과 손의 협응능력이 발달한다. • 배변조절이 가능하지만 실수를 한다. • 밥 먹기, 옷 입기, 양말 신기 등을 스스로 하기를 좋아한다.	• 활발한 몸 움직임이나 새로운 놀이에 도전하는 모습이 담긴 그림책 • 일상적인 일을 스스로 하는 자율적인 모습이 담긴 그림책
언어 발달	• 문법적 형태소를 획득하며, 문장을 만들기 시작한다. • 상대방과의 대화 규칙을 습득한다. • 상대 높임을 습득하여 성인과의 대화에서 높임말 사용이 가능하다. • 경음화 현상이 나타난다.	• 간결한 문장, 간결한 플롯의 그림책 • 교사와 유아가 대화하듯이 읽기가 가능한 그림책 • 높임말이 적절하게 사용된 그림책
사회성 발달	• 성 정체성을 획득한다. • 또래와의 사회적 상호작용이 가능하다. • 대집단에서의 상호작용에 어려움을 느낀다. • 이타적 행동을 보이기 시작한다. • 공격적인 행동이 나타난다. • 도덕성 발달이 시작되어 나쁜 행동에 대한 구분이 가능해진다.	• 가족 구성원을 중심으로 성 개념이 소개된 그림책 • 또래관계를 다룬 그림책(예: 다양한 놀이 상황, 또래와의 갈등 상황 등) • 영아에게 익숙한 장면이 담긴 그림책
정서 발달	• 기본 정서(기쁨, 분노, 슬픔 등)와 세분화된 정서(당황, 질투 등)가 함께 나타난다. • 기본 정서에 대한 원인, 결과 및 행동적 신호를 이해할 수 있다. • 부정적 정서보다 긍정적 정서를 더 쉽게 이해한다. • 정서조절을 위한 언어사용이 가능하다. • 좌절에 대한 참을성이 나타난다.	• 다양한 정서가 표현된 그림책 • 등장인물의 정서를 공감해 볼 수 있는 그림책 • 영아에게 친숙한 정서적 경험이 담겨 있는 그림책
인지 발달	• 지적 능력이 크게 성장한다. • 자기중심적 사고를 한다. • 상징적 사고와 대상영속성 개념에 대한 발달이 완성된다. • 특정 자극이나 사물의 세부적인 부분까지 주의를 집중할 수 있다. • 사물의 일부를 보고 전체를 예측할 수 있다.	• 간단한 사건을 연결하여 생각할 수 있는 그림책 • 모방이 가능한 모습이 담긴 그림책(예: 일상생활하는 모습)

04 3세

1) 신체발달

이 시기의 유아는 소근육을 이용하여 좀 더 능숙하게 사물을 다룰 수 있게 되어 얇은 종이 책장을 넘길 수 있게 된다. 일상생활에 대한 자조능력 또한 높은 수준으로 발달한다. 그러나 신체 활동량이 많아지고 행동반경이 넓어진 것에 비해 아직은 자신의 안전에 주의를 기울이거나 스스로 돌보는 능력은 부족할 수 있다(정옥분, 2004; 조복희, 2006; Berk, 2009, 2014). 이런 발달적 특성을 고려하여 유아 혼자 책을 넘겨 볼 수 있는 판형의 그림책, 유아가 직접 따라해 볼 수 있는 신체놀이나 모험놀이에 대한 내용의 그림책, 등장인물이 주도적으로 행동하며 성취해 내는 과정이 담긴 그림책을 선정하도록 한다.

2) 언어발달

문자 언어에 관심을 보이고, 소리와 문자의 일대일 대응이 가능해지기 시작하며, 자신과 관련이 있는 글자는 읽기 시작한다(신명희 외, 2016; 이차숙, 2004). 스스로 그림책을 읽으려고 시도하기도 하지만, 아직은 성인이 그림책을 읽어 주는 것을 좋아한다. 언어유희를 즐기며 의성어나 의태어 또는 특정 어구가 반복해서 등장할 경우 유아는 이를 인지하고 다음을 예측할 수 있다. 그러므로 교사는 반복되는 부분에서 유아를 책 읽기에 참여시켜 서로 주고받는 방식의 책 읽기를 시도한다. 또한, 그림책의 제목 같은 부분은 손으로 글자를 짚어 가며 읽어 주는 것도 소리와 문자의 대응에 관심을 갖는 이 시기 유아에게 도움이 된다.

이 시기의 유아는 차례를 지켜 대화를 하거나 기억을 회상하여 이야기하거나 이야기를 꾸며서 말할 수 있게 된다. 어휘의 양이 늘어나면서 3~4개의 단어로 된 문장으로 말을 하거나 말의 문법적 구조를 이해할 수 있다(신명희 외, 2016; 이차숙, 2004). 이런 발달적 특성을 고려하여 글이나 그림을 단서로 다음 내용을 쉽게 예측할 수 있는 그림책, 상황이나 사건이 반복되거나 시간 순으로 이야기가 진행되고 서두와 결말이 분명한 형식의 그림책을 제공하도록 한다. 이런 형식의 그림책 중 글자가 없이 그림으로만 이루어져도 유아는 그림을 통해 이야기를 꾸며서 말할 수 있다.

3) 사회성발달

이 시기의 유아는 스스로 해 보려고 하는 성향이 매우 강해진다. 자신을 성, 외모 등과 같은 외적으로 보여지는 특정 기준에 따라 범주화시킬 수 있으며, 또래와 함께 놀이하기 시작하고 소규모의 집단을 형성하여 다른 사람과 상호작용을 한다(조복희, 2006; Berk, 2014). 자신의 능력에 맞는 일을 하고 성취했을 때 유아는 자신에 대해 만족감과 존중감을 발달시킬 수 있게 된다(Berk, 2009). 자신을 존중하고 인정하며 성취감을 느끼는 내용의 그림책은 유아의 자아발달에 도움이 될 수 있다.

자신과 비슷한 또래와의 경험이 늘어나면서 유아는 상대방에게 관심을 보이고 상대방의 이야기에 경청하고 함께 어울리기에 필요한 이타적인 사회적 기술에 대해 알아 가기 시작한다. 아직은 타인에 대한 이해보다는 자기중심적인 성향이 강하기 때문에 또래를 신체적으로 공격하거나 배척하는 행동이 많이 나타난다(정옥분, 2004; Berk, 2014). 따라서 긍정적인 또래관계를 보여 주는 그림책은 문제 상황이나 문제 해결 전략에 대한 이해를 도와 유아의 사회적 기술 증진에 도움이 될 수 있다.

4) 정서발달

다양한 고차원적인 정서 표현이 가능해진다. 자아 개념이 발달하면서 어떤 일을 성공했을 때 자신에 대한 만족감을 보이거나 자랑하기도 하고 때로는 잘못했거나 바람직하지 못한 일을 했을 때 수치심이나 죄의식과 같은 자의식적 정서를 표현하기도 한다(정옥분 외, 2007; Berk, 2009). 다양한 정서나 표정이 담긴 그림책을 선정하여 관련 상황에 대해 함께 이야기 나누는 기회를 주도록 한다.

자신의 정서를 표현하는 것뿐만 아니라 타인의 정서를 이해하는 능력 또한 증가한다. 타인의 감정을 고려한 행동을 하기 시작하며 점점 타인 앞에서는 자신의 부정적인 정서를 억제하거나 조절하여 표현하기 시작한다(Berk, 2014). 그림책 속 등장인물이 자신의 정서를 적절하게 조절하고 표현하는 모습이 담긴 그림책을 제공한다.

5) 인지발달

이 시기는 피아제의 전조작기에 해당된다. 감각을 활용하지 않고 상상이나 생각을 통해 주변을 탐색하기 시작하며 세상에 대한 지식과 정보에 매우 호기심을 보인다. 실생활에서 유아가 직접 경험했거나 경험해 봄직한 내용이면서 호기심을 자극하고 충족시킬 만한 정보가 담긴 그림책(심향분, 2009)은 유아의 인지적 발달에 도움이 될 수 있다. 그림책이 자신의 경험과 연결 지을 수 있는 내용이면서(박후정, 2007) 글 내용과 그림 내용이 서로 연관성이 높다면 유아가 그림책을 이해하는 데 도움이 된다.

상징 기능이 발달하면서 실제 사물이 아니어도 유사한 형태나 기능을 가지고 있다면 이를 활용하여 표상이 가능해진다. 이러한 상징적 표상으로 가작화놀이가 가능해지면서 유아는 점점 복잡하고 체계적인 역할놀이나 극놀이를 할 수 있게 된다(신명희 외, 2016; 엄정애, 2009; 조복희, 2006; Berk, 2009). 그림의 조형 요소가 단순하면서 사실적으로 표상된 그림책일수록 유아가 그림 내용을 쉽게 이해할 수 있으며(박후정, 2007), 유아는 그림책 내용을 놀이로 표상할 수 있기 때문에 모험놀이나 상상놀이를 할 수 있는 소재가 들어 있는 그림책을 읽어 준다면 유아의 극놀이 활성화와 상징적 사고발달에 이바지할 수 있다.

자기중심적인 사고를 하기 때문에 한 가지 특성에만 집중하는 경향을 보이며, 타인의 이해가 자기와 같다고 여기거나 원인과 결과에 대한 추론이 가능하기는 하지만 불완전하다. 아직은 논리적으로 사고를 하기보다는 직관에 의존하며 실제와 상상을 명확하게 구별해 내지는 못한다(Siegler & Alibali, 2007). 그래서 과거에 했던 경험을 마치 최근에 했던 것으로 여기거나 꿈에서 나타난 일이나 초자연적인 힘, 마술과 같은 환상이 사실이라고 여기기도 한다. 복잡한 자극을 선호하고 흥미와 관심에 따라 오랜 시간을 집중하기도 한다. 상황이나 사건이 반복되거나 명확하게 드러난 그림책, 서론과 결말이 분명하게 드러난 그림책은 인과관계를 이해하는 데 도움이 될 수 있으며, 환상 그림책이나 의인화된 등장인물이 등장하는 그림책은 상상력을 키워 주는 데 도움이 된다.

〈표 4-4〉 3세 발달 특징 및 그림책 선정을 위한 시사점

구분	발달 특징	시사점
신체 발달	• 책장을 넘길 수 있을 만큼 소근육이 발달한다. • 안전에 대비하여 신체를 돌보거나 조절하는 데 미숙하다. • 신체 활동량이 증가한다.	• 얇은 재질의 종이 그림책 • 혼자서 책을 넘겨 가며 읽기를 시도할 수 있는 크기의 그림책 • 신체 활동에 활용할 수 있는 다양한 놀이나 성공적인 모험담을 소재로 한 그림책
언어 발달	• 소리와 문자의 일대일 대응하기나 간단한 문자 읽기를 시도한다. • 주고받는 대화가 가능하다. • 기억을 회상하거나 이야기를 꾸며 말할 수 있다. • 3~4개 이상의 단어가 포함된 문장을 구사할 수 있다.	• 손으로 글자를 짚어 가며 읽어 주기 • 반복되는 어구나 문장이 나올 경우 읽기에 유아도 참여시키기 • 글자 없는 그림책의 이야기 꾸미기에 유아를 참여시키기
사회성 발달	• 자아개념이 발달하면서 자신을 정서, 마음, 능력에 의해 정의한다. • 자신의 능력을 기반으로 성취하였을 때 자아존중감이 형성되기 시작한다. • 또래와 함께 놀기가 빈번해진다. • 타인과 어울리는 데 필요한 이타적인 사회적 기술을 습득하기 시작한다. • 신체적 공격이나 배척과 같은 행동이 나타난다.	• 등장인물이 주도성을 가지고 성취하는 그림책 • 유아와 동일시하기 쉬운 대상이 나오는 그림책 • 또래와의 놀이에서 갈등과 해결이 담긴 그림책
정서 발달	• 자의식적 정서를 경험한다. • 타인의 정서를 이해할 수 있다. • 타인의 정서를 고려한 행동을 할 수 있다.	• 부정적, 긍정적 정서 상황에서 정서 표현 또는 조절이 적절하게 나타나 있는 그림책 • 다양한 자의식적 정서가 표현된 그림책
인지 발달	• 직관적 경험을 통해 정보를 습득한다. • 호기심이 많다. • 사물의 표상화된 상징(모형, 그림, 사진 등)을 이해할 수 있다. • 상상이나 사회극놀이에서 협의가 가능해진다. • 자기중심적인 사고를 한다. • 인과관계의 추론이 가능하나 완전하지 않다. • 실재와 상상의 구별이 모호하며 초자연적, 마술적 사고를 한다.	• 경험해 보았거나 경험할 수 있는 일이 담긴 그림책 • 호기심을 충족시킬 수 있는 그림책 • 단순한 형과 색으로 이루어져 있으며 실제적으로 표상된 그림책 • 극놀이 소재가 될 만한 그림책 • 단순한 상황이나 사건이 반복된 그림책 • 시간의 순서대로 진행이 되는 그림책 • 서두와 결말이 분명한 그림책 • 상상력을 키워 주는 그림책

05 4세

1) 신체발달

이 시기의 유아는 매우 활동적이며 능숙한 운동능력을 보여 준다. 자신의 신체를 조절하고 통제하는 데 큰 문제가 없다. 또한, 소근육 면에서 세밀한 그림을 그리거나 손을 미세하게 사용하는 데 큰 무리가 없다(정옥분, 2004; Berk, 2009, 2014). 활동적이고 신체를 사용한 놀이를 즐기는 시기이기 때문에 이런 내용이 담긴 그림책이 도움이 될 수 있으며 이전보다 큰 판형의 책 또한 다룰 수 있다.

2) 언어발달

과잉확대나 축소, 전보식 언어와 같은 어린이 문법이 사라진다(조복희, 2006). 더욱 정확한 문법을 사용하며, 인과관계를 나타내거나 접속사를 사용하여 관련성을 표현하는 보다 복잡한 문장을 이해하고 사용하기 시작한다(신명희 외, 2016). 자신에게 친숙하거나 생활 속에서 흔히 접하는 상표나 간판의 글자를 인식하고 읽어낼 수 있다. 소리와 글자 간 일대일 대응이 가능하며 혼자서 글자를 손으로 짚으며 읽기를 시도한다(이차숙, 2004). 읽을 수 있는 어휘가 늘어남에 따라 혼자 읽기가 가능한 짧고 간단한 문장으로 된 그림책을 제시할 수 있다. 복문으로 쓰여 있거나 어휘가 다양한 그림책 또한 유아의 어휘 습득 및 문법발달에 도움이 된다.

이 시기의 유아는 과거와 미래 시제를 사용할 수 있으며, 두 문장으로 된 복문을 사용할 수 있다. 다양한 이야기의 구조를 이해할 수 있어(Lynch et al., 2008; Morrow, 1985) 상호 보완적이거나 대위적 구조로 된 그림책의 의미를 글과 그림을 함께 읽어 내면서 이해할 수 있다. 그러므로(조희숙, 2006) 이 시기의 유아에게 상호 보완적 또는 대위법적 그림책의 도입이 가능하다. 또한, 책을 읽는 방법과 방향을 명확하게 알고 읽기를 할 수 있다. 교사가 읽어 주는 그림책과 스스로 읽을 수 있는 그림책을 다양하게 준비하여 유아가 책을 자발적으로 선택하여 읽도록 유도할 필요가 있다. 이 시기의 유아는 과거를 기억하고 회상하여 말하며, 상대방의 나이나 성별 등을 고려하여 말할 줄 알게 된다. 다양한 장르나 플롯으로 된 그림책을 제공하여 이야기 구조에 대한 이해를 높일 수 있으며, 글이 없는 그림책 읽기 경험을 통해 이야기를 스스로 구성해 볼 수 있도록 한다.

3) 사회성발달

자기주도적인 성향을 강하게 보이며 자율적으로 행동한다. 또래와의 놀이에서 사회적 갈등이 점점 줄어들고 이타적인 행동이 늘어나며 타인의 마음이나 생각에 대한 이해와 조망이 가능해진다(조복희, 2006; Berk, 2014). 대집단에서 짧은 시간 동안 또래와 사회적 상호작용을 할 수 있으며 특별한 정서적 유대감을 보이는 또래 집단을 형성하기 시작한다(Berk, 2009). 또래관계에서 신체적 공격성은 감소하지만 언어로 공격하는 행동이 나타나거나 의도적으로 배척하는 행동이 보인다. 또래나 부모와의 갈등 상황이 해결되는 과정을 보여 주는 그림책은 유아가 사회적 관계를 원만하게 하는 데 도움이 될 수 있다.

성에 대한 개념을 확실하게 알며 시간이 지나도 성이 바뀌지 않음을 이해할 수 있다. 남자 또는 여자로 정형화된 놀잇감이나 역할에 민감해진다. 또한, 도덕적으로 나쁜 행동은 나타난 결과에 따라 가치를 판단하는 편이다. 이 시기에는 자신에 대한 이해가 분명하게 형성되며 자신을 정의하는 특성, 능력, 태도 등을 비교적 구체적이고 논리적으로 말할 수 있게 된다(신명희 외, 2016; 정옥분, 2004; Berk, 2009, 2014). 성 개념이 담겨 있는 그림책, 선악의 기준이 명확한 그림책은 유아의 성 개념와 도덕성 개념의 발달을 도울 수 있다.

4) 정서발달

다양한 정서를 이해하고 명명할 수 있으며 친숙한 대상의 정서를 해석하고 예측할 수 있다. 타인의 정서를 읽어 내고 다른 사람의 행동이나 생각을 이해할 수 있다(정옥분, 2004; Berk, 2009). 또한, 친숙하지 않거나 눈에 보이지 않는 대상이어도 감정이입을 할 수 있다. 이런 능력은 유아가 다른 사람과의 관계에서 유능한 역할을 할 수 있게 됨을 보여 주는 것이다. 뿐만 아니라 자의식과 관련된 정서를 더 자주 경험하는데(Berk, 2009), 이를 통해 자신을 평가하기도 한다.

등장인물이 성취하는 과정에서 좌절과 같은 정서를 겪는 그림책은 이런 상황에서 어떻게 해야 하는지 간접 경험할 수 있게 해 준다. 특히, 이런 상황을 극복해 내고 적절하게 정서를 표현하거나 조절하는 모습은 유아의 정서발달에 도움이 될 수 있다. 또한, 그림책을 읽으면서 등장인물의 정서에 공감하고 감정이입을 해 본다면 유아의 정서 이해능력을 발달시키는 데 도움이 될 수 있다. 등장인물이 다른 사람의 감정에 공감하는 내용이 담긴 그림책도 유아가 타인의 생각이나 감정을 이해하는 데 도움이 될 수 있다.

5) 인지발달

이 시기는 피아제의 전조작기에 속하는데 지각에 의존하여 탐색하고 이해하는 편이며 여전히 자기중심적이다. 사물의 두드러진 지각적 특성에 기초하여 사물을 판단하고 이해하며, 형태를 변별하는 능력이 발달하지만 여전히 오류가 나타난다(정옥분, 2004; Berk, 2009; Siegler & Alibali, 2007). 형태의 변별능력은 상징과 표상능력의 발달과 함께 유아의 읽기에 영향을 미치는데, 소리와 문자를 일대일 대응해 가며 읽기를 시도하거나(신명희 외, 2016), 그림을 통해 읽어낸 내용을 글에 대입해 보기도 한다.

전혀 다른 특성을 지닌 사물에 상징의 의미를 부여하고 표상할 수 있다. 비합리적이거나 환상에 대한 믿음이 점점 없어지며 실재와 상상을 구분해 내기 시작한다(신명희 등 2016; Berk, 2014). 환상과 실제가 섞여 있는 그림책도 이해가 가능하지만 이야기나 그림을 통해 환상과 실제 상황을 구별할 수 있도록 배치된 그림책의 이해가 더 쉽다.

원인과 결과에 대한 추론이 발달하며 유추해 내는 능력이 나타나기 시작한다(Berk, 2009; Siegler & Alibali, 2007). 그래서 사건이 꼬리를 물고 반복해서 일어나는 연쇄적 방식이나 사건이 누적되어 나타나다가 해결이 되는 방식의 그림책을 이해할 수 있으며, 사건이 일어난 시점이나 장소에서 다른 곳으로 갔다가 다시 돌아오는 회귀적 방식의 그림책 또한 이해가 가능하다. 과장, 유머나 아이러니와 같은 기법을 포함한 그림책 또한 내포된 의미를 알아차릴 수 있다. 그리고 등장인물들 간의 행동과 사건이 명확하게 드러나는 그림책은 유아가 앞뒤 장면을 연결시키거나 등장인물들의 행동을 통해 인과관계를 이해하고 유추해 내는 데 도움이 될 수 있다.

다른 사람과 자신의 마음에 대한 이해가 가능해지기 시작한다. 자신과 타인의 지각, 감정, 욕구, 믿음을 탐지해 내는 능력이 점점 유능해진다(신명희 외, 2016; Berk, 2014). 따라서 다른 사람의 사고 과정을 보여 주거나 이러한 정신 상태를 나타내는 어휘가 포함된 그림책은 이 시기 유아의 마음이론 발달에 도움이 될 수 있다. 등장인물이 무엇을 생각하고 느끼는지 여러 사람의 입장이 드러나거나 관점을 보여 주는 그림책은 유아의 조망수용능력을 발달시키고 타인의 관점을 구분하는 데 도움이 될 수 있다.

〈표 4-5〉 4세 발달 특징 및 그림책 선정을 위한 시사점

구분	발달 특징	시사점
신체 발달	• 활동적이며 세련된 운동 기술을 보인다. • 능숙하게 신체 조절을 할 수 있다. • 대·소근육 사용이 정확하고 능숙하다.	• 신체놀이를 소재로 한 그림책 • 다양한 크기의 그림책
언어 발달	• 세련되고 복잡한 문법을 사용한다. • 읽어 낼 수 있는 문자가 증가한다. • 자발적으로 책 읽기를 시도한다.	• 혼자 읽을 수 있는 쉽고 짧은 문장으로 이루어진 그림책 • 복문, 다양한 어휘가 등장하는 그림책
사회성 발달	• 타인의 마음이나 생각에 대한 이해와 조망이 가능해진다. • 또래와 사회적 상호작용을 하며 집단을 형성하기 시작한다. • 신체적 공격성은 감소하나 언어나 관계적 공격성이 증가한다. • 자아개념이 분명해지고 자신의 능력이나 태도 등을 구체적이고 논리적으로 말할 수 있다. • 성 역할의 유형화가 이루어진다. • 도덕성 발달이 이루어지기 시작한다.	• 심리적 갈등 상황을 해결하는 그림책 • 다양한 관점이나 입장을 다룬 그림책 • 또래관계를 다룬 그림책 • 성개념을 다룬 그림책 • 선악의 기준이 명확한 그림책
정서 발달	• 다양한 정서 이해 및 명명이 가능하다. • 타인의 정서 읽기가 가능해지며 눈에 보이지 않는 대상에게도 감정이입할 수 있다. • 정서적 조절이 가능하다.	• 다양한 정서 표현 및 어휘가 담긴 그림책 • 등장인물의 정서에 공감하거나 동일시해 볼 수 있는 그림책 • 정서적 갈등 상황과 해결이 담긴 그림책
인지 발달	• 두드러진 지각적 속성에 의해 판단한다. • 형태 변별능력이 발달하기 시작한다. • 인과관계에 대한 추론능력 발달도 유추가 가능해진다. • 실재와 상상을 구별할 수 있다. • 타인의 마음을 이해하고 조망할 수 있다.	• 연쇄적, 누적적, 회귀적 형식의 그림책 • 등장인물의 행동과 사건이 명확히 드러나는 그림책 • 과장, 유머, 아이러니 기법으로 쓰인 그림책

06 5세

1) 신체발달

5세 유아는 빠르게 뛸 수 있으며, 순간적으로 방향을 전환할 수 있다. 스키핑(spipping), 갤러핑(galloping) 등 다양한 이동 동작이 가능하다. 양손을 동시에 조작하는 능력은 5~6세경에 빠르게 발달하여 부드럽고 조화롭게 움직일 수 있다(Williams, 1983). 가위질도 정교해지고, 손의 힘이 좋아져 자유로운 그리기를 할 수 있다. 이 시기 유아는 자신의 신체 운동능력을 시험해 보고 유능감을 가지므로 다양한 신체 활동에 흥미를 가지고 도전할 수 있는 내용의 그림책을 제공해 준다. 또한, 음식에 대한 선호도가 강해지며, 유아의 음식 섭취는 성장 및 신체발달과 직접적으로 관련되므로 음식과 영양, 건강과의 관계를 다루는 그림책을 선정할 수 있다.

2) 언어발달

자기중심적인 언어사용에서 탈피하여 기초적인 의사소통을 위한 언어사용이 늘어난다. 짧은 이야기는 혼자 읽는 것이 가능하며, 대부분의 말소리를 바르게 사용할 수 있으나 일부 마찰음은 아직 오류를 보일 수 있다. 이 시기 유아는 약 2,000~2,500개 정도의 어휘를 습득한 상태이다(조형숙 외, 2013). 점점 추상적인 어휘 사용이 늘어나고, 비유나 은유적인 표현을 이해하며, 어려운 범주어도 차츰 사용할 수 있게 된다. 단어에서 시작하여 두세 개 단어로 된 구나 단문, 복문의 형태를 사용하고 연결어미를 사용한다(이종숙 외, 2009). 단순한 동작동사에서 시작하여 사동사, 피동사의 형태로 동사발달이 확장된다. 후기가 되면, 문장의 숨은 뜻과 말하는 사람의 의도를 파악하여 농담을 이해하게 된다(Berk, 2014).

이런 발달적 특성을 고려하여 5세 유아를 위한 그림책은 쉽고 단순한 문장과 구조로 되어 있어 혼자 읽기를 유도할 수 있는 그림책을 제공할 수 있다. 이 연령의 유아에게는 글과 그림이 따로 전개되어 총체적 이해가 필요한 대위법의 그림책을 제공함으로써 해석과 추론을 할 수 있도록 돕고, 글과 그림으로부터 깊이 있는 즐거움을 느낄 수 있도록 한다(서정숙, 2011).

3) 사회성발달

이 시기의 유아는 자신을 다른 사람과 구별하면서 자신의 신체적 특징, 선호, 능력, 특성 등에 대한 인식을 가지며 성 안정성을 보인다. 나이가 들면서 유아는 양육자와 신체적으로 떨어져 있더라도 정서적으로 불안함을 느끼지 않으며 점차 특정 또래들과 우정과 같은 친밀한 관계를 형성하며 즐겁게 집단생활을 할 수 있다. 대인 관계가 차츰 확대되어 타인의 관점을 잘 이해하게 되고 친사회적 행동이 많이 나타난다(Bentley & Nissan, 1996). 반면에 우정 관계에서 갈등이 많이 나타난다(권민균, 석미경, 2004; 문혜련, 2011; Rubin et al., 2006). 5세가 되면 유아들의 협동놀이가 증가하며 협동심과 책임감을 느끼고 점차 사회적인 규칙과 가치도 고려할 수 있다. 또한, 문제 상황에서 공정성을 고려한 해결방법을 모색할 수 있으며, 욕구와 의도적 행동의 결과를 구분할 수 있다(Berk, 2014; McGowan, 1987). 점차 결과보다는 의도나 상황을 고려하여 도덕적 행동을 판단하기 시작한다.

따라서 이 연령의 유아들에게는 우정 관계에서 생겨날 수 있는 갈등을 소재로 한 그림책을 제공해 주거나 이타적인 말과 행동을 간접적으로 체험할 수 있는 그림책이 좋다. 또한, 신체적 공격보다는 언어적 공격이 증가하는 시기이므로 따돌림, 다툼 등의 상황을 다루는 그림책을 제공해 주면 좋다.

4) 정서발달

5세는 성취나 경쟁적 욕구가 충족된 일에 만족하는 경향을 보인다. 다른 사람의 숨은 감정에 공감하고 이해할 수 있다(임춘금, 2007; 홍지명, 2014). 다른 사람의 감정이나 기분을 자신의 일처럼 느끼고 위로할 수 있으며, 다른 사람의 정서를 해석하고 예측할 수 있다. 자신의 감정을 효과적으로 조절하고, 자기 안정을 위하여 자발적인 방법을 사용하며, 더 큰 만족을 얻기 위해 좌절하거나 실망하지 않고 참고 노력하는 모습을 보이기도 한다.

5세 유아의 정서발달을 고려하여 그림책 속 등장인물이 자신의 정서를 적절하게 조절하고 표현하는 모습이 담긴 그림책을 제공한다. 감정이입이나 친사회적 행동을 하는 내용이 담긴 책을 제공하여 간접 경험을 하거나, 토의의 소재로 삼을 수 있다. 5세 유아의 정서발달을 고려하여 분화된 정서를 나타내거나 죽음, 상실 등 유아들의 복잡한 정서를 다루는 그림책을 제공하는 것도 필요하다.

5) 인지발달

궁금한 것에 대해 적극적으로 해결하려는 탐구력이 증가하고, 이 연령의 유아의 사고는 점차 논리적으로 발달한다. 상황의 전후관계 혹은 인과관계에 근거하여 추론할 수 있다. 일정한 규칙을 가지고 반복되는 패턴을 만들며, 구체물을 이용하여 더 복잡한 패턴을 만들고 상징적으로 관련지어 더 높은 수준의 수나 언어 체계의 패턴을 구성한다(이종숙 외, 2009; 조형숙 외, 2013; Goswam, 2010). 호기심이 다양해지고, 인과관계를 이해하여 문제에 적용할 수 있게 된다.

포트스모던 그림책을 제공하여 유아가 그림책의 텍스트와 다른 문학 텍스트, 생활 경험이나 미디어와 같은 문학 외적 텍스트와 관련지어 넓은 범위에서 의미를 재구성할 수 있도록 하는 것이 좋다(정미림, 권민균, 2013). 또한, 페이지 브레이크, 즉 장면 간의 틈새를 연결하기 위해 비판적 사고와 추리를 해야 하므로 자신의 생각을 적절한 단어로 표현할 수 있는 5세에 페이지 브레이크가 있는 그림책을 사용할 수 있다(김영실, 박미영, 강상, 2011).

〈표 4-6〉 5세 발달 특징 및 그림책 선정을 위한 시사점

구분	특성	시사점
신체 발달	• 빠르게 뛰기가 가능하며, 순간적으로 방향전환이 가능해진다. • 스키핑, 갤러핑 등 다양한 이동 동작이 가능하다. • 소근육 기술이 발달하여 작은 물체도 잘 다루고 가위질도 정교해진다. • 음식 섭취의 선호도가 강해진다	• 다양한 신체 활동에 대한 흥미와 도전감을 심어 주는 그림책 • 음식과 영양, 건강의 관계에 관심을 가질 수 있는 정보 그림책
언어 발달	• 대부분의 말소리를 바르게 사용할 수 있으나 일부 마찰음은 아직 오류를 보일 수 있다. • 간단한 구조의 그림책은 혼자서 읽을 수 있다. • 점점 추상적인 단어로 어휘가 확대되며 비유나 은유적인 표현을 이해하게 된다. • 유아는 차츰 어려운 범주어도 사용할 수 있다. • 차츰 단문의 형태, 복문의 형태를 사용하고 연결어미가 나타난다. • 유아기 후기, 문장의 숨은 뜻과 말하는 사람의 의도를 파악하여 농담을 이해하게 된다.	• 쉽고 단순한 문장과 구조로 되어 있어 혼자 읽기를 유도할 수 있는 그림책 • 해석과 추론의 기회를 제공하는 대위법 그림책
사회성 발달	• 자신을 다른 사람과 구별하면서 자신의 신체적 특징, 선호, 능력, 특성 등에 대한 인식을 가지며 성 안정성을 보인다. • 점차 특정 또래와 우정과 같은 친밀한 관계를 형성한다. • 대인 관계가 차츰 확대되고 타인의 관점을 잘 이해한다. • 협동놀이가 증가하여 협동심과 책임감을 느낀다. • 점차 사회적인 규칙과 가치를 고려하게 되며 문제 상황에서 공정성을 고려한 해결방법을 모색한다. • 결과보다는 의도나 상황을 고려하여 도덕적 행동을 판단하기 시작한다.	• 우정 관계에서 생겨날 수 있는 갈등을 소재로 한 그림책 • 이타적인 말과 행동을 간접적으로 체험할 수 있는 그림책 • 따돌림, 다툼 등 토론 소재를 포함한 그림책 • 사회적 문제, 이슈가 담긴 그림책(예: 장애, 따돌림)
정서 발달	• 성취나 경쟁적 욕구가 충족된 일에 만족한다. • 다른 사람의 숨은 감정에 공감하고 이해할 수 있다. • 다른 사람의 정서를 해석하고 예측할 수 있다. • 자신의 감정을 효과적으로 조절하고, 더 큰 만족을 얻기 위해 좌절하거나 실망하지 않고 참고 노력한다.	• 그림책 속 등장인물이 자신의 정서를 적절하게 조절하고 표현하는 모습이 담긴 그림책 • 분화된 정서를 나타내거나 죽음, 상실 등 유아의 복잡한 정서를 다루는 그림책
인지 발달	• 궁금한 것에 대해 적극적으로 해결하는 탐구력이 증가하고, 점차 논리적으로 발달한다. • 어떤 상황을 보고 전후관계 혹은 인과관계에 근거하여 추론할 수 있다. • 일정한 규칙을 가지고 반복되는 패턴을 만들며, 상징적으로 관련지을 수 있다 • 호기심이 다양해진다.	• 상호텍스트성을 가지는 포트스모던 그림책 • 같은 내용이라도 사건이나 관점, 역할, 후속 이야기 확대, 이야기 간 결합이 시도된 패러디 그림책 • 페이지 브레이크가 있는 그림책

제 5 장

그림책 읽어 주기 방법

독자 반응 이론에서는 책을 읽는 독자의 역할을 강조한다. 또한, 텍스트에 단 하나의 객관적 의미가 있다고 보지 않는다. 대신, 같은 텍스트를 독자마다 다른 의미로 구성한다는 가정을 한다. 그것은 모든 독자가 텍스트에 서로 다른 경험을 불러와서 그 텍스트를 자신의 고유한 문화적 · 심리적 여과 장치를 통해 제각각 이해한다고 보기 때문이다(Sipe, 2011). 다음은 독자 반응 이론가와 구성주의에서 강조하는 개념을 바탕으로 제안하는, 교사가 그림책을 읽어 줄 때 염두에 두어야 할 이론적 기초이다.

01 이론적 기초

1) 유아는 능동적 의미 구성자

- 독자는 텍스트에 있는 단 하나의 객관적 의미를 찾는 사람이 아니라 총체적 자아를 기반으로 의미를 구성해 내는 사람이다.
- 독자는 마음속에 일어난 것을 선택하고, 거부하고, 순서 짓는 안내자, 즉 청사진을 가진 사람이다(Rosenblatt, 1985).
- 지식의 구성은 학습자 내부에서 계발되는 것이고, 가르침이란 학습자에게 개인적 관점에서 지식을 계발하고 표현할 기회를 주는 것(Dillon & Searle, 1981)이다.

2) 그림책 읽기는 독자와 텍스트의 상호교류(transactional) 과정

- 독자와 텍스트는 동등한 파트너로서, 읽기에는 텍스트뿐만 아니라 독자를 이루는 여러 요인이 영향을 미친다.
- 텍스트 자체만으로는 큰 의미가 없다. 독자는 과거의 경험이나 텍스트에 대한 사전 지식, 텍스트를 읽는 목적 등에 따라 선택적 관심을 갖게 되고 이런 선택적 관심은 텍스트 속 여러 요소와 혼합되거나 종합되어 의미를 구성하게 된다. 즉 독자는 상호교류 과정을 통해 의미를 구성한다(Rosenblatt, 1985). 이렇게 구성된 의미에 따라 독자의 개별적인 '작품'이 탄생하게 된다.

3) 그림책 읽기는 생생한 체험(lived-through experience)의 과정

- 시는 읽기 대상이라기보다 '읽는 순간의 사건'이자 '경험'(Rosenblatt, 1964)이다. 그림책 읽어 주기 역시, 읽은 후 얻게 되는 정보보다는 읽는 동안 텍스트와 나누는 경험을 중시해야 한다.
- 유아의 초기 언어 행동은 주로 즐거움을 추구하는 심미적 성격에 가깝다(Rosenblatt, 1982).

4) 그림책 읽기는 회귀적 읽기 과정

- 그림책을 읽기 위해서는 글을 통해 그림을, 그림을 통해 글을 해석하는 과정을 반복하며 이 둘을 통합해야 한다(Sipe, 1998). 읽기란 "수정된 기대와 변형된 기억이 계속해서 상호작용하는 과정으로, 본질적으로 회귀적 성격을 띤다(Iser, 1978)."
- 그림책을 가장 잘 읽는 방법은 순서에 따라 읽는 것이 아니라 여러 번 다시 읽고 이전 페이지로 되돌아가서 다시 보고, 속도를 줄이면서 재해석하는 것이다(Sipe, 2011).
- 텍스트가 아무리 상세하여도 동작이나 상황, 등장인물을 모두 하나하나 묘사할 수는 없다. 독자는 추론을 통해 텍스트 속 '빈자리(gap)'를 채우며 읽어야 한다(Iser, 1978). 독자가 텍스트의 빈자리를 채울 때, 이전에 접한 정보와 일관성이 있는 정보를 선택하거나, 새로운 정보를 접하면 자신의 추론 내용을 수정하는데, 이 과정은 마치 피아제가 말하는 동화와 조절 과정을 닮았다. 동화와 조절은 새로운 지식에 비추어 기대를 계속 조정해가는 과정(Piaget, 1985)이기 때문이다. 독자는 "빠진 내용 중 가장 그럴듯한 것"을 채워 넣어야 한다.

5) 바람직한 해석 공동체(interpretive communities)(Fish, 1980)의 구성

- 해석 공동체란 책을 읽고 이에 대해 각자 해석한 것을 함께 나누는 집단을 일컫는다.
- 그림책에 대한 유아의 반응은 유아 개개인에 따라 다르겠지만, 그렇다고 유아의 모든 개인적 반응이 그림책 감상의 궁극의 목표는 아니다. 그것은 단지 문학적 경험의 시작이다. 유아는 어떤 관습과 기준으로 그림책을 해석할지 교사와 자신이 암묵적·명시적으로 정한 범위에서 각자의 감상을 나누게 된다. 그러므로 해석 공동체가 유아의 그림책에 대한 감상을 활성화시키고 고양시키려면 교사의 역할이 중요하다.

6) '안내된 참여'의 중요성

- 유아가 적극 참여하는 동시에 어른이 유아를 적절하게 안내하고 지원하고 도전을 주는 것(Rogoff, Mosier, Mistry & Goncu, 1993)을 말한다.
- 비고츠키의 이론은 문학 수업에 적절한 이론이다(Sipe, 2008). 교사가 유아의 다양한 근접발달영역(ZPD)을 알고 적절하게 비계를 설정할 필요가 있다.

02 읽어 주기 전략

1. 매일 읽어 주기
2. 다양한 그림책 읽어 주기
   - 다양한 장르(고전/현대, 시/산문), 주제, 인물, 배경, 사건, 작가, 매체, 기법, 한국/외국의 그림책 읽어 주기

3. 유아의 자발적 반응을 출발점으로 상호작용하기
    - 개인 경험이나 생활과 관련지으며 읽기
4. 내용과 관련지어 장르, 문학 요소, 미술 요소, 그림책 구조에 대한 느낌, 생각 나누며 읽기
5. 내용과 주변텍스트(표지, 면지, 판형 등)를 관련지으며 읽기(표지와 면지 탐색하며 읽기)
6. 글과 그림의 관계를 살피며 읽기
    - 글을 그림이 어떻게 표현하였는지 살피기
    - 그림으로 표현된 부분을 이야기로 채우며 읽기
    - 글 내용 외에 덧붙여진 그림 이야기를 읽기
7. 글과 그림의 요소(색, 선, 구도, 배치 등)를 관련지으며 읽기
8. 다른 텍스트와 상호텍스트적 관련을 지으며 읽기
9. 유아가 반응할 충분한 시간을 주며 읽기
10. 다음 내용을 예측하며 읽기
11. 유아의 다양한 반응을 수용·격려하며 읽어 주기
    - 정해진 해석이나 평가를 강요하지 않기
12. 그림책을 읽어 주는 동안이나 읽어 준 후 또래 간 상호작용을 격려하기
13. 그림책을 읽어 준 후 유아가 하고 싶은 이야기나 활동을 선택할 수 있게 해 주기
14. 그림책을 읽어 준 후 반복해서 볼 수 있는 기회 주기
15. 그림책을 단원으로 묶어(주제, 인물, 작가 등 비슷한 것끼리 묶어) 읽어 주기
16. 편안하게 그림책을 읽을 수 있는 환경 마련해 주기

03 교사의 역할

비계설정자로서의 교사는 유아에게 그림책을 읽어 주면서 다음과 같은 역할을 할 수 있다(Sipe, 2011). 이것은 모두 유아가 반응을 자유롭게 하고 의미 구성을 적극적이고 활발하게 하도록 하기 위함이다.

1) 안내자

그림책의 분위기에 맞는 속도와 목소리로 텍스트를 읽어 준다. 또한, 서지 정보나 책날개의 글을 읽어 주고, 여행 안내자처럼 책의 여러 부분을 가리키며 그림책의 구성이나 명칭을 알려 주는 역할을 한다.

- "이건 표지야.", "이건 면지라고 해."

2) 관리자

순서를 기다려 반응을 하도록 하거나 친구가 이야기하는 동안 이야기에 귀 기울이게 하는 등의 역할을 한다.

- "생각이 잘 안 나는 모양이구나. 조금 있다가 다시 이야기하도록 하자"
- "지금 ○○이가 이야기하고 있으니 잘 들어 보자."

3) 수용자 / 격려자

책을 읽어 주는 동안 언제라도 자유롭게 코멘트를 해도 된다는 점을 유아에게 알려주고, 유아가 반응을 계속 할 수 있게 기다려 주거나, 유아의 반응에 동의하거나 칭찬해 준다.

- "○○야, 궁금한 게 있나 보구나. 이야기해 보렴."
- "선생님도 피터처럼 해 보고 싶어."
- "○○가 아주 멋진 생각을 했구나."

4) 의문자 / 추측자

유아처럼 다음 페이지에 일어날 일을 예측하기도 하고, 그림을 보고 놀라며 의아해하기도 한다. 이런 태도는 유아에게 모델이 되기도 하고 유아의 반응을 더 끌어내는 방법이 된다.

- 꽃으로 집을 짓는 늑대들을 보며 "늑대들이 어쩌려고 이러지?"
- "갑자기 맥스 방에서 나무가 자라기 시작했대. 무슨 일일까?"
- "글쎄, 왜 그럴까? 왜 그런지 이상한 걸? 선생님도 잘 모르겠는 걸?"
- "엄마도 지붕 위로 날아오르는 거 아닐까? 아니네?" "하지만 괜찮아. 다음에 어떤 일이 일어날지를 알아맞히는 건 재미로 하는 거니까."

5) 가교자

이야기에 유아나 자신을 끌어들여 이야기를 개별화시키며 읽어 주는 역할이다. 이를 위해 교사는 등장인물 이름 대신 유아의 이름을 넣기도 하고 유아나 교사 자신의 경험을 끼워 넣어 이야기를 읽어 준다.

- "아저씨는 "괜찮아, 여기서 기다릴게. 난 나무를 오를 줄 몰라. 그리고 너도 조금 있다 내려 와야 할 테니."라고 말했어요. 어? 이건 선생님이 어릴 때 우리 어머니께서 선생님한테 가끔 하시던 말씀인데."

6) 명료자 / 탐사자

유아가 말한 것에 대해 더 설명하게 하거나 때로는 유아가 이미 알고 있을 것을 질문하여 유아로 하여금 자신이 생각하고 있는 바를 더 자세히 말할 수 있게 해주는 역할을 한다.

- "늑대가 거짓말을 하고 있다고? 왜 그렇게 생각하니?"
- "앞면지랑 뒷면지가 어떻게 다른지 이야기해 줄래?"

7) 확장자

이즈와 웰즈(1989)가 "가르치는 게 가능한 순간"이라고 표현했던 교사의 역할이다. 유아에게 자신이 했던 반응의 의미를 확장하거나 개선하도록 하여 이전에는 몰랐던 것을 새롭게 알 수 있게 해주는 역할이다.

- "여기(면지) 색이 달라졌어요. 비가 그쳤기 때문이에요."라는 아이의 반응에 대해 "그래, 작가는 이처럼 앞면지랑 뒷면지에서도 이야기를 할 때가 있지. 면지 그림은 그림책 내용이랑 관계가 깊단다."
- "어, 이러다 떨어지겠는데? 얼른 아빠를 구해야 돼. 슈웅."이라는 유아의 반응에 대해 "그래. ○○처럼 글자가 있어도 자기가 이야기를 만들 수 있는 거야".

8) 이야기를 들려주는 사람(스토리텔러)

이야기에 몰입한 아이들을 위해 책에 쓰여 있는 대로 읽어 주기보다 텍스트를 극화시켜 일부를 재창조하며 읽어 준다. 이를 위해 등장인물 편에서의 탄성을 첨가하며 읽어 줄 수 있다. 또한, 그림책에서 가정하고 있는 유아의 수준이나 흥미가 이야기를 듣고 있는 유아의 수준이나 흥미 사이에 차이가 있다면, 유아의 이해를 돕기 위해 교사는 그 차이를 메우는 역할을 해야 한다. 텍스트에 이야기를 적절하게 끼워 넣고 자신의 코멘트와 생각한 것을 섞어 넣어 이야기를 읽어 준다. 대상이 어릴수록 이 역할이 필요하다.

04 두 가지 접근법: 분석적 접근법과 경험적 접근법

분석적 접근법은 이야기의 구성 요소를 확인하고 분석하는 데 관심을 두도록 하는 접근법이다. 교사는 유아에게 주로 그림책에 어떤 인물이 등장하였는지, 어떤 일이 벌어졌는지, 등장인물은 그 일을 어떻게 해결했는지를 생각하도록 하고 이야기의 주제에 대해 묻는다. 반면, 경험적 접근법은 그림책의 글이나 그림에 대한 유아의 생각이나 느낌에 관심을 두도록 하는 접근법으로, 주로 등장인물이 되어 반응하게 하거나 등장인물이 한 경험과 자신의 경험을 관련지어 보도록 독려한다. 또한, 그림책을 들으며 떠오르는 이미지나 연상, 느낌 같은 심미적 요소에 관심을 두도록 한다.

그림책을 읽어 주기 전에 "이 이야기에 누가 나오는지 그 아이에게 어떤 일이 생기는지 보자."라는 안내를 한다면 그것은 분석적 접근법이며, "네게도 이 아이와 같은 일이 생긴다면 어떨지 잘 생각하면서 들어 보자."라고 한다면 경험적 접근법이라 할 수 있다.

이 두 가지 접근법은 모두 그림책에 대한 유아의 반응을 활성화하여 유아가 그림책을 더욱 잘 이해하고 자신의 삶에 그림책의 의미를 한층 더 깊이 부여할 수 있도록 하기 위한 것이다. 그러나 이 두 접근법은 유아의 그림책의 종류나 읽어 주는 목적, 그림책을 읽은 후의 활동에 따라 다르게 선택할 수 있다.

이야기 그림책을 읽어 주는 경우에는 주로 경험적 접근법에 기초한 질문을, 정보 그림책을 읽어 주는 경우에는 주로 분석적 접근법에 기초한 질문을 하도록 한다. 그러나 이야기 그림책의 경우라도 동극 활동을 할 때처럼 등장인물이 한 말을 비롯하여 이야기의 구성 요소나 구조를 이해하는 것이 필요하다면, 분석적 접근법에 기초하여 유아와 상호작용을 한다. 그리고 정보 그림책을 읽어 주는 경우라도 담겨 있는 정보와 그림이 지닌 사실성보다는 그것으로부터 느낄 수 있는 감상, 예를 들면 자연의 아름다움, 생명의 신비로움, 유아 자신의 경험 등에 초점을 맞추고 싶다면 경험적 접근법에 기초한 질문을 할 수 있다. 다음은 그림책을 읽어 준 후 유아에게 할 수 있는 두 가지 접근법에 기초한 질문들이다(Many & Wiseman, 1992).

1) 분석적 접근법

- "이 그림책에 누가 나왔니?"
- "이 그림책에서 제일 중요한 사람(혹은 동물)은 누구지? 그것을 어떻게 알았니?"
- "이 그림책은 언제 어디서 일어난 이야기일까?"
- "이 그림책에서 어떤 일이 일어났니?"
- "주인공이 그 일을 어떻게 해결했니?"
- "이 그림책은 어떻게 끝이 났니?"

2) 경험적 접근법

- "이 그림책을 좋아하니? 왜 좋아하니 혹은 왜 싫어하니?"
- "이 그림책에서 가장 오래 기억하고 싶은 것(장면, 말 등)은 무엇이니?"
- "등장인물 중 누가 가장 마음에 드니? 왜 그렇니?"
- "만약, 네가 이 그림책에 나오는 어떤 사람(동물)이 될 수 있다면 누가 되고 싶니?"
- "등장인물은 어떤 기분이었을까? 너도 그 기분을 느낄 수 있니?"
- "만약 네가 ○○라면 어떻게 했을까?"

- "이 그림책을 다르게 만들어 볼 수 있을까? 이야기해 줄 수 있겠니?"
- "이 그림책의 등장인물과 비슷한 사람(혹은 동물)이 나오는 다른 이야기를 알거나 들은 적이 있니? 그들이 어떤 점에서 비슷하니?

05 단계별 그림책 읽어 주기

그림책을 읽어 주는 과정을 읽어 주기 전, 읽는 과정, 읽어 준 후로 나눈 학자들(Mason, Peterman & Kerr, 1989)에 기초하여 각 단계별 읽어 주기 방법을 제시하면 다음과 같다. 그러나 이것은 그림책의 특성에 따라, 유아의 반응에 따라 선택적으로 이루어져야 하고, 때에 따라서는 아무런 질문을 하지 않을 수도 있다는 것을 염두에 두어야 한다.

1) 읽어 주기 전

- 교사는 읽어 줄 그림책을 미리 소리 내어 읽어보고, 그림책의 내용과 특징에 대해 미리 알고 어떤 부분을 유념하여 읽어 줄지 생각한 후 읽어 준다.
- 유아가 모두 제자리에 앉았는지, 모두 그림이 잘 보이는 자리에 앉았는지 자리 배치를 적절하게 한 후 읽어 준다.
- 유아에게 표지의 제목과 그림, 또는 판형(책 모양)을 보여 주며 어떤 이야기가 들어 있을지 예측해 보도록 한다.
- 관련 경험이 있는지에 대해 이야기를 나눈다.
- 이전에 읽은 다른 그림책과 관련지어 이야기를 나눈다.
- 필요한 배경지식(시대적 배경, 장르, 그림책 작가 이야기 등)을 알려 주되 너무 길어지지 않도록 한다.

2) 읽어 주는 동안

- 유아가 그림책에 몰입할 수 있게 등장인물의 감정과 이야기의 분위기에 맞는 목소리로 재미있고 실감 나게 읽어 준다.
- 그림책으로 교사의 얼굴을 가리지 않도록 한다. 유아와 눈을 맞추면서 읽어 준다. 유아의 반응을 계속 보고 이야기의 즐거움을 함께 나누기 위함이다.
- 일방적으로 읽어 주기만 하지 말고 그림책에 대한 유아의 생각이나 느낌, 질문을 허용, 격려하고 적절한 피드백을 주며 읽어 준다.
- 그림도 보면서 의미를 이해할 수 있게 시간을 충분히 주며 읽어 준다.
- 그림책을 읽어 주는 동안 그림책에 대한 생각이나 느낌, 질문을 할 수 있도록 한다.
- 유아 간의 상호작용을 격려한다. 서로 다른 반응을 수용하면서 자신의 생각을 수정 및 확장할 수 있기 때문이다.
- 때때로 인물의 표정이 어떠한지, 어떤 행동을 하고 있는지, 배경은 어떠한지 등 그림에 주의를 기울이게 함으로써 유아가 스스로 글자와 그림 간의 '빈자리'를 채우며 들을 수 있게 한다.
- 적절한 시점에 다음 이야기를 예측하도록 한다.
- 유아 간의 대화나 교사의 질문에 대한 유아의 대답이 길어져 그림책을 읽는데 흐름을 깰 정도가 될 때는 그림책을 계속 읽은 후에 이야기를 더 나누자고 제안한다.

3) 읽어 준 후

- 그림책에 대한 전체적인 감상 및 평가를 나눈다.
- 유아가 원한다면 그림만 다시 한 번 보면서 이야기를 나눈다.
- 유아가 관심을 많이 보인 장면이나 부분에 대해 이야기를 더 나눈다.
- 유아가 하고 싶어 하는 활동을 선택하도록 한다.

- 언어활동에 치우치지 말고 다양한 감각적 경험을 불러일으키는 활동을 한다.
- 여러 활동을 통해 작품에 대해 다시 한 번 이야기 나누는 기회를 갖도록 한다.
- 그림책을 읽어 준 후, 그림책을 도서영역에 비치하여 유아가 반복해서 볼 수 있도록 해 준다.

영아반 그림책 읽어 주기

영아에게는 그림책을 읽기 전과 후에 하는 상호작용보다는 그림책을 읽어 주는 동안에 하는 상호작용에 더 치중하며 그림책을 읽어 주는 게 더 낫다. 그림책을 읽기 전 내용 예측하기, 관련 정보 제공 혹은 그림책을 읽은 후 그림책을 어떻게 이해하고 감상했는지 이야기하기 등은 영아에게 다소 어려울 수 있기 때문이다. 교사는 영아가 그림책의 내용과 그림에 관심을 갖게 하고, 중간에 이야기의 진행에 참여할 수 있는 기회를 주며 읽어 준다. 상호작용의 예는 다음과 같다.

- "이것 봐라, 여기 자동차 나오는 그림책이 있네.", "○○는 자동차 타고 어디 가 봤어?"라는 말과 함께 영아가 좋아하는 대상이 담겨 있는 그림책을 영아 앞에 내밀면서 우선 영아의 주의를 끈다.
- "이건 뭘까?", "이 아이가 뭘 하고 있을까?"라고 하면서 책 속의 그림을 가리키며 영아에게 책 속의 그림이 무엇인지, 어떤 일이 벌어지고 있는지에 관심을 갖도록 한다. 이때, 교사는 글로 표현되어 있지 않은 그림을 말로 덧붙이며 읽어 줄 수 있다.
- 질문을 한 경우 영아가 대답할 때까지 기다리고 필요하면 답을 해 준다. 또한, 영아가 무엇인가 먼저 이야기를 하려고 할 때도 기다려 주어 영아가 그림책에 대한 관심을 이어가도록 한다.
- 영아가 대답을 한 경우 "그래, 맛있는 사과구나. 너도 사과 좋아하니?", "네 말대로 이 아이는 신을 신고 있구나. 어디를 가려는 걸까?"라고 하면서 영아의 반응을 긍정적으로 수용 · 확장시키면서 적절한 피드백을 준다.

〈표 5-1〉 영아의 그림책 읽어 주기 전략

상호작용 전략	조작적 정의	특성	예(『사과가 쿵』)
주의 환기	그림책이나 그림책의 특정 부분에 관심을 갖도록 주의를 끄는 말과 행동	언어적 환기: 언어로 영아의 주의 끌기	와! 이것 좀 봐봐.
		신체적 환기: 신체적 표현으로 영아의 주의 끌기	사과가 쿵(손뼉을 치며)하고 떨어졌대.
		운율적 환기: 리듬을 넣어 영아의 주의 끌기	사각~ 사각~ 사]각(리듬을 넣어 읽어 준다).
설명하기	그림책에 나와 있는 대상에 대해 명명하거나 묘사, 논평, 간단한 정보 제공하기	명명하기: 그림에 있는 사물이나 대상의 이름 말하기	이건 두더지야.
		묘사하기: 책의 그림에 대해 기술하기	두더지가 사과를 야금야금 먹고 있네.
		사전 경험과 연결하기: 책의 내용을 영아 또는 교사의 사전 생활 경험과 연결하기	우리도 그때 간식으로 사과를 먹어봤지?
		추론, 예측하기: 책 이야기에 나타나지 않은 동기, 원인, 관련성을 추론하여 예측하기	악어가 배가 고팠나봐. 이렇게 많이 먹었네?
수준 높은 질문하기	영아로부터 반응을 요구하는 질문하기	'무엇' 질문: 사물의 속성이나 이름을 묻기	이게 무슨 색이야?
		'어디' 질문: 장소에 대해 묻기	동물들은 어디 있어?
		'누구' 질문: 대상에 대해 묻기	여기 누가 있어?
		'왜' 질문: 이유에 대해 묻기	토끼는 왜 이렇게 웃고 있을까?
		'어떻게' 질문: 방법에 대해 묻기	여기로 어떻게 들어갔을까?
		'기능/행동' 질문: 사물의 기능이나 사람의 행동에 대해 묻기	두더지가 지금 뭐하고 있는 걸까?
피드백	영아의 말이나 질문에 대한 성인의 반응	칭찬하기: 언어와 행동으로 하는 영아의 표현에 대해 칭찬하기	와, 토끼처럼 사과를 냠냠냠 소리를 내며 먹고 있구나.
		확인하기: 언어와 행동으로 하는 영아의 표현에 대해 확인하기	다름쥐라고 했니?
		따라하기: 언어와 행동으로 하는 영아의 표현에 대해 따라하기	아, 다람쥐라고 생각하는구나.
		교정하기: 언어와 행동으로 하는 영아의 표현에 대해 교정하기	이것은 다람쥐가 아니라 두더지라고 불러.
		확장하기: 언어와 행동으로 하는 영아의 표현에 대해 확장하기	두더지는 땅속에 살아.

출처: 서정숙 외, 2013.

06 글 없는 그림책 읽어 주기

글 없는 그림책은 글자가 없으므로 유아가 글을 읽어야 한다는 부담감으로부터 자유롭게 읽을 수 있어 책에 대한 흥미를 불러일으키기에 좋다. 또한, 글이 있는 그림책에 비해 그림 하나하나를 더 세세하게 보면서 이야기를 만들어야 하므로 이야기의 이해 및 표현능력, 어휘력, 창의성, 추론능력 등 여러 능력을 키우는 데 도움이 된다(Hopkins, 1979; D'Angelo, 1981; Holdaway, 1979; Raines & Isbell, 1994).

글 없는 그림책은 글자가 없어서 어떻게 읽어 주어야 할지 조금 난감할 수 있다. 글 없는 그림책을 읽는 방법은 딱히 정해져 있지는 않다. 교사는 우선 글 있는 그림책을 읽어 줄 때처럼 제목과 표지의 그림을 보며 어떤 내용의 그림책일지 이야기를 나누는 것으로 읽어 주기를 시작한다. 그리고 면지, 속표지, 본텍스트의 그림을 한 장씩 차례로 넘기며, 유아가 이야기를 구성해 나갈 수 있게 도와준다. 이때, 교사는 어떤 그림이 있는지, 누가 무엇을 하고 있는지, 어디서 벌어지는 일인지, 다음에는 어떤 일이 일어날지, 왜 그렇게 생각하는지 등과 같은 발문을 할 수 있다(D'Angelo, 1981). 이렇게 책장을 한 장씩 넘기며 유아가 이야기를 이어가게 하다가 유아가 특히 재미있어 하고 관심을 보이는 그림이 있으면 그 장면에 충분히 머물면서 이야기를 만들어 갈 수 있게 해 준다.

만약 글 없는 그림책을 처음 읽을 때 유아들이 교사의 질문에 적절하게 답하지 못한다면, 교사는 시범자로서 그림을 보며 이야기를 꾸며 들려줄 수 있다. 필요하다면 의성어나 의태어를 넣기도 하고 등장인물의 입장에서 간단한 대화를 만들어 넣으며 읽어 줄 수도 있다. 글 없는 그림책을 읽을 때, 교사의 발문이 적절하면 유아가 이야기를 꾸미는 데 좋은 실마리가 되지만, 너무 많은 질문이나 개입을 하면 유아가 이야기를 창의적으로 만들어 가는 데 방해가 될 수 있으므로 지나치지 않도록 주의한다. 그리고 글 없는 그림책은 반복해서 보면서 이야기를 더욱 상세하게 채워 가기도 하고 수정하기도 하면서 이야기를 구성하도록 한다.

제2부

연령별/생활주제별 그림책 읽어 주기

제 6 장

0세반

01 그림책과 읽어 주기

1) 그림책의 의미

이 시기 영아가 경험하는 모든 것은 새로운 놀잇감이며 세상을 알아가는 통로이다. 영아에게 제공되는 그림책에는 일상생활에서 볼 수 있는 친근한 사물이 선명한 이미지, 아름다운 색상으로 담겨 있어 그림책은 영아에게 즐거운 놀잇감이 된다. 영아의 손에 쉽게 닿을 수 있게 주변에 그림책을 비치해 둔다.

영아는 오감각을 활용하여 그림책을 경험한다. 이 시기 그림책은 눈으로 보고 손으로 만지고 냄새를 맡고 빠는 가운데 주변의 다른 사물과는 어떻게 다른지를 경험하게 해주는 감각적 탐색 대상으로서의 의미를 지닌다.

또한, 영아는 첫 해에 양육자와 함께 동일한 사물과 사건에 주의집중을 하는 '공동 주의(joint attention)' 행동을 보이는데, 그림책은 영아가 부모나 교사와 공동주의를 기울이며 그들과 안정적인 관계를 맺게 해주는 매체이기도 하다(Meibauer, 2014, Kummerling-Meibauer & Jorg Meibauer, 2015에서 재인용).

2) 그림책의 선정 기준

(1) 밝고 대조되는 색, 단순한 모양의 그림이 담긴 그림책

0세 초기에는 대조되는 색이 식별하기 쉬우므로 『하양까망』 같은 흑백의 그림책을, 약 3개월경부터는 색에 대한 선호가 생기므로 『구두구두 걸어라』처럼 밝고 명료한 색으로 표현된 그림책을 선정한다. 영아는 생후 1년 동안 성인과 비슷한 수준의 시력 발달을 이루어 나간다. 그림책의 형태에 주의를 기울일 수 있도록 선명하고 단순한 그림으로 표현된 『덜컹덜컹 기차』 같은 책을 선정하도록 한다.

(2) 안전하고 견고하며 세척이 용이한 그림책

0세 영아에게 그림책은 쉽게 입에 넣어 탐색하기를 즐기는 놀잇감이다. 그러므로 0세 영아에게 제공되는 그림책의 재질은 영아의 입과 피부에 닿아도 안전한 재질이어야 하며 날카롭고 뾰족한 부분이 없어야 한다. 또한, 쉽게 파손되지 않으며, 입으로 빨거나 침을 묻혔을 때 청결한 상태를 유지하기 위해 세척이 용이한 재질의 그림책을 선정하는 것이 좋다. 『뮤지컬 부엉이 인형 헝겊책』이나 『누가 숨었지?』를 예로 들 수 있다.

(3) 얼굴 표정이 담긴 그림책

영아기 초기에는 주로 양육자의 품에 안겨 눈을 맞추며 따뜻함을 느낀다. 이때 영아는 자신이 바라보는 사람의 얼굴을 다른 자극보다 선호하는 경향이 있으므로 사람의 얼굴표정이 담긴 그림책을 선정한다.

(4) 친숙한 사물이나 동물 그림의 그림책

친숙한 사물이나 동물의 등장은 영아로 하여금 호기심을 불러일으키며 그림책에 주의를 기울이게 해 준다. 또한, 쿠잉, 옹알이 시기를 거친 후 주변의 사물이나 동물에 대해 관심을 갖게 되면서 영아는 그것들의 이름을 익혀간다. 그러므로 영아가 일상생활에서 사용하는 사물이나 자주 보거나 이야기를 듣는 강아지, 고양이 등이 등장하는 그림책을 선정한다. 『으앙으앙』, 『뒹굴뒹굴 짝짝』과 같은 그림책을 예로 들 수 있다.

(5) 양육자와의 애착에 도움을 주는 그림책

정서적 안정감과 신뢰를 바탕으로 한 양육자와의 애착은 영아의 이후 발달에 매우 중요한 역할을 한다. 그러므로 양육자와 정서적 교감을 나누거나 안정감을 느끼게 해주는 내용의 그림책을 선정하도록 한다. 『아가야 뭐 하니?』, 『안아 줘』와 같은 그림책을 예로 들 수 있다.

3) 그림책 읽어 주기

- 그림책은 재미있는 놀잇감이며 그림책을 읽는 시간은 즐거운 시간이라는 인식을 갖게 하기 위해 교사는 영아와의 그림책 상호작용을 놀이처럼 즐겁게 해야 한다. 특히, 그림책 읽는 시간이 교사의 강요에 의한 시간이 되지 않도록 주의한다.
- 영아에게 그림책을 읽어 줄 때 책의 촉감, 소리 등 물리적 성질을 탐색할 수 있게 해 준다.
- 교사는 영아와 눈을 맞추고 편안하고 안정적인 자세로 앉아 읽어 준다.
- 영아에게 개별적으로 그림책을 읽어 주는 것이 바람직하다. 영아와 말소리를 교환하며, 개별 영아의 욕구와 반응을 민감하게 수용하며 그림책을 읽어 준다.

02 주제별 그림책

1) 낯설어요

〈낯설어요〉라는 주제는 가정에서 돌봄을 받던 영아가 처음으로 어린이집에 적응하면서 교사와의 애착을 형성할 수 있도록 돕기 위해 구성되었다. 영아는 보호자와 함께 있더라도 어린이집의 낯선 환경으로 인해 긴장을 하게 된다. 그러므로 영아가 교사와의 애착을 형성하고 어린이집 환경에 적응하도록 돕는 활동과 상호작용이 필요하다. 이때 영아가 보호자와 함께 낯선 환경에서 긍정적인 경험을 충분히 하며 안정적으로 적응할 수 있도록 하는 것이 중요하다. 그러한 의미에서 영아가 성인과 애착을 형성할 수 있고 사랑받는 존재임을 느낄 수 있게 해주는 그림책을 보호자나 교사와 함께 경험하게 해주는 것이 필요하다.

상수리, 2015

제 목	너를 정말 사랑해
작 가	송지현, 김무연
내 용	눈, 입, 코, 귀, 엉덩이도 예쁘고, 아장아장 걸음걸이, 해맑게 웃는 미소도 예쁜 아기의 모습과 그런 아기를 사랑스럽게 바라보는 엄마의 모습을 그린 그림책이다.

❖ 그림책 특징 및 읽어 주기

구문이 반복되므로 운율감이 느껴지는 그림책이다. 그림책에 나오는 각각의 신체부위를 어루만져 주며(예: 냄새 맡는 코가 예쁘다고 하는 부분에서는 영아의 코를 쓰다듬어주기) 그림책을 읽어 준다. 각 기관의 적응프로그램 일정에 따라 아이의 적응을 돕는 양육자가 교실에 함께 있을 경우, 양육자가 직접 읽어 줄 수 있도록 한다.

애플비, 2008

제 목	0세, 눈으로 배워요!
작 가	애플비 편집부
내 용	까만 동그라미 하나로 시작하여 크기가 다른 까만 동그라미 선들이 뱅글뱅글 돌아가는 그림, 까만 바탕에 하얀 딸랑이, 선명한 색의 컵, 꼬물꼬물 점선을 그리며 가는 개미와 토끼의 모습이 그려져 있다.

❖ 그림책 특징 및 읽어 주기

까만 동그라미로 시작한 책은 어린 영아가 초점 맞추기부터 함께할 수 있게 해 준다. 초점을 맞춰요, 무엇일까요?, 소리와 모양을 말해요, 까꿍놀이의 순으로 구성된 그림책으로, 흑백의 그림, 선명한 색감의 그림, 간단한 의성어, 의태어(예: 냠냠, 꿈틀)가 등장한다. 이들 그림을 하나하나 짚으며 읽어 준다.

넥서스주니어, 2012

제 목	달님이 달강달강
작 가	이정임, 이명주
내 용	도리도리, 곤지곤지, 짝짜꿍, 죔죔, 달강달강 등 다양한 놀이를 아기가 자연과 어우러져 함께하는 모습을 담은 그림책이다.

❖ 그림책 특징 및 읽어 주기

각 장마다 도리도리, 짝짜꿍, 곤지곤지 등이 반복된다. 반복되는 부분은 리듬감을 살려 읽어 주도록 한다. 또한, 영아가 교사의 도움을 받거나 혹은 직접 신체를 움직여 볼 수 있도록 돕는다. 그림책에 제시된, 전통적으로 우리나라에서 전해 내려오는 다양한 놀이(곤지곤지, 죔죔, 도리도리 등)를 일과에서 영아와 함께해 본다.

(주)비룡소, 2013

제 목 사랑해 사랑해 우리 아가

작 가 문혜진, 이수지

내 용 사랑해 사랑해 사랑해, 새콤달콤 꼬스름, 잘한다 잘한다 잘한다, 안아안아 꼭꼭, 간질간질, 으쓱으쓱 짝짝짝, 냠냠쩝쩝 등의 시들이 담겨 있는 동시집이다. 아이의 일상에서 경험해봄직한 일들이나 부모와 함께할 수 있는 놀이들을 소재로 한 동시 그림책이다.

❖ 그림책 특징 및 읽어 주기

적응 기간에 교사(또는 부모)가 읽어 주며 영아와 눈을 맞추고 간질이고, 코코놀이를 하고, 꼭 안아 주는 등 글 내용과 같이 실제로 스킨십을 하는 기회를 갖는다. 그림책에 있는 CD는 영아가 활동을 하거나 낮잠을 잘 때 조용히 들려준다.

애플비, 2005

제 목 아기 초점책(4권)

작 가 애플비 편집부

내 용 영아의 시각을 자극하기 위한 『흑백 초점책』, 다양한 모양과 색을 담은 『색과 모양』, 얼굴을 중심으로 하는 『누구일까?』, 익숙한 사물을 단순하게 표현한 『무엇일까?』 등 4권으로 구성된 초점책이다.

❖ 그림책 특징 및 읽어 주기

총 4권으로 구성된 그림책은 개월 수에 맞게 제공할 수 있다. 얼굴 모양을 담은 『누구일까?』와 영아에게 익숙한 사물을 담은 『무엇일까?』를 함께 읽을 때 사물의 이름 외에 의성어나 의태어 등(예: 젖병을 가리키며 "냠냠 우리 ○○가 잡고 먹는 젖병이네.")을 덧붙여 읽어 준다.

보림큐비, 2010

제 목	우리 아기 눈 맞춤책(3권)
작 가	안상수, 이상희
내 용	전통적 문양을 떠오르게 하는 흑백 초점책『해님 달님 우리 아기』, 색깔과 사물을 경험할 수 있도록 하는『아롱다롱 우리 아기』, 다양한 모양과 색을 표현한『우리 아기 보러 와요』등 총 3권으로 구성된 초점책이다.

❖ 그림책 특징 및 읽어 주기

다른 초점책과는 달리 붓으로 그린 초점책으로, 짧은 이야기가 함께 담긴 특징이 있다. 영아의 연령에 따라 세 권을 적절하게 제공해 준다.

보림, 2011

제 목	하양까망
작 가	류재수
내 용	흑백 그림책으로 1권은 넘기는 형태, 2권은 병풍 형태로 구성되어 있다. 1권에는 아기 동물과 엄마 동물의 모습이 담겨 있고, 2권에는 꽃, 새 등 자연의 모습이 담겨 있다.

❖ 그림책 특징 및 읽어 주기

그림으로만 구성되어 있는 그림책이므로 영아와 함께 그림을 보며 명칭이나 의성어, 의태어 등을 붙여 읽어 주고(예: 나비 그림을 짚으며 "훨훨 나비" 라고 소리 내며 읽어 주기) 상호작용을 하며 영아의 옹알이에 적절하게 반응한다.

느림보, 2014

제 목 으앙으앙

작 가 윤재인, 오승민

내 용 으앙으앙 울고 있는 아기를 달래기 위해 동물들이 젖병, 딸랑이, 자동차를 주며 달래 보지만 아기는 울음을 그치지 않는다. 동물들이 아기 엉덩이를 밀어주어 엄마 품에 안기자 아기는 울음을 그친다.

❖ 그림책 특징 및 읽어 주기

익숙한 물건과 동물의 등장이 영아가 기관에 안정적으로 적응하는 데 도움이 될 수 있으며, 그림책을 읽어 주거나 읽어 준 후 영아에게 익숙한 물건을 보여 주며 상호작용한다(예: "○○ 젖병은 어디 있지? 여기. 여기 ○○이 젖병이 있네."). '아기가 으앙으앙 ○○이 깜짝!'이라는 반복 문장을 실감 나게 읽어 주어 영아가 교사의 소리를 주의 깊게 들을 수 있도록 한다.

함께 읽으면 좋은 그림책

베이비 초점책 〈초점 그림책〉
(애플비 편집부, 애플비, 2015)
동그라미, 세모, 네모, 별, 직선 등의 흑백 초점책과 무당벌레, 물고기, 나비 등을 소재로 한 컬러 초점책으로 구성되었으며, 다른 초점책과 달리 아름다운 멜로디도 함께 제공되는 초점책이다.

초점: 0~12개월 〈초점 그림책〉
(블루래빗 편집부, 블루래빗, 2010)
병풍처럼 세울 수 있는 형식이며, 흑백 패턴과 얼굴 그림을 담은 그림책이다.

아기 헝겊 초점책 〈초점 그림책〉
(애플비 편집부, 애플비, 2004)
작은 크기로 된 흑백과 원색, 동물 그림으로 이루어진 세 권의 헝겊 초점책이다.

2) 느껴 보아요

〈느껴 보아요〉라는 주제는 만지고, 보고, 듣고, 냄새를 맡는 등의 감각을 활용한 탐색을 통하여 세상에 대한 이해를 넓혀 가는 영아에게 감각 탐색의 기회를 충분히 제공하고자 구성되었다. 특히, 씻을 때, 씻기 전·후, 옷을 벗고 입을 때, 먹을 때, 놀이할 때 등 영아에게 익숙한 경험 속에서 감각적 탐색 활동을 제공하는 것이 바람직하다. 영아의 감각적 탐색의 경험이 담긴 그림책이나, 주변 사물에 대한 탐색을 이끌 수 있는 그림책을 선정하는 것이 좋다.

책읽는곰, 2013

제 목 발바닥이 간질간질

작 가 한은영

내 용 생김새가 다른 동물들의 발바닥을 나비가 간질인다. 동물마다 간지러워하는 모습과 소리가 다르며 마지막에 나비가 아기 발바닥을 간지럽힌다. 아기도 결국 간지러워 동물들과 함께 웃는다.

❖ 그림책 특징 및 읽어 주기

앞표지를 보며 나비의 존재에 대해 알 수 있도록 돕고, 그림책을 읽어 줄 때 반복되는 부분에 운율을 넣어 읽어 준다. 동물들을 간질일 때마다 나오는 다양한 의성어에 관심을 갖게 하며 읽어 준다. 영아와 간질간질놀이를 하며 영아의 몸짓이나 소리에 즐겁게 반응해 준다.

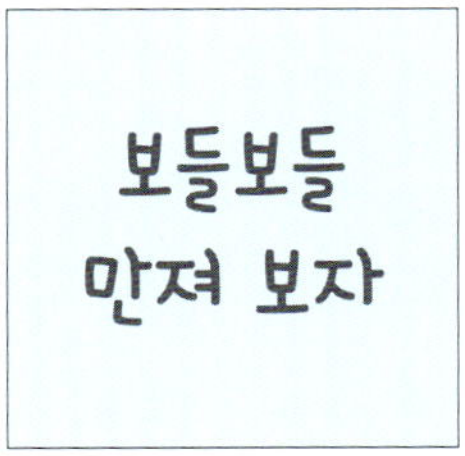

삼성출판사, 2015

제 목 보들보들 만져 보자

작 가 삼성출판사 편집부

내 용 귀여운 아기 늑대가 등장하며 아기 늑대의 모자, 옷, 신발 등이 다양한 촉감으로 표현된 그림책이다.

❖ 그림책 특징 및 읽어 주기

'보들보들'과 같이 촉감을 나타내는 말들이 표현되어 있는 그림책을 보며 직접 만져 볼 수 있는 기회를 충분히 제공한다.

키다리, 2012

제 목 아장아장 아기산책

작 가 한태희

내 용 아기가 아장아장 걸으며 발자국을 남긴다. 풀밭도, 꽃밭도, 모래밭도 아장아장 걷는다.

❖ 그림책 특징 및 읽어 주기

같은 문형의 문장이 반복되므로 리듬감을 살려 읽어 준다. 그림책 속 발자국을 따라가다가 마지막 장에 만나는 발자국에도 관심을 가질 수 있도록 한다. 걷기를 시도하는 영아에게는 그림책을 읽어 준 후 다양한 촉감을 느낄 수 있는 길(뽁뽁이 길, 폭신폭신 길 등)을 만들어 제시해 준다. 여러 가지 재료(모래, 밀가루 반죽 등) 위에 발자국을 남겨 보는 활동을 한다.

한솔수북, 2010

제 목	아기 손이 좋아해
작 가	한솔수북 편집부
내 용	아기손이 등장하여 매끌매끌 공, 알록달록 고운 꽃잎, 포근포근 곰 인형 등 다양한 재질의 재료를 실제로 만져 볼 수 있도록 구성되어 있다.

❖ 그림책 특징 및 읽어 주기

오른쪽 면은 영아가 직접 촉감을 느껴 볼 수 있는 재질로 되어있다. 그림책을 읽어 줄 때 영아의 손을 함께 잡고 촉감을 느껴 볼 수 있도록 돕는다. 촉감을 느끼며 그림책을 읽을 때 느껴지는 느낌에 대해 교사는 다양한 언어를 사용하여 들려준다.

웅진주니어, 2013

제 목	알록달록 첫 촉감놀이책
작 가	스텔라 배곳
내 용	보들보들, 까끌까끌한 재질과 동글동글, 뱅글뱅글 구멍과 함께 화려하고 밝은 색과 그림으로 구성되어 있는 촉감놀이책이다.

❖ 그림책 특징 및 읽어 주기

장면마다 촉감 부분을 함께 만져 볼 수 있게 충분한 기회를 제공하며 촉감을 나타내는 다양한 말을 들려주고 따라 해 볼 수 있도록 돕는다.

함께 읽으면 좋은 그림책

아기 발이 좋아해 〈촉감〉

(한솔수북 편집부, 한솔수북, 2010)

『아기 손이 좋아해』와 시리즈로 출간된 그림책이다. 발로 다양한 촉감을 느낄 수 있다는 것을 알게 하고 다양한 촉감을 발로 느껴 보는 경험을 하게 한다.

3) 움직여요

출생 이후 6개월까지 신장과 체중이 가장 급속도로 늘어나고 머리둘레와 몸통은 출생 후 1년 동안 가장 빠른 성장을 보인다. 〈움직여요〉에서 다루어지는 내용은 발달 특징과 순서에 따라 '누워서 움직여요', '앉아서 움직여요', '잡아 보아요', '기어요', '서고 걸어요'의 소주제로 제시되어 있다. 이때 영아에게 다양한 놀이를 하는 자신을 닮은 아기의 모습이 담긴 그림책을 제공함으로써 놀이에 대한 호기심과 흥미를 유지할 수 있도록 돕는다.

푸른숲주니어, 2013

제 목	곤지곤지 잼잼
작 가	최숙희
내 용	잠에서 깬 아기가 으앙 울음을 터뜨리자 동물들이 아기를 여러 가지 방법으로 달래기 시작한다. 불아불아, 곤지곤지, 짝짜꿍짝짜꿍 등 전통적으로 아기를 어를 때 하는 다양한 방법이 그려진 그림책이다.

❖ 그림책 특징 및 읽어 주기

영아와 직접 그림책 속의 여러 가지 놀이(곤지곤지, 불아불아 등)를 하며 읽어 준다. 그림책을 읽어 줄 때 "불아불아", "곤지곤지" 등 반복되는 단어에 운율을 넣어 읽어 준다. 곤지곤지, 짝짜꿍 짝짜꿍 등 각 동작을 영아가 즐길 수 있을 정도의 속도로 이끈다.

한림출판사, 2007

제 목	구두구두 걸어라
작 가	하야시 아키코 / 이영준
내 용	구두만 등장하여 쿵쿵 걸어가는 모습, 톡톡 발끝으로 걸어가는 모습, 깡충깡충 높이 뛰는 모습 등이 그려진 그림책이다.

❖ 그림책 특징 및 읽어 주기

그림책을 읽어 줄 때 구두가 걸어가는 걸음걸이의 차이에 따라 목소리의 크기나 억양 등에 변화를 준다. 그림책을 감상하면서 영아가 서서 따라 움직여 볼 수 있도록 격려하고 교사도 해당 움직임을 보여 준다. 그림책을 읽은 후 그림책 속 구두모양의 종이에 스티커를 붙여 보는 활동을 제공한다.

장수하늘소, 2011

제 목	까꿍 만만세
작 가	이연실
내 용	손바닥 모양으로 된 그림책이다. 곤지곤지, 잼잼부터 눈, 코를 찾는 아기 손의 모습이 담긴 그림책이다.

❖ 그림책 특징 및 읽어 주기

그림책을 읽어 줄 때 영아와 직접 곤지곤지, 잼잼 등을 한다. 그림책에서 영아가 직접 눈, 코, 입 등의 그림을 찾으며 보도록 해 준다. 그림책을 읽은 후 손으로 간단한 모양(예: 나비, 하트 등)을 만들어 보거나 손을 이용한 놀이를 해 볼 수 있게 한다.

다섯수레, 2009

제 목 도리도리 짝짜꿍

작 가 구전놀이 노래, 정순희

내 용 사실적인 그림과 함께 엄마와 마주 앉아서 짝짜꿍을 하는 아이의 모습이 담긴 그림책이다.

❖ 그림책 특징 및 읽어 주기

그림책을 읽어 줄 때 그림책의 그림에서처럼 마주 앉아서 직접 짝짜꿍을 해 본다. 그림책을 읽은 후 도리도리 짝짜꿍, 잼잼, 짝짜꿍 등을 하는 영아의 모습의 사진을 찍어 교실에 게시해 준다.

길벗어린이, 2010

제 목 뒹굴뒹굴 짝짝

작 가 백연희, 주경호

내 용 짝짝 손뼉치고, 만세하고, 엉금엉금 기는 아이의 모습과 동물들의 모습, 의성어, 의태어가 담겨 있는 그림책이다.

❖ 그림책 특징 및 읽어 주기

영아와 동물의 모습이 사실적으로 그려진 그림책으로 영아가 그림 속 동작을 따라 해 볼 수 있다. 이때, 영아가 그림책에 등장하는 다양한 동작을 해 볼 수 있게 충분한 시간을 준다. 영아의 동작을 멈추게 하거나 너무 빨리 다음 장으로 넘기지 않도록 한다. 또한, 인형을 이용하여 그림책 동작을 흉내 내며 그림책을 읽어 줄 수도 있다.

사계절, 2006

제 목	코코코 해보아요
작 가	신용주, 이진아
내 용	'코코코코'를 할 준비가 된 표지 속 영아가 눈, 코, 입, 배꼽, 손, 발을 하며 박수를 치고, 눈을 깜빡하기도 하는 등의 모습이 담긴 그림책이다.

❖ 그림책 특징 및 읽어 주기

그림책을 읽으며 영아와 함께 코코코코놀이를 해 본다. 개월 수가 어린 영아와 그림책을 읽을 때 교사는 더욱 적극적으로 놀이에 참여한다. 그림책을 읽은 후 인형이나 거울 속에 비친 자신의 모습을 보며 놀이를 해보도록 한다.

함께 읽으면 좋은 그림책

코코코코 코! 〈신체부위 이름〉
(애플비 편집부, 애플비, 2014)

헝겊으로 된 그림책으로, 코코코코 코, 코코코코 눈, 입, 귀, 배, 엉덩이를 찾아보는 모습이 그려진 그림책이다. 영아가 그림책을 흔들 때마다 딸랑거리는 소리가 난다.

4) 놀이는 재미있어요 1

0세 영아는 자신이 만나는 주변 세계에 대한 호기심이 왕성하며 사물에 대한 탐색 욕구가 많은 시기이다. 이 주제는 영아 주변에서 쉽게 만날 수 있는 놀잇감의 특성에 따라 '움직이는 놀잇감', '구멍이 있는 놀잇감', '굴러가는 놀잇감', '까꿍 놀잇감', '소리가 나는 놀잇감'의 소주제로 구성되어 있다. 움직이고, 구멍이 있고, 소리가 나는 그림책들을 제시하면서 의성어, 의태어 등의 반복 사용이나 새로운 어휘의 반복 등을 통해 영아의 언어발달 촉진은 물론 활발한 상호작용의 기회를 제공하는 것이 바람직하다.

애플비, 2013

제 목	강아지는 멍멍, 오리는 꽥꽥
작 가	애플비 편집부
내 용	실제 동물의 사진을 제시하고 동물들의 소리를 경험할 수 있게 해주는 그림책이다. 버튼을 누르면 동물의 소리를 들을 수 있다.

❖ 그림책 특징 및 읽어 주기

그림책을 읽어 줄 때 의성어를 리듬감 있게 읽어 준다. 그림책을 읽어 줄 때 버튼을 눌러 나오는 동물의 소리를 직접 흉내 낼 수 있는 기회를 제공한다.

시공주니어, 2007

제 목 기차가 칙칙폭폭

작 가 뻬떼르 호라체크

내 용 선명한 색감으로 칙칙폭폭 출발한 기차가 다리를 건너고 터널, 숲 속을 지나 바닷가에 도착하는 내용의 그림책이다. 기차가 지나는 곁마다 구멍이 있어 영아는 기차가 구멍 안으로 들어가는 기분을 느낄 수 있다.

❖ 그림책 특징 및 읽어 주기

그림책을 읽어 줄 때, 영아가 그림책 속 의성어(칙칙폭폭, 덜컹덜컹 등)를 충분히 경험할 수 있게 해 준다. 그림책을 읽고 종이박스에 끼적이거나 스티커 붙이기 등을 통해 기차를 꾸며 보고 직접 기차를 타 보는 활동으로 연계한다.

애플비, 2007

제 목 누가 숨었지?

작 가 애플비 편집부

내 용 뒤에 숨어 있는 동물들과 함께 까꿍놀이를 할 수 있는 헝겊 그림책이다.

❖ 그림책 특징 및 읽어 주기

그림책을 읽어 줄 때, '꼭꼭 숨어라' 같은 노래를 불러 주의집중하게 한다. 그림책을 읽으며 동물들과 '까꿍' 하며 놀이를 해 본다. 그림책 마지막 장에 있는 거울을 보며 "까꿍 나야, 나" 활동을 해 볼 수 있도록 하며 까꿍 거울이나 까꿍판을 제시하여 확장놀이를 해 본다.

한림출판사, 2011

제 목 덜컹덜컹 기차

작 가 안자이 미즈마루, 박숙경

내 용 덜컹덜컹 달캉달캉 기차에 젖병, 컵과 수저, 사과와 바나나, 고양이와 쥐가 차례로 탄다. 이들이 도착한 곳은 턱받이를 하고 이유식을 기다리는 아기의 식탁이다.

❖ 그림책 특징 및 읽어 주기

반복되는 기차 소리를 다양한 빠르기와 억양으로 읽어 준다. 그림책을 읽은 후 영아의 다양한 물건을 사진스티커로 제시하여 까만 기차 위에 붙여 보는 활동을 한다. 그림책을 읽은 후 영아가 기차를 굴려 보거나 기차에 물건들을 태우는 활동을 해 본다.

길벗어린이, 2011

제 목 뭐 하니?

작 가 유문조, 최민오

내 용 곰돌이를 비롯하여 원숭이, 코끼리, 강아지 등이 뒤돌아 앉아 있다가 "뭐하니?"라는 질문에 차례로 앞모습을 보여 주는 그림책이다.

❖ 그림책 특징 및 읽어 주기

사실적이며 따뜻한 느낌의 그림과 친근한 글의 내용을 보며 영아와 까꿍놀이를 할 수 있다. 그림책을 읽어 줄 때, 그림으로만 제시되어 있는 장면에서는 영아의 반응을 살피며 교사가 텍스트를 넣어 읽어 줄 수도 있다(예: 강아지 뒷모습 그림을 보며 "누구지? 멍멍아, 멍멍아"라는 텍스트를 넣을 수 있다).

꿈꾸는달팽이, 2013

제 목	자장자장 쿨쿨
작 가	꿈꾸는달팽이 편집부, 신유진
내 용	여러 동물들이 졸려하며 잠자리에 드는 모습을 표현한 그림책으로 상단의 버튼을 누르면 졸려하는 아기의 목소리가 들린다.

❖ 그림책 특징 및 읽어 주기

버튼을 누를 때 나는 소리에 관심을 가지도록 하면서 읽어 준다. 반복되는 부분(자장자장 쿨쿨, 자장자장 퐁퐁 등)을 리듬감 있게 읽어 준다. 영아가 졸린 모습을 표현하는 것을 허용하며 읽어 준다.

함께 읽으면 좋은 그림책

손가락이 꼬물꼬물 〈손가락 끼우기 놀이〉
(김지유, 신유진, 블루래빗, 2015)

사과를 먹는 애벌레, 힘차게 달리는 망아지, 모이를 콕콕 쪼아 먹는 병아리, 토닥토닥 아기를 재우는 돼지 등의 모습이 담긴 그림책이다. 각 동물들의 부분에 구멍이 있어 손가락을 넣어 볼 수 있다.

음매 누구게? 〈까꿍놀이〉
(애플비 편집부, 애플비, 2007)

선명한 색의 헝겊책으로, 얼굴을 가린 채 "누구게?" 묻는다. 얼굴을 가린 동물의 손을 내리면 동물의 얼굴이 보인다.

5) 놀이는 재미있어요 2

왕성한 호기심을 가지고 있는 0세 영아는 익숙한 주변 사물을 활용한 놀이를 통해 많은 것을 경험하게 된다. 특히, 다양한 감각을 경험할 수 있는 헝겊이나 인형, 굴러가는 공, 여러 가지 소리를 내는 악기 등은 영아가 흥미를 느끼고 탐색하며 다양한 발달을 이룰 수 있게 해주는 좋은 사물들이다. 이에 따라 〈놀이는 재미있어요 2〉에서는 '통, 상자놀이', '헝겊, 천놀이', '공놀이', '악기놀이', '그릇놀이' 등의 소주제를 제시하고 있다. 교사는 영아가 다양한 감각을 경험할 수 있는 재질의 그림책과 익숙한 사물이 그려진 그림책, 그러한 사물을 가지고 놀이하는 내용의 그림책 등을 제시하며 영아가 다양한 사물에 흥미를 갖도록 돕는다.

꿈꾸는달팽이, 2014

제 목	꿈꾸는 자동차
작 가	꿈꾸는달팽이 편집부, 유현숙
내 용	자동차 모양의 헝겊 그림책으로 자동차를 누르면 삑 소리뿐 아니라 바스락거리는 소리를 들을 수 있다. 자동차 뚜껑을 열면 한 면은 단순한 모양이 그려져 있으며, 뒷면에는 이야기가 담겨 있는 그림책이다.

❖ 그림책 특징 및 읽어 주기

그림책을 읽어 주기 전에 자동차 그림책을 움직이며 영아의 관심을 이끈다(예: 자동차를 굴리며 "뛰뛰 빵빵" 소리낸다). 그림책을 읽으며 그림책이 가진 다양한 요소(안전거울, 다양한 촉감, 소리 등)를 충분히 경험해 볼 수 있도록 허용한다.

웅진주니어, 2014

제 목 뮤지컬 부엉이 인형 헝겊책

작 가 정숙영, 경소영

내 용 부엉이 모양의 헝겊 그림책으로 다양한 촉감, 소리 등의 요소가 포함되어 놀이할 수 있는 그림책이다.

❖ 그림책 특징 및 읽어 주기

부엉이 모양의 헝겊으로 된 그림책에서 바스락 거리는 소리가 나기도 하고 부엉이의 눈은 떼었다 붙였다 할 수 있다. 그림책에 매달린 안전거울과 치발기를 영아가 자유롭게 잡아 볼 수 있도록 기회를 준다. 또한, 그림책을 읽어 줄 때, 영아가 주도적으로 그림책의 여러 가지 촉감들을 만져 보며 경험해 볼 수 있도록 돕는다.

새콤달콤 과일 헝겊책

형설아이(홍진P&M), 2009

제 목 새콤달콤 과일 헝겊책: 바나나, 딸기, 포도

작 가 형설아이(홍진P&M) 편집부

내 용 과일 모양의 헝겊 그림책이다. 첫 장면은 실제 과일의 사진을 제시하고 이후에 과일 속을 들춰 보기도 하고 바스락 소리도 들을 수 있다.

❖ 그림책 특징 및 읽어 주기

그림책을 제시할 때, 냠냠냠~ 등의 먹는 시늉을 하며 영아의 관심을 이끈다. 그림책을 읽으며 들춰 보기, 바스락 거리는 부분 만져 보기 등의 감각 활동을 적극적으로 해 볼 수 있도록 격려한다.

길벗어린이, 2015

제 목	아가야 밥 먹자
작 가	여정은, 김태은
내 용	흰쌀밥, 주먹밥, 카레밥, 김밥 등 다양한 밥을 만드는 모습과 밥이 완성된 모습을 담은 그림책이다.

❖ 그림책 특징 및 읽어 주기

이유식을 시작하여 음식이나 그릇에 관심을 갖기 시작한 영아와 함께 보면 좋다. 그림책을 읽어 주기 전이나 후에 밥을 탐색해보는 기회를 가져 본다. 그림책에 나오는 여러 가지 그릇를 제시하여 놀이할 수 있도록 한다.

블루래빗, 2010

제 목	아기 코끼리 코야 헝겊책
작 가	작은북, 오연진
내 용	헝겊으로 만든 코끼리 모양의 책이다. 다양한 촉감과 소리를 경험할 수 있다.

❖ 그림책 특징 및 읽어 주기

그림책 장면마다 부분별로 다른 촉감들을 영아와 함께 경험하며 읽어 준다. 이때 촉감을 말로 표현하며(까칠까칠, 말랑말랑 등) 읽어 준다. 그림책에서 반복되는 부분을 읽어 주며 영아의 반응을 살핀다. 거울이 있는 장면에서는 영아의 이름을 넣어 까꿍놀이를 해 본다.

6) 좋아해요

3~4개월의 어린 영아는 사회적 미소를 통해 익숙하고 편안한 타인과 관계를 맺고자 한다. 6~8개월경에는 낯선 사람에게 불안감을 나타내며 자신의 욕구를 충족시켜 주는 주 양육자와의 애착을 형성하고 월령이 높아짐에 따라 익숙한 타인을 비롯하여 주위의 다른 사람들에게 친근감을 표현한다. 이 시기의 영아에게 교사나 또래 등과 같이 친숙한 사람들과 더불어 생활하는 데 도움을 주는 〈좋아해요〉는 '마주봐요', '안아줘요', '같이 해봐요', '함께 웃어요', '사랑해요'의 소주제로 구성되어 있다. 교사는 영아에게 따뜻한 돌봄, 사랑을 느낄 수 있는 그림책을 제시하고, 영아와 눈을 맞추거나 함께 웃으며 그림책을 감상하도록 한다.

보물창고, 2006

제 목 사랑해 사랑해 사랑해

작 가 버나뎃 로제티 슈스탁, 캐롤라인 제인 처치 / 신형건

내 용 아기의 머리부터 발끝까지 사랑하는 마음이 담긴 그림책이다. 기쁠 때, 슬플 때, 말썽부릴 때, 심술부릴 때, 어제, 오늘, 내일 언제나 아이를 사랑하는 마음을 담았다.

❖ 그림책 특징 및 읽어 주기

영아의 일상 경험 내용들이 그려져 있어 영아가 그림책의 상황을 이해할 수 있다. 영아가 어떤 모습을 하더라도 늘 사랑하겠다는 마음이 전해지도록 온정을 담아 읽어 준다. 엄마나 아빠의 음성으로 녹음한 그림책을 들려주어 안정감을 느낄 수 있도록 한다.

미세기, 2014

제 목 아가야 뭐 하니?

작 가 린다 헬러, 김윤경

내 용 아기와 엄마의 일상이 담긴 그림책이다. 엄마와 마주 보고, 뽀뽀하며, 엄마 품에 꼭 안기는 아기와, 행복하고 사랑이 가득한 표정으로 아기를 바라보는 엄마의 모습이 담겨 있다.

❖ 그림책 특징 및 읽어 주기

그림책을 읽어 줄 때 직접 영아와 스킨십을 하고 눈을 맞추며 상호작용하도록 한다. 그림책을 반복해서 읽어 줄 때 영아의 이름을 넣어 읽어 준다.

웅진주니어, 2000

제 목 안아 줘!

작 가 제즈 앨버로우

내 용 다른 동물들이 안고 있는 모습을 보던 아기 원숭이는 자기도 안아달라며 울먹인다. 그때 엄마 원숭이가 달려와 아기 원숭이를 품에 꼭 안자 주변의 동물들도 "안아 줘!"를 외치며 꼭 안는다.

❖ 그림책 특징 및 읽어 주기

영아를 안아 주며 그림책을 감상한다. 영아의 얼굴과 교사 혹은 부모의 얼굴로 대체한 그림책을 준비하여 읽어 줌으로써 영아가 사랑받고 있음을 느낄 수 있도록 한다.

보림, 2008

제 목	엄마랑 뽀뽀
작 가	김동수
내 용	표지부터 다정한 모습의 그림책은 각 페이지마다 돼지, 강아지, 토끼, 원숭이 등 엄마 동물과 아기 동물이 뽀뽀를 하며 등장하는 그림책이다. 각 장마다 엄마동물들은 아기동물들을 사랑스러운 듯 안고 바라보고 뽀뽀를 해주는 모습이 표현되어 있다.

❖ 그림책 특징 및 읽어 주기

영아와 함께 그림책을 감상할 때 영아를 안아 주고 사랑스러운 눈길로 바라보며 그림책 속 아기동물들의 행복한 마음을 느낄 수 있게 스킨십을 하며 읽어 준다. 그림책을 읽은 후 인형들을 이용하여 뽀뽀놀이를 할 수 있도록 하거나, 영아의 사진과 영아의 가족 사진을 제시하여 뽀뽀 활동을 해 본다.

함께 읽으면 좋은 그림책

엄마 뽀뽀 아가 뽀뽀 〈엄마와 아기의 애정표현〉

(남은희, 우핀퀘이, 아름다운사람들, 2010)

엄마 동물과 아기 동물들이 뽀뽀하는 모습을 선명한 그림으로 나타내었으며, 의성어를 함께 담고 있는 그림책이다.

머리부터 발끝까지 사랑해 〈사랑스런 아기〉

(캐롤라인 제인 처치 / 신형건, 보물창고, 2015)

머리, 어깨, 무릎, 발, 발가락까지 사랑스러운 아기의 모습, 입도 벌려 보고, 팔도 흔들어 보고, 허리를 굽혀 발가락도 만져 보는 아기의 모습이 담긴 그림책이다.

제 7 장

1세반

01 그림책과 읽어 주기

1) 그림책의 의미

첫돌이 지난 영아는 일상생활에서 사물의 이름을 하나씩 배워 나간다. 영아는 그림책의 친숙한 사물이나 신체 부위 그림을 가리키며 명명하는 가운데 그림책 속 어휘와 어휘가 가리키는 실제 대상을 연결 지으며 의미를 익혀 나간다. 이렇게 각 사물의 이름과 사물이 그림이 담겨 있는 그림책을 '명명 그림책' 또는 '초기 개념 그림책(early-concept books)'(Kummerling-Meibauer & Meibauer, 2015)이라 한다.

18개월부터는 어휘가 급격히 증가하는데, 그간 배운 단어들의 범주화가 일어나기 시작한다. 예를 들어, 개나 고양이, 토끼에 대한 단어 습득이 이루어진 후 이것들을 '동물'이라고 이해하기 시작한다. 이를 위해 '개념 그림책(concept book)'의 도입이 가능해진다.

또한, 걸음마기 영아는 책이 무엇인지를 놀잇감과 구분지어 안다. 가만히 앉아서 그림책을 보고, 그림책의 그림에 주의를 기울이며, 그림을 하나하나 가리키며, 보드북의 책장을 넘기는 등 '책 읽기의 기본 행동'을 익히게 된다(Kummerling-Meibauer & Meibauer, 2015).

2) 그림책의 선정 기준

(1) 오감각을 경험할 수 있는 그림책

이 시기 영아는 여전히 오감각을 활용하여 탐색하기를 즐긴다. 그러므로 만져보거나 냄새를 맡아보거나 소리를 들을 수 있는 등 오감각을 활용할 수 있는 그림책을 선정한다. 『보들보들 무엇일까?』나 『딸기가 좋아!』를 예로 들 수 있다.

(2) 혼자 넘길 수 있는 그림책

소근육이 발달해감에 따라 영아는 스스로 그림책의 책장을 넘길 수 있게 된다. 하지만 너무 얇은 재질의 그림책은 혼자서 책장을 넘기기 어려우므로 책장을 넘기면 다음 장이 따라 올라오는 보드책을 제시해 준다. 『달님 안녕』, 『냠냠냠 쪽쪽쪽』을 예로 들 수 있다.

(3) 반복 패턴이나 동작을 따라할 수 있는 그림책

반복적인 패턴의 리듬과 운율을 좋아하며 다른 사람의 말이나 행동을 따라 하기를 즐기는 시기이므로 간단하고 반복되는 소리나 동작을 따라할 수 있도록 하는 그림책을 선정한다. 『오리처럼 뒤뚱뒤뚱』이나 『무지개 까꿍』, 『무엇이 무엇이 똑같을까?』 같은 그림책을 예로 들 수 있다.

(4) 배변훈련과 관련된 그림책

배변훈련에 관심이 생기는 시기이다. 배변훈련이 두려움보다는 친숙하고 자연스러운 경험으로 다가가기 위해 영아의 개별 상태를 살펴 적절한 시기에 배변과 관련된 그림책을 선정하여 보여 주도록 한다. 『응가, 뿌지직 뽕!』, 『똥이 풍덩』 같은 그림책을 예로 들 수 있다.

(5) 친숙한 일상 경험이 담긴 그림책

걷기 시작하면서 이전보다 훨씬 적극적으로 세상을 탐색하며 다양한 어휘와 경험을 하는 시기이다. 먹기 · 씻기와 같이 자신이 경험한 일상을 사실적으로 표현한 단순한 내용의 그림책이나, 다른 대상과 함께 즐겁게 놀이하며 긍정적 정서가 담긴 그림책에 흥미를 느낀다. 『나도 나도』, 『아기가 아장아장』, 『싹싹싹』 같은 그림책을 예로 들 수 있다.

3) 그림책 읽어 주기

- '명명 그림책'을 함께 보면서 그림을 가리키며 명명하기(pointing-labeling)를 놀이처럼 즐겁게 하며 읽어 준다.
- 반복 어구나 의성어, 의태어를 함께 되뇌며 말의 즐거움을 느끼도록 해 준다.
- 동작을 함께 따라 하며 읽어 준다.
- 아직 글을 읽고 내용을 이해하기보다 그림을 보며 실제의 어떤 것을 표상한 것인지를 인식하도록 해야 하므로, 언제 어디서 어떤 일이 일어나고 있는지 등 내용과 관련된 질문은 많이 하지 않는다. 대신 그림을 자신의 속도로 주의 깊게 충분히 볼 수 있도록 배려한다.
- 그림책에 그려진 인물이나 형태와 배경을 구분할 수 있도록 읽어 줌으로써 (예: "여기 강아지가 있구나. 밤인가 보다. 깜깜한 걸?") 그림 읽기 방법을 안내한다.

02 주제별 그림책

1) 새로운 것이 낯설어요

영아가 처음 어린이집에 적응하면서 가장 어려운 문제는 보호자와의 분리에서 오는 불안감이다. 이러한 어려움을 적응 기간 동안 어떻게 안정적으로 해결해 나가는가는 앞으로의 영아의 생활에 큰 영향을 준다. 안정적인 적응 기간을 통해 영아는 능동적으로 새로운 환경을 탐색하고 교사에 대해 안정감을 느끼고 신뢰감을 형성하게 된다. 안정감을 주는 그림책들은 영아의 적응을 도우며, 교사와의 긍정적 관계 형성에도 도움을 줄 수 있다.

한림출판사, 1990

제 목	달님 안녕
작 가	하야시 아키코 / 한림출판사 편집부
내 용	깜깜한 밤이 되어 달님이 뜨고 구름에 가려졌다가 다시 달님이 보이는 모습을 그린 그림책이다.

❖ 그림책 특징 및 읽어 주기

앞표지 그림을 보며 달이 어떻게 하고 있는지로부터 시작해서 책장을 넘기며 달이 점점 어떻게 달라지는지, 고양이는 어떻게 하고 있는지, 그림의 변화를 살피며 읽어 준다. 혀를 내밀며 장난스런 표정을 짓고 있는 달 그림이 담겨 있는 뒤표지까지 감상한다. 그림책을 읽은 후, 달님 막대인형으로 놀이를 해 본다.

키즈엠, 2013

제 목 사랑해, 엄마

작 가 줄리에트 발레리, 모 르그랑 / 조정훈

내 용 졸음이 올 때도, 친구들끼리 이야기하거나 슬퍼질 때도 문득 엄마를 생각하는 아기 곰돌이와, 그런 아기 곰돌이를 따뜻하게 안아 주는 엄마 곰돌이의 모습을 그린 그림책이다.

❖ 그림책 특징 및 읽어 주기

색연필의 따뜻한 분위기의 그림을 감상할 수 있도록 하며, 각 장면마다 등장하는 아기 곰돌이와 엄마 곰돌이를 찾아볼 수 있도록 돕는다. 그림책에 포함되어 있는 의성어, 의태어를 리듬감 있게 읽어 주어 관심을 가질 수 있도록 돕는다.

북뱅크, 2015

제 목 사랑해 꼭 안아 줄 시간

작 가 필리스 거셰이터 & 밈 그린, 데이비드 워커 / 이정훈

내 용 엄마 토끼와 아기 토끼가 아침에 일어나 사랑해, 꼭 안아 줄 시간, 하며 꼭 안아 주는 모습을 담았다. 뿐만 아니라 아기 토끼와 엄마 토끼가 함께 즐거운 하루를 보내는 모습도 담았다.

❖ 그림책 특징 및 읽어 주기

영아에게 익숙한 일상생활 모습과 함께 토끼와 엄마 토끼가 꼭 안는 모습이 담겨 있는 그림책이다. 영아가 어린이집 적응을 돕는 양육자와 그림책을 감상하며 꼭 안아 보는 경험을 할 수 있도록 해주고, 이 모습을 사진으로 찍고 교실 한쪽에 붙여 줌으로써 안정적으로 적응을 할 수 있도록 돕는다.

길벗어린이, 2013

제 목 아기가 아장아장

작 가 권사우

내 용 아기가 신발을 신고 아장아장 걸어 나가 산책을 한다. 산책을 하며 개미, 참새, 고양이 등을 만나는 모습을 그린 그림책이다.

❖ 그림책 특징 및 읽어 주기

책 표지에 서로를 마주 보고 있는 아기와 고양이의 모습을 보며 "무엇을 하고 있는 걸까?", "우리도 산책할 때 고양이 만났었지?" 등의 상호작용을 통해 관심을 끈다. 같은 형식의 문장들이 반복되므로 이런 부분의 운율을 살려 읽어 준다. 마지막 장면에 '같이 놀자' 하며 마주 보고 있는 두 아기에 이어 뒤표지에 함께 손을 잡고 있는 두 아기의 모습까지 연결지어 볼 수 있도록 한다. 그림책을 읽은 후, "○○야, 안녕?" 하며 인사할 수 있는 기회를 제공한다.

삼성출판사, 2008

제 목 엄마가 사랑해

작 가 차보금, 이현영

내 용 엄마 배 속부터, 태어나서 성장하는 과정까지 엄마와 아빠가 아이를 사랑하는 마음을 담은 그림책이다.

❖ 그림책 특징 및 읽어 주기

그림책의 앞과 뒤에서 엄마가 사랑해, 아빠가 사랑해의 두 이야기가 각각 시작하는 그림책이다. 영아가 원하는 쪽부터 볼 수 있도록 돕는다. 가정연계활동으로 영아와 부모의 사진을 이용하여 개인의 책을 만들어 본다.

(주)비룡소, 2008

제 목 엄마는 항상 네 곁에 있어

작 가 박은영

내 용 치노라는 아기 공룡이 밤에 잠에서 깨어 엄마를 찾는 이야기를 담은 그림책이다. 아기 공룡 치노는 엄마를 찾아다니다가 달님을 만난다. 달님에게 엄마가 어디 있는지 아냐고 묻자 달님은 언제 어디서나 엄마는 늘 함께 있다고 이야기한다.

❖ 그림책 특징 및 읽어 주기

그림책을 읽어 줄 때, 아기 공룡의 감정에 초점을 맞추어 상호작용한다.

함께 읽으면 좋은 그림책

모래놀이 가자 〈실외놀이〉

(김성은 & 이수현, 이장원, 웅진주니어, 2008)

그림과 사진이 어우러진 그림책이다. 모래를 이용하여 떡도 만들고, 모래 위에 그림도 그리고 고래도 만드는 등 평소 자주 접하지 않는 재료인 모래를 이용하여 할 수 있는 놀이가 그려져 있다. 영아가 모래를 만져 보고 모래와 도구를 이용하여 놀이해 볼 수 있는 기회를 제공한다.

2) 느낄 수 있어요

주변의 사물에 대해 호기심을 느끼고 감각적인 탐색을 통해 세상을 알아가는 것은 이 시기 영아에게 중요한 영향을 준다. 일상생활에서 경험할 수 있는 것들은 물론 탐색의 대상을 좀 더 확장하고, 오감을 통해 탐색할 수 있는 기회를 제공함과 동시에 그림책을 보며 자신의 경험을 떠올려 보거나 탐색에 대한 욕구를 불러일으키는 것이 바람직하다.

길벗어린이, 2008

제 목	냠냠냠 쪽쪽쪽
작 가	문승연
내 용	영아에게 익숙한 과일의 그림, 맛을 표현한 그림책이다.

❖ 그림책 특징 및 읽어 주기

과일의 겉모습과 잘랐을 때의 모습을 연속적으로 표현하였으며, 냠냠냠, 쪽쪽쪽 등의 리듬감 있는 의성어를 제시하였다. 그림책을 감상하면서 영아의 다양한 의성어 표현을 격려한다. 탐색활동을 통해 그림책에서 제시하는 다양한 과일의 맛을 직접 느껴 볼 수 있도록 하며, 영아가 표현하는 맛 관련 언어들을 교사가 다시 적절한 언어로 말해 준다.

웅진주니어, 2007

제 목	동물 미술관
작 가	브라이언 와일드스미스
내 용	화려하고 다채로운 색을 사용하여 그린 동물들이 자신의 이름을 소개하는 모습을 담은 그림책이다.

❖ 그림책 특징 및 읽어 주기

실제 동물 사진을 보는 것처럼 생동감 있는 그림을 보며 각 동물의 소리나 모습을 직접 영아가 흉내 내볼 수 있도록 격려한다. 그림책을 읽어 준 후, 영아가 가장 관심을 둔 동물의 장면을 더 보여 주며 감상한다.

사계절, 2007

제 목	두드려 보아요
작 가	안나 클라라 티돌름
내 용	푸른 나무 밑 파란 대문이 있는 작은 집이 등장하고 파란 문을 똑똑 두드리니 꼬마 미카엘이 등장한다. 그리고 뒤로 빨간 문이 보이고, 빨간 문도 똑똑 두드려 본다. 장마다 다른 색의 문이 보이고 그 안으로 들어가면 여러 가지 장면이 제시되는 그림책이다.

❖ 그림책 특징 및 읽어 주기

한 면이 전체 문으로 채워지고 다음 장으로 넘기면 일상에서 일어나는 장면이 소개된다. 그림책을 읽는 동안, 영아가 그림책에서 반복되는 '똑똑' 부분을 따라 소리 내거나 두드리는 몸짓을 해 볼 수 있게 한다. 그림책을 읽은 후, 주변의 물건을 두드려 볼 수 있는 기회를 주며 '똑똑' 소리 이외에 영아가 사용하는 의성어, 의태어에 반응해 주며 격려한다.

시공주니어, 2007

제 목	쏴아쏴아 무슨 소리지?
작 가	박정선, 조은희
내 용	영아에게 익숙한 다양한 소리를 나타내는 단어와 사물이 함께 나오는 그림책이다.

❖ 그림책 특징 및 읽어 주기

일상생활에서 볼 수 있는 다양한 물건의 소리를 그림과 함께 담고 있는 그림책이다. 앞장에 소리가 제시되고 뒷장에 그 소리가 나는 상황을 보여 주는 형식의 그림책이다. 다양한 리듬을 넣어 그림책을 읽어 줄 수 있으며 영아가 의성어를 따라할 수 있게 격려한다. 또한, 그림책을 읽은 후, 다양한 악기나 물건의 소리를 탐색하는 활동을 해 볼 수 있다. 다양한 소리들을 들을 수 있는 집안의 모습을 그린 마지막 장면에서는 손가락으로 하나하나 짚어가며 다양한 소리를 경험할 수 있도록 한다.

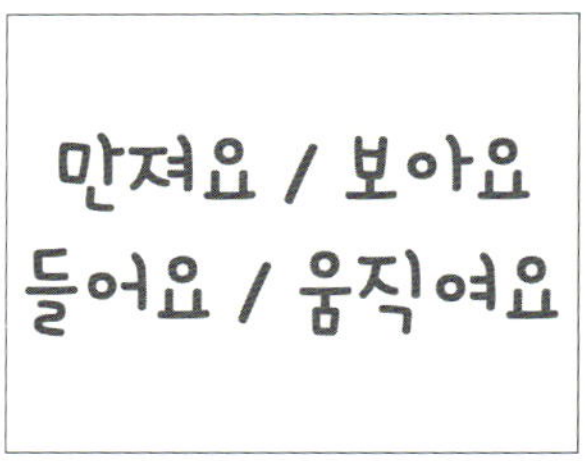

제 목	만져요 / 보아요 / 들어요 / 움직여요
작 가	헬린 옥슨버리
내 용	헬린 옥슨버리의 〈난 할 수 있어〉 시리즈. 영아에게 친숙한 사물, 소리 등을 만지고 보고, 듣고 움직이는 것을 표현한 그림책이다.

❖ 그림책 특징 및 읽어 주기

영아가 일상생활에서 익숙한 것들을 만져 보고 들어보고 살펴보는 경험을 간단한 그림과 단어, 간단한 문장으로 표현하였다. 그림책을 읽으며 영아가 자신의 경험과 연계하여 그림책을 감상 할 수 있도록 상호작용("우리도 산책을 하면서 무슨 소리를 들었지?", "○○는 강아지가 '멍멍'하는 소리를 들었구나.")을 한다. 또한, 다양한 촉감과 소리를 경험할 수 있는 교구를 제공하여 흥미로운 탐색이 가능하도록 돕는다.

애플비, 2010

제 목	딸기가 좋아
작 가	애플비 편집부
내 용	냄새도 맡아보고 만져도 보고 반으로 갈라 보기도 하며 딸기를 다양한 방법으로 탐색하는 모습이 담긴 그림책이다.

❖ 그림책 특징 및 읽어 주기

그림책 속 딸기를 손으로 문지르면 딸기 향을 맡을 수 있으며 딸기의 오톨도톨한 부분, 딸기의 잘린 모습 등을 실제 딸기 사진을 이용하여 표현한 그림책이다. 그림책을 읽을 때, 영아가 딸기의 특징이 나타나는 장면(오톨도톨한 부분, 들춰 보는 부분 등)을 직접 만져 보기도 하고 직접 젖혀 보게도 하면서 딸기의 특징에 대해 상호작용("딸기를 만져 보니까 뭐가 있네.", "딸기를 반으로 자르면, 이런 모양이구나.")을 한다.

함께 읽으면 좋은 그림책

모두모여 냠냠냠 〈미각〉
(이미애, 김달성, 보림, 2000)

동물들이 좋아하는 음식들을 모두 모여 함께 먹는 모습과 다양한 의성어가 담긴 그림책이다. 냠냠냠, 쪽쪽쪽 등과 같은 의성어에 관심을 가질 수 있도록 돕는다.

오렌지가 새콤새콤 〈미각〉
(애플비 편집부, 애플비, 2010)

향기나는 그림책으로, 촉감과 의성어를 담은 그림책이다. 그림책을 읽는 동안, 영아가 책을 만지고 냄새를 맡으며 그 촉감과 향기에 대한 표현을 할 수 있게 해 준다.

킁킁 무슨 냄새지? 〈후각〉
(박정선, 홍선주, 시공주니어, 2007)

후각에 대한 그림책이다. 냄새를 따라가는 곤충, 동물, 사람들 뿐만 아니라 향긋한, 달콤한, 맛있는, 고약한, 매운, 상쾌하고 시원한 냄새 등 다양한 냄새를 풍기는 음식이나 사물들이 등장한다.

3) 놀이할 수 있어요

이 시기 영아는 신체운동능력이 능숙해지고 보다 다양한 탐색도 가능해지며, 다양한 기능의 놀잇감에 많은 관심을 보인다. 〈놀이할 수 있어요〉라는 주제는 좋아하는 놀잇감, 물놀이, 까꿍놀이를 여러 방법으로 할 수 있도록 제시하고 있다. 다양한 놀잇감으로 할 수 있는 놀이들이 담겨 있어, 영아가 관심을 가질 수 있도록 하는 그림책을 보여 준다.

베틀북, 2015

제 목 내가 안아 줄게

작 가 배현주

내 용 뒤돌아 있는 곰돌이를 향해 안아 줄테니 오라면서 기어가는 아기가 등장한다. 엄마가 안아 주고 먹여 주고 함께 놀아 주었던 경험을 기억하는 아기가 곰돌이에게 엄마처럼 사랑을 나누어 주는 모습이 담겨 있다.

❖ 그림책 특징 및 읽어 주기

활짝 웃으며 곰 인형을 꼭 안아 주는 아기의 모습이 담긴 표지를 시작으로 그림책에는 마치 엄마가 자신에게 하듯이 곰돌이를 안아 주고 먹여 주고 함께 놀이를 하는 모습이 따뜻하게 그려졌다. 자신이 안아 주겠다고 말하며, 기어가는 자세로 곰돌이를 바라보고 있는 아기의 모습이 담긴 첫 장면을 보면서, 다음 장에서 누가 누구를 안아 줄지에 영아가 호기심을 가질 수 있도록 상호작용(예: "누굴까? 누가 안아 주지?") 한다. 그림책에서 아기가 곰돌이와 하는 놀이(피아노 치기, 쌓기놀이 등)에 대해 관심을 가질 수 있도록 한다. 또한, 엄마처럼 곰돌이에게 하는 행동(안아 주기, 아파하는 곰돌이 토닥이기 등)이 나타난 장면을 보며 영아가 좋아하는 인형에게 직접 해 볼 수 있는 기회를 제공한다.

창비, 2005

제 목	누구야?
작 가	정순희
내 용	바구니, 이불, 신발 속에 숨었던 동물들의 모습이 책장을 넘기면 하나씩 나타난다.

❖ 그림책 특징 및 읽어 주기

전통 조각보를 배경으로 바느질하여 만든 그림책이며, 각 대상의 질감이 느껴질 듯 표현된 그림책이다. 앞 장에 숨어 있는 동물의 모습이 보이고 다음 장에는 그 동물이 누구인지 모습을 드러내는 형식으로 되어 있다. 영아와 앞 장에 숨어 있는 동물이 누구일지 생각해보면서 읽어 준다. 그림책에서와 비슷한 조각보나 작은 천으로 물건을 가렸다 찾는 까꿍놀이를 해 본다.

보림, 2011

제 목	모자가 빼꼼
작 가	마에다 마리 / 박은덕
내 용	빨간 모자 안에 고양이가 한 마리 숨어 있다. 책장을 넘길 때마다 고양이의 일부가 조금씩 보이기 시작한다.

❖ 그림책 특징 및 읽어 주기

위로 넘기는 형식의 그림책이다. "이 책은 책장을 이렇게(책장을 위로 넘기며) 넘기는 거구나" 하며 영아에게 책장 넘기는 행위에 주의를 기울이게 한다. 책장을 왼쪽에서 오른쪽으로, 아래에서 위로 넘기는 방향을 이해하는 것도 책 읽기 관습에 대한 지식에 속하기 때문이다. 빨간 모자 안에 누가 있을지, 영아의 궁금증을 유발시키며 그림책을 읽어 준다. 그림책을 읽은 후, 모자 등을 이용하여 까꿍놀이를 해 본다.

웅진주니어, 2014

제목	무지개 까꿍!
작가	최정선, 김동성
내용	빨간색 옷의 고양이, 주황색 옷의 원숭이, 노랑색 옷의 곰 등 일곱 가지 무지개 색 옷을 입는 동물들과 아이의 모습이 차례로 등장한다.

❖ 그림책 특징 및 읽어 주기

'○○야 나와라', '까꿍!'이 반복된다. 영아가 '까꿍!' 부분을 맡아서 말할 수 있게 하며 읽어 준다. 다시 읽을 때는 동물들이 입은 옷 색깔에 따라 "빨간색 야옹이 나와라.", "주황색 원숭이 나와라."하며, 색깔 명칭에 관심을 갖게 하며 읽어 준다. 그림책을 읽은 후, 알록달록 티셔츠 위에 도장을 찍어 보거나, 올록볼록 다양한 느낌의 스티커를 붙이는 활동을 해 본다.

(주)비룡소, 2014

제목	어디 숨었니?
작가	나자윤
내용	천과 헝겊으로 만든 사물을 사진으로 찍어 만든 그림책이다. 왼쪽 책장의 물고기, 자동차, 무당벌레 등을 오른쪽 책장의 여러 사물들 사이에서 찾으며 보는 그림책이다.

❖ 그림책 특징 및 읽어 주기

왼쪽 장에는 물고기 그림과 함께 질문과 힌트가 적혀 있다. 그리고 왼쪽 장에서 제시하는 질문과 힌트에 따라 오른쪽의 풍선들 사이에서 물고기를 찾는 형식으로 되어 있다. 교사가 왼쪽의 텍스트를 읽고 영아는 오른쪽 장에서 해당 대상을 찾으면서 보면 된다. 팔딱팔딱, 부릉부릉 같은 의성어와 의태어에 리듬을 넣어 읽어 준다. 영아가 왼쪽의 사물 모양을 오른쪽에서 찾을 때까지 기다려 주며 읽어 준다. 그림책을 읽은 후, 책장을 넘기며 오른쪽에서 왼쪽의 사물 찾기놀이를 한다.

사계절, 2009

제 목	어린이집 물놀이
작 가	김영명, 조우영
내 용	어린이집에서 이루어지는 물놀이 활동의 과정이 사실적으로 표현된 그림책이다.

❖ 그림책 특징 및 읽어 주기

고무 휴대용 수영장에 바람을 넣는 모습, 페트병에 물을 넣어 물을 뿌리는 모습, 물놀이를 하는 아이들의 모습 등 영아가 실제 물놀이에서 경험한 모습들이 담겨 있다. 영아가 자신이 해보았던 물놀이 경험을 떠올리며 감상할 수 있도록 이야기 나누며 읽어 준다. 그림책을 읽은 후, 기관의 사정에 맞게 물놀이의 기회를 준다.

웅진주니어, 2010

제 목	풍덩 시원해요
작 가	심조원, 김시영
내 용	더운 여름날, 더위를 느끼며 그늘을 찾는 강아지들과 포장재를 벗고 물에 빠지는 과일들의 모습이 표현되었으며, 다양한 의성어와 의태어가 담긴 그림책이다.

❖ 그림책 특징 및 읽어 주기

각 과일을 씻기 위해 물에 넣는 소리가 과일의 크기에 따라 퐁당, 풍덩, 첨벙 등 서로 다른 의성어로 표현되어 있고, 각 과일의 모양이나 특성에 따라 송골송골, 따끔따끔 같은 의태어로 표현되어 있다. 그림책을 읽어 줄 때, 과일의 크기에 따라 소리의 크기를 달리 해서 읽어 준다. 또한, "포도송이가 송골송골", "복숭아 털이 따끔따끔" 하며 교사가 텍스트를 만들어 덧붙여 읽어 준다. 그림책을 읽은 후, 영아와 물놀이를 하며 다양한 의성어를 사용할 수 있는 기회를 제공한다.

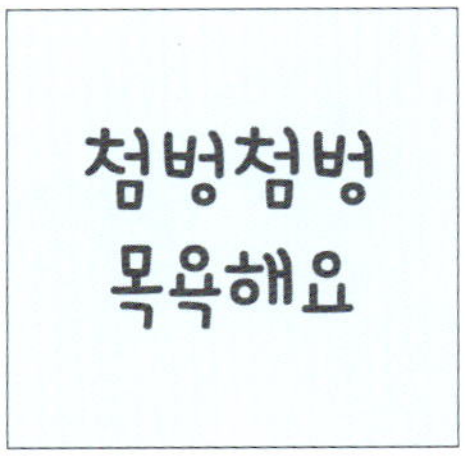

제 목	첨벙첨벙 목욕해요
작 가	기무라 유이치, 미야모토 에츠요시 & 우다가와 사치코
내 용	토순이가 윗옷과 바지와 팬티를 벗고, 팔, 가슴, 배 등을 깨끗하게 닦으며 목욕하는 과정을 담은 그림책이다.

❖ 그림책 특징 및 읽어 주기

책장을 넘길 때 위로 넘기는 형식의 그림책이며, 처음에는 작은 크기의 책장에 토끼 얼굴만 그려져 있다가 점점 지면이 커지는 특징을 가지고 있다. 이러한 그림책의 특징을 영아가 주의 깊게 볼 수 있도록 돕는다. (예: "토끼가 얼굴만 씻는구나, 이번엔 등허리까지 씻네.") 영아의 목욕 경험에 대한 이야기를 나누며 읽어 준다. 그림책을 읽은 후, 영아가 인형 목욕시키기 놀이를 해 볼 수 있게 교구를 마련해 준다.

4) 나는 할 수 있어요

이 시기 영아는 매일 반복되는 일과 속에서 스스로 할 수 있는 일을 해 봄으로써 자조능력을 증진시키고 다양한 시도를 하기 시작한다. 특히, 웅가, 쉬놀이, 말놀이, 찾기놀이 등을 통해 영아가 자신이 가진 능력을 알고, 자신감을 가질 수 있도록 하는 것에 초점을 두어 활동을 제공한다. 〈나는 할 수 있어요〉는 '즐겁게 할 수 있어요', '말할 수 있어요', '찾을 수 있어요' 등의 세 가지 소주제로 구성되어 있다. 그러므로 영아가 자신이 할 수 있는 것들을 발견하고, 자신의 요구나 느낌 등을 말 해 볼 수 있도록 하며 영아에게 익숙한 일상생활에서 영아가 할 수 있는 것들이 그려진 그림책을 제공하는 것이 필요하다.

보림, 2006

제 목	무엇이 무엇이 똑같을까?
작 가	이미애, 한병호
내 용	동물과 아이가 같은 모양새로 세수하고 이를 닦고 밥을 먹고 대변을 누고 놀이하는 모습이 그려진 그림책이다.

❖ 그림책 특징 및 읽어 주기

세수하고 이닦고 밥먹고 춤추고 박수치는 등 일상생활에서 영아가 할 수 있는 다양한 것들을, 왼쪽 면에는 동물의 모습으로, 오른쪽 면에는 아이의 모습으로 담아낸 그림책이다. 그림책을 읽어 줄 때, 반복되는 "무엇이 무엇이 똑같을까?" 부분은 익숙한 동요 가락에 맞춰 읽어 주며 의태어, 의성어 부분도 목소리의 크기나 억양의 변화를 주어 읽어 준다. 또한, '무엇이 무엇이 똑같을까' 부분을 읽어 준 후 영아에게 동물과 아이가 똑같이 무엇을 하고 있는지 그림을 주의 깊게 볼 수 있는 기회를 준다.

한림출판사, 1989

제 목 싹싹싹
작 가 하야시 아키코 / 이영준
내 용 아이는 동물들과 스프를 먹다가 스프를 흘린 동물들을 닦아 준다. 이어서 엄마가 아이의 입을 닦아 준다.

❖ 그림책 특징 및 읽어 주기

교사는 그림책 속 아기가 동물들을 차례로 닦아 주며 하는 말, '싹싹싹'이 반복되고 있음을 영아가 알아차리고 따라할 수 있게 그 부분을 또박또박 읽어 준다. 조금 전 먹은 간식을 떠올리게 하는 등, 실제 음식 먹을 때의 상황과 관련된 이야기를 덧붙이며 읽어 준다. 음식을 먹을 때, 그림책에서 나왔던 텍스트를 활용, 변형하여 대화를 한다(예: '맛있는 과자를 먹자', '아삭아삭').

(주)비룡소, 2009

제 목 옷을 입자 짠짠
작 가 정은정, 박해남
내 용 아이가 옷을 입으려고 노력하는 모습이 담긴 그림책이다.

❖ 그림책 특징 및 읽어 주기

섬유 꼴라주 기법을 이용하여 만든 그림책으로 그림책 속 아이가 실제 옷을 입는 느낌을 준다. 또한, 들춰 보는 형식으로 되어 있는 부분을 영아가 들춰 보고 달라지는 부분에 대해 주의를 기울이도록 안내한다. (예: 나왔다! 손가락도 하나 둘 셋 넷 다섯!)

아이가 어떤 표정을 짓고 있는지 말로 또는 같은 표정을 지어보게 하며 읽어 준다. 아이의 옷을 입혀 주는 닭과 원숭이도 보도록 안내하며 읽어 준다. 영아가 다음 장으로 책장을 넘기면서 그림책을 감상할 수 있도록 돕는다.

큰북작은북, 2010

제 목 응가, 뿌지직 뽕!

작 가 행복의나무, 이정은

내 용 아기는 동물들이 음식을 먹을 때마다 따라 먹는다. 그러다가 고구마를 먹던 돼지가 아기에게 고구마를 전해 주자 싫다고 이야기하더니 화장실로 가서 대변을 본다.

❖ 그림책 특징 및 읽어 주기

앞표지의 그림은 어떤 그림인지 영아가 말해보게 한다. 고양이가 무엇을 하고 있는 그림인지 살펴보게 한다. 돼지가 아기에게 고구마를 건네었을 때 아기의 얼굴 표정이 어떻게 달라지는지 그림을 볼 수 있도록 안내한다. 그림책을 읽을 때나 읽은 후, 영아가 표현하는 의성어를 격려해 준다.

함께 읽으면 좋은 그림책

손이 나왔네 〈옷 입기〉

(하야시 아키코, 한림출판사, 1990)

영아가 옷을 입는 과정이 담긴 그림책이다. 영아가 혼자 옷을 입을 수 있게 도와준다.

5) 움직이는 것이 재미있어요

영아는 걷기 시작하면서 다양한 도구들을 이용하여 여러 동작을 시도하며 자신의 신체를 이용한 다양한 움직임을 즐긴다. 또한, 자신의 신체의 움직임뿐만 아니라 놀잇감을 조작하며 놀잇감의 움직임에 많은 흥미를 가지게 된다. 〈움직이는 것이 재미있어요〉는 주제에는 '바깥놀이는 재미있어요', '몸을 움직여요', '움직이게 할 수 있어요' 라는 소주제들이 포함되어 영아가 자신의 신체를 안전한 공간에서 마음껏 움직여 보며, 다양한 도구를 이용한 움직임에 관심을 가질 수 있도록 한다. 교사는 영아의 발달을 고려한 움직임이 그려진 그림책을 제시하여 영아와 직접 몸을 움직여 본다.

파란자전거, 2014

제 목	걷는 게 좋아
작 가	하영
내 용	동물들의 걸음걸이를 흉내 내며 걷는 아이의 모습을 담은 그림책이다.

❖ 그림책 특징 및 읽어 주기

앞표지에 있는 사자, 토끼, 아이, 고양이가 무엇을 하고 있는지에 대해 살펴보고 책 뒤표지를 펼쳐 연결하여 볼 수 있도록 안내한다. 그림책을 읽어 줄 때, 영아가 그림책 속 다양한 걸음걸이를 따라해 보는 것을 허용하며 읽어 준다. 각각의 동물과 아이가 어떻게 움직이고 있는지를 표현한 부분에서는 텍스트와 그림을 주의 깊게 볼 수 있도록 한다. 그림책을 읽은 후, 그림책의 동물처럼 몸을 움직여 걸어 보는 대근육 활동을 해 본다.

웅진주니어, 2009

제 목	나도 나도
작 가	최숙희
내 용	아이는 동물들이 하는 것을 모두 따라한다. 마지막에는 아이가 엄마와 뽀뽀를 하는 모습을 보고 동물들 모두 엄마와 뽀뽀를 한다.

❖ 그림책 특징 및 읽어 주기

그림책을 읽어 줄 때, 동물의 모습과 따라 하는 아이의 모습을 주의 깊게 볼 수 있도록 안내한다. 마지막에 아이가 동물들에게 나처럼 엄마에게 뽀뽀할 수 있느냐고 한 후 동물들이 어디론가 달려가는 장면에서는 동물들이 어디로 가는 것인지에 대해 이야기를 해 볼 수 있도록 한다. 또한, 이 장면에 "나도, 나도!"라는 글이 동물들 주변에 쓰여 있는데 동물 크기, 글자의 크기에 따라 소리의 크기를 달리해서 읽어 준다. 그림책을 읽은 후, 여러 동물의 모습을 따라 하는 활동을 해 본다.

웅진주니어, 2008

제 목	동물들아, 뭐 하니?
작 가	루퍼스 버틀러 세더 / 이정선
내 용	말이 달리고, 닭이 걷고, 독수리가 하늘을 날고, 침팬지가 나무에 매달리고, 나비가 날갯짓하고, 거북이가 헤엄치는 모습이 실제로 움직이는 것처럼 표현된 그림책이다.

❖ 그림책 특징 및 읽어 주기

각 동물의 실제 사진이 제시되고 책장을 넘길 때마다 각 동물이 움직이는 그림책이다. 움직이는 부분에 영아가 흥미를 보일 때는 그림책을 충분히 탐색해 볼 수 있게 해 준다. 마지막 장면에는 앞서 나온 동물들을 흉내 내는 아기의 모습과 함께 의성어, 의태어가 제시(예: 따가닥따가닥, 쫑쫑쫑쫑) 되어 있다. "○○아, 뭐 하니?"라고 반복되는 부분을 리듬감 있게 읽어 준다. 그림책을 읽은 후, 동물 모형으로 놀이를 하며 다양한 의태어, 의성어를 사용해 본다.

사계절, 2004

제 목 모두 달아났네

작 가 기시다 에리코, 초 신타/ 유문조

내 용 숲 속으로 소풍을 간 아이와 엄마가 잠자리, 나비, 메뚜기 등 곤충들을 만난다. 아이가 잠자리를 잡으려고 하는 장면이 나오고 다음 장에는 이미 달아나버리고 바탕색만 가득한 장면이 나온다.

❖ 그림책 특징 및 읽어 주기

그림책을 읽어 줄 때, 영아와 함께 곤충을 잡는 흉내를 내어 보며 그림책을 읽어 준다. 곤충이 달아나 버린 장면을 읽으며 "없네. 어디갔지?" 등의 이야기를 하며 바탕색만 있는 장면에 대해 생각할 시간을 준다. 그림책을 읽은 후, 달아나는 곤충의 모습을 표현해 보게 한다.

다섯수레, 2009

제 목 오리처럼 뒤뚱뒤뚱

작 가 엄혜숙, 정순희

내 용 거북이, 오리, 코끼리 등의 동물들의 움직임을 따라 하는 아이의 모습이 다양한 의태어와 함께 담긴 그림책이다.

❖ 그림책 특징 및 읽어 주기

의태어를 반복하여 리듬감 있게 읽어 준다. 그림책을 읽어 준 후, 영아와 동물처럼 몸을 움직이는 신체 활동을 해 본다.

여우고개, 2006

제 목	타세요 타세요
작 가	홍진숙, 강근영
내 용	아이는 함께 놀이할 친구들을 태우러 기차를 타고 떠난다. 기차에 차례로 태운 삽, 양동이, 깃발이 아이의 친구이다.

❖ 그림책 특징 및 읽어 주기

크레파스의 질감을 그대로 느낄 수 있는 그림책이다. 그림책을 읽어 줄 때, 기차의 움직임을 실감 나게 읽어 준다. 장을 넘기기 전에 다음 장에는 누가 타게 될지 함께 이야기해 본다. 그림책을 읽은 후, 기차의 움직임을 따라 해보는 활동이나 쌓기 영역에서 기차를 만들어 보는 활동을 할 수 있도록 돕는다.

사계절, 2010

제 목	태워 보아요
작 가	홍진숙, 윤정주
내 용	빈 상자로 자동차놀이를 하는 아이의 모습을 담았다. 아이는 장난감과 인형을 태우고 집 안 곳곳을 다닌다.

❖ 그림책 특징 및 읽어 주기

영아가 그림을 보는 속도에 맞추어 그림책을 읽어 준다. 그림책을 읽은 후, 영아가 상자에 인형을 태우고 끌어볼 수 있는 활동이나 영아가 들어갈 수 있는 상자를 준비하여 교사가 끌어 주는 활동을 해 본다. 그림책을 읽은 후, 자동차가 되어 움직여 보는 활동을 해 본다.

길벗어린이, 2012

제 목 폴짝!

작 가 곽상주

내 용 메뚜기가 폴짝 뛰어서 바위 위에 앉자 개구리, 고양이, 코끼리가 차례로 폴짝 뛰어서 앉는다. 그러다가 '폴짝!'이라는 말과 함께 모든 동물들이 한꺼번에 사방으로 폴짝 뛴다.

❖ 그림책 특징 및 읽어 주기

작은 동물부터 장면이 바뀔 때마다 점점 큰 동물이 바위에 올라앉는다. 이러한 특성을 알 수 있도록 몸집이 점점 큰 동물들이 앉음에 따라 목소리도 점점 크게 변화를 주어 읽어 준다. 폴짝 뛰어오르는 모습을 신체를 이용하여 표현해 보도록 한다.

함께 읽으면 좋은 그림책

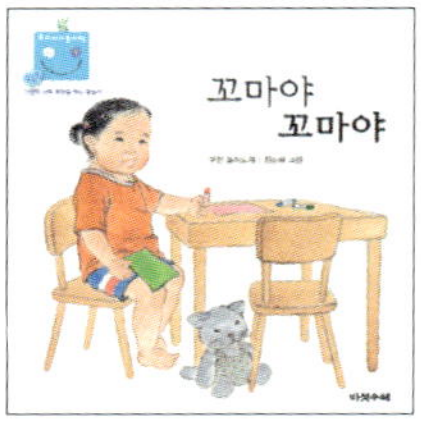

꼬마야 꼬마야 〈몸 움직이기〉
(구전놀이노래, 정순희, 다섯수레, 2009)

'꼬마야 꼬마야 뒤를 돌아라'라는 구전 놀이를 그림책으로 담았다. 뒤를 돌아보고 손뼉을 쳐 보는 등의 다양한 움직임이 그려진 그림책을 읽은 후, 영아와 함께 이러한 움직임을 직접 해 본다.

아장아장 걸어요 〈몸 움직이기〉
(보린, 백은희, 창비, 2010)

작은 곰돌이 인형과 함께 등장하는 여자아이가 눈, 코, 발, 엉덩이 등과 인사를 하며, 각 신체 부분의 움직임(예: 깜빡깜빡, 폴짝폴짝)을 표현한 그림책이다.

따라해 따라해 〈몸 움직이기〉
(구로이켄 / 김숙, 북뱅크, 2011)

영아가 동물들과 구르고, 소리를 따라 하며 놀이하는 모습이 그려진 그림책이다. 그림책을 읽어 줄 때, 영아가 그림책에 제시된 소리나 움직임을 실행해 볼 수 있도록 격려한다.

6) 좋아하는 놀이가 있어요

이 시기 영아는 자유롭게 놀잇감을 탐색하며 반복되는 놀이경험들을 통해 좋아하는 놀이를 즐기게 된다. 자신의 일상생활 경험을 흉내 내 보는 간단한 가작화놀이를 시도하며, 익숙하고 친근한 그림책을 좋아하게 되며, 익숙한 노래에 맞춰 자신의 신체를 이용하여 활발한 움직임을 즐긴다. 〈좋아하는 놀이가 있어요〉라는 주제에는 '그림책으로 놀아요', '춤추고 놀이해요', '흉내 내요', '쉬, 응가놀이가 좋아요'라는 소주제들이 제시되어 있다. 교사는 영아에게 익숙한 사물이나 경험들이 담긴 그림책을 제시하여 영아의 놀이를 유발시키도록 한다. 이때 교사는 영아가 제시하는 놀이 방법을 허용해 주며 존중하는 것이 좋다.

큰북작은북, 2008

제 목	기린아, 너랑 똑같지?
작 가	행복의나무, 노혜연&박혜선
내 용	돼지, 기린, 거북, 사자, 곰, 토끼, 코끼리, 캥거루, 말, 공작, 원숭이, 호랑이의 생김새와 특징을 따라 하는 아이의 모습을 그린 그림책이다.

❖ 그림책 특징 및 읽어 주기

동물의 특징을 따라 하는 영아의 모습과 그것을 본 동물들의 이야기를 담은 그림책으로, 반복되는 부분이 있다. 그림책을 읽어 줄 때, 아이가 따라한 동물의 특징을 관심 있게 볼 수 있도록 안내해 주며, 영아가 자신의 몸을 이용하여 흉내 내어 볼 수 있도록 격려한다.

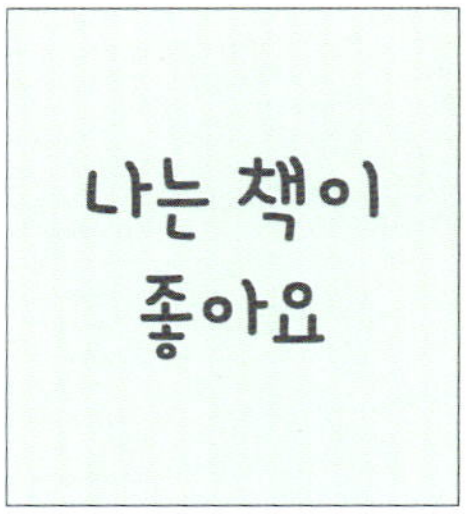

책그릇, 2009

제 목 나는 책이 좋아요

작 가 앤서니 브라운 / 허은미

내 용 다양한 그림책을 좋아하는 침팬지 모습이 담긴 그림책이다.

❖ 그림책 특징 및 읽어 주기

다양한 종류(웃기는 책, 무서운 책, 옛이야기 책 등)의 책을 읽는 침팬지의 모습이 담겨 있다. 그림책을 읽어 줄 때 침팬지의 모습을 살펴볼 수 있도록 안내한다. 또한, 영아가 좋아하는 그림책을 선택하고 함께 읽어 보는 경험을 제공한다.

시공주니어, 2002

제 목 무엇이 있을까요?

작 가 멜라니 월시

내 용 들춰 보는 형식의 그림책으로 영아에게 낯설지 않은 동물들이 등장하다가 베개 아래에는 곰돌이 인형이, 이불을 들추면 아이가 나타난다. 문 뒤에서부터 시작하는 그림책은 쓰레기통 안, 나뭇잎 뒤쪽, 수련잎 아래, 마개 밑 등의 장소로 질문이 이어진다.

❖ 그림책 특징 및 읽어 주기

묻고 답하는 형식의 그림책으로, 질문을 한 후 들춰 보는 부분을 들춰 보면 대답이 제시된다. 들춰 보는 부분은 파손되지 않도록 테이핑 처리를 하는 것이 좋다. 그램책을 읽어 주는 중간에 영아가 들춰 보려고 하더라도 저지하지 말고 영아의 호기심을 수용하며 읽어 준다.

토토북, 2014

제 목 아가야, 뭐하니? 손이랑 놀아요

작 가 이종미

내 용 손으로 다양한 모양을 만들어 놀이하는 모습을 그린 그림책이다.

❖ 그림책 특징 및 읽어 주기

손을 이용하여 다양한 모양을 만들어 보는 장면이 담긴 그림책으로, 처음에 달팽이를 만들 때 서로 다른 크기의 두 손이 달팽이를 만들고 있음을 알 수 있도록 안내한다. 그림책을 읽어 줄 때 영아가 원하는 모양을 만들고자 하는 것을 도우며 읽어 준다.

보림, 2014

제 목 응가하자, 끙끙

작 가 최민오

내 용 동물들이 응가하는 모습에 이어 아이가 응가하는 모습을 그린 그림책이다.

❖ 그림책 특징 및 읽어 주기

화장지 대신 신문지를 사용하던 때를 떠오르게 하듯 표지가 신문지 바탕으로 되어있다. 반복되는 문형에 리듬감을 넣어 읽어 준다. 그림책을 읽은 후, 인형을 이용하여 '응가하자, 끙끙' 놀이를 해 본다.

함께 읽으면 좋은 그림책

똥이 풍덩 〈응가 놀이〉

(알로나 프랑켈 / 김세희, (주)비룡소, 2001)

남자아이, 여자아이가 등장하는 두 권의 책이다. 각각 배변과정을 담고 있다. 기저귀가 아닌 변기에 배변을 할 수 있게 되는 과정이 밝은 색과 함께 긍정적인 경험으로 표현되어 있다.

7) 새로운 것도 좋아요

이 시기의 영아는 대체로 초기와는 다르게 기관에 좀더 익숙해지긴 했지만 영아의 기질이나 건강상태, 주변 환경의 변화 등에 따라 여전히 불안감을 느끼기도 한다. '함께 놀아요', '선생님이 좋아요'라는 소주제를 통해 영아가 또래와 긍정적인 놀이경험을 할 수 있도록 하며, 교사와의 안정된 관계를 통해 앞으로 다가올 변화에 대한 어려움을 최소화할 수 있도록 돕는다. 교사는 영아가 자연스러운 상황에서 또래와의 놀이경험을 가질 수 있도록 도우며, 사람이나 동물과 즐거운 놀이를 하는 영아의 모습이 그려진 그림책을 통해 그들과 함께하는 것에 대한 호기심과 즐거움을 경험할 수 있도록 한다.

웅진주니어, 2012

제 목	모두 모두 정말 좋아
작 가	윤여림, 배현주
내 용	곰 인형, 변기, 돌멩이, 풍선, 친구까지, 만나는 모두를 좋아하는 아이의 모습이 담긴 그림책이다.

❖ 그림책 특징 및 읽어 주기

아이는 풍선, 곰인형, 돌멩이 등을 만날 때마다 그것의 모양이나 느낌을 표현하며 그것들이 좋다고 반복해서 감탄한다. 영아가 좋아하는 것들에 대해서 이야기 나누며 책을 읽어 준다. 영아의 이름을 넣어 "~~한 ○○아, 선생님은 네가 좋아."라며 책의 문형을 활용하여 말해 준다.

창비, 2010

제 목	쪽!
작 가	정호선
내 용	낮잠을 자고 일어난 아이는 곰돌이에 '쪽!' 뽀뽀를 한다. 풍선, 그림책, 이불, 인형, 어항 속 물고기와 창문 밖 구름에게도 모두 '쪽!' 뽀뽀를 한다. 뽀뽀를 받은 물건들이 살아나 아이에게 뽀뽀해 준다.

❖ 그림책 특징 및 읽어 주기

'쪽!'이라는 한 음절만으로 그림책이 전개된다. 그러므로 그림책을 읽어 줄 때, 그림의 장면들을 충분히 볼 수 있도록 하며, 상황에 따라서 교사가 그림을 말로 덧붙여 읽어 준다(예: "아기가 무엇을 하는 거지? 아, 풍선이 있구나."). 또한, '쪽!'이라는 한 음절만 반복되므로 목소리 크기, 억양 등에 변화를 주며 읽어 준다.

제 8 장

2세반

01 그림책과 읽어 주기

1) 그림책의 의미

2세 영아는 그림책을 다른 물건과 다르게 다룰 줄 안다. 그림책을 똑바로 세워서 책장을 넘기거나, 그림책 속의 사물을 가리키며 이름을 말하고 자신의 경험과 그림을 연결시키는 '가리키기-말하기-연결하기(point-say-connect)' 행동을 보인다(Jalongo, 2003).

또한, 이 시기의 영아는 아주 간결한 '초기 서사(early narratives)'(Meibauer, 2014, Kummerling-Meibauer & Jorg Meibauer, 2015에서 재인용) 형태의 그림책을 접하게 되는데, 이때 영아의 사전 경험, 어휘에 대한 개념적 이해, 문화적 이해가 그림책의 의미를 구성하는 데 영향을 미친다(Gressnich & Meibauer, 2010). 이런 형태의 서사적 그림책에는 사물이 등장하고 이 사물에 어떤 일이 벌어지며, 이

때 인물은 어떤 일을 하는지의 내용이 담긴다. 이 시기 영아는 대화를 주고받을 수 있으므로 교사는 그림책 내용에 대해 영아와 대화를 나누며 읽어 나가도록 한다.

2) 그림책 선정 기준

(1) 다양한 어휘, 간결한 문장의 그림책

성인 혹은 또래와의 대화가 가능해지는 만 2세 영아는 어휘력이 급속히 증가하고 간단한 문장을 구사할 수 있다. 다양한 어휘가 소개되고 간결한 문장으로 구성된 그림책을 제공한다. 예를 들면, 다양한 겨울 음식이 소개되어 있는 그림책 『옹기종기 냠냠』, 다양한 도형이 소개되어 있는 그림책 『알록달록 동물원』 등을 통해 영아는 많은 어휘를 습득할 수 있다. 또한, 『카르헨, 어디 있니?』, 『아기곰의 첫 번째 크리스마스』 등과 같이 간결하면서도 정확한 문장으로 구성된 그림책을 선정하여 소개한다.

(2) 명확하고 단순한 플롯의 그림책

한 가지 단순한 사건에 대해 원인에 따른 결과 예측이 가능해진다. 예를 들어, 그림책 『검피 아저씨의 뱃놀이』에서 작은 배에 많은 동물이 올라탔기 때문에 배가 뒤집어진 것, 그림책 『커다란 방귀』에서 코끼리의 방귀 바람에 가장 크고 무거운 꼬뿔소는 날아가다 멈추지만 가장 작고 가벼운 개미는 가장 멀리 날아가는 것과 같은 이야기를 이해할 수 있다. 따라서 단순 사건이 비슷한 문형으로 반복되어 나열되어 있는 그림책을 선정하여 제공한다.

(3) 자신의 일을 스스로 해내는 내용이 담긴 그림책

이 시기의 영아는 양말 신기, 단추 잠그기, 옷 입기, 밥 먹기 등과 같은 일상생활을 스스로 하기 시작한다. 주인공이 스스로 옷을 입고 신발을 신고 집 밖으로 나가는 모습을 담은 『걸어 보아요』, 또래 친구들이 스스로 밥을 먹고, 옷을 입고 함께 놀이하는 모습을 담은 『나는 내가 좋아요』와 같은 그림책을 선정해 준다.

(4) 친숙한 소재의, 감정이입이 가능한 그림책

친숙한 경험이 묘사되어 있는 그림책에 호기심을 갖고 흥미롭게 다가가며 기쁨, 슬픔과 같은 기본 정서와 함께 당황, 질투 등 좀 더 다양한 정서를 느끼고 표현할 수 있게 된다. 『나랑 친구할래?』는 주인공이 새로 만난 친구에게 먼저 다가가 관심을 표현하며 가까워지는 모습을 담은 그림책이다. 교사는 이와 같은 그림책을 통해 비슷한 경험을 한 영아의 이야기를 듣고, 함께 해결하기 위한 다양한 방법을 생각해 볼 수 있는 시간을 갖는다.

(5) 사회적 관계가 포함된 그림책

사회적 관계에 대한 기본 이해능력이 발달하고 나쁜 행동이 무엇인지 인식할 수 있으며 또래가 곤란한 상황에 처했을 때 이타적 행동을 보이기 시작한다. 만 2세의 이러한 사회성발달 특징을 고려하여 성인 혹은 또래와의 사회적 관계를 포함하고 있는 그림책을 제공하여 영아가 타인과 원활한 관계를 형성할 수 있도록 돕는 것이 바람직할 것이다. 예를 들면, 『둘이서 둘이서』 그림책은 친구와의 협동, 소중함을 느낄 수 있도록 도와준다.

3) 그림책 읽어 주기

- 영아가 다른 사람과 대화하는 규칙을 습득해 감에 따라 그림책의 내용과 그림에 대해 이야기를 나누며 읽는 '대화적 읽기'를 한다. '대화적 읽기(dialogic reading)'란 부모 혹은 교사인 성인이 주축이 되어 그림책을 읽는 것이 아니라 독자인 영아가 읽도록 격려해 주는 읽기 방법이다. 성인은 그림책을 읽는 영아가 말하려고 할 때 확장하여 생각해 볼 수 있도록 유도하고, 그림책에 제시된 이야기를 말해 주는 역할을 한다(Whitehurst, Falco, Lonigan, Fischel, DeBaryshe, Valdez-Menchaca, & Caufield, 1988). 영아가 이야기를 잇지 못할 경우 그림책에 등장하는 인물 혹은 물체 및 행위에 대해 알려 주고 다음 이야기를 만들 수 있도록 질문을 할 수 있다.
- 반복되는 부분에서는 영아와 그 부분을 따라 해 보거나, 영아가 다음 이야기를 예측할 수 있게 하며 읽어 준다. 또는 등장인물의 표정을 바탕으로 그 인물의 정서를 가늠해 보게 하는 등, 그림책 내용에 적극적으로 참여하며 읽을 수 있게 격려한다. 예를 들어, 아기 물고기 하양이가 잃어버린 엄마 물고기를 찾아다니는 그림책 『우리 엄마 어디 있어요?』에서는 "하양이의 엄마일까요?"라는 질문이 반복되어 나타난다. 그림책 『꼬끼오오오!』는 쥐, 양, 수탉 등 다양한 동물들이 등장하여 큰 소리로 다른 동물의 소리를 흉내 낸다. 교사는 영아가 본문에서 묻는 말에 답을 하거나 등장인물을 따라 소리 내며 그림책 내용에 참여하도록 돕는다.
- 영아의 자발적인 반응에 대해 격려하며 읽어 준다.
- 영아가 읽고 싶은 책을 선택하도록 기회를 준다. 영아가 선택한 그림책을 교사는 소그룹 혹은 개별적으로 읽어 주는 것이 좋다.

02 주제별 그림책

1) 어린이집이 좋아요

〈어린이집이 좋아요〉는 '나는 ○○반이에요', '엄마, 아빠와 헤어질 수 있어요', '우리 반 선생님과 친구들이에요', '재미있는 놀잇감이 있어요', '내가 좋아하는 놀잇감이에요', '편안하게 지내요', '안전하게 놀아요' 등 7개의 소주제로 되어 있다. 영아가 3월에 새로운 환경에 적응하는 것을 돕기 위한 주제들이다. 영아의 기본정서, 영아가 선호하는 놀잇감, 또래와의 상호작용이 담긴 그림책을 제공한다.

한림출판사, 2015

제 목	가방 안에 든 게 뭐야?
작 가	김상근
내 용	빨간 가방을 멘 개구리가 서둘러야 한다고 외치며 급하게 뛰어간다. 이 모습을 본 다람쥐, 토끼, 원숭이, 곰이 각자 자신이 원하는 것이 빨간 가방 속에 있으리라 상상하며 따라간다.

❖ 그림책 특징 및 읽어 주기

앞표지가 영아의 관심을 끈다. 개구리를 따라가는 다람쥐는 빨간 가방에 도토리가 있으리라 상상하고, 토끼는 당근이 있으리라 상상한다. 교사는 개구리의 빨간 가방에 무엇을 있을지 아이와 상상하며 읽을 수 있다. 교사가 준비한 주머니에 무엇이 들어 있을지 맞추기놀이를 할 수 있다.

웅진주니어, 2014

제 목 나랑 친구할래?

작 가 최숙희

내 용 책속의 아이는 새로 만난 친구에게 먼저 다가가 관심을 표한다. 먼저 인사를 하고 사탕을 나눠준다. 함께 재미있게 놀기도 하고 친구가 아프면 위로해 준다. 처음 만난 친구지만 손도 잡고 이야기 나누며 즐거운 시간을 보낸다.

❖ 그림책 특징 및 읽어 주기

기관에서 새로운 친구를 만나게 된 영아에게 소개하면 좋은 그림책이다. 그림책에 등장하는 주인공 아이에 대해 이야기를 나누면서 처음 만나는 친구와 이야기하는 방법, 도와주는 방법 등을 배우며 친구와 좋은 관계를 형성하도록 도울 수 있다.

보림, 1996

제 목 나의 크레용

작 가 죠 신타 / 정근

내 용 코끼리는 고양이보다 큰 크레용으로 그림을 그린다. 코끼리가 그린 커다란 파란색 원을 개구리는 연못인 줄 알고 뛰어든다. 동물들은 코끼리가 빨간색으로 그림을 그리자 불이 난 줄 알고 도망가고, 노란색으로 그린 바나나를 먹으려고 한다.

❖ 그림책 특징 및 읽어 주기

그림책 속 동물들처럼 그림을 그려볼 수 있는 그리기 도구와 큰 종이를 제공한다. 그림을 그릴 때 색의 이름을 알려 주거나 같은 색의 놀잇감을 모아 주어 유아가 색에 관심을 갖게 할 수 있다.

뜨인돌어린이, 2010

제 목 대단해 대단해!

작 가 마스다 유우코, 다케우치 츠우가 / 정유나

내 용 주변에서 흔히 볼 수 있는 것들에 대해 대단하다고 칭찬해 준다. 신발은 매일 쿵쿵 걸어 다니니까 대단하고, 우산은 비를 맞아도 젖지 않으니까 대단하다. 우리가 서 있는 땅은 아무리 쿵쾅거려도 무너지지 않으니까 대단하다.

❖ 그림책 특징 및 읽어 주기

이 그림책은 세상에 존재하는 것들이 모두 소중하고 대단하다고 소개한다. 교사는 아이들이 생각하는 대단한 것들에 대해 이야기해보게 할 수 있다. 또한, 그림책의 문형을 변형, 요약하여 "○○은 대단해. □□라서 정말 대단해!"의 빈 칸을 채워 말하는 활동을 해 본다. 물건이나 주변 환경뿐만 아니라 같은 반 친구 이름을 넣어 문장을 만들어 봐도 좋을 것이다.

키다리, 2014

제 목 아가야, 놀자!

작 가 디디에 뒤프레슨, 아르멜 모데레 / 이선미

내 용 어린 아이가 다양한 역할놀이를 하는 장면들이 소개된다. 생일 축하 노래를 부르며 인형 친구의 생일을 축하하고 생일 선물을 고르며 행복해한다. 그리고 밭에 꽃을 심고 물을 준 다음 허수아비에게 꽃을 부탁한다. 이 밖에도 해변에서 모래놀이를 하거나 빈 박스로 다양한 놀이를 즐긴다.

❖ 그림책 특징 및 읽어 주기

이 책에서 주인공은 '두두'라는 인형과 함께 다양한 놀이를 하며 행복해한다. 3월에 처음 어린이집에 오는 영아에게 새로운 환경에 잘 적응할 수 있는 기회를 제공해야 한다. '두두'가 하는 다양한 놀이는 영아가 어린이집에서 할 수 있는 즐거운 활동들을 격려한다.

시공주니어, 2011

제 목 아기 쥐가 잠자러 가요

작 가 박정완

내 용 밤이 되어 창밖이 캄캄해지면서 그림책 이야기가 시작된다. 잠자러 가는 세 아기가 창문 너머로 보이고 캄캄한 밤하늘에는 별님과 달님만 떠 있다. 잠든 아기는 꿈속에서 아빠 얼굴을 보고 엄마 노래를 들으며 행복한 꿈속 여행을 한다.

❖ 그림책 특징 및 읽어 주기

파란색 기와, 낮은 담벼락, 옹기종기 모여 있는 집들, 지붕을 덮고 있는 포도나무 등 한국적 정서를 담은 그림들이 가득하다. 또한, 리듬감을 느낄 수 있는 언어로 되어 있어 영아가 편한 마음으로 감상할 수 있다.

문학동네어린이, 2002

제 목 안녕 안녕

작 가 이모토 요코

내 용 아기 고양이가 놀다 온다고 집을 나서며 그림책이 시작된다. 외출한 아기 고양이는 처음 만난 아주머니로부터 인사를 먼저 받은 후, 자신도 생쥐를 시작으로 곰 아저씨, 돼지 삼 형제 등 만나는 여러 주변인들에게 먼저 인사를 한다. 아기 고양이는 행복감을 느낀다.

❖ 그림책 특징 및 읽어 주기

이 그림책은 다양한 인사법을 경험하게 해 준다. 교사나 또래 친구들과 나눌 수 있는 상황에 적절한 인사법을 소개하거나 막대 인형을 활용하여 인사하기 활동을 할 수 있다.

시공주니어, 1996

제 목 잘 자요, 달님

작 가 마가릿 와이즈 브라운, 클레먼트 허드 / 이연선

내 용 아기 토끼는 다양한 소품들이 있는 초록색 방 침대에서 잠 못 이루고 있다. 그림책은 토끼가 누워 있는 초록색 방의 장면과 방의 일부를 표현한 장면을 번갈아 담고 있다. 방 안의 물건 하나하나에 잘 자라고 인사를 하는 내용이다.

❖ 그림책 특징 및 읽어 주기

초록색 방의 일부를 보여 주는 장면은 모두 흑백으로 표현되어 있다. 큰 방의 일부분을 크게 확대하여 다시 소개한 장면을 보며 거기에 흑백으로 표현된 사물들을 초록색 방에서 찾아보는 활동을 해 볼 수 있다. 또한, “잘 자요, ○○○”의 문형에 들어갈 말을 넣어 보는 놀이를 할 수 있다.

함께 읽으면 좋은 그림책

가방에 뭐가 있을까 〈좋아하는 물건〉
(안은영, 사계절, 2013)

가방 속에는 책, 크레파스, 화장품, 목걸이, 사탕, 양산 등 다양한 물건이 들어 있다. 누구의 가방인지 주인의 모습은 나타나지 않지만 가방 속 물건을 통해 누나, 이모, 할머니 등 가방의 주인을 유추해 볼 수 있다.

달님은 밤에 무얼 할까요? 〈편안하게 지내기〉
(안 에르보, 이상희, 베틀북, 2000)

달님은 낮에 잠을 자고 캄캄한 밤에 많은 일들을 한다. 별 그리기, 좋은 꿈을 꾸는 씨앗 뿌리기, 이슬 뿌리기 등을 하고 아침이 오면 달님은 집으로 돌아간다. 장면에 대한 영아의 감상을 들어 본다.

2) 봄나들이 가요

이 주제는 '바깥놀이가 재미있어요', '안전하게 바깥놀이해요', '꽃구경은 즐거워요', '벌레가 꿈틀꿈틀해요', '봄나들이 갈까요'의 다섯 가지 소주제로 구성되어 있다. 추운 겨울이 지나고 따뜻한 봄이 다가오면서 동식물은 물론이고, 아이들도 움츠리고 있던 몸을 펴고 온몸으로 활동하기 시작한다. 특히, 이때는 선생님과 친구, 어린이집 등과 같은 새로운 환경에 어느 정도 적응하고 본격적으로 어린이집 생활을 시작하는 때이다. 따라서 교실에만 있지 않고 바깥놀이도 경험할 수 있으며, 가까운 곳으로 나들이를 나가기도 한다. 이때 영아가 봄을 충분히 느끼면서 정서적으로 즐겁고 행복한 시간을 보낼 수 있도록 돕는 그림책을 제공하는 것이 바람직하다.

(주)더큰컴퍼니, 2007

제 목 배고픈 애벌레

작 가 에릭 칼 / 이희재

내 용 일요일 아침에 알에서 나온 애벌레는 배가 고파서 먹을 것을 찾아 나선다. 월요일에는 사과 한 개, 화요일에는 배 두 개, 수요일에는 자두 세 개, 목요일에는 딸기 네 개, 금요일에는 오렌지 다섯 개를 먹는다. 마지막으로 잎사귀를 먹고 커다란 고치가 되어 예쁜 나비의 모습으로 세상에 나온다.

❖ 그림책 특징 및 읽어 주기

애벌레가 나비로 변하는 과정을 보여 주는 그림책이다. 요일 및 시간의 흐름에 따른 애벌레의 변화가 차례로 소개된다. 교사는 애벌레의 변화 과정과 함께 시간이 흐르고 있음을 자연스럽게 소개할 수 있다. 또한, 영아에게 요일 이름과 순서를 소개한다.

(주)비룡소, 2003

제 목	송아지의 봄
작 가	고미 타로 / 김난주
내 용	봄, 여름, 가을, 겨울 사계절의 흐름을 보여 준다. 봄이 되어 눈이 녹고 꽃이 핀다. 여름에는 바람이 불고 비도 오지만, 금방 고요해지고 가을이 온다. 눈이 쌓인 겨울이 오지만 다시 봄이 온다. 송아지 머리에는 작은 뿔도 돋는다.

❖ 그림책 특징 및 읽어 주기

사계절을 하나의 그림책으로 모두 보여 준다. 봄, 여름, 가을, 겨울이 차례로 소개되면서 각 계절의 특징이 그림으로 표현되어 있다. 교사는 그림책을 소개하는 현재 시점의 계절, 예를 들면 봄의 특징을 알아보는 활동으로 확장할 수 있다.

한림출판사, 2006

제 목	신기한 주머니
작 가	오카 노부코, 쯔찌다 요시하루 / 박은덕
내 용	곰은 자신의 주머니에 들어있는 것이 무엇인지 다람쥐에게 물어보러 간다. 하지만 주머니에 구멍이 생겨, 걸어가는 동안 모두 흘러 다람쥐에게 도착했을 때는 주머니에 아무 것도 없다. 그런데 겨울이 지나고 봄이 되자 곰이 다람쥐를 찾아갔던 오솔길에 꽃이 가득 피어 있다.

❖ 그림책 특징 및 읽어 주기

그림책에 등장하는 곰과 다람쥐는 주머니에 있는 것이 무엇인지 모른 채 겨울을 지내지만, 이듬해 봄에 핀 꽃을 보며 주머니 속의 물체가 씨앗이었음을 알 수 있다. 교사는 씨앗 관찰을 통해 꽃의 종류에 따라 씨앗의 모양이 다름을 이야기할 수 있다.

웅진주니어, 2010

제 목	쏙쏙 봄이 와요
작 가	심조원, 김시영
내 용	봄의 먹을거리에 관해 이야기하고 있으며, 집안 곳곳에 채소들이 싹을 틔우는 모습으로 봄을 나타내고 있다. 감자, 마늘, 무, 양파, 고구마, 다섯 종류의 채소가 싹을 틔우는 모습이 다양한 의태어와 의성어로 표현되어 있다. 이밖에도 봄에 볼 수 있는 다양한 꽃과 곤충이 구석구석 숨어 있다.

❖ 그림책 특징 및 읽어 주기

각 장의 그림이 세밀화로 그려져 있다. 강아지가 숨바꼭질 하듯 숨어 있는 채소들을 하나씩 찾아 나서는 장면으로 구성되어 있어 아이들의 호기심을 자극할 수 있다. 또한, 앞 장에서 들려온 소리의 주인공을 다음 장에서 확인할 수 있어 단순한 추론이 가능한 만 2세 영아에게 적합한 그림책이다.

(주)비룡소, 1997

제 목	코를 "킁킁"
작 가	루스 크라우스, 마크 사이먼트 / 고진하
내 용	눈으로 덮인 하얀 세상에서 들쥐, 커다란 곰, 다람쥐, 마르모트, 달팽이들이 모두 겨울잠을 자고 있다. 그러던 중 들쥐를 시작으로 겨울잠을 자던 동물들이 코를 킁킁거리며 깨어 나와 어디론가 달려간다. 겨울잠을 자던 동물들이 모인 곳에는 하얀 눈 위에 노란 꽃이 한 송이 피어 있다.

❖ 그림책 특징 및 읽어 주기

"잠을 자요", "눈을 떠요", "달려요" 등 반복되는 문구를 영아가 따라 할 수 있게 격려하고, 무엇을 향해 동물들이 가고 있는지 예측해 보게 할 수 있다. 또한, 흑백 그림의 마지막에 그려진 노란색 작은 꽃에 대한 동물들의 환호에 공감하며 읽어 준다. 동물의 이름, 특히 겨울잠을 자는 동물들에 대해 소개할 수 있다.

함께 읽으면 좋은 그림책

누가 그랬어? 〈봄, 곤충〉

(유근택, 세용출판, 2012)

곤충들의 일상생활 모습들이 소개된 그림책이다. 주인공 아이가 누가 그랬냐고 물어보면 곤충들은 자기가 그랬다고 답하는데, 이를 통해 각 곤충들의 특성을 알 수 있다.

봄

봄 〈봄, 계절〉

(고미 타로)

창밖으로 지나가는 노란 나비, 작은 새 등을 통해 봄을 느낄 수 있다. 또한, 동일한 작가(고미 타로)의 그림책 시리즈 (여름, 가을, 겨울)를 함께 소개함으로써 시간의 흐름에 따른 자연의 순환을 자연스럽게 인식할 수 있다.

3) 나는요

여기에는 '나는 ○○○이에요', '내 몸을 살펴보아요', ' 나는 느껴요', '내가 좋아하는 것이 있어요', '혼자서도 잘해요'의 다섯 개의 소주제가 포함되어 있다. 〈나는요〉에서 중심이 되는 활동들은 만 2세 영아가 자신에 대해 다양하게 생각해보고 느껴 보는 과정을 통해 자신을 이해하고 사랑할 수 있도록 돕는다. 만 2세는 연령, 성 등을 기초로 자신과 타인을 구분하기 시작하는 시기로 자아개념의 발달이 시작되는 시기이다. 이때 교사는 관련 그림책을 통해 영아가 자신의 감정을 이해하고 표현할 수 있도록 돕고, 스스로 할 수 있는 다양한 경험을 제공함으로써 자립심을 키울 수 있는 기초를 형성하는 데 도움을 줄 수 있다.

사계절, 2007

제 목 걸어 보아요

작 가 안나 클라라 티돌름 / 사계절 편집부

내 용 그림책 속 주인공은 옷을 입고 신발을 신고 집 밖으로 나간다. 주인공은 집 밖 여기저기를 걸어 다니며 세상의 모습을 본다. 또한, 좁은 길, 바람 부는 길, 언덕길, 기다란 길 등 다양한 길을 걸으며 그 곳에는 무엇이 있을지 생각해 본다. 주인공은 걷고 또 걸어서 집으로 돌아온다.

❖ 그림책 특징 및 읽어 주기

이 그림책은 호기심을 불러일으킨다. "집 밖에는 무엇이 있을까?", "언덕길 너머에는 무엇이 있을까?", "기다란 길 너머에는 무엇이 있을까?" 등 주인공과 함께 영아가 상상해 볼 수 있다. 또한, 아이들과 산책을 하며 길의 모양과 주변의 환경을 관찰하면서 영아의 호기심을 자극해 줄 수 있다.

웅진주니어, 2011

제 목	나는 내가 좋아요
작 가	윤여림, 배현주
내 용	또래 아이들이 혼자 밥 먹고, 옷 입고, 그림 그리고, 친구들과 놀고, 동생을 돌보면서 "내가 좋아요!"라고 외친다. 아이들이 스스로 하는 모든 일은 일상생활 속 모습들이며, 서툴지만 끝까지 스스로 해내는 자신을 칭찬하는 모습이 담겨 있다.

❖ 그림책 특징 및 읽어 주기

만 2세는 자신과 타인을 구분하기 시작하면서 자신에 대해 생각해 보기 시작하는 시기이다. 이때 아이들은 스스로를 칭찬하며 그런 자신의 모습에서 자신감을 기를 수 있다. 교사는 이 그림책을 통해 영아가 일상생활에서 "내가 좋아요!"라고 말하는 경험을 직접 해 보도록 이끌 수 있다.

창비, 2011

제 목	내 거야!
작 가	정순희
내 용	언니와 함께 놀고 싶어 하는 동생이 언니가 갖고 있는 것을 모두 자기 것이라며 빼앗는다. 마지막으로, 물놀이를 하려던 언니의 코끼리 물통을 또 빼앗자 언니는 화가 나서 동생의 얼굴에 물을 한 바가지 끼얹는다. 동생도 언니에게 물을 끼얹고 둘은 자연스럽게 함께 물놀이를 한다.

❖ 그림책 특징 및 읽어 주기

어린이집에서 내 것과 내 것이 아닌 것을 찾는 활동을 할 수 있다. 또한, 처음 어린이집에 와서 낯선 친구들과 함께 지내기 위한 약속을 정하기 전에 이 그림책을 소개하면 좋다. 그림책에 등장하는 주인공의 행동에 대해 이야기 나누고, 함께 놀고 싶지만 그렇게 하지 못할 때 친구에게 어떻게 이야기하면 좋은지 생각해 본다. 또한, 친구와 싸운 경험, 형 혹은 동생과 싸운 경험에 대해 이야기하고 그때의 기분에 대해 이야기 나눈다.

꿈꾸는꼬리연, 2013

제 목 네가 태어난 걸 축하해

작 가 주하정, 박지애

내 용 햄스터, 수달, 코끼리, 표범, 돼지, 원숭이, 사슴 등 다양한 동물들이 태어나고 엄마들은 태어난 동물들에게 인사한다. 햄스터 엄마는 18일을, 돼지 엄마는 114일 동안 기다려 새끼를 낳았다며 인사한다. 태어나는 아기들에게 인사하는 엄마의 말에 각 동물에 대한 정보가 담겨 있어서, 반복되지만 지루하지 않고 흥미롭다.

❖ 그림책 특징 및 읽어 주기

아이들은 이 그림책을 통해 자신이 태어났을 때 엄마가 얼마나 행복해했는지 알게 된다. 아이들은 이 그림책의 내용을 이해하면서 자신이 소중한 존재임을 느끼게 된다.

보림, 2002

제 목 어디 갔다 왔니?

작 가 홍인순, 조은화

내 용 주인공 해인의 모자, 옷, 신발에게 어디 갔다 왔느냐고 묻자 모자는 해인과 함께 뒷산에, 옷은 해인과 함께 시장에, 신발은 놀이터에 다녀왔다고 답한다. 잠옷은 해인과 함께 자러 간다.

❖ 그림책 특징 및 읽어 주기

반복 질문에 답하는 형식이다. 같은 문형으로 영아와 묻고 답하기놀이를 할 수 있다. 이 그림책은 옷감, 종이, 풍선 등 다양한 재료를 잘라 오려 붙여 표현하였다.

사계절, 2011

제 목	양말이 좋아
작 가	손미영
내 용	그림책 속 여아는 양말을 아주 좋아한다. 다양한 색깔과 모양의 양말이 등장하며, 아이는 그런 양말을 신고 신나는 놀이를 즐긴다. 보라색 양말을 신고 마녀 흉내를 내거나, 구멍 난 양말을 보며 웃거나, 슈퍼맨 양말을 신고 슈퍼맨처럼 흉내 낸다.

❖ 그림책 특징 및 읽어 주기

양말놀이를 통해 아이들의 호기심을 자극하고 상상력을 키우며 즐겁게 볼 수 있는 그림책이다. 일상생활에서 쉽게 접할 수 있는 양말을 활용하여 다양한 활동을 할 수 있다. 예를 들어, 양말 짝 찾기와 같은 활동이다.

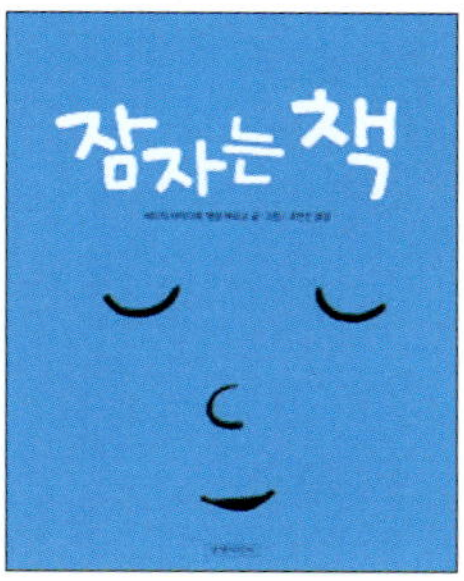

길벗어린이, 2015

제 목	잠자는 책
작 가	세드릭 라마디에, 뱅상 부르고 / 조연진
내 용	작은 분홍색 생쥐가 책에게 책을 읽어 준다. 생쥐는 졸린 책에게 다가가 이는 닦았는지, 쉬는 하고 왔는지, 이야기를 들려줄지, 불을 끌지 마치 엄마가 아기에게 말하고 대하듯 한다.

❖ 그림책 특징 및 읽어 주기

잠을 자기 전에 해야 하는 일에 대한 이야기를 나눌 수 있다. 교사는 어린이집에서 낮잠 자기 전에 그림책을 소개하며 아이들이 잘 준비가 되었는지 영아 스스로 확인해보게 할 수 있다.

꿈꾸는달팽이, 2012

제 목 쭈욱 쭉! 쑤욱 쑥!

작 가 차보금, 이현영

내 용 여우는 음식을 흘리며 삐딱하게 앉아 밥을 먹지만 아이는 바른 자세로 앉아 꼭꼭 씹어 먹는다. 아이의 모습을 본 여우는 아이와 함께 바른 자세로 밥을 먹고 운동을 한다. 바른 생활을 한 아이와 여우는 키를 재며 즐거워한다.

❖ 그림책 특징 및 읽어 주기

'여우야 여우야 뭐하니?'의 전래동요의 노랫말에 기초한 그림책이다. 영아와 이 노래에 맞춰 읽어 본다. 덧붙여, 아이의 바른 자세 습관을 길러 줄 수 있도록 돕는 그림책이다. 특히, 어린이집에서 많은 시간을 보내는 아이들에게 바른 자세로 생활할 수 있도록 하는 데 도움이 될 수 있다. 아이들과 여우의 모습에 대해 이야기 나누고, 아이가 어떤 자세로 생활하면 좋을지 생각해 보고 소개하는 활동을 한다.

함께 읽으면 좋은 그림책

오늘은 소풍가는 날 〈소풍 준비〉
(쓰쓰이 요리코, 하야시 아키코 / 이영준, 한림출판사, 1991)
아이가 소풍 가방을 챙기는 것으로 시작하는 이 그림책은 서툴지만 영아가 스스로 하는 장면들이 담겨 있다. 소풍에 대한 경험을 나눌 수 있다.

팬티가 좋아! 〈옷 입기, 내 물건〉
(메리 엘리스 몬셀, 린 먼싱어, 베틀북, 2011)
동물들이 팬티를 입고 신나게 노는 모습이 담겨 있다. 옷입기를 싫어하는 아이나 스스로 옷입기를 시작하는 만 2세 영아에게 적절한 그림책이다.

4) 재미있는 여름이에요

이 주제는 7월에 시작하여 8월에 마무리되도록 계획되어 있다. '날씨가 더워졌어요', '비가 많이 와요', '깨끗하게 씻어요', '물놀이가 재미있어요1', '물놀이가 재미있어요2', '여행을 가요'의 여섯 개의 소주제로 구성되어 있다. 마지막에 제시된 '여행을 가요'의 소주제가 2주간 진행된다. 여름은 무더운 날씨로 인해 아이들이 쉽게 지치고 피로해지기도 하지만, 물놀이를 하거나 얼음을 사용하여 즐겁게 보낼 수도 있다. 걷기, 뛰기 같은 운동 기능이 어느 정도 발달한 만 2세 영아에게 그림책은 더운 여름을 즐겁게 보낼 수 있는 다양한 놀이 아이디어를 제공해 줄 수 있다.

시공주니어, 1996

제목	검피 아저씨의 뱃놀이
작가	존 버닝햄 / 이주령
내용	검피 아저씨가 배를 끌고 강가에 나온 날, 동네 아이들이 아저씨의 배에 올라탄다. 그 뒤에 토끼, 고양이, 개 등 다양한 동물들이 검피 아저씨의 배위에 올라탄다. 모두 얌전히 있기로 약속했지만 지키지 않아 결국 아저씨의 배는 뒤집히고 만다. 배를 타고 있던 아저씨와 아이들, 동물들은 흠뻑 젖게 되고 아저씨의 집에서 차를 마시며 몸을 말린다.

❖ 그림책 특징 및 읽어 주기

검피 아저씨의 배에 어떤 동물들이 타는지 그림을 살피며 읽어 준다. 또한, 반복 문형을 영아가 따라 하며 읽도록 격려한다.

현북스, 2012

제 목 딸기 한 알

작 가 김슬기

내 용 작은 생쥐 한 마리가 자기 몸뚱이만 한 딸기 한 알을 어떻게 먹을지 고민한다. 생쥐는 딸기로 빵을 만들어 먹기로 하고 빵 만들기를 시작한다. 빵을 만드는 과정에서 계속 실수가 생기고, 부족한 재료들이 생기자 동물 친구들이 하나씩 돕기 시작한다. 결국, 아주 큰 빵이 만들어지고 그 빵 위에 딸기 한 알을 올려 완성한다.

❖ 그림책 특징 및 읽어 주기

딸기를 이용해서 만들 수 있는 음식에 대해 이야기를 나누고 영아에게 밀가루 반죽을 주어 빵이나 음식을 만들어 본다. 밀가루 반죽과 함께 과일 모형을 준다면 그림책 속 생쥐처럼 멋지게 장식하는 용도로 사용할 수 있다.

보림, 2001

제 목 비가 오는 날에

작 가 이혜리, 정병규

내 용 비가 오는 모습을 굵은 선으로 표현하고 있다. 이렇게 비가 오는 날에 치타, 사자, 나비는 무엇을 할지 질문하자 각 동물들은 재미있는 몸 동작을 한다. 또한, 세차게 내리는 비, 흐물흐물 내리는 비 등 비가 내리는 모습이 다양한 선으로 표현되어 있다.

❖ 그림책 특징 및 읽어 주기

비가 오는 날 동물이 무엇을 할지 상상해 볼 수 있는 시간을 주며 읽어 준다. 또한, 비 오는 모습을 세기, 빠르기 등에 따라 몸으로 표현할 수 있고, 원하는 동물의 가면을 쓰고 비 올 때의 움직임을 창의적으로 표현하는 활동을 할 수 있다.

토토북, 2014

제목 수박씨를 삼켰어!

작가 그렉 피졸리 / 김경연

내용 수박을 좋아하는 꼬마악어는 어느 날 수박씨를 삼키고 걱정을 한다. 수박이 배 속에서 자랄 거야, 귀에서 수박 넝쿨이 나올 거야, 몸이 분홍색으로 변할 거야, 수박화채가 될 거야와 같은 걱정이다. 결국 트림과 함께 나온 수박씨를 보고 악어는 안도한다. 악어는 다시는 수박을 먹지 않겠다고 다짐했지만 한입만 다시 먹어 보기로 한다.

❖ 그림책 특징 및 읽어 주기

더운 여름에 시원한 수박을 먹다가 씨도 함께 먹어 본 경험에 대해 이야기 나눠 본다. 수박과 씨를 함께 먹었을 때의 느낌, 악어와 같이 걱정을 했던 경험 등 다양한 이야기를 나눌 수 있다. 이 밖에도 포도, 참외, 메론, 자두 등 씨앗이 있는 과일에 대해 알아보고 다양한 경험을 이야기 나눌 수 있으며, 과일 속 관찰하기와 같은 확장활동을 할 수 있다.

키즈엠, 2013

제목 야호! 바다로

작가 레인 판 뒤르머 / 아이생각

내용 코끼리와 기린, 오리가족 등 동물 친구들이 바다로 놀러 간다. 바다로 가는 길에 만나는 친구들에게 다정한 인사를 하고 바다에서 할 수 있는 다양한 놀이를 소개한다.

❖ 그림책 특징 및 읽어 주기

등장인물이 더해지면서 지면이 점점 커지는 계단식의 그림책이다. 교사는 그림책을 넘길 때마다 아이들에게 다음 장면을 상상하도록 호기심을 유발할 수 있다. 또한, 그림책에 나오는 인사 예절과 즐거운 놀이 방법에 대한 이야기도 나눌 수 있다.

키다리, 2011

제 목 참방참방 비 오는 날

작 가 후시카 에츠코, 모로 카오리 / 이은정

내 용 빨강이, 노랑이, 주황이, 파랑이, 초록이, 보라 등 다양한 색의 주인공들이 자신의 몸과 같은 색의 우산을 쓰고 빗소리도 들어 보며 즐겁게 장난을 친다. 장난을 치다 모두 검은색이 되지만, 소나기를 맞은 색들은 원래 자신의 색으로 돌아간다.

❖ 그림책 특징 및 읽어 주기

아이들이 알고 있는 기본적인 색들이 소개되므로 색에 대한 관심을 이어가도록 돕는다. 그림책에 나오는 색들에 대해 이야기 나누고 주변에서 각각의 색들을 찾아보는 활동, 모든 색이 섞여 검은색이 되는 과정을 직접 경험해 보는 활동을 할 수 있다.

함께 읽으면 좋은 그림책

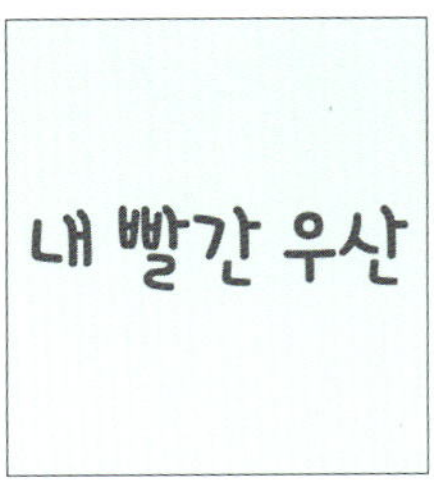

내 빨간 우산 〈비, 우산〉

(로버트 브라이트)

영아 자신의 우산 색에 대한 이야기를 나눈다. 또한, 우산을 쓰고 있는 동물의 수에 따라 우산 크기가 달라지는 그림들을 보며 교사는 많다/적다, 크다/작다 같은 어휘를 사용하며 읽어 준다.

비가 톡톡톡 〈빗방울, 빗소리〉

(히가시 나오코, 기우치 다츠로 / 박숙경, 주니어RHK, 2012)

비가 오는 소리, 빗방울의 모양에 주의를 기울이며 그림책을 감상하도록 돕는다.

5) 나는 가족이 있어요

다섯 번째 주제는 〈나는 가족이 있어요〉이다. '엄마 아빠가 좋아요', '우리 가족을 흉내 내요 1', '우리 가족을 흉내 내요 2', '우리 가족을 소개해요 1', '우리가족을 소개해요 2'의 다섯 가지의 소주제로 5주간 진행된다. 만 2세 영아는 연령, 성 등에 따라 자신과 타인을 분류하기 시작하면서 사회적 관계에 대한 기본 이해가 발달한다. 또한, 만 2세 영아가 함께 생활하는 가족과의 관계를 알고 그 소중함을 알아가는 것은 가족 외 타인과의 관계 형성을 위해 중요한 경험이 된다. 교사는 가족이 소개되어 있는 그림책을 읽어 줌으로써 영아가 가족에 대해 이해하고 소중함을 느낄 수 있도록 돕는다.

한림출판사, 2012

제 목	똑같아요
작 가	유진
내 용	주인공은 자신이 부모님과 어디가 닮았는지 찾아본다. 단순히 아빠와 엄마에 그치지 않고, 친가 할머니, 할아버지, 그리고 외가 할머니, 할아버지도 등장하여 닮은 모습을 찾아본다.

❖ 그림책 특징 및 읽어 주기

이 그림책은 우리나라 전통 가족구조인 대가족에 대해 소개한다. 각자의 가족(엄마, 아빠를 비롯하여 친가, 외가의 할머니, 할아버지 등)이 누구누구인지 이야기해 보는 등의 활동을 할 수 있다. 각자 누구를 닮았는지에 대해서도 이야기 나눠 볼 수 있다.

파란자전거, 2014

제 목 쉬이잇

작 가 나일성

내 용 따뜻한 봄이 되면서 동물들이 태어난다. 새끼 오리, 형제가 많은 물고기, 외동인 원숭이, 새끼 캥거루, 새끼 사자가 태어난다. 새끼들은 부모와 함께 행복하고 편안한 시간을 보낸다.

❖ 그림책 특징 및 읽어 주기

다양한 동물 가족이 등장한다. 가족은 아빠, 엄마, 새끼로 구성되어 있다. 모두 다른 동물이지만 새끼를 소중하게 보살피는 부모의 모습과 그 안에서 행복해하는 새끼들의 모습은 똑같다. 교사는 그림책을 통해 아이들이 부모에게 얼마나 소중한 존재인지 느낄 수 있는 기회를 제공할 수 있다.

길벗어린이, 2011

제 목 아빠하고 나하고

작 가 유문조, 유승하

내 용 다양한 동물들의 아빠와 아이가 함께 즐거운 놀이를 하는 그림책이다. 아빠펭귄과 아기펭귄은 썰매를 타고, 아빠얼룩말과 아기얼룩말은 함께 초원을 뛰어 다닌다. 아빠고릴라는 자신의 팔에 아기고릴라를 매달아 즐겁게 해주고, 아빠코끼리는 아기코끼리와 긴 코로 물을 뿜어내며 즐거운 시간을 보낸다.

❖ 그림책 특징 및 읽어 주기

아빠와 함께 지낸 시간들을 회상해 보고 아빠와 함께하고 싶은 놀이에 대해 이야기하는 활동을 할 수 있다.

푸른숲주니어, 2014

제 목 어부바 어부바

작 가 정희재, 김무연

내 용 주인공 홍이는 어부바놀이를 한다. 토끼, 원숭이, 코알라, 부엉이 등 동물 친구들을 업어 주며 즐거워한다. 저녁에 퇴근한 아빠는 홍이를 부르며 어부바를 해 준다.

❖ 그림책 특징 및 읽어 주기

주인공으로 등장하는 홍이는 동생처럼 엄마 등에 업혀 자고 싶지만 그럴 수 없다. 영아와 인형 업기놀이를 할 수 있다.

한울림어린이, 2004

제 목 우리 엄마 어디 있어요?

작 가 기도 반 게네흐텐 / 서남희

내 용 아기 물고기 하양이가 잃어버린 엄마 물고기를 찾아다닌다. 빨간색 게, 주황색 불가사리, 노란색 달팽이, 초록색 거북, 파란색 고래를 만나지만 엄마는 만나지 못한다. 하양이는 마지막에 알록달록 무지개 엄마 물고기를 만나 기뻐한다.

❖ 그림책 특징 및 읽어 주기

엄마를 찾는 반복 문형 부분을 영아가 하양이가 되어 말해 볼 수 있으며, "주황색 불가사리가 하양이의 엄마일까?"와 같은 질문으로 영아가 그림을 주의 깊게 보며 색이 같은지 확인해보는 활동을 할 수 있다. 그리고 그림책에 소개된 색 이외의 색에 대해 이야기할 수 있으며, 그림책 각 장면에 나타나는 색을 교실에서 찾아보는 게임을 통해 아이들이 색의 이름을 익힐 수 있게 해 준다.

한솔수북, 2013

제 목 이렇게 널 사랑해(엄마가)

작 가 가브리엘라 케셀만, 루시아 세라노 / 유아가다

내 용 잠시라도 보이지 않으면 보고 싶다든지, 엄마 눈에는 항상 멋있다든지, 상처를 받아 아플 때는 엄마가 마음을 보듬어 줄 거라든지 엄마가 자녀에게 해 주고 싶은 말들이 각 장면에 나열되어 있다.

❖ 그림책 특징 및 읽어 주기

이 그림책의 모든 장면에는 흑백의 어른 그림에 다채로운 색의 아이가 그린 듯한 그림이 덧붙여져 있다. 각 장에서 하는 '엄마의 말'에 영아가 답해 보는 활동을 할 수 있다.

(주)비룡소, 1997

제 목 잠이 안 오니 작은 곰아?

작 가 마틴 워델, 바바라 퍼스 / 이지현

내 용 잘 시간이 되었지만 작은 곰은 잠이 오지 않는다. 큰 곰은 작은 곰이 잠들 수 있도록 도와 준다. 큰 곰은 작은 곰을 밖으로 데리고 나가 달님을 보여 주며 다정하게 이야기도 들려준다. 마침내 작은 곰은 잠들고 안으로 들어온 큰 곰도 잠든다.

❖ 그림책 특징 및 읽어 주기

보통 그림책에서 등장인물에게 호칭(예: 아빠곰, 엄마곰 등)을 붙이지만 이 그림책에서는 '작은 곰', '큰 곰'이라고 등장인물을 부른다. 아이들이 직접 곰의 이름을 지어 주는 활동을 해 보면 좋을 것이다. 그리고 각자 자신이 잠들 때는 어떤 것들이 필요한지 이야기 나눠 보는 것도 좋다.

함께 읽으면 좋은 그림책

간질간질 〈아빠와의 놀이〉
(최재숙, 한병호, 보림, 2014)

아빠는 유준이가 심심할 때 몰래 가서 겨드랑이를 간질간질한다. 도망가는 유준이는 애벌레가 되고 아빠도 애벌레가 되어 따라간다. 다시 악어로 변한 유준이를 아빠도 악어가 되어 잡으러 간다. 아빠와 아이의 즐거운 놀이 모습이 담겨 있다.

그래도 그래도 사랑해 〈엄마의 사랑〉
(데비 글리오리 / 서애경, 반달(킨더랜드), 2014)

아이에 대한 엄마의 사랑이 다양하게 표현되어 있는 그림책이다. 아이가 생각하는 엄마의 사랑이 무엇인지 함께 이야기 나누며 그 소중함을 느껴 보는 시간을 가져 보면 좋다.

나는 아빠가 좋아요 〈우리 아빠〉
(넬레무스트, 미카엘 쇼버 / 이상희, 아름다운 사람들, 2012)

아이들이 느끼는 아빠는 어떤지 표현해 보는 활동을 할 수 있다. 아빠와 함께할 수 있는 일에 대해 생각해 본다.

누구야 누구 〈동물 가족〉
(심조원, 권혁도, 보리, 1997)

다음 동물이 소개되기 전에 그 앞 그림에는 다음 동물의 일부가 그려져 있어 다음에 소개될 동물을 예측하며 읽기를 할 수 있다.

또, 또, 또 해주세요 〈가족 사랑〉
(베라 B. 윌리엄스 / 노경실, 열린어린이, 2005)

아빠, 할머니, 엄마가 아이와 각각 나누는 세 가지의 사랑 표현 방식이 담겨 있다.

할머니랑 나랑 닮았대요 〈할머니〉
(정미라, 조미애, (주)비룡소, 2012)

주인공 아이와 할머니가 함께 생활하는 일상의 모습들이 자연스럽게 소개된다. 이 그림책을 보며 자신의 할머니에 대한 이야기를 해보게 한다.

6) 동물놀이해요

〈동물놀이해요〉는 6주 동안 진행되는 여섯 번째 생활주제이다. '여러 가지 동물이 있어요', '엄마동물 아기동물', '동물처럼 소리를 내어 보아요', '동물처럼 움직여 보아요', '○○반이 좋아하는 동물', '동물을 사랑해요'가 차례로 진행된다. 동물은 영아가 좋아하는 주제 중 하나이다. 동물과 관련한 다양한 그림책과 활동들은 영아의 호기심을 자극하고 즐거움을 느끼게 해 준다.

바람의아이들, 2011

제 목 꼬끼오오오!

작 가 오드레이 푸시에 / 최윤정

내 용 쥐는 수탉 소리를 내고, 양은 고양이 소리를, 수탉은 개 소리를, 늑대는 당나귀 소리를, 고양이는 암탉 소리를, 말은 늑대 소리를 낼 수 있냐며 너도나도 잘난 척 한다. 동물들이 각자 큰 소리로 동물의 소리를 흉내 내고 있을 때 토끼는 아무 소리도 못 내고 있다. 하지만 토끼는 모두 모인 자리에서 토끼 소리 낼 줄 아느냐고 묻고, 모두 가만히 있자 토끼는 큰 소리를 내며 돌아선다.

❖ 그림책 특징 및 읽어 주기

다양한 동물의 소리를 의성어로 표현하고 있다. 동물 소리를 아이들이 직접 들어 보고 흉내 내는 활동을 할 수 있다. 더 나아가 여러 가지 교통기관이나 악기 소리를 흉내 내어 보는 활동을 할 수 있다.

미세기, 2001

제 목 너는 누구니?

작 가 키스 포크너, 스테판 홈즈 / 박현영

내 용 느리게 기어가는 작은 애벌레나 아기 새, 그리고 작은 올챙이가 크면 무엇이 되는지 들려준다. 동물의 성장 과정을 단순히 소개하는 그림책이 아니라 어릴 때의 모습과 어른이 되었을 때의 모습은 다르다는 것을 알려 준다.

❖ 그림책 특징 및 읽어 주기

이 그림책은 입체북이다. 어른이 되었을 때의 화려한 모습을 입체로 표현하여 모습의 변화를 더욱 의미 있게 느낄 수 있도록 하였다. 그림책에 등장하는 어른 동물들의 모습을 보며 아이들도 각자 어떤 모습으로 자랄지 상상해 볼 수 있게 해 준다.

한림출판사, 2013

제 목 병아리

작 가 소야 키요시, 하야시 아키코 / 김난주

내 용 혼자 밖으로 나온 병아리는 어두워졌는데도 집에 못 들어가고 잎사귀 이불을 덮은 채 그대로 잠들어 버린다. 어미닭이 결국 병아리를 찾아 집으로 데리고 돌아온다.

❖ 그림책 특징 및 읽어 주기

그림책의 앞표지에 등장하는 주인공 병아리는 부드럽고 보송한 느낌이 들게 표현되어 있다. 병아리 그림에 대한 느낌, 병아리를 본 적 있는지에 대해 이야기 나눈다. 배경 그림이 어두워지는 것, 별이 그려진 것을 가리키며 점점 깜깜한 밤이 되고 있음을 인식하며 읽어 준다.

북스토리아이, 2014

제 목 꿈틀꿈틀 애벌레 기차

작 가 니시하라 미노리 / 김영주

내 용 애벌레 기차는 곤충들을 태우고 아파트 단지 역을 출발한다. 애벌레 기차는 농장을 지나고 터널을 통과하여 땅속마을을 지나고 두더지 지하상가도 지난다. 마지막 역을 향해 달려가고 있을 때 거미는 기차에 타고 있는 곤충을 잡아먹으려고 한다.

❖ 그림책 특징 및 읽어 주기

그림책에서 소개되는 애벌레 기차가 가는 곳을 살펴보며 아이들이 경험했던 기차의 이야기를 들어 보고 서로 허리를 잡고 기차놀이를 해 볼 수 있다.

보림, 1998

제 목 야옹이가 제일 좋아하는 색깔은?

작 가 제인 카브레라 / 김향금

내 용 주인공 야옹이는 자기가 제일 좋아하는 색을 맞춰보하고 한다. 초록색, 빨간색, 노란색, 파란색 등 모든 색을 좋아하는 듯 보이지만 마지막에 정답은 주황색이라고 한다. 주황색은 야옹이 엄마의 색이기 때문이다.

❖ 그림책 특징 및 읽어 주기

야옹이가 가장 좋아하는 색깔은 주황색이지만, 초록색, 빨간색, 노란색, 파란색 등에 대해서도 좋아하는 이유를 이야기한다. 교사는 영아에게 어느 색 그림이 멋있는지, 또는 어떤 색을 좋아하는지에 대해 이야기하고 그 이유에 대해 말해보게 함으로써 영아의 언어발달을 도울 수 있다.

문학동네어린이, 2008

제 목 옹달샘

작 가 윤석중, 홍성지

내 용 윤석중의 시, '옹달샘'을 그림책으로 엮은 것이다. "깊은 산속 옹달샘 누가 와서 먹나요"를 시작으로 세수하러 왔다가 물만 먹고 가는 토끼, 숨바꼭질하다가 목마르면 얼른 물을 먹고 가는 노루까지 그림으로 표현되어 있다.

❖ 그림책 특징 및 읽어 주기

이 그림책은 가락을 넣어 노래로 부르며 아이들에게 소개할 수 있다. 한 소절마다 장면으로 모두 표현되어 있어 한 장씩 넘기며 소개하기에 좋다. 그림책의 그림을 보며 아이들도 함께 부를 수 있도록 하고 익숙해지면 아이들이 스스로 노래를 부르며 그림책을 볼 수 있도록 격려한다.

(주)비룡소, 1996

제 목 저런, 벌거숭이네!

작 가 고미 타로 / 이종화

내 용 목욕하라는 엄마의 말에 아이는 사자 옷을 벗기 시작한다. 옷도 벗고 머리에 쓴 털도 벗는다. 그렇게 훌훌 벗고 난 모습은 곰이다. 곰은 조끼, 셔츠를 벗고 양말도 쭉 당겨 벗는다. 이에 엄마는 다시 옷을 벗으라고 한다. 곰은 다시 옷을 훌훌 벗는다. 그렇게 옷을 벗고 나니 드디어 주인공 아이가 등장한다.

❖ 그림책 특징 및 읽어 주기

주인공은 여러 겹의 옷을 입고 있다. 주인공이 목욕을 하기 위해 하나씩 옷을 벗는 모습이 즐거워 보인다. 목욕을 하기 위해 아이들이 옷을 벗는 활동을 즐겁게 할 수 있도록 소개하는 그림책이다. 아이들과 목욕에 대한 경험을 이야기 나눈다.

시공주니어, 2014

제 목 커다란 방귀

작 가 강경수

내 용 아프라카 초원의 한가로운 어느 날, 코끼리는 갑자기 방귀를 뀐다. 코끼리 방귀에 코뿔소, 사자, 개미핥기, 원숭이, 다람쥐, 개미가 차례로 날아간다. 동물들은 무거운 순서로 먼저 떨어지지만 가장 가벼운 개미는 가장 멀리 날아가 코끼리 콧속으로 들어간다. 코끼리는 간지러워 재채기를 하고 개미는 다시 나온다.

❖ 그림책 특징 및 읽어 주기

몸집이 큰 동물들부터 등장하여 점차 작은 동물들이 차례로 등장한다. 코끼리의 방귀 소리에서 시작하는 그림책은 코끼리의 재채기 소리로 마무리 된다. 재미있는 장면을 보며 이야기해 보게 한다.

반달(킨더랜드), 2015

제 목 펭귄 랄랄라

작 가 구신애

내 용 펭귄 다섯 마리를 찾는 숨바꼭질 그림책이다. 뒤뚱거리며 걷던 펭귄 중 한 마리가 얼음 구멍에 빠지면 바다사자가 빠진 펭귄을 올려 준다. 펭귄들은 돌아가며 사라졌다 나타난다.

❖ 그림책 특징 및 읽어 주기

펭귄 다섯 마리를 찾는 그림책이다. 펭귄은 물고기 사이에 숨어 있기도 하고 큰 눈덩이에 숨어 있기도 하다. 교사는 그림책을 한 장씩 넘기며 아이들과 숨은 그림찾기를 하듯 펭귄 찾기를 하며 즐겁게 읽을 수 있다. 다섯 마리 중 몇 마리가 없고 몇 마리가 남아 있는지 수세기 놀이를 할 수도 있다.

함께 읽으면 좋은 그림책

내가 보이니? 나는 누구일까? 〈다양한 동물〉
(한지혜, 한울림어린이, 2011)

자이언트 판다, 아무르표범, 대모거북 등과 같이 아이들에게 조금 생소한 동물들이 소개된다.

내 뒤에 누굴까? 〈다양한 동물〉
(후쿠다 토시오 / 김숙희, 한울림어린이, 2006)

1권 강아지, 2권 돌고래, 3권 하마, 4권 돼지로 구성되어 있다. 다양한 동물들이 소개되고, 부분적으로 보이던 동물 그림이 마지막에 모두 담겨 있다. 영아에게 어떤 동물일지 예측하게 하며 읽어 준다.

무늬가 살아나요 〈다양한 동물〉
(유문조, 안윤모, 길벗어린이, 2002)

다음 페이지에 나올 그림에 대한 실마리가 앞 페이지에 제시되어 있다. 다음 그림을 예측하게 하며 읽어 준다.

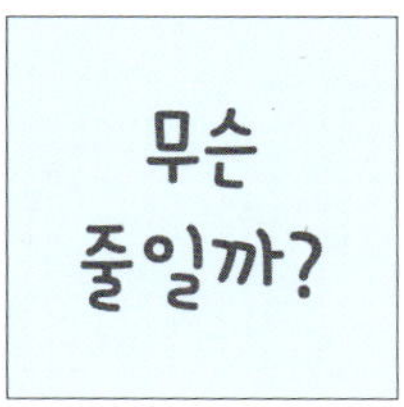

무슨 줄일까? 〈다양한 동물〉
(오무라 토모코)

아주 많은 동물들이 등장하는 그림책이다. 그림책을 끝까지 읽기 전에 동물들이 무엇을 위해 줄을 서 있는지 상상해 보게 한다.

아기 사자가 으르렁 소리를 잃어버렸어! 〈동물 소리〉
(제다 로바트 / 강형복, 키즈엠, 2013)

어느 날 아침, 아기 사자가 갑자기 소리를 잃어버리면서 이야기가 시작되는 그림책으로, 아이들과 의성어 놀이를 하기에 좋다.

커다란 알 하나 〈동물의 알〉
(최숙희, 웅진주니어, 2013)

커다란 알이 반입체로 표현되어 있어 생생한 알의 모습을 관찰해 볼 수 있다. 가장 큰 타조 알, 가장 작은 벌새 알 등 다양한 무늬를 갖고 있는 알이 등장하여 아이들의 호기심을 자극한다.

7) 알록달록 가을이에요

일곱 번째 주제는 〈알록달록 가을이에요〉이다. '가을이에요', '가을 나들이', '단풍이 물들어요', '자연물로 놀이해요', '알록달록 색깔나라', '재미있는 그리기 나라' 여섯 가지의 주제로 구성되어 있다. 가을에는 단풍이 들고 날씨가 선선해지면서 실외활동을 하기에 좋은 날씨이다. 교사는 영아가 가을에 나타나는 변화와 특징을 충분히 느끼고 관찰해 볼 수 있도록 도와야 한다. 교사는 가을의 특징이 잘 나타나 있는 그림책을 소개하며 다양한 활동들과 연계하여 영아의 호기심을 자극할 수 있다.

한림출판사, 2010

제 목 개구리야, 어디 있니?

작 가 스기타 히로미 / 박숙경

내 용 앞표지에 여덟 마리의 개구리가 등장한다. 등장하는 개구리의 색이 모두 다르다. 보라색, 분홍색, 노란색, 하늘색, 빨간색, 연두색, 회색, 주황색이다. 각 장의 배경은 개구리들 중 한 가지 색으로 되어 있으며, 그 속에 여덟 마리 개구리들이 숨어 있다.

❖ 그림책 특징 및 읽어 주기

각 장의 배경이 여덟 가지 개구리의 색으로 되어 있어서 배경과 같은 색의 개구리는 찾기 어렵다. 각 장면에서 배경과 같은 색의 개구리 빨리 찾기 게임을 해 볼 수 있다.

미래엔 아이세움, 2004

제 목 구름놀이

작 가 한태희

내 용 그림책에 등장하는 손은 구름으로 다양한 모양을 만든다. 예쁜 꽃을 만들고, 호랑이, 토끼, 새, 솜사탕 등 감싸듯 손을 모아 다양한 모양을 만든다.

❖ 그림책 특징 및 읽어 주기

구름을 직접 손으로 만지는 것은 불가능하지만 그림책에서 소개하는 구름놀이처럼, 다양한 자연물로 만들기 활동을 할 수 있다. 주변에서 흔히 볼 수 있는 나뭇잎, 작은 돌, 나뭇가지 등을 직접 수집하여 여러 가지 패턴이나 무늬를 꾸며볼 수 있다.

시공주니어, 2008

제 목 나뭇잎이 달아나요

작 가 올레 쾨네케 / 임정은

내 용 주인공 안톤은 나뭇잎들을 한 곳으로 모으지만 나뭇잎 하나가 날아간다. 안톤은 그것을 잡기 위해 뛴다. 이 모습을 본 안톤의 친구들도 그 나뭇잎을 향해 함께 뛴다. 아이들과 함께 뛰며 나뭇잎을 따라가던 안톤은 결국 자신이 모아 놓은 나뭇잎 더미에 넘어져 나뭇잎들이 모두 날아간다. 아이들은 많은 나뭇잎 사이에서 처음에 날아갔던 나뭇잎을 찾으며 논다.

❖ 그림책 특징 및 읽어 주기

가을이면 길에 쌓이는 나뭇잎을 아이들은 좋아한다. 교사는 아이들과 직접 밖에서 나뭇잎을 수집하는 활동을 할 수 있다. 유아가 모아 온 나뭇잎을 절구에 넣어 빻아 보거나 나뭇잎을 며칠 말린 후 커다란 상자에 넣어 밟아 보거나 뭉쳐 보며 나뭇잎에서 나는 소리를 탐색해 볼 수 있다. 투명 시트지나 양면테이프를 붙인 종이 위에 나뭇잎을 붙여 여러 가지 모양을 만들어 보게 할 수 있다.

보림, 2009

제 목 사과가 쿵!

작 가 다다 히로시 / 정근

내 용 동물 마을에 큰 사과가 떨어져 있다. 가장 작은 동물부터 코끼리까지 점점 큰 동물들이 차례로 와 사과를 먹는다. 토끼, 돼지, 너구리, 여우, 악어 등 모든 동물들이 사과를 먹고 나니 비가 내린다. 동물들은 비를 피하기 위해 우산모양이 된 사과 안으로 들어가 비를 피한다.

❖ 그림책 특징 및 읽어 주기

이 그림책은 아이들이 일상생활에서 자주 먹는 사과에 대한 이야기이다. 작은 동물부터 점점 큰 동물이 차례로 등장하여 사과를 먹는다. 교사는 동물들의 반복 등장 패턴을 고려하여 영아에게 다음 동물을 예측해 보게 유도할 수 있으며, 그림책에 등장하는 동물 이외의 다양한 동물을 떠올리게 하여 이야기 꾸미기를 돕는다.

(주)비룡소, 2004

제 목 사과를 자르면

작 가 유문조

내 용 빨간 사과, 초록 사과, 노란 사과를 먼저 소개한다. 껍질을 다 깐 하얀 사과도 소개한다. 사과 소개가 끝나면 사과를 반으로 자르고 또 반으로 잘라 점점 작아진다. 책장을 한 장 씩 넘길 때마다 책장은 작아지고 사과조각 크기도 작아진다.

❖ 그림책 특징 및 읽어 주기

사과의 다양한 종류가 소개되고, 사과를 반으로 잘라 작아짐에 따라 그림책의 책장 크기도 작아진다. 그림책의 마지막 장에는 다양한 크기의 사과모양 퍼즐이 있어 아이들이 직접 퍼즐활동을 하며 사과의 크기를 비교해 볼 수 있다. 이때 아이들은 '크다', '작다'의 의미를 이해하고 언어로 표현해 볼 수 있다. 교사는 아이들과 직접 사과를 반으로 잘라 나눠 먹으며 크기를 비교해 보는 활동을 할 수 있다.

함께 읽으면 좋은 그림책

가을 숲 도토리 소리 〈가을 숲〉

(우종영, 하영, 파란자전거, 2013)

이 그림책은 많은 의성어, 의태어들로 재미있게 표현되어 있다. 주변 사물의 소리를 말로 표현하기 활동을 할 수 있다.

사과가 때굴때굴 때구루루루 〈사과 모양〉

(미우라 타로 / 김숙, 북뱅크, 2012)

사과가 각 동물들의 몸으로 굴러가는 모습이 재미있게 표현되어 있다. 동그란 모양의 다양한 사물을 아이들이 직접 굴려 보는 활동을 할 수 있다.

8) 겨울과 모양을 즐겨요

이 주제는 '여러가지 모양이 있어요', '모양놀이해요', '즐거운 성탄이에요', '추워요', '따뜻하게 지내요' 다섯 개의 소주제로 구성되어 있다. 만 2세 영아가 사물의 모양이나 특성을 인지하는 능력이 향상되면서 사물들의 서로 다른 특징들을 비교할 수 있다. 따라서 그림책을 통해 일상생활에서 볼 수 있는 다양한 모양을 소개하여 그림책에 대한 관심을 높일 수 있다. 또한, 겨울과 관련한 그림책을 통해 계절의 특징을 알아보고 행복한 크리스마스를 위한 다양한 준비를 할 수 있다.

진선아이, 2011

제 목	때굴 때굴 때굴
작 가	모토나가 사다마사 / 유문조
내 용	다양한 색의 구슬이 다양한 장소에서 때굴때굴 굴러간다. 미끄럼, 구름 위, 계단 위, 울퉁불퉁한 곳으로 때굴때굴 굴러간다.

❖ 그림책 특징 및 읽어 주기

구슬은 원형 모양을 하고 있어 경사진 면이나 평평한 곳에서 잘 굴러 간다. 하지만 그림책에서는 구슬이 계단 위로도 굴러가고 울퉁불퉁한 곳도 굴러가는 등 현실에서는 불가능한 곳에서도 굴러가는 모습을 보여 준다. 교사는 아이들과 '때굴때굴때굴'을 넣어 말짓기놀이 활동을 하거나 여러 그림의 배경을 내주고 색색의 동그라미 붙여 보기 활동 등을 할 수 있다.

그린북, 2001

제 목	구름아 구름아 뭐하니?
작 가	프랑수아 데이비드, 마르크 솔랄
내 용	하늘에 구름이 가득 차 있다. 엄마 구름, 아기 구름, 권투 선수 구름, 작은 물고기 구름 등 다양한 모양의 구름이 등장한다.

❖ 그림책 특징 및 읽어 주기

파란 하늘에 높이 떠 있는 큰 구름을 보며 상상력을 키울 수 있는 그림책이다. 날씨가 조금 풀린 맑은 날에는 아이들과 밖에 나가 구름을 보며 구름의 모양이나 움직임을 보며 느낌을 표현해보게 한다.

보림, 2005

제 목	별이 좋아
작 가	마거릿 와이즈 브라운 / 이성표
내 용	노란별, 초록별, 빨간별, 파란별 등 다양한 색의 별들과 먼 별, 고요한 별, 빛나는 별, 은은한 별 등 다양한 종류의 별이 등장한다.

❖ 그림책 특징 및 읽어 주기

많은 종류의 별이 등장할 때마다 화자는 별이 좋다고 말한다. "나는 ○○별이 좋아."의 ○○에 들어갈 말을 넣는 활동을 할 수 있다. 그리고 빨간별은 사과모양 안에, 파란별은 구름 안에 표현되어 있듯이 별의 이름에 어울리는 그림이 그려져 있다. 이를 활용하여 교사는 아이들이 직접 별에 이름을 붙이도록 적절한 그림 배경을 만들어 줄 수 있다.

주니어RHK, 2008

제 목 아기곰의 첫 번째 크리스마스

작 가 카르마 윌슨, 제인 채프먼 / 임미경

내 용 숲 속 친구들은 겨울잠을 자는 아기곰과 크리스마스를 함께 보내기 위해 아기곰을 찾아간다. 친구들은 아기곰이 잠들지 않도록 하기 위해 크리스마스 트리와 파티 음식을 함께 만들며 크리스마스를 준비한다. 밤이 되자 숲 속 친구들은 잠들고 아기곰은 끝까지 남아 친구들에게 줄 선물을 포장한다. 다음날 아침 아기곰은 잠들고 잠에서 깨어난 친구들은 기뻐한다.

❖ 그림책 특징 및 읽어 주기

숲 속 친구들과 아기곰이 크리스마스를 위해 어떤 것들을 준비하는지 알아보고 아이들과 함께 원에서 크리스마스를 준비해 본다. 교사는 작은 나무와 장식들을 준비하고 아이들은 원하는 장식을 각자 걸어본다.

키즈엠, 2013

제 목 야호! 겨울이다

작 가 레인 판 뒤르머 / 아이생각

내 용 펭귄은 다람쥐를 만나서 눈놀이를 하러 간다. 펭귄과 다람쥐는 오리를 만나 함께 눈놀이를 하러 간다. 펭귄, 다람쥐, 오리는 아기오리를 만난다. 동물들은 모두 함께 눈놀이를 하러 간다.

❖ 그림책 특징 및 읽어 주기

하얀 눈이 쌓인 겨울에 할 수 있는 놀이를 소개하는 그림책이다. 교사는 눈이 오는 날 그림책을 소개하고 아이들과 함께 즐거운 눈놀이를 즐길 수 있다. 눈이 오지 않는 날에는 솜을 활용하여 겨울모습 꾸미기 활동을 할 수 있다.

웅진주니어, 2010

제 목	옹기종기 냠냠
작 가	심조원, 김시영
내 용	겨울에 주로 먹는 음식들이 등장한다. 붕어빵, 찐만두, 호떡, 어묵꼬치, 군고구마, 군밤이다. 눈 내리는 겨울, 포장마차에 엄마와 아이들, 강아지까지 함께 모여 겨울음식을 즐긴다.

❖ 그림책 특징 및 읽어 주기

이 그림책은 〈똥강아지 봄 여름 가을 겨울 시리즈〉 중 마지막 4권이다. 겨울에 먹으면 몸이 따뜻해지는 별미들이 먹음직스럽게 표현되어 있다. 그림책에 나오는 다양한 음식을 아이들과 원에서 먹으며 즐거운 시간을 보낼 수 있으며, 겨울에 먹는 음식에 대해 이야기를 나눌 수 있다.

함께 읽으면 좋은 그림책

누가 숨겼지? 〈모양 찾기〉

(고미 타로 / 김난주, (주)비룡소, 2002)

숨은 그림 찾기 활동을 할 수 있는 그림책이다. 교사는 그림책을 넘기며 질문을 하고 아이들이 찾으며 볼 수 있다.

알록달록 동물원 〈다양한 모양, 색깔〉

(로이스 엘러트 / 문정윤, 시공주니어, 2001)

사각형, 삼각형, 원 등 다양한 도형이 소개된다. 여러 색의 도형이 서로 만나 동물 모양이 된다. 어떤 동물처럼 보이는지 이야기 나누며 본다.

어디 어디 숨었니? 〈모양 찾기〉

(허은순, 이진아, 현암사(은나팔), 2012)

엄마와 아기는 집에서 숨바꼭질을 한다. 엄마와 아기는 실로 뜬 옷을 입고 있고, 다른 등장인물들은 모두 손으로 만든 인형들이다. 숨어 있는 인물들을 찾으며 볼 수 있다.

9) 나는 친구가 있어요

마지막 주제는 〈나는 친구가 있어요〉이다. '내 친구가 좋아요', '친구와 함께하는 놀이가 있어요', '우리는 ○○살(설날)', '형 · 언니가 되었어요', '즐거웠던 우리 반이에요' 총 다섯 가지 주제로 구성되어 있다. 이때는 상급반으로 올라가기 전 마지막 시기로, 이 시기의 영아는 사회적 관계에 대한 기본 이해가 발달하고 또래와의 사회적 상호작용이 어느 정도 가능하다. 따라서 상급반으로 올라가기 전에 친구의 소중함과 형님, 아우의 관계에 대해 더욱 잘 알면 유아기에 요구되는 좀 더 복잡한 사회성 획득에 도움이 될 것이다. 교사는 관련 그림책을 활용하여 지도할 수 있다.

한울림어린이, 2004

제 목	꼭꼭 숨어라
작 가	기도 반 게네흐텐 / 서남희
내 용	물고기 하양이가 물 속 친구들과 숨바꼭질을 한다. 하양이가 술래가 되어 친구들을 찾는다. 바위 뒤에 달팽이, 풀숲 안에 물벼룩 등 친구들을 찾아간다.

❖ 그림책 특징 및 읽어 주기

앞표지는 검은색 바탕에 무지개 색으로 제목이 쓰여 있다. 앞표지를 넘기면 면지는 무지개 색으로 칠해 있으며, 그림책 내용의 모든 장면은 표지에서처럼 검은색 바탕에 뚜렷한 대비를 이루는 색으로 그림이 그려져 있다. 여러 가지 색깔과 모양의 시트지에 스티커를 붙여 보는 활동을 해 볼 수 있다. 또는 책에서처럼 숨바꼭질놀이를 해 본다.

지형, 2006

제 목 너에게 주는 선물이야

작 가 다나카 우사

내 용 밤하늘에서 별똥별이 떨어지는 장면으로 그림책의 이야기가 시작된다. 햄스터는 떨어진 별똥별을 주워 동물친구들에게 찾아간다. 선물을 받은 얼룩말은 알록달록 다양한 색으로 변하고, 나무늘보에게는 그물침대가 생긴다. 펭귄에게는 꽃비가 내리고, 토끼에게는 당근이 생긴다.

❖ 그림책 특징 및 읽어 주기

햄스터는 하늘에서 떨어진 별똥별을 주워 동물친구들에게 나누어 준다. 선물을 받은 동물들은 자신이 원하는 것을 갖게 되어 기뻐한다. 선물을 주고받으며 기뻐하는 동물들의 모습을 보며 아동도 함께 기뻐하며 감상할 수 있다.

보림, 2003

제 목 둘이서 둘이서

작 가 김복태

내 용 동물들이 함께 어려운 문제들을 해결해 내는 이야기이다. 서로 등을 밀어 주거나 물을 먹여 주는 등 서로를 돕는다.

❖ 그림책 특징 및 읽어 주기

혼자서는 할 수 없으니 같이 하자는 말을 반복해서 하고 있다. 이 그림책을 통해 아이들은 친구의 소중함을 알고 협동하는 방법을 배울 수 있다.

길벗어린이, 2007

제목 아가야 울지 마

작가 오호선, 유승하

내용 엄마가 일하러 간 사이, 자던 아기가 깨서 운다. 그런 아기에게 고양이, 강아지, 수탉, 게 등 다양한 동물이 누가 우냐며 다가와 함께 즐거운 시간을 보내며 달래 준다.

❖ 그림책 특징 및 읽어 주기

우는 아기를 달래 주기 위해 등장하는 동물마다 "누가 울어?"라고 묻는다. 우는 아기 또한 동물들에게 엄마가 어디에 있느냐고 반복해서 묻는다. 이 그림책은 동물과 아기의 이러한 대화가 반복되는 것이 특징이다. 책장을 넘기면서 반복되는 대화를 따라해 보며 놀이할 수 있다.

해럴드와
자주색
크레파스

제목 해럴드와 자주색 크레파스

작가 크로켓 존슨

내용 해럴드는 밤에 자주색 크레파스로 달을 그리고 길도 그리며 산책을 간다. 사과나무 한 그루가 있는 작은 숲을 그리고, 그 사과를 지켜 줄 용도 그린다. 집으로 돌아온 해럴드는 침대를 그리고 그 위로 올라가 자주색 크레파스와 함께 잠든다.

❖ 그림책 특징 및 읽어 주기

해럴드는 자주색 크레파스로 원하는 것들을 자유롭게 그린다. 벽에 낙서를 하거나 종이와 펜이 있으면 뭐든 그리고 싶어 하는 아이들의 모습이 잘 담겨 있다. 교사는 아이들이 그림책 속 해럴드가 되어 자유롭게 끼적거릴 수 있도록 하면 좋다. 교실 벽에 전지를 붙이거나 바닥에 큰 종이를 깔아 주어 영아가 자유롭게 끼적일 수 있게 해 준다.

함께 읽으면 좋은 그림책

깨물면 안 돼! 〈좋은 습관〉

(마이클 달, 아담 레코드 / 공상공장, 키즈엠, 2013)

멋진 이빨을 갖고 있는 리노가 주인공으로 등장하는 그림책으로 깨무는 습관이 있는 아이들에게 소개하도록 한다. 그림책을 활용하여 잘못된 습관을 깨닫도록 돕고, 깨무는 행동 대신 자신을 표현할 수 있는 올바른 방법을 알려 줄 수 있다.

쿵작쿵작 둥둥빠밤 〈친구와 함께하는 악기 연주〉

(실비 미슬린, 아망딘 피유 / 글맛, 키즈엠, 2014)

악기 소리가 의성어로 표현되어 있는 그림책이다. 영아가 악기연주를 직접 체험해 볼 수 있도록 한다.

제 9 장

3세반

01 그림책과 읽어 주기

1) 그림책의 의미

3세 유아는 그림책 읽기를 할 때 책이 초점이 된다는 것을 안다(이지현 외, 2009). 그림책은 유아에게 자신의 생각과 경험을 반영해 보는 매체가 된다. 특히, 유아는 경험이나 생각을 말로 표현하는 것이 가능해지면서 그림책 중에서도 이야기가 담긴 그림책을 선호한다(이문정 외, 2013). 자신과 유사한 경험이나 행동이 담긴 그림책 속 등장인물과 동일시해 보며 재미와 즐거움을 느끼고 때로는 위안을 받기도 한다(Morrow, 1988). 이 시기의 유아는 그림책 속 등장인물 또는 특정 인물의 말과 행동에 공감하고 타인의 입장을 고려해 볼 수 있으므로 특정 등장인물이 등장하는 그림책을 선호하는 양상을 보이기도 한다. 아직은 '혼자 책 읽기'보다는 성인이 읽어 주는 것을 좋아하며, 이야기를 들으며 문자 언어와 구두 언어를 연관 지으며 점점 언어 발달을 이루어간다(송하나, 최경숙, 2010; Morrow, 1990).

2) 그림책의 선정 기준

(1) 일상의 놀이나 모험이 담긴 그림책

3세 유아를 위한 그림책은 신체놀이나 모험, 스스로 성취해 내며 자긍심을 느끼는 것을 다루어 유아가 자신의 경험과 연관 지어 보거나 간접적으로 경험할 수 있는 내용을 다루고 있는 것이 좋다. 『곰 사냥을 떠나자』와 같이 모험을 다룬 그림책, 『눈 오는 날』, 『오늘은 무슨 옷을 입을까?』와 같이 유아의 일상 경험이 담긴 그림책을 예로 들 수 있다.

(2) 또래 간 갈등과 해결이 담긴 그림책

또래에 대한 관심이 높으면서도 갈등 또한 빈번한 시기이므로 또래와의 관계에서 유아가 경험해 보았음직 한 갈등 상황을 다룬 그림책은 유아의 사회적 관계 형성에 도움이 된다. 놀이나 생활 속에서 겪는 사회적 · 정서적 갈등과 등장인물들이 그것을 어떻게 해결해 나가는지를 보면서 유아는 자신의 경험과 연관 지어 해결 전략을 알아가거나 등장인물에 감정이입하며 감상할 수 있다. 또래 사이에서 갈등을 다룬 그림책으로 『너랑 안 놀아』나 『너랑 절대 말 안 해』를 들 수 있다.

(3) 예측하기 쉽고 단선적인 구조의 그림책

글 내용이나 그림 내용을 단서로 다음 장면을 예측할 수 있도록 구성된 그림책이나, 시간순으로 이야기가 진행되거나 서두와 결말이 분명한 구조의 그림책, 사건이 단순하고 인과관계가 분명한 그림책이 이 시기의 유아에게 적합하다. 유사한 상황이 반복되는 그림을 보면서 다음 내용을 추론해 볼 수 있으며, 앞의 사건을 기초로 다음 장면에 나올 이야기를 예측할 수 있는 그림책이 이 시기의 유아에게 적절하다. 같은 사건이 반복되면서 등장인물만 바뀌는 『커다란 순무』나 『누가 내 머리에 똥 쌌어?』와 같은 그림책은 유아가 다음에 나올 문형을 쉽게 예측할 수 있으며, 『바람이 불었어』는 유사한 상황이 반복해서 등장하면서 그림을 통해 다음 내용을 추론할 수 있다.

(4) 글과 그림의 내용이 일치하는 그림책

이 시기는 아직 글을 잘 모르기 때문에 그림만으로도 이야기를 이해하기 쉬운 그림책, 그림의 조형 특성이 단순하면서도 실제적으로 표상된 그림책이 적합하다. 『빨간 끈으로 머리를 묶은 사자』와 같이 그림이 분명하고 글 내용이 잘 반영된 그림책은 그림만으로도 이야기를 읽어낼 수 있다.

3) 그림책 읽어 주기

- 그림책 읽기에 유아의 참여를 적극적으로 유도하고, 유아의 이야기나 반응을 적극적으로 수용해 주면서 이야기를 들려준다.
- 그림책을 읽어 주는 동안 유아에게 그림을 충분히 살펴볼 시간을 준다. 특히, 그림에 많은 내용이 담겨 있을 경우 유아가 그림에서 의미를 찾아보거나, 그림이 주는 메시지를 읽어 낼 수 있도록 다음 장면으로 천천히 넘긴다.
- 그림책을 읽어 주는 동안 글뿐만 아니라 그림으로부터 이야기의 흐름을 예측해 보거나 그림의 단서를 토대로 이야기 내용을 구성해 볼 수 있도록 적절한 발문을 포함한 상호작용을 한다. 예를 들면, "여기에 강아지 발자국이 있네. 다음에 무슨 일이 일어날까?"와 같이 유아가 그림을 감상하고 다음 장면을 생각해 볼 수 있도록 한다.
- 글 없는 그림책일 경우 유아와 함께 이야기를 붙여가며 읽어보는 경험을 제공할 수 있다. 교사는 누가 무엇을 하고 있는지, 때가 언제인지, 어디인지 등을 유아가 살피며 이야기를 꾸미며 읽을 수 있게 돕는다. 이때 유아에게 한 번에 너무 많이 질문하지 않는다. 또한, 처음 한 번에 완성된 이야기를 만들어야 한다는 생각보다는 여러 번 보면서 이야기를 점점 더 붙여갈 수 있게 돕는다.

02 생활주제별 그림책

1) 유치원/어린이집과 친구

유아는 유치원/어린이집에 다니게 되면서 가족 이외의 다른 사회적 집단에 소속되어 낯선 환경과 새로운 사람에 적응하면서 집단 내에서 바람직한 사회적 관계를 형성하는 데 필요한 능력을 익히게 된다. 생활주제 〈유치원/어린이집과 친구〉는 유치원/어린이집의 새로운 친구, 선생님, 낯선 환경을 탐색하고 다른 사람들과 바람직한 사회적 관계를 형성하여 새로운 환경에 잘 적응하도록 돕는 데 주안점을 두고 있다.

3세 유아는 처음이거나 비교적 짧은 집단생활을 경험한 상태이기 때문에 새로운 것에 대한 기대감과 함께 낯선 환경에 대한 두려움, 불안감을 가지고 있을 수 있다. 이 주제에서는 '유치원/어린이집의 환경', '유치원/어린이집에서의 하루', '유치원/어린이집에서 만난 친구', '함께 놀이하는 유치원/어린이집'을 다루고 있다. 낯선 환경에 불안과 긴장보다는 안정감과 기대를 하게 하고 또래들과 함께 어울리는 데 비중을 두고 있다(교육과학기술부, 2013).

새롭고 낯선 유치원/어린이집에 다니게 된 또래의 감정이나 경험을 그린 그림책이나 다양한 또래와의 생활에 대한 이해를 도울 수 있는 내용의 그림책은 유아가 안정된 정서 상태로 적응하고 또래와 함께 어울리는 데 필요한 사회적 기술을 알게 하는 데 도움을 줄 수 있다.

(주)비룡소, 2000

제 목 그건 내 조끼야

작 가 나카에 요시오, 우에노 노리코 / 박상희

내 용 생쥐는 엄마가 짜준 빨간색 조끼를 입는다. 그런데 오리, 원숭이, 물개, 사자, 코끼리가 조끼를 입어보는 바람에 늘어나 못 입게 되자 생쥐가 속상해한다. 동물 친구들은 늘어난 조끼로 할 놀이를 찾아 낸다.

❖ 그림책 특징

비교적 짧고 쉬운 글에, 유아에게 친숙한 동물들이 등장한다. 유사한 사건이 반복되는 이야기 구조라 유아가 이해하기 쉽다. 글에는 표현되어 있지 않지만, 등장인물들의 유머러스한 표정, 생쥐의 기분 변화가 그림에 섬세하게 나타나 있어 글과 그림을 함께 읽으면 이야기가 보다 풍성해질 수 있다.

❖ 읽어 주기

[읽어 주는 동안]

- 사건이 반복적으로 일어나고 있어 다음 장면을 예측해 보거나, 대화 내용을 따라 해 보며, 문자 언어와 구두 언어 간의 관계를 살펴볼 수 있다.
- 글 내용에서 구체적으로 언급되지 않은 감정의 변화를 그림을 통해 읽어 내도록 질문을 한다.
- 마지막에 늘어난 조끼로 코끼리가 생쥐를 위해 그네를 태워주는 장면을 보며 생쥐의 속상했던 마음이 풀어졌을지 이야기 나누어 본다.

함께 읽으면 좋은 그림책

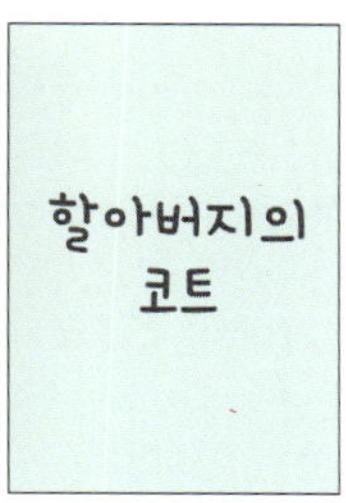

옷의 변형을 소재로 한 그림책

『요셉의 작고 낡은 오버코트가...?』, 『할아버지의 코트』는 유대계 민요를 바탕으로 쓴 그림책으로, 『그건 내 조끼야』에서처럼 못 입게 된 옷을 다른 방식으로 활용하는 모습이 담겨 있다.

* 베틀북, 2000 / 이마주, 2015

책속물고기, 2011

제 목	너랑 안 놀아!
작 가	제네비에브 코테 / 김호정
내 용	토끼와 돼지는 친한 친구 사이로, 함께 잘 놀다가 서로 다른 점 때문에 다투게 된다. 서로 놀지 않겠다고 선언하고 둘은 각자 혼자 놀이를 하지만 결국에는 둘이 함께하는 것이 가장 재미있다는 것을 깨닫고 다시 사이좋게 지낸다.

❖ 그림책 특징

또래와 어울리다가 사소한 일로 다투고 후회하는 아이들의 마음을 잘 보여 주고 있어 유아가 등장인물의 마음에 공감할 수 있다. 친구와 놀다 다투었을 때 갈등을 해결하고 친구와의 놀이에서 기쁨을 발견하는 내용을 유아가 자신의 경험과 관련지으며 읽을 수 있는 그림책이다. 두 등장인물이 갈등을 겪을 때는 둘을 좌우로 분리하여 배치하다가 후반에 둘이 화해했을 때는 가운데 배치하여 그림이 내용을 효과적으로 보여 준다.

❖ 읽어 주기

[읽어 주기 전]

- 제목과 표지 속 등장인물의 모습을 보며 두 친구에게 무슨 일이 있을지 추측해 본다.
- 친구와 놀고 싶지 않았던 적이 있었는지 유아의 경험을 들어본다.

[읽어 준 후]

- 또래와 다툰 경험에 대해 이야기 나눈다.
- 그림책 속 등장인물이 문제를 해결한 방법에 대해 이야기 나눈다.

함께 읽으면 좋은 그림책

서로 다른 친구와의 갈등에 대한 그림책

『성격이 달라도 우리는 친구』는 다른 성격을 지닌 두 아이가 서로를 채워주며 쌓는 우정을 보여 주며, 『너랑 절대 말 안 해』는 『너랑 안 놀아!』에서처럼 사소한 문제로 친구와 갈등을 일으키고 화해하는 내용을 다루고 있다. 이 그림책들 모두 등장인물들이 대치되는 이야기를 통해 상대방의 입장에서 생각해 보는 기회를 준다.

* 세용출판, 2009 / 북뱅크, 2013

한림출판사, 1990

제 목 외톨이 사자는 친구가 없대요

작 가 나카노 히로카주 / 이영준

내 용 친구를 찾아다니던 외로운 사자는 고슴도치, 양, 사슴의 흉내를 내며 친구가 되려고 하지만 오히려 동물들은 사자의 이상한 모습에 도망가 버린다. 그러다 소나기가 내려 사자의 진짜 모습이 드러나고 사자가 왜 변장했는지 이야기하자 모두 사자와 친구가 되어 준다.

❖ 그림책 특징

사자가 자신의 갈기로 고슴도치, 양, 사슴처럼 다양한 동물의 생김새를 흉내 낸 모습이 유머러스하다. 동물들이 도망가 버리자 속상해하고 실망하다가 화내는 사자의 모습이 갈기와 표정에 잘 담겨 있어 그림만으로도 사자의 마음을 잘 이해할 수 있다. 사자가 각 동물을 만나는 장면에서 같은 문장이 반복되므로 유아가 다음 내용을 예측하며 읽을 수 있다.

❖ 읽어 주기

[읽어 주기 전]

- 제목을 읽으며 외톨이의 뜻에 대해 이야기 나눈다.

[읽어 주는 동안]

- 사자가 변장을 한 장면에서는 사자가 상대방을 보고 웃어준다는 내용까지 읽어 준 후, 다음에 어떻게 되었을지 상상해보게 한 후 다음 장면을 읽어 준다.

[읽어 준 후]

- 그림책에 등장하는 동물들의 인형을 그림책과 함께 내주어 유아가 인형을 조작하면서 읽어볼 수 있게 한다.

함께 읽으면 좋은 그림책

친구 사귀기를 소재로 한 그림책

이 그림책들은 친구를 처음 사귈 때 느끼는 어려움, 두려움을 보여 준다. 『어떡하지?』는 등장인물이 느끼는 두려움을 파란색으로 효과적으로 표현하였다. 『나랑 친구 할래?』와 『우리는 소중한 친구』는 서로에게 소중한 존재가 되어가는 과정을 수묵화 기법과 부드럽고 따뜻한 색감으로 표현하였다.

* 웅진주니어, 2013 / 풀빛, 2011 / 봄봄, 2015

살림어린이, 2013

제 목	유치원에 가기 싫어!
작 가	하세가와 요시후미 / 이정민
내 용	인사하기 싫은 민수, 반 이름이 싫은 소희 등 아침마다 유치원에 가기 싫어 여러 가지 핑계를 대는 아이들이 나온다.

❖ 그림책 특징

유치원에 가기 싫어 투정부리는 유아의 심리를 솔직하고 섬세하게 그렸다. 이것은 실제 유아가 경험해 보았음직한 내용으로, 실제 기관에 가기 싫어하는 아이일 경우 자신의 모습을 투영해 보며 정서적 위안을 받을 수 있다. 학기 초 기관 적응에 어려움을 느끼거나 기관에 오기 싫어하는 유아에게 들려준다.

❖ 읽어 주기

[읽어 준 후]

- 그림책 속 아이들처럼 기관에 오기 싫었던 경험이 있었는지 이야기 나누어 본다.
- 기관에 오기 싫을 때 어떻게 하면 좋을지, 기관에서 무엇을 할 때 재미있는지 친구들의 이야기를 들어보고 등장인물에게 대안을 제시해 보게 한다.

함께 읽으면 좋은 그림책

등원에 대한 그림책

『엄마 가슴 속엔 언제나 네가 있단다』는 아이와 엄마와의 유대감을 선명하고 따뜻한 색감으로 보여 주는 그림책이다. 엄마와 헤어지기 힘들어하는 아이에게 도움이 될 수 있다. 『도토리 마을의 유치원』, 『유치원에 가면』, 『유치원에 갈 거야』는 기관의 재미있는 일과를 보여 주는 그림책으로, 등원하기 싫어하는 유아에게 기관 생활에 대한 호기심을 불러일으킬 수 있다.

* 열린어린이, 2011 / 웅진주니어, 2014
애플비, 2013 / 키즈엠, 2014

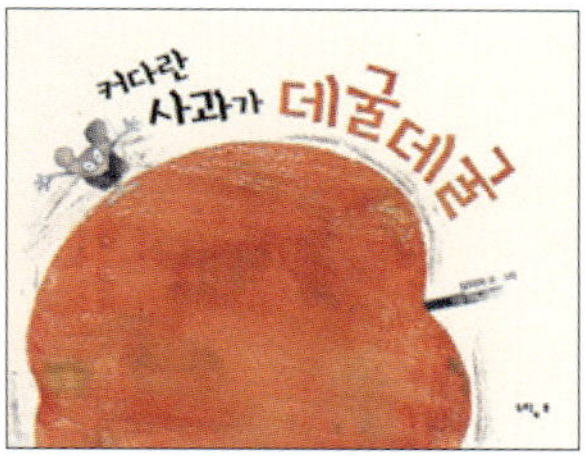

느림보, 2014

제 목	커다란 사과가 데굴데굴
작 가	심미아
내 용	생쥐는 우연히 굴러온 사과를 다른 동물들이 못 먹게 경계를 하며 자기 것이라고 주장한다. 사과가 곰의 것임을 알게 되자 울며 떼를 쓴다. 다음 날 생쥐와 모든 숲 속 친구들은 곰이 나누어준 맛있는 사과 파이를 먹는다.

❖ 그림책 특징

그림만으로도 이야기 내용을 알 수 있고, 생쥐의 표정 변화를 통해 사건의 흐름을 파악할 수 있다. 맛을 묘사하는 어휘가 많이 사용되어 유아가 따라 읽어볼 수 있다. 이 그림책은 유치원에서 놀잇감을 가지고 놀 때 빈번하게 일어나는 소유권 주장과 관련하여, 먼저 보았다고 내 물건이 될 수 없다는 것에 대해 이야기할 수 있다.

❖ 읽어 주기

[읽어 주는 동안]

- 생쥐가 사과의 주인을 알았을 때 지은 낙담한 표정을 가리키며 생쥐의 마음이 어떨지 느껴 보게 한다.
- 마지막 장면에서 숲 속 친구들에게 사과 파이를 나누어준 인물이 누구인지 글에는 나와 있지 않지만 그림을 보며 그 인물이 누구인지 유아와 함께 추측해 볼 수 있다.

[읽어 준 후]

- 소유와 관련된 갈등, 다른 사람과 물건을 나누었을 때 느꼈던 기쁨 등에 대해 이야기 한다.

함께 읽으면 좋은 그림책

욕심에 대한 그림책

『다 내 거야!』는 욕심을 부리다가 친구를 잃게 되자 후회한다는 이야기로, 『커다란 사과가 데굴데굴』에서처럼 친구와 함께하거나 나눌 때 더 큰 즐거움을 느낄 수 있음을 일깨워준다.

커다란 것을 소재로 한 그림책

『커다란 당근』, 『커다란 순무』는 원래보다 커다랗게 자란 당근과 순무에 대한 이야기로, 만약 이런 일이 일어난다면 어떻게 될지 상상력을 발휘하며 사물을 새롭게 바라보게 한다.

* 아름다운사람들, 2012
아름다운사람들, 2013 / 알릭셰이 톨스토이, 헬린 옥슨버리, 박향주 역, 시공주니어, 1997

2) 나와 가족

유아는 자신의 몸과 마음, 생각에 대한 이해를 토대로 정체감을 확립하고 가족 구성원으로서의 자신에 대한 이해를 바탕으로 가족 문화와 생활에 대한 다양한 경험을 통해 사회적 관계에 필요한 기술을 배우게 된다. 생활주제 〈나와 가족〉은 유아 자신에 대한 이해와 태어나 처음 접하는 인간관계인 가족에 대한 이해를 돕고 더불어 살아갈 수 있는 능력을 발달시키는 데 주안점을 둔다.

3세는 '나의 몸과 마음', '소중한 나', '소중한 가족', '행복한 우리 집'이라는 소주제를 통해 나에 대한 인식을 형성하고 기본적인 자아에 대한 이해와 긍정적인 자아개념을 형성하도록 하며, 함께 생활하는 집, 가족 구성원에 대한 관심을 다루고 있다(교육과학기술부, 2013).

가족 내 나의 모습, 나의 관심과 흥미를 다룬 내용이나 나를 사랑해 주는 부모의 마음을 다룬 그림책은 가족 안에서 자신에 대한 부모의 사랑을 느끼고 그 안에서 자신의 가치를 알아 가는 데 도움이 된다. 가족 구성원이나 가족 문화를 소개함으로써 요즘 핵가족으로 이루어진 가족이 아닌 다양한 가족에 대한 관심을 갖게 할 수 있다.

웅진주니어, 2005

제 목 괜찮아

작 가 최숙희

내 용 개미는 작지만 힘이 세고, 고슴도치는 뾰족한 가시가 있지만 용감하다. 이처럼 동물들은 불편해 보이는 생태적 특징을 가지고 있지만 나름의 강점과 잘하는 것이 있다는 것을 보여 준다.

❖ 그림책 특징

동물들의 단점이나 약점이 소개되고, 이어서 그래도 괜찮다고 보는 이유가 대응방식으로 반복해서 제시된다. 긍정적인 자아개념을 형성하고 자아존중감을 높이는 데 도움이 될 수 있다.

❖ 읽어 주기

[읽어 주는 동안]

- 반복적으로 나오는 문장 구조에 익숙해지면 유아와 함께 그림 속 각 동물이 지닌 특성을 생각해보고 해당 동물의 강점이 무엇일지를 예측해보게 하면서 읽어 준다.

[읽어 준 후]

- 나는 무엇을 잘 하는지 이야기 나눈다.
- 우리 반 친구들은 무엇을 잘하는지 대신 이야기해 준다.
- 내가 잘하는 것을 모아서 또는 학급의 전 유아가 잘하는 것을 모아서 그림책으로 만들어 본다.

함께 읽으면 좋은 그림책

자긍심을 키워 주는 그림책

『넌 (안) 작아』, 『티치』는 '작다', '크다' 같은 크기 개념을 도입할 수 있다. 『괜찮아』와 마찬가지로, 있는 그대로의 자신에 대한 소중함을 느끼게 해주는 그림책이다.

성장에 대한 그림책

『세상에서 가장 소중한 너에게』는 어떤 사람으로 성장하기를 바라는지 소망을 담았으며, 『이만큼 컸어요!』는 자연의 변화처럼 자신도 커지고 싶은 아이의 바람을 담고 있다.

* 풀빛, 2015 / 팻 허친즈, 박현철 역, 시공주니어, 1997
다림, 2015 / 웅진주니어, 2007

베틀북, 2013

제 목 그래도 엄마는 너를 사랑한단다

작 가 이언 포크너 / 서애경

내 용 올리비아는 옷을 여러 벌 갈아입거나, 큰소리로 노래를 부르고, 벽에 낙서를 하고, 잠자기 전에는 계속 책을 읽어달라며 다른 사람들을 힘들게 한다. 하지만 엄마는 올리비아에게 온종일 시달려 힘들었지만, 그래도 올리비아에게 사랑한다고 말한다.

❖ 그림책 특징

간단한 선만으로 실내외 배경을 표현하고, 흑백 그림 속에 올리비아의 옷이나 놀잇감과 같은 특정 부분만 빨간색으로 표현하여 올리비아의 개성을 강조하고 있다. 올리비아의 바쁜 일상을 보여 주기 위해 한 장면에 여러 행동을 동시에 보여 주면서 글을 부연 설명하고 있다. 한시도 가만히 있지 않는 유아의 모습을 올리비아가 대변하는 듯하다. 유아는 이런 등장인물과 자신을 동일시하기도 하고, 장난꾸러기 올리비아를 대하는 엄마의 태도를 보며 엄마의 사랑을 느낄 수 있다.

❖ 읽어 주기

[읽어 주는 동안]

- 올리비아가 다른 사람을 지치게 한다는 글에 대한 그림 하나하나를 살펴보며 올리비아가 어떤 행동을 하기에 이런 표현을 썼는지 이야기 나눈다.
- 미술관에서 그림을 보고 있는 올리비아가 무슨 생각을 하고 있을지 유아와 함께 상상해 보고 생각을 서로 이야기해 본다.

[읽어 준 후]

- 작가가 자신의 조카를 생각하며 이 책을 만들었다는 에피소드를 소개해 준다.

함께 읽으면 좋은 그림책

엄마를 소재로 한 그림책

『그래도 엄마는 너를 사랑한단다』가 아이에 대한 엄마의 사랑을 느끼게 한다면, 『우리 엄마』, 『도깨비를 빨아 버린 우리 엄마』는 여러 가지 일을 해내는 엄마의 능력을 보며 자랑스럽고 사랑하는 자신의 엄마를 떠올릴 수 있게 해 준다.

* 웅진주니어, 2005 / 한림출판사, 1991

살림어린이, 2008

제 목	내 토끼 어딨어?
작 가	모 윌렘스 / 정회성
내 용	트릭시는 가장 좋아하는 토끼 인형을 가지고 유치원에 간다. 그런데 친구 소냐에게도 똑같은 인형이 있었다. 트릭시와 소냐가 자기 인형이 더 좋다고 싸우자 선생님은 인형을 수업이 끝날 때까지 갖고 있다가 돌려주었는데 그만 뒤바뀌어 버렸다. 한밤중에 트릭시는 당장 자기 인형을 찾아달라고 떼를 쓰는데 마침 소냐에게 전화가 와서 인형을 바꾸고 행복해한다.

❖ 그림책 특징

디지털 사진 배경에 등장인물을 그려 실제 일어난 일처럼 느껴진다. 등장인물 간의 대화를 만화처럼 표현하거나, 여러 장면을 시간순으로 연속해서 배열하는 방식을 취하고 있다. 좋아하는 자기 물건을 항상 들고 다니거나 집착하는 것은 친근한 것을 통해 정서적인 안정감을 얻기 위해서이다.

❖ 읽어 주기

[읽어 준 후]

- 트릭시가 왜 화가 났는지, 이럴 경우 어떻게 해야 할지 이야기 나누어 본다.
- 화가 나거나 속상할 때, 감정을 어떻게 표현하면 좋을지에 대해 알아본다.
- 각자 좋아하는 물건을 서로 알아보거나, 그것을 가지고 와서 친구들에게 소개해 보는 시간을 가질 수 있다.

함께 읽으면 좋은 그림책

내가 좋아하는 물건을 소재로 한 그림책

『오늘은 무슨 옷을 입을까?』에는 옷에 대한 분명한 선호를 보이는 아이가 등장하며, 『단추가 좋아!』는 여러 가지 모양의 단추를 모으는 아이가 등장한다. 이 그림책들은 선호하는 물건으로 다른 사람과 다른 자신만의 고유한 특성을 나타낼 수 있다는 것을 보여 준다.

내가 좋아하는 놀이에 대한 그림책

『나는 용감한 잭 임금님』은 친구들과 숲 속에서 용을 물리치는 용감한 임금님 놀이를 하던 아이가 어두워지자 겁을 먹지만 용기를 낸다는 이야기로, 놀이에도 아이의 선호가 나타남을 보여 준다.

* 베틀북, 2005 / 봄봄, 2012
피터 벤틀리, 헬린 옥슨버리, 노은정 역, 시공주니어, 2011

길벗어린이, 1995

제 목 만희네 집

작 가 권윤덕

내 용 만희네는 마당이 있는 할아버지 댁으로 이사한다. 할아버지 댁에는 꽃과 나무가 자라는 화단과 마당, 광, 장독대, 가마솥 등 신기하고 재미있는 것들이 많다.

❖ 그림책 특징

예전 동네의 모습과 생활 풍습을 엿볼 수 있는 그림책이다. 꼼꼼하게 그려진 동양화풍 그림은 풍경을 세밀하게 보여 준다. 만희의 일상을 따라 집안 곳곳의 모습과 식구들의 생활을 소개하는 방식으로 이야기가 진행된다. 문이 조금 열려 있는 틈 사이로 집안만 채색되어 있는 앞표지 그림은 집안의 모습에 대해 궁금증을 불러일으킨다. 다음 장에서 보여줄 공간(부엌, 장독대, 화단 등)이 전 장에서 흑백으로 처리되어 있어 다음 장에서는 집의 어느 공간이 소개될지 미리 짐작하게 한다.

❖ 읽어 주기

[읽어 주는 동안]

- 세밀하게 그려진 그림을 하나하나 볼 수 있도록 책장을 천천히 넘기며 감상한다.
- 책의 장면 중에서 흑백 처리된 부분에 대한 호기심을 유발시키며 읽어 준다.

[읽어 준 후]

- 지금 우리가 살고 있는 집의 모습, 구조와 비교해 본다.
- 블록이나 상자 등으로 집을 만들어 본다.

함께 읽으면 좋은 그림책

우리 집의 가족과 모습에 대한 그림책

『가족 123』은 가족 구성원의 호칭과 관계를 보여 주는 그림책으로, 『만희네 집』에 등장하는 인물과 비교하며 읽어 볼 수 있다. 『아주아주 특별한 집』은 아이가 상상 속의 집을 소개하는 그림책으로 리듬을 살려 흥겹게 읽어 줄 수 있다.

* 초방책방, 2004 / 루스 크라우스, 모리스 샌닥, 홍연미 역, 시공주니어, 2013

보림, 2014

제 목	행복한 물고기
작 가	미스 반 하우트 / 김희정
내 용	물고기의 표정을 통해 여러 가지 감정을 보여 준다.

❖ 그림책 특징

왼쪽에는 검정 바탕에 선명하고 강한 선과 화려한 색채로 감정이 담긴 물고기의 표정을 생생하게 보여주고 있으며, 오른쪽에는 그 감정을 나타내는 단어가 쓰여 있다. 단순하게 반복되는 구조이지만 여러 가지 분화된 감정의 표현과 어휘를 알 수 있다.

❖ 읽어 주기

[읽어 주는 동안]

- 여러 가지 감정이 담긴 표정을 보고 유아가 어떤 때 그런 감정을 느꼈는지 자신의 경험과 연관 지어 이야기해 보면서 다양한 감정의 존재와 표현에 대한 이해를 도울 수 있다.
- 단순한 그림이지만 감정에 담긴 느낌을 잘 살려주고 있으므로 읽어 줄 때 그림을 감상할 충분한 시간을 주며 읽어 준다.

[읽어 준 후]

- 오른편에 쓰인 글자는 네덜란드 작가가 직접 한글을 공부하여 작성한 것으로 이 책을 만든 과정에 담긴 에피소드를 들려준다.

함께 읽으면 좋은 그림책

기분을 표현한 그림책

『기분을 말해 봐』는 기본적인 감정을 표현한 그림책이다. 『행복한 물고기』의 감정과 연관 지어가며 읽어 볼 수 있다.

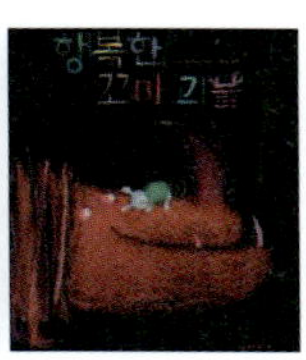

동일 작가의 그림책

『행복한 엄마 새』, 『행복한 꼬마 괴물』은 『행복한 물고기』와 같은 저자의 그림책으로, 『행복한 엄마 새』는 엄마가 아이와 함께하면서 행복한 순간들을 표현하였으며, 『행복한 꼬마 괴물』은 두 등장인물 간의 감정 변화를 통해 우정을 보여 준다.

* 웅진주니어, 2011
보림, 2014 / 보림, 2014

3) 우리 동네

유아기는 가정에서 지역사회의 다른 곳으로 생활범위를 점점 넓혀가면서 자신이 살고 있는 동네의 다양한 모습에 대한 관심이 늘어나고 궁금증도 커지는 시기이다. 생활주제 〈우리 동네〉는 유아가 살고 있는 동네의 다양한 모습에 대해 관심을 갖고 알아보며, 동네에 살고 있는 사람들의 역할이나 기관의 기능에 대해 알고 자신이 사회 구성원으로서 다른 사람과 함께 살아가는 것에 대해 알 수 있도록 하는 데 주안점을 준다. 이를 통해 유아는 사회에서 필요로 하는 지식과 기술, 능력을 갖춘 사회 구성원으로 성장할 수 있으며, 나아가 우리 동네의 역사와 문화적 유산에 대한 관심을 통해 자긍심을 기르며 전통문화를 사랑할 줄 아는 유아로 성장할 수 있도록 하는 데 의의를 둔다.

3세 유아는 주로 가정생활에서 벗어나 점점 동네의 다른 기관으로 활동 범위를 넓혀가면서 다양한 장소, 다양한 일을 하는 사람들을 만나는 경험을 하게 된다. 3세에서는 '우리 동네 모습', '우리 동네 생활', '우리 동네 사람들'을 소주제로 다루고 있으며, 우리가 살고 있는 동네의 모습, 살고 있는 구성원이나 이웃의 살아가는 모습에 주안점을 두고 함께 살아가는 것에 대한 기초적인 지식과 능력을 갖추는 데 교육적 가치를 둔다(교육과학기술부, 2013).

3세 유아에게 제공하는 그림책은 유아가 자신이 속한 사회에 대해 관심을 가지고 알아볼 수 있게 다양한 사람들의 일이나 역할, 장소 등에 대한 내용을 다루고 있으면 좋다.

(주)더큰컴퍼니, 2007

제 목 로지의 산책

작 가 팻 허친스 /오정환

내 용 암탉 로지는 산책을 나간다. 그 뒤를 여우가 따라가는데 로지는 그런 사실을 전혀 눈치채지 못한다. 여우는 로지를 잡아먹으려 호시탐탐 기회를 엿보지만, 매번 실패한다.

❖ 그림책 특징

글만 읽으면 로지라는 암탉이 동네를 한 바퀴 산책하고 돌아오는 내용이다. 그러나 그림을 보면 여우가 로지를 잡아먹기 위해 뒤쫓아가 보지만 매번 낭패를 당한다. 여우의 이런 모습은 그림에만 있기 때문에 독자는 한 편으로는 글 내용을, 다른 한 편으로는 그림을 보면서 이 둘이 들려주는 차이를 스스로 메워가며 읽어야 한다.

❖ 읽어 주기

[읽어 주기 전]

- 표지를 보면서 누가 로지일까 생각해 본다.

[읽어 주는 동안]

- 그림을 주의 깊게 보게 하여 여우에게는 어떤 일이 벌어지는지 이야기해 보게 한다.

[읽어 준 후]

- 로지 대신 여우의 입장이나 행동을 묘사하는 말로 바꿔 그림책을 다시 읽어 주거나 유아와 함께 지어 본다.
- 암탉 로지 또는 여우에게 어떤 이야기를 해 주고 싶은지 서로 이야기 나누어 볼 수 있다.
- 산책을 다녀온 후 옆, 앞, 뒤와 같이 방향을 나타내는 어휘를 넣어 유아의 산책 지도나 그림책을 새로 만들어 보는 활동을 해 본다.
- 교실에서 여러 종류의 가게를 만들어 보거나 사회극놀이로 이루어질 수 있게 연계할 수 있으며, 산책을 통해 우리 동네에 무엇이 있는지 살펴본 후에는 사진이나 그림으로 동네 지도를 만들어 본다.

함께 읽으면 좋은 그림책

동네 모습을 보여 주는 그림책

『북적북적 우리 동네가 좋아』와 『한이네 동네 이야기』는 전체적인 동네의 풍경을 보여 준다. 가게들을 찾아보거나 이야기를 만들며 감상할 수 있다.

* 리처드 스캐리, 원지인 역, 보물창고, 2008 / 진선아이, 2012

시공주니어, 1999

제 목 모자 사세요!

작 가 에스퍼 슬로보드키나 / 박향주

내 용 모자 장수가 어느 시골 마을 나무 밑에서 잠이 든다. 자고 일어나니 자신의 체크 모자만 빼고 나무 위의 원숭이들이 모자를 모두 훔쳐가 버렸다. 모자 장수는 원숭이가 흉내 내기를 좋아하는 것을 알아차리고 자신의 모자를 바닥에 던져 버린다. 원숭이들도 자신이 훔쳐 쓴 모자를 모두 바닥에 던져 버린다. 모자 장수는 이 모자들을 모두 거두어 다시 장사를 떠난다.

❖ 그림책 특징

선명한 선과 제한된 몇 가지의 색으로 이루어져 있으며, 그림만으로도 내용을 분명하게 전달받을 수 있다. 내용이 다소 긴 편이지만 전체적으로 장면이 느린 속도로 진행되며, 원숭이와 모자 장수 간의 흉내 내기가 여러 번 반복되고 기승전결이 분명한 구조로 되어 있어 이해하기 어렵지 않다. 제목에서 알 수 있듯, 물건을 사고파는 경제 행위에 대해 관심을 가질 수 있으며, 모자 장수가 잃어버린 모자를 다시 찾아내는 과정을 통해 문제 해결을 위한 전략을 살펴볼 수 있다.

❖ 읽어 주기

[읽어 주기 전]

- 앞표지를 보며 아저씨는 왜 나무 위에 있는지, 어떤 일이 생길지 예측해 보게 한다.

[읽어 주는 동안]

- 잠에서 깬 모자 장수가 모자가 모두 없어졌을 때 어떤 심정이었을지 이야기 나눈다.
- 모자 장수가 나무 위 원숭이가 모자를 가져간 것을 알았을 때 다음 장면에서 어떻게 문제를 해결해 나갈 것인지 예측해 본다.

함께 읽으면 좋은 그림책

가게들이 어떤 일을 하는지 보여 주는 그림책
『도토리 마을의 모자 가게』, 『도토리 마을의 서점』은 모자를 파는 모자 가게와 책을 파는 서점을 소재로 물건을 사고파는 가게에서 하는 일을 보여 준다.

* 웅진주니어, 2011 / 웅진주니어, 2015

책읽는곰, 2015

제 목 빵 공장이 들썩들썩

작 가 구도 노리코 / 윤수정

내 용 여덟 마리 고양이가 낮에 본 빵 공장의 맛있는 빵을 먹기 위해 밤에 몰래 빵 공장에 들어가 낮에 본대로 빵을 만든다. 많이 먹고 싶은 욕심에 재료를 아낌없이 쓰다가 결국 빵 공장만큼 커다란 빵이 만들어지고 공장은 무너진다. 고양이들은 빵 공장 주인인 강아지에게 혼이 나고 벌을 받는 대신 새로운 빵 공장을 위해 일을 한다.

❖ 그림책 특징

은은한 파스텔 톤의 색과 단순한 선으로 그려진 그림은 귀여운 등장인물과 사물의 특징을 잘 보여준다. 의성어와 의태어를 적절히 사용하여 등장인물의 행동에서 생동감이 느껴진다. 상세하게 그려진 그림 장면은 무엇이 있는지 하나하나 살펴보거나 여덟 마리 고양이가 무엇을 하는지 구체적으로 찾아보며 읽는 재미를 준다.

❖ 읽어 주기

[읽어 주는 동안]

- 빵집의 풍경을 보여주는 장면에서 주인공 고양이를 찾아보게 한다.
- 고양이들이 밖으로 나온 다음 하얀 연기가 뭉실뭉실 피어오르는 장면을 보여주며 다음 장에서 무슨 일이 일어날지 상상해 본다.
- 아주 커다란 빵과 부서진 공장을 바라보는 고양이들이 무슨 생각을 할지 상상해 본다.

[읽어 준 후]

- 그림책 속 빵 만드는 과정을 다시 살펴보고 유아와 함께 빵을 만들어 보거나 고양이들처럼 빵을 이용한 요리를 만들어 본다.
- 빵집에서 빵을 만드는 과정을 견학해 본다.

함께 읽으면 좋은 그림책

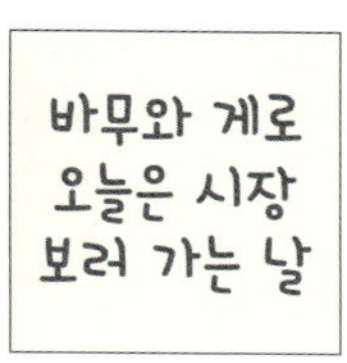

동네에 있는 가게들을 소재로 한 그림책

『하나뿐인 우리 동네』는 우리 동네에 있는 여러 가게를 특징적으로 보여 주며 동네의 구성을 알려 준다. 『바무와 게로 오늘은 시장 보러 가는 날』, 『삐악삐악 슈퍼마켓』은 여러 가게가 모여 있는 시장의 모습과 그 가게에서 하는 일, 여러 가지 물건을 파는 마트를 각각 보여주는 그림책이다. 실제 마트나 시장에 다녀온 유아의 경험과 연관 지어 보기에 좋은 내용을 담고 있다.

* 마크 하쉬먼, 바바라 개리슨, 차윤희 역, JCR KIDS, 2008 / 시마다 유카 / 중앙출판사, 2014

키위북스, 2014

제 목 이웃이 생겼어요!

작 가 키시라 마유코, 다카바타케 준 / 류화선

내 용 꼬꼬는 옆집에 새로운 이웃이 생겼다는 것에 기뻐하며 만나보고 싶어 했지만, 도저히 이웃을 만날 수가 없었다. 옆집에 이사 온 이웃은 해가 뜨면 일어나고 해가 지면 잠을 자는 꼬꼬와는 달리 해가 지면 일어나서 해가 뜨면 잠을 자는 올빼미였기 때문이다. 우여곡절 끝에 만난 둘은 이후에 사이좋은 이웃으로 지낸다.

❖ 그림책 특징

낮과 밤으로 대비되는 꼬꼬와 올빼미의 생활 모습을 빨간 지붕의 집과 파란 지붕의 집을 좌우 페이지에 나누어 배치해 보여 주고 있다. 이런 대비되는 모습에도 불구하고 닭과 올빼미가 좋은 이웃이 되는 것으로 끝맺음으로써 서로 다르다는 것은 틀린 것이 아니며, 서로의 다름을 인정하면 좋은 친구가 될 수 있음을 보여 준다.

❖ 읽어 주기

[읽어 주는 동안]

- 꼬꼬가 이웃을 기다리는 장면에서 이사 온 새 친구는 왜 나타나지 않는지 생각해 보게 한다.
- 꼬꼬가 이웃을 기다리며 설레하는 모습을 감상할 수 있도록 꼬꼬의 감정에 대한 이야기를 나누어 본다.
- 낮과 밤에 생활하는 두 인물이 과연 어떻게 만날 수 있을지에 대해 두 등장인물이 만나기 전에 유아의 생각을 들어 본다.

함께 읽으면 좋은 그림책

새로운 이웃을 소재로 한 그림책

『우리 친구 하자』는 서로 다른 배경의 아이들이 친구가 되는 모습을 보여 준다. 『날마다 떠들썩한 우리 마을 이야기』는 의성어와 의태어를 사용한 짧고 리듬감 있는 문장과 알록달록한 그림이 조화를 이루어 흥미로운 마을의 일상을 보여 준다. 이 그림책은 서로 다른 모습과 다른 종류의 일을 하는 사람들이 모여 하나의 마을을 이루고 있음을 보여 준다.

* 현북스, 2011 / 키즈엠, 2013

4) 동식물과 자연

인간은 자연과 조화를 이루어 살아갈 때 생존할 수 있다는 인식을 바탕으로, 유아기부터 동식물과 자연을 존중하는 태도를 배양하는 것을 강조한다. 생활주제 〈동식물과 자연〉은 '궁금한 동식물', '동물과 우리의 생활', '식물과 우리의 생활', '자연과 더불어 사는 우리'라는 소주제로 나누어진다. 유아들이 관심 있는 동식물을 직접 돌보는 경험을 통해 과학적 탐구력을 발달시키고, 동식물에 대한 지식을 확장시키며, 더불어 살아가는 기쁨을 느끼게 한다. 멸종 위기의 동식물에 대해 관심을 가지며, 아름다운 자연에 대해 감사한 마음을 가지도록 한다.

3세 유아는 자연 속에서 놀며, 주변 동식물을 감각적으로 탐색하고, 궁극적으로 동식물 및 자연과 함께하는 삶이 중요하다는 것을 느낀다. 그러나 어린 연령의 유아는 자기중심적으로 동물과 관계를 맺어 때로는 동물을 적절하지 않은 방법으로 대하거나, 두려움을 느끼거나, 올바른 안전지식을 갖추지 못해 어려움에 봉착하기도 한다. 따라서 유아가 관심을 가지는 동식물과 자연을 중심으로 주제를 축소·확장·통합하여 전개할 필요가 있다.

이 시기의 유아는 친숙한 동식물을 소재로 한 그림책을 통해 호기심과 긍정적인 태도를 가질 수 있도록 도와야 한다. 재미있는 동물의 생김새, 소리, 움직임과 관련된 그림책으로 유아의 흥미를 유발하는 것이 좋다. 또한, 인간과 동물의 온정적인 관계 맺음이 잘 나타나 있는 그림책을 통해 동식물을 대하는 태도를 배울 수 있다.

시공주니어, 1994

제 목 곰 사냥을 떠나자

작 가 마이클 로젠, 헬린 옥슨버리 / 공경희

내 용 가족이 곰을 잡으러 풀밭을 헤치고, 강물을 헤엄쳐 건너고, 진흙탕을 밟고, 숲을 뚫고, 눈보라를 헤치고 간다. 그러나 막상 동굴에 다다르자 두려워져서 곰의 형체를 제대로 분간도 하기 전에 집으로 도망쳐온다.

❖ 그림책 특징

곰을 잡으러 간다며 신나게 어디론가 향하는 가족의 모습이 먼저 나오고, 뒤이어 이 가족에게 닥치는 문제 상황(풀밭, 강물, 진흙탕, 숲 등)이 펼쳐진다. 그리고 가족이 이 문제를 어떻게 해결하는지 나온다. 이렇게 세 단계의 내용이 반복되면서 이야기에 리듬감이 느껴진다. 흑백과 컬러 그림이 교대로 나타나 동작과 멈춤 장면이 쉽게 구별된다.

❖ 읽어 주기

[읽어 주는 동안]

- 흑백 장면에서는 그곳을 어떻게 지나갈지 잠시 멈추어 생각해보게 하며 읽어 준다.
- 의성어의 활자 크기가 커짐에 따라 점차 큰 소리로 읽어 준다.
- 반복되는 문장은 유아와 함께 읽어 보기를 시도해 볼 수 있다.

[읽어 준 후]

- 곰 사냥을 위해 가족이 지나온 길을 회상하며 이야기 지도를 만들어 본다.
- 이야기를 다시 들려줄 때는 유아가 의성어에 맞는 동작을 해보며 듣도록 격려한다.
- 뒷면지에 어깨가 축 처진 채 동굴로 돌아가는 곰을 보며 곰은 어떤 표정을 짓고 있을지, 왜 그런 표정을 짓고 있다고 생각하는지 등에 대해 이야기 나눈다.

함께 읽으면 좋은 그림책

사냥을 소재로 한 그림책

『사냥꾼 하나』에는 곰 사냥을 떠난 가족처럼 동물을 무서워하는 사냥꾼이 등장한다. 사냥꾼이 숲 속에서 만나는 동물의 수를 함께 세는 과정을 통해 수세기 개념을 도입할 수 있다.

곰에 대한 그림책

『아기 곰의 가을 나들이』는 곰의 생태를 보여 주는 그림책으로 곰에 대해 자세히 알아볼 기회를 주는 그림책이다.

* 팻 허친즈, 홍연미 역, 시공주니어, 1997 / 보림, 1996

사계절, 2011

제 목	꿀!
작 가	아서 가이서트 / 사계절 편집부
내 용	엄마 돼지가 낮잠을 자는 동안 아기 돼지 여덟 마리는 사과를 따 먹기 위해 절벽에서 나무를 향해 돌진한다. 낮잠에서 깨어난 엄마 돼지는 놀라 호통을 친 후 아기 돼지들을 데리고 돌아온다.

❖ 그림책 특징

'꿀'이라는 글자만 있는데도 불구하고 글자 크기나 모양의 변화로 해당 장면의 분위기를 느낄 수 있다. 또한, 사각 그림틀 안 아기 돼지들의 모습이 마치 사진기로 연속 촬영이라도 한 듯 사건 순으로 정렬되어 있어서 이야기를 쉽게 이해할 수 있다. 에칭 판화 기법이라 선이 섬세하여 돼지들의 움직임이 실감 난다.

❖ 읽어 주기

[읽어 주는 동안]

- 그림책이 작기 때문에 소그룹이나 개별적으로 읽어 주는 것이 바람직하다. 집단으로 읽어 줄 때는 그림을 크게 볼 수 있는 장치나 도구를 활용할 수 있다.
- '꿀'이라는 의성어만 있으므로 그림을 보며 어떤 내용인지 이야기를 함께 지으며 읽어 준다.

[읽어 준 후]

- '꿀'이라고 되어 있는 부분을 사람의 말로 바꾸어 본다.
- 붙였다 뗐다 할 수 있는 메모지를 가지고 엄마 돼지와 아기 돼지의 대화를 지어 이야기를 만들어 본다.

함께 읽으면 좋은 그림책

돼지가 나오는 그림책

『꿀!』이 돼지가 내는 소리로 이야기를 전개하고 있다면, 『코가 긴 돼지』는 돼지의 생김새에 대한 우화로 돼지의 생김새에 담긴 이야기를 들려준다.

동물 모양을 소재로 한 그림책

『뭐? 나랑 너랑 닮았다고!?』는 동물과 닮은 모양의 사물을 연상해보는 활동으로 확장해 볼 수 있다.

* 미세기, 2001
미래아이(미래M&B), 2015

시공주니어, 1996

제 목 나무
작 가 옐라 마리
내 용 사계절에 따른 나무의 변화를 보여 준다.

❖ 그림책 특징

사계절 변화에 따른 나무의 모습을 보여 주는 글 없는 그림책이다. 화면 중앙의 커다란 나무 기둥을 중심으로 화면 가득 차지하는 나뭇잎이 계절에 따라 변화하는 모습을 감상할 수 있다. 화면 한 귀퉁이에 오소리로 보이는 동물과 새들만 나무 주변에 배치되어 있을 뿐, 추가로 등장하는 인물 없이 나무의 모습이 변하는 것을 보며 시간의 변화를 느낄 수 있다.

❖ 읽어 주기

[읽어 주는 동안]

- 글이 없는 그림책이기 때문에 유아와 함께 어떤 내용인지 이야기를 함께 지어가며 읽는다.
- 화면 귀퉁이에 그려진 오소리와 새들을 화자로 이야기를 만들어 본다.

[읽어 준 후]

- 주변의 나무를 관찰하거나 특정 시기마다 사진을 찍어 두어 자연의 변화를 비교해 본다.
- 나무의 변화는 짧은 시간 안에 일어나는 것이 아니므로 이전에 실외에서 찍은 유아의 사진 속 자연의 변화를 비교해 볼 수도 있다.

함께 읽으면 좋은 그림책

계절에 따른 나무의 변화를 보여 주는 그림책

『나무는 좋다』, 『사계절』, 『나무는 변신쟁이』는 사계절 동안 변하는 나무의 모습을 보여 준다. 그림 기법이 서로 달라 책 속 나무의 모습을 비교해 보며 그림을 감상할 수 있다.

* 재니스 메이 우드리, 마르크 시몽, 강무홍 역, 시공주니어, 1997 / 키즈엠, 2015 / 나가사와 마사코, 권남희 역, (주)비룡소, 2011

사계절, 1993

제 목 누가 내 머리에 똥 쌌어?

작 가 베르너 홀츠바르트, 볼프 에를브루흐

내 용 자기 머리에 똥을 싼 인물이 누구인지 찾으러 다니는 두더지의 이야기이다. 마침내 개 한스의 소행임을 알아내고 두더지는 한스의 코 위에 똥을 누고 흐뭇한 마음으로 집으로 돌아간다.

❖ 그림책 특징

명확한 선과 색연필의 풍부한 색감으로 각 동물의 생김새와 똥을 표현하였으며, 특별한 배경 없이 동물과 똥을 보여 준다. 글에서 등장인물의 행동과 말 이외에 '똥'에 대한 설명을 괄호 안의 작은 글씨로 덧붙이고 있다. 동물들의 생김새와 똥을 실제 크기와 비례하여 그리고 있다. 새로운 동물들이 등장하여 같은 문형의 대화를 나누는 형식으로 되어 있으며, 마지막에 두더지의 복수로 사건이 해결되는 부분에서는 유머를 느낄 수 있다. 동물들이 똥을 누는 장면의 의성어와 의태어를 통해 재미있는 어감을 느낄 수 있으며, 소리와 행동을 표현하는 다양한 어휘를 배울 수 있다.

❖ 읽어 주기

[읽어 주는 동안]

- 다양한 의성어, 의태어를 실감 나게 읽어 준다.
- 처음 읽어 주는 동안에는 대화체의 글만 읽어 주고 괄호 안에 있는 해설 글은 생략하고 읽어 줄 수도 있다.
- 마지막 장면에서 두더지가 한스 집 위로 올라가서 무엇을 했는지 그림을 자세히 보게 하여 이야기 결말에 대한 이해를 돕는다.

[읽어 준 후]

- 동극으로 표현해 본다.

함께 읽으면 좋은 그림책

똥에 대한 그림책

『누구 똥이야?』, 『내 똥인데! 내 똥인데!』, 『똥은 참 대단해!』는 모두 똥을 소재로 한 그림책으로 동물들의 다양한 똥의 모양, 색, 기능 등을 보여 준다.

* 웅진주니어, 2010 / 씨제이엠미디어, 2009 / 웅진주니어, 2004

(주)비룡소, 2005

제 목 달을 먹은 아기 고양이

작 가 케빈 헹크스 / 맹주열

내 용 보름달을 본 적 없는 아기 고양이는 물에 비친 보름달이 우유 접시인 줄 알고 혀를 내밀어 핥아보지만 먹을 수 없었다. 이때부터 아기 고양이는 둥근 접시에 담긴 우유를 먹기 위해 여러 가지 시도를 하지만 실패하고 만다. 지친 아기 고양이는 결국 집으로 돌아왔는데 현관 앞에 우유 접시가 놓여 있어 맛있게 먹고 잠이 든다.

❖ 그림책 특징

주변에서 쉽게 만날 수 있는 고양이를 소재로 한 그림책이라 유아의 호기심을 불러일으킬 수 있다. 흑백의 굵고 명료한 선으로 그려져 이야기가 더욱 간결하게 느껴지고 고양이의 움직임도 더욱 분명하게 전해진다. 고양이의 연속 동작을 보여 주기 위해 가로나 세로의 분리 컷을 활용하였다.

❖ 읽어 주기

[읽어 주는 동안]

- 애완동물을 키워보거나 주변에서 고양이를 보았던 경험과 연관 지어 본다.
- 우유를 찾아다니는 고양이의 마음과 지쳐 집으로 돌아와 우유를 보았을 때 고양이의 마음에 대해 이야기 나눈다.

함께 읽으면 좋은 그림책

개와 고양이가 함께 나오는 그림책

『누렁이랑 야옹이』와 『야옹, 고양이 놀이』는 개와 고양이가 함께 어울리는 모습을 보여 준다. 개와 고양이는 서로 다른 종이지만, 다름을 인정하고 존중해 주면 더불어 잘 지낼 수 있음을 보여 준다.

야생동물에 대한 그림책

『도와줘, 늑대가 나타났어!』, 『빨간 끈으로 머리를 묶은 사자』는 『달을 먹은 아기 고양이』의 고양이와 달리 야생에서 사는 무서운 동물을 소재로 유머를 담은 그림책이다.

* 담푸스, 2015 / 에즈러 잭 키츠, 공경희 역, 시공주니어, 2010
세드릭 라마디에, 뱅상 부르고, 조연진 역, 길벗어린이, 2015 / 남주현, 길벗어린이, 2003

창비, 2010

제 목	숲 속 재봉사
작 가	최향랑
내 용	숲 속에 사는 재봉사는 옷 만들기를 매우 좋아한다. 재봉사는 숲 속의 여러 가지 재료로 거미, 자벌레, 거위벌레와 함께 숲 속 친구들에게 꼭 필요한 옷을 만들어 준다. 숲 속 친구들은 재봉사가 만들어 준 멋진 옷을 입고 신나는 잔치를 연다.

❖ 그림책 특징

조개껍데기, 돌멩이, 말린 꽃잎과 잎사귀 등 실제 자연물을 사용한 입체 콜라주 그림책이다. 거미는 레이스를 뜨고, 자벌레는 치수를 재며, 거위벌레는 가위질을 하는 등, 각자의 이름이나 행동 특성에 맞게 재봉사를 돕는다. 숲 속 친구들을 위해 만든 옷들을 보며 어떤 재료가 사용되었는지 살펴보는 재미가 있다.

❖ 읽어 주기

[읽어 준 후]

- 이야기를 들은 후 '재봉사'가 무슨 일을 하는 사람인지 추론해 본다.
- 숲 속 친구들로 등장하지 않았던 동물을 떠올려보고 그들의 생김새나 특성에 어울리는 옷은 어떤 옷일지 상상하여 이야기 나눈다.
- 여러 가지 자연물 재료를 활용하여 주인공처럼 옷을 만들어본다.

함께 읽으면 좋은 그림책

숲 속을 소재로 한 그림책

『숲 속 작은 집 창가에』는 동요를 모티프로 한 그림책이며, 『숲 속의 나뭇잎집』은 『숲 속 재봉사』와 다르게 수채화로 숲과 나뭇잎을 표현한 그림책이다.

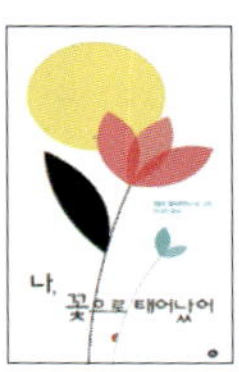

꽃에 대한 그림책

『꽃이 좋아』는 계절별 우리 주변에서 쉽게 볼 수 있는 꽃에 대한 내용이며, 『나, 꽃으로 태어났어』는 꽃 한 송이가 사람들을 돕고 기쁨을 준다는 내용을 담은 팝업 병풍 그림책이다.

* 북극곰, 2012 / 한림출판사, 1999
미래아이(미래M&B), 2008 / 엠마 줄리아니, 이세진 역, (주)비룡소, 2014

한림출판사, 1990

제 목 어떻게 잠을 잘까요
작 가 야부우치 마사유키 / 박은덕
내 용 동물들의 자는 모습을 보여 준다.

❖ 그림책 특징

세밀하고 사실적으로 동물을 묘사하였으며, 동물마다 다르게 자는 모습을 보여 주는 정보 그림책이다. 다람쥐, 홍학, 해달, 기린, 늑대, 표범, 낙타 등의 동물이 각각 어떤 모습으로 잘지 질문을 던지고 다음장에서 그 모습을 보여 주는 구조로 되어 있다. 이 그림책은 동물의 생태나 습성을 알아보는 데 활용할 수 있다.

❖ 읽어 주기

[읽어 주는 동안]

- "○○는 어떤 모습으로 잘까?" 질문을 하고 다음 장을 보여 주기 전에 상상해 보게 한다.
- 그림을 보면서 동물이 어떤 모습으로 자고 있는지 유아가 말로 설명해 보게 한다.
- 동물의 자는 모습을 흉내 내어 본다.

[읽어 준 후]

- 낮잠이나 휴식 시간이 있는 기관에서는 유아의 자는 모습을 사진으로 찍은 후 책으로 만들어 내어 줄 수 있다.
- 다른 동물들의 자는 모습을 알아보거나 추가해 줄 수 있다.

함께 읽으면 좋은 그림책

동물의 생태를 보여 주는 그림책

『갯벌이 좋아요』는 갯벌에 사는 동물의 생태를 보여 주며, 『동물들은 왜 옷을 입지 않아요?』는 동물들이 옷을 입으면 어떤 점이 문제가 되는지를 이야기함으로써 옷을 입지 않아도 되는 이유를 이야기한다. 『누구의 알일까?』는 알에서 태어나는 동물들을 소개해 준다. 『늑대가 나는 날』은 날씨와 자연의 변화를 동물의 다양한 생김새나 특징과 연관지어 보여 주면서 동물의 다양한 모습에 관심을 갖게 한다.

* 보림, 2004 / 지양어린이, 2003
주니어RHK, 2015 / 한림출판사, 2014

5) 건강과 안전

심신의 건강과 안전이 유지될 때, 인간은 다른 사람들과 긍정적인 관계를 이루며 행복하고 즐거운 생활을 할 수 있다. 현대사회의 발전 이면에는 유아의 건강과 안전을 저해하는 요소가 있으며, 유아 혼자만의 힘으로 자신의 건강을 유지하기 어렵다. 생활주제 〈건강과 안전〉은 누리과정《신체운동 · 건강》 영역과 밀접하게 관련되어 있으며, 모든 연령에서 공통적으로 '즐거운 운동과 휴식', '깨끗한 나와 환경', '맛있는 음식과 영양', '안전한 놀이와 생활'이라는 소주제를 다룬다. 기본운동능력과 건강과 안전 지식, 기술, 태도를 기르는 데 초점을 두고, 몸과 마음의 균형적인 성장과 발달, 청결과 위생, 건강과 영양, 신변 안전, 미디어 안전, 자연재해 안전 등에 대한 이해와 대처방법을 지도한다. 생활주제가 진행되는 시기 외에도 일상생활에서 건강 및 안전과 관련하여 특별한 경험을 했을 때, 유아가 특별한 흥미와 관심이 생겼을 때, 사회적으로 특별한 이슈를 불러일으키는 관련 사건이 있을 때, 발현적으로 교육과정이 진행될 수 있다.

3세는 건강과 안전에 대한 기본 능력 및 인식의 기초가 형성되는 시기이다. 따라서 일상생활을 통해 유아가 직접 경험할 수 있는 내용을 선정하여 건강하고 안전한 생활 습관을 형성하도록 하는 것이 중요하다. 유아에게 생존을 위한 건강과 안전은 매우 중요하므로 해당 주제를 전개하는 시기 외에도 일상적으로 관련 그림책을 제공해주는 것이 좋다. 특히, 이 시기 유아는 자신의 신체를 적극적으로 움직여 주변 세계에 대한 이해를 발달시키므로 이 과정에서 예측하기 어려운 위험에 봉착하기도 한다. 따라서 신변 안전, 재해 대비 등 다양한 상황에 대한 예측 능력을 길러줄 수 있는 그림책을 제공해야 한다.

시공주니어, 2009

제 목	앗! 따끔!
작 가	국지승
내 용	감기에 걸렸으면서도 병원에 가기 싫은 준혁이는 자신이 사자, 돼지, 거북이, 카멜레온 등과 같은 동물이라며 병원에 가지 않을 핑계를 댄다. 결국, 병원에 간 준혁이는 주사가 조금 따끔할 뿐 생각보다 아프지 않다는 걸 알고 원래 모습으로 되돌아온다.

❖ 그림책 특징

병원에 가기 무서워하는 유아의 마음을 대변하는 내용으로, 병원에 가기 싫어서 요리조리 꾀를 내는 아이의 마음이 재미있는 상상으로 잘 표현되어 있다. 등장인물 외의 배경은 절제된 색과 선으로 표현하여 여러 동물의 특징이 분명하게 드러난다.

❖ 읽어 주기

[읽어 주기 전]

- 앞표지 그림을 보면서 무슨 내용일지 상상해 본다.

[읽어 주는 동안]

- 준혁이가 핑계를 대는 전 장면에서 어떤 동물로 변할지를 보여 주는 힌트를 함께 찾아보며 읽어 준다.

[읽어 준 후]

- 병원에 가본 경험, 주사 맞을 때 경험을 이야기하며 준혁이의 마음에 공감해 본다.
- 유아가 병원과 관련된 놀이를 할 수 있는 역할놀이 소품을 제공해 준다.

함께 읽으면 좋은 그림책

병원에 대한 그림책

『다음엔 너야』, 『이제 아프지 않아요』는 병원이라는 곳이 처음엔 두렵지만 아픈 것을 낫게 해주며 생각보다는 무섭지 않은 곳임을 알게 해주는 내용이다.

치과에 대한 그림책

『악어도 깜짝, 치과 의사도 깜짝!』은 치과를 두려워하는 아이의 마음을 악어를 통해 보여 준다. 『치카치카 하나둘』은 『악어도 깜짝, 치과 의사도 깜짝!』과 연계하여 치과에 가지 않으려면 어떻게 해야 하는지 알려 준다.

* 에른스트 얀들, 노르만 융에, 박상순 역, (주)비룡소, 2001 / 크리스토프 르 만, 마리알린 바뱅, 이주희 역, 시공주니어, 2008
고미 타로, 이종화 역, (주)비룡소, 2000 / 보림, 2010

길벗어린이, 2008

제 목	우리 몸의 구멍
작 가	허은미, 이혜리
내 용	우리 몸에 있는 구멍의 종류와 하는 일을 보여 준다.

❖ 그림책 특징

우리 몸과 주변에서 볼 수 있는 구멍을 사실적으로 그려 설명한 그림책이다. 검은색의 구멍만 그려져 있는 장면과 다음에 그 구멍이 무엇인지를 보여 주는 구조로 이야기가 진행된다. 몸에 호기심을 많이 보이는 이 시기의 유아가 우리 몸을 쉽게 이해할 수 있게 해 준다.

❖ 읽어 주기

[읽어 주는 동안]

- 구멍의 모양을 보고 무엇이 연상되는지 이야기 나눈다.

[읽어 준 후]

- 우리 몸의 구멍을 거울을 통해, 또는 또래와 마주 보고 찾아본다.
- 우리 주변에서 구멍을 찾아본다.
- 유아가 찾아낸 구멍으로 뒷이야기를 지어보거나 다른 구멍 이야기책을 만들어 볼 수 있다.

함께 읽으면 좋은 그림책

우리 몸에 대한 그림책

『내 배꼽 볼래?』와 『몸의 구석구석이 말하기를』는 우리 몸의 구조와 모양 등에 대한 정보를 주는 그림책이다. 『우리 몸속에 뭐가 들어 있다고?』는 우리 몸에서 나는 소리, 말랑거리는 촉감이나 배설물을 통해 우리 몸속에 무엇이 있을지 상상해 보며 자신의 경험과 연관 지어 재미있게 읽을 수 있다.

* 나나오 준, 하세가와 도모코, 이선아 역, 시공주니어, 2002 / 한림출판사, 2005 / 사계절, 2011

풀빛, 2002

제 목	잠자는 책
작 가	샬로트 졸로토, 스테파노 비탈레 / 김경연
내 용	곰, 비둘기, 물고기와 두루미, 풀벌레, 거미와 고양이, 그리고 아이들이 어디에서 어떤 모습으로 자는지를 보여준다

❖ 그림책 특징

결이 보이는 나무판 위에 유화로 그림을 그려서 표현하였다. 여러 종류의 동물이 자는 모습을 묘사한 그림책으로, 반복적이며 운율이 있는 동시 형식을 띠고 있다. 곰, 비둘기, 물고기, 두루미, 풀벌레, 거미와 고양이, 아이들이 자는 모습을 비유적으로 표현하여 시적 언어의 아름다움을 느낄 수 있다.

❖ 읽어 주기

[읽어 주는 동안]

- 조용한 음악을 배경으로 그림책을 읽어 준다.
- 낮잠이나 휴식 시간에 부드러운 목소리로 읽어 주어 수면이나 휴식에 도움이 되게 할 수 있다.
- 반복적으로 등장하는 첫 문장은 유아와 함께 읽어볼 수 있다.

[읽어 준 후]

- 낮잠을 자는 유아교육기관에서는 유아의 자는 모습을 사진으로 찍어 책 속의 문장을 응용하여 책으로 만들어 제시한다.

함께 읽으면 좋은 그림책

잠자기를 소재로 한 그림책

『낮잠 자는 집』, 『난 하나도 안 졸려, 잠자기 싫어!』는 낮잠을 자기 싫어하는 유아에게 들려주어 공감대를 형성해 볼 수 있다. 『이렇게 자 볼까? 저렇게 자 볼까?』는 『잠자는 책』과 유사한 내용과 형식으로, 다양한 형태로 잠을 자는 동물들을 묘사하고 있다.

* 보림, 2000 / 국민서관, 2002 / 보림, 2000

애플비, 2006

제 목 콧구멍을 후비면

작 가 사이토 타카코 / 안미연

내 용 코 후비기, 귓불 잡아당기기, 배꼽 만지기, 이 닦지 않기 등 유아의 잘못된 행동이나 습관으로 인해 생길 수 있는 상황과 이를 고치기 위한 방안을 보여준다.

❖ 그림책 특징

나쁜 생활 습관을 가지고 있으면 어떤 일이 벌어지는지, 이를 예방하기 위해 어떻게 행동해야 하는지에 대해 세 개의 장면으로 나열하여 보여 주고 있다. 즉, ○○을 하면 어떤 결과가 나오고 이럴 경우 어떻게 하는 것이 바람직한지에 대한 세 개의 장면이 반복되는 구조로 내용이 진행된다. 점토로 빚은 인형을 사진으로 찍은 그림은 실제 사람의 모습인 것처럼 입체감이 느껴진다.

❖ 읽어 주기

[읽어 주는 동안]

- '○○을 하면'에서 '□□게 된다'는 다음 장으로 책장을 넘길 때 유아에게 다음에 어떤 일이 일어날지 잠시 생각해 볼 수 있는 시간을 주며 읽어 준다.

[읽어 준 후]

- '손을 씻으면', '이를 닦으면' 등 좋은 습관으로 나타나는 결과에 대한 그림책을 만들어 볼 수 있다.
- 가정과 연계하여 우리 아이가 바꾸면 좋을 나쁜 습관 또는 가지고 있는 좋은 습관을 조사하여 이 내용을 바탕으로 뒷이야기를 지어본다.

함께 읽으면 좋은 그림책

청결에 대한 그림책

『개구쟁이 해리 목욕은 정말 싫어요』는 목욕하기 싫어 도망 다니는 아이 같은 강아지의 이야기이고, 『목욕은 즐거워』는 목욕을 하는 동안 여러 동물을 만나는 상상의 이야기이다. 『손 씻기 귀찮아요!』는 청결과 관련된 바른 생활 습관 형성에 대한 그림책으로, 우리가 건강하게 생활하기 위해서 필요한 태도에 대해 알려 준다.

* 사파리, 2011 / 한림출판사, 1996 / 토마토하우스, 2012

6) 생활도구

현대에는 우리의 생활을 편리하게 해주는 도구의 종류가 다양하며, 끊임없이 더 새로운 도구를 필요로 하고 있다. 유아는 다양한 종류의 생활도구를 적절하게 활용하고 바르고 안전하게 사용하는 능력을 기를 필요가 있다. 생활주제 〈생활도구〉는 유아가 다양한 생활도구를 활용하고 새로운 도구에 관심을 가짐으로써 미래 사회의 변화에 대응할 수 있는 역량을 기르는 데 주안점을 둔다.

3세 유아는 '다양한 생활도구', '생활도구를 움직이는 힘', '생활도구로서의 미디어'를 소주제로 유아가 일상생활에서 쉽게 접할 수 있는 생활도구에 관심을 갖고 이 도구의 기능과 활용에 대한 이해를 돕는 데 주안점을 둔다(교육과학기술부, 2013). 3세는 여러 가지 도구를 조작해 보면서 이러한 도구를 쓰임새에 적절하게 사용하고 조절하는 능력을 기르는 시기이다.

이 시기에 제공하는 그림책은 유아가 직접 다루어 본 적이 있는 친숙한 생활도구를 소재로 한 것이 좋으며, 더 나아가 사물에 대한 탐구력과 창의성을 기를 수 있는 상상력이 가미된 것을 선택한다.

같이보는책, 2014

제 목 엄마 가방은 괴물이야

작 가 앙드레 부샤르 / 임은경

내 용 엄마 가방은 열쇠, 장난감, 양말 등 무엇이든지 삼켜버리는 먹보 괴물이다. 어느 날 엄마 가방이 동생까지 삼키려고 하자 아이는 동생을 간신히 구해낸다. 안전을 위해 장난감을 잔뜩 먹인 가방을 창밖으로 던져버린 후, 엄마는 가방을 작은 것으로 바꾼다.

❖ 그림책 특징

아이의 눈으로 본 엄마 가방의 이미지를 재치 있고 유머러스하게 표현한 그림책이다. 상황에 따라 달라지는 등장인물의 생생한 표정과 괴물로 표현된 가방은 유아의 상상력을 자극하며, 다양한 사고의 틀을 길러 줄 수 있다. 가방으로 인해 일어나는 사건을 나열식으로 전개하고 있어 비교적 쉽게 이야기의 흐름을 따라갈 수 있다.

❖ 읽어 주기

[읽어 주기 전]

- 가방에 다리가 달린 앞표지 그림을 보며 이야기를 상상해 본다.

[읽어 준 후]

- 엄마가 작고 예쁜 가방을 어디에 두었는지 잊어버리지 않기 위해 어떤 방법을 제안할 수 있는지 이야기를 나눈다.

함께 읽으면 좋은 그림책

가방에 대한 그림책

『분홍 보자기』는 보자기로 다양한 놀이를 하는 아이의 모습이 담긴 그림책으로 유아들에게도 보자기를 내주어 그것들로 할 수 있는 놀이를 하도록 격려한다. 『염소 아저씨의 행복 가방』은 가방에 물건뿐 아니라 그 물건을 보내는 이의 마음도 담을 수 있음을 보여 준다.

* 윤보원, 창비, 2015 / 책속물고기, 2011

천개의바람, 2013

제 목 다람쥐 전화

작 가 타카하시 카즈에 / 김소연

내 용 사람 마을에서 사용하는 전화에 대해 알게 된 다람쥐들은 자기네 마을에도 전화를 설치한다. 사람 마을의 전화를 참고로 커다란 나무를 전봇대로 삼고, 덩굴을 엮은 전선을 집집마다 연결하고, 찰흙으로 만든 전화기를 설치한다. 어느 날 밤, 예쁜 달을 본 다람쥐는 할머니도 보고 있는지 궁금하여 전화하려고 한다. 전화하는 법을 모르는 아기 다람쥐는 전봇대 위로 후다닥 뛰어 올라가 쭉 뻗은 전선을 타고 달려 할머니 집으로 간다. 아기 다람쥐는 할머니와 함께 아름다운 밤하늘을 보고 집으로 돌아온다.

❖ 그림책 특징

군더더기 없이 간결하고 투명한 수채화 물감으로 그려진 그림은 서정적인 느낌을 준다. 예쁜 달을 보고 그 감상을 할머니와 함께 나누고 싶어 하는 다람쥐의 정감 어린 마음이 따뜻한 느낌의 그림과 더불어 잘 나타나 있다.

❖ 읽어 주기

[읽어 주는 동안]

- 아기 다람쥐가 전화하는 법을 몰라 고민하는 장면에서 다람쥐가 어떻게 전화를 걸었을지 상상해 보게 하고 다음 장면을 넘겨 보여 준다.

[읽어 준 후]

- 다른 공간에 있는 사람들에게 생각이나 말을 전달할 수 있는 여러 가지 방안(도르래로 바구니에 편지 넣어 전달하기, 실 전화기 등)을 생각해 보고 직접 만들어 본다.
- 블록, 실 등을 사용하여 이야기 내용을 구현해 본다.

함께 읽으면 좋은 그림책

전화를 소재로 한 그림책

『사자야, 전화 왔어!』는 동물의 신체 특징과 연관 지어 전화벨 소리를 표현하여 읽는 즐거움을 준다.

발명을 소재로 한 그림책

『우리 아빠는 우당탕탕 발명가』, 『조그만 발명가』는 『다람쥐 전화』처럼 새로운 물건, 상상 속의 물건을 직접 만들어 보고 그로 인해 일어나는 재미있는 에피소드를 보여 준다.

* 키득키득, 2009
어린이작가정신, 2008 / 사계절, 2007

(주)비룡소, 2014

제 목	앗, 바뀌었어!
작 가	박정선, 장경혜
내 용	달걀, 옥수수, 껌, 찰흙, 물이 열에 의해 다른 모습으로 변화되는 것을 보여 준다.

❖ 그림책 특징

주변의 사물에 열이나 압력을 가했을 때 어떤 변화가 일어나는지 보여줌으로써 물질의 변화와 성질에 호기심을 가질 수 있게 하는 과학 그림책이다. 왼쪽 면에서는 앞치마를 두른 아빠가 등장하여 달걀, 버터 등에 불을 가하면 어떻게 될지 질문을 하고 오른쪽 면에서는 실제 어떻게 되는지 사진으로 제시되어 있다.

❖ 읽어 주기

[읽어 주기 전]

- 교사가 책의 맨 뒤에 사물의 변화 원리에 대해 간략히 설명해 놓은 부분을 먼저 읽고 유아에게 책을 읽어 주면 물질의 변화에 대한 유아의 질문이나 호기심을 채워 주는 데 도움이 될 수 있다.

[읽어 주는 동안]

- 열을 가하면 어떤 일이 벌어질까? 라는 질문에 바로 답을 보여 주기 전에 생각해 보는 시간을 가진 후, 다음 장면을 넘겨 결과를 보여 준다.

[읽어 준 후]

- 책에 나오지 않는 다른 사물을 가지고 실험해 본다. 마른미역이나 다시마 같은 것을 물에 넣어 두었을 때, 얼음을 밖에 두었을 때 등과 같이 열이 아니어도 다른 상황에 처했을 때 변화가 일어나는 것들을 유아와 함께 탐색해 볼 수 있다.

함께 읽으면 좋은 그림책

『구리와 구라의 빵 만들기』, 『달걀이랑 반죽이랑』, 『요리요리 ㄱㄴㄷ』는 빵, 샌드위치를 요리하는 과정을 소개한 그림책이다. 이 책들은 모두 요리 과정과 함께 음식물의 변형을 보여 준다.

* 한림출판사, 1994 / 책읽는곰, 2012 / 책읽는곰, 2013

문학동네어린이, 2003

제 목 점

작 가 피터 레이놀즈 / 김지효

내 용 미술에 자신이 없던 베티에게 선생님은 아무거나 그려보라고 한다. 베티는 화가 나서 도화지에 점을 하나 찍자 선생님은 이름을 쓰라고 하더니 멋진 그림이라고 칭찬하고 벽에 걸어 둔다. 미술에 자신감이 붙은 베티는 다양한 색과 크기의 점으로 멋진 작품을 만들게 되고 자신을 부러워하는 후배에게도 자신감을 불어넣어 준다.

❖ 그림책 특징

배경을 생략하고 하얀 바탕 위에 붓과 펜으로 그려 베티가 그린 점 그림이 더욱 도드라져 보인다. 색의 번짐과 다양한 색깔과 크기로 이루어진 점 그림을 통해서 미술의 요소 중 하나인 점을 미적으로 감상할 수 있는 그림책이다. 그림으로 자신의 생각을 표현하기 어려워하는 유아에게 들려주기에 좋으며, 아이가 편안한 마음으로 그림을 그릴 수 있게 격려하는 선생님의 모습이 귀감이 된다.

❖ 읽어 주기

[읽어 주는 동안]

- 전시회 때 만난 후배가 삐뚤빼뚤한 선을 그었을 때 베티는 어떻게 했을지 예측해보게 한 후 다음 장을 읽어 준다.

[읽어 준 후]

- 선생님이 칭찬했을 때 주인공이 어떤 기분이었을지 공감해 본다.
- 베티처럼 그림 그리는 것이 어려웠던 적이 있었는지 이야기를 나눈다.
- 같은 작가의 그림책 『느끼는 대로』는 미술의 요소인 선, 점, 형 등을 경험하는 데 도움이 될 수 있다.

함께 읽으면 좋은 그림책

미술도구에 대한 그림책

『우리는 벌거숭이 화가』는 그림을 그리는 도구인 붓에 관심을 갖게 해주며, 그림을 통해 자신의 생각과 마음을 자유롭게 표현할 수 있음을 알게 해주는 그림책이다.

* 문승연, 이수지, 길벗어린이, 2005

7) 교통기관

교통기관은 우리가 다른 장소로 이동하는 데 유용하게 사용되며, 사람뿐만 아니라 짐을 실어 나르거나 다른 일을 하는 데 도움이 되는 등 다양한 역할과 기능을 한다. 생활주제 〈교통기관〉은 유아가 다양한 종류의 교통기관을 이용해 본 경험이 많아지며 움직이는 기계에 대한 호기심도 높아짐에 따라 교통 생활과 관련된 기본적인 지식을 습득하여 스스로 안전한 생활의 필요성을 이해하고 사고에 대비하여 교통기관을 안전하게 이용하는 방법 등에 대해서 알게 하는 데 중점을 둔다.

3세는 '여러 가지 육상 교통기관', '고마운 육상 교통기관', '항공/해상 교통기관', '즐거운 교통 생활'을 소주제로 한다. 생활 속에서 쉽게 보고 경험할 수 있는 교통기관을 중심으로 교통기관의 다양한 종류에 대해 알고 종류에 따라 모양, 역할, 기능 등이 다름을 인식하는 데 중점을 둔다(교육과학기술부, 2013).

유아가 생활 속에서 친숙하게 경험할 교통기관을 소재로 다양한 종류의 교통기관의 모양, 특성을 그림을 통해 비교해 보거나 기능에 대해 살펴볼 수 있는 내용이 담겨 있는 그림책을 선정한다.

(주)비룡소, 2006

제 목 난 자동차가 참 좋아

작 가 마가렛 와이즈 브라운, 김진화 / 최재숙

내 용 주인공 아이와 강아지 두 마리는 자동차에 짐을 싣고 여행을 떠난다. 여행길에서 보는 자동차, 기차, 배 등 다양한 탈것과 재미있는 풍경을 담고 있다.

❖ 그림책 특징

분명한 선과 선명한 색으로 그린 그림을 오려 붙여 구성한 그림책이다. 주인공이 여행길에서 만난 자동차가 왜 좋은지, 이유를 운율감이 느껴지는 간결한 형태의 문장으로 나타내고 있다. 글은 간단하지만, 그 단어가 가리킨 장면은 다양한 이야기를 담고 있어 글뿐만 아니라 그림 읽기를 함께할 수 있다.

❖ 읽어 주기

[읽어 주는 동안]

- ‘빨간’, ‘초록’, ‘기다란’처럼 수식하는 말을 실마리로 유아가 그림에서 해당 자동차, 기차, 배를 각각 찾아보게 하며 읽어 준다.
- 여러 종류의 자동차, 기차, 배에 탄 사람이나 다양한 풍경을 토대로 이야기를 꾸며 본다.
- 주인공과 강아지 두 마리가 어떤 자동차, 기차, 배에 타고 있는지 그림에서 찾아본다.

[읽어 준 후]

- 그림책 장면을 확대 복사하여 자동차 길을 만들어 주고 여러 가지 교통수단 놀잇감을 함께 제시해 준다.
- 블록을 이용하여 자동차가 다니는 길을 만들어 본다.

함께 읽으면 좋은 그림책

트럭을 소재로 한 그림책

『트럭』, 『부릉부릉 트럭 삼 형제』는 『난 자동차가 참 좋아』에 나오는 다양한 종류의 자동차 중에서 사람이나 물건을 운송하는 교통기관을 소재로 한 그림책이다.

* 도널드 크루즈, 시공주니어, 1996 / 정하섭, 한병호, (주)비룡소, 1997

시공주니어, 2011

제 목	소방차가 되었어
작 가	피터 시스 / 시공주니어 편집부
내 용	소방차를 매우 좋아하는 매트는 소방차처럼 빨간 옷을 입고, 소방차와 관련되는 놀잇감을 가지고 논다. 어느 날, 소방차가 된 매트는 사이렌을 울리며 신나게 불이 난 곳으로 달려가 불을 끄고 사람들을 구하는 임무를 완수한다.

❖ 그림책 특징

하얀 배경에 빨간색 옷을 입은 주인공 매트가 매우 도드라져 보인다. 매트가 얼마나 소방차를 좋아하는지를 강조하고자 한 작가의 의도로 해석할 수 있다. 매트가 소방차로 변할 때, 소방대원에게 필요한 도구와 업무가 정리되어 있다. 매트가 현실에서 소방차를 가지고 놀다가 잠자리에 들었고, 이어서 꿈속에서 일어났을 법한 상상의 이야기가 진행되다가 맛있는 아침 식사의 냄새를 매개로 현실로 돌아오는 이야기 구조이다.

❖ 읽어 주기

[읽어 주는 동안]

- 주인공이 소방차로 변신한 장면에서, 양쪽 펼침면에 소방차가 크게 그려져 있다. 이 부분을 미리 다른 종이로 가렸다가 보여 주면 유아의 흥미를 끌 수 있다.
- 소방차가 된 매트에게 있는 도구들을 하나하나 보며 자연스럽게 1부터 10까지의 숫자 모양을 익히고 수세기를 할 수 있으며 여러 가지 도구를 주의 깊게 살펴볼 수 있다.

[읽어 준 후]

- 관련 놀잇감을 제시해주어 그림책 속에서처럼 상황을 설정하거나 꾸며서 놀이한다.
- 작가는 아들이 소방차를 매우 좋아하여 소방차에 대한 그림책을 모두 읽어 주고 더 이상 읽어 줄 책이 없자 직접 이 그림책을 만들게 되었다는 에피소드를 들려준다.
- 같은 작가의 작품 『일하는 자동차 출동!』, 『배를 타고 야호!』도 읽어 준다.

함께 읽으면 좋은 그림책

소방차 관련 그림책

『왱왱 꼬마 불자동차』는 다양한 상황에서 소방차가 하는 일을 보여 준다.

* 로이스 렌스키, 노은정 역, (주)비룡소, 2003

웅진주니어, 2001

제 목 작은 기차

작 가 마거릿 와이즈 브라운, 레오 딜론 & 다이앤 딜론 / 이상희

내 용 기차는 서쪽을 향해 철길을 달린다. 언덕과 터널을 지나고 다리 위로 강을 건넌다. 비나 눈이 와도, 밤이 되어도 기차는 멈추지 않고 달려 마침내 서쪽에 도착한다.

❖ 그림책 특징

왼쪽에는 실제 기차, 오른쪽에는 상상으로 움직이는 장난감 기차가 병행하여 달린다. 실제 기차가 지나가는 장소와 장난감 기차가 지나가는 장소가 각각 실외와 집안으로 다르지만 분위기가 유사하고, 운율 담긴 글 내용이 서로 연관 지어져 있다. 면에 가득 찬 그림의 색감은 양쪽 모두 부드럽고 포근하다.

❖ 읽어 주기

[읽어 주는 동안]

- 동시 읊듯 천천히 읽어 준다.
- 두 기차가 달리는 양쪽의 그림을 비교하며 읽어 준다.
- 왼쪽 장면끼리, 오른쪽 장면끼리만 따로 읽어 줄 수도 있다.

[읽어 준 후]

- 길게 이어지는 철길을 따라 움직이는 기차 놀잇감을 제시해 주어 그림책 속 장면처럼 여러 가지 상황을 설정하거나 꾸며서 놀이로 확장해 보게 한다.

함께 읽으면 좋은 그림책

기차를 소재로 한 그림책

『화물 열차』, 『칙칙폭폭 꼬마 기차』는 사람이나 물건을 실어 나르는 일을 하는 다양한 기차의 모습과 하는 일, 예전의 기차 모습 등을 보여 주어 기차에 대한 유아의 지식을 넓혀 준다. 『후루룩~ 냠냠 라면 기차』는 상상의 기차를 등장시켜 읽는 즐거움을 준다.

* 도널드 크루즈, 박철주 역, 시공주니어, 1998 / 로이스 렌스키, 노은정 역, (주)비룡소, 2003 / 효리원, 2015

푸른날개, 2012

제 목	잘 자요, 빵빵 친구들
작 가	셰리 더스키 린커, 탐 리히텐헬드 / 북 도슨트
내 용	공사장에서 일하는 크레인, 레미콘, 덤프트럭, 불도저, 굴착기가 어떤 일들을 하는지 보여 준다.

❖ 그림책 특징

부드럽고 따뜻한 느낌의 색감, 여러 차의 모습을 구체적이고 사실적으로 보여 주어 각 차의 기능을 알게 해 준다. 공사장에서 일을 하는 크레인, 덤프트럭, 레미콘 등이 하는 일을 설명해 주고, 컴컴한 밤이 오면 좋아하는 인형이나 이불을 덮고 잠을 잔다는 이야기가 반복적으로 진행 된다. 일을 한 후 쉬는 자동차들의 이야기를 통해 하루 종일 놀고 싶어 하는 유아에게 쉬어야 하는 이유에 대해서도 알려줄 수 있다.

❖ 읽어 주기

[읽어 주기 전]

- 앞표지의 자동차를 본 적이 있는지 이야기 나눈다.
- 이 책은 일을 하는 자동차들이 나오는 이야기임을 알려 준다.

[읽어 주는 동안]

- 유아가 아는 것을 설명해 보게 하거나 자동차의 움직임을 상상하며 볼 수 있게 책장을 천천히 넘기며 읽어 준다.

[읽어 준 후]

- 왜 잠을 자거나 쉬어야 하는지 자동차들의 이야기에 견주어 이야기를 나눈다.

함께 읽으면 좋은 그림책

일하는 자동차에 대한 그림책

『기계들은 무슨 일을 하지?』는 공사현장에서 일을 하는 자동차를 추가적으로 보여줄 수 있으며, 『냄새차가 나가신다!』는 다른 종류의 일하는 자동차를 소개하는 그림책이다.

* 바이런 바튼, 최리을 역, (주)비룡소, 2003 / 케이트 맥뮐란, 짐 맥뮐란, 조은수 역, 미래엔 아이세움, 2003

8) 우리나라

유아기는 한 개인으로서의 정체성뿐만 아니라 민족과 국가에 대한 정체성의 기초를 형성하는 시기이다. 생활주제 〈우리나라〉는 유아가 대한민국 국민으로서 자신이 속한 국가에 대한 정확한 이해와 친숙함, 자긍심을 가지고 정체성을 가지도록 한다. 특히, 누리과정 구성 방향은 '사람 · 자연 존중 세계관'과 '우리 문화에 대한 이해'이며, 우리나라 전통 사상은 사람과 자연을 존중해왔으므로 유아가 생활주제 〈우리나라〉를 배우는 동안, 우리나라 역사와 전통문화에 관심을 가지고 이해하고 경험하며 친밀감을 가지도록 접근하는 것이 필요하다. 전통문화는 과거뿐만 아니라 현재와 미래에도 가치 있는 자산으로, 유아가 이를 바르게 이해하고 수용하며 재창조할 수 있도록 돕는 데 주안점을 둔다.

3세는 '우리나라 사람들의 생활', '우리나라의 놀이와 예술', '우리나라의 역사와 자랑거리'를 소주제로 다루고 있다. 이 중 '우리나라 사람들의 생활', '우리나라의 놀이와 예술'에 비중을 두고, '우리나라 역사와 자랑거리'에서는 유아 발달 수준을 고려하여 명절이나 절기, 개천절, 한글날과 같은 국경일과 연계하고 직접 체험하는 활동들을 소개한다.

3세에 제공하는 그림책은 유아가 일상에서 접할 수 있는 우리나라의 음식, 생활도구, 명절 등에 대한 내용을 담고 있어 자연스럽게 우리 문화에 대한 관심과 흥미를 느끼도록 돕는 것이 좋다. 또한, 이 시기의 유아는 말꼬리 잇기나 반복되는 운율을 이용한 놀이를 즐겨 하므로 이러한 것들이 담긴 우리 옛 노래와 옛이야기 그림책을 제공한다.

사계절, 2007

제 목	설빔(여자아이 고운 옷)
작 가	배현주
내 용	새해를 맞아 입는 새 옷을 설빔이라고 한다. 우리나라의 한복을 차례대로 갖춰 입으며, 옷의 명칭과 입는 방식을 보여 준다. 차례대로 설빔을 입는 과정을 보여줌으로써 설맞이의 기쁨을 표현하고 있다.

❖ 그림책 특징

화려하고 선명한 색감이 설빔의 특징을 잘 보여 준다. 아이가 옷을 단계적으로 입는 모습을 보여 주며 옷의 정확한 명칭과 입는 방법을 비교적 상세하게 보여 주고 있다. 설빔뿐만 아니라 아이가 있는 방안에는 우리 전통 물건이 배치되어 있어 우리나라의 옛 생활 모습을 엿볼 수 있다.

❖ 읽어 주기

[읽어 주기 전]

- 설빔의 단어에 대해 설명해 준다.
- 앞표지의 그림을 보며 한복에 대한 경험을 이야기 나눈다.

[읽어 준 후]

- 한복과 관련된 용품을 역할놀이에 활용할 수 있도록 제공한다.

함께 읽으면 좋은 그림책

설에 입는 한복에 대한 그림책
또 다른 『설빔(남자아이 고운 옷)』 그림책은 같은 저자가 지은 남자아이가 한복 입는 과정을 보여 준다.

추석 명절에 대한 그림책
『달이네 추석맞이』는 우리 고유 명절인 추석날 풍습을 보여 주는 그림책이다.

* 사계절, 2007 / 푸른숲주니어, 2013

창비, 2003

제 목 시리동동 거미동동

작 가 제주도 꼬리따기 노래, 권윤덕

내 용 엄마가 없는 집에서 혼자 있던 아이가 토끼, 까마귀를 벗 삼아 동네를 거닐다 까마귀를 타고 하늘을 날다 엄마를 만나 집으로 돌아온다.

❖ 그림책 특징

제주도에서 구전되어온 꼬리따기 노래로, 제주도가 배경이며 해녀인 엄마를 기다리는 아이의 마음이 담겨 있는 그림책이다. 다음 장에 등장할 인물들에 대한 이미지가 전 장에 일부 힌트로 담겨 있는 그림책이다. 꼬리따기 노래이므로 가락을 붙여 노래로 부르며 읽어 줄 수 있다.

❖ 읽어 주기

[읽어 주는 동안]

- 유아와 꼬리따기 노래를 부르며 함께 읽을 수 있다.

[읽어 준 후]

- 유아들과 함께 새로운 꼬리따리 가사를 만들어 함께 불러본다.
- 말잇기 놀이를 해 보면서 우리나라 글자에 대한 관심을 가질 수 있다. 끝소리로 시작하는 단어를 찾아내는 것이 어렵다면, 같은 소리로 시작하는 단어들 모으기 놀이부터 한다.

함께 읽으면 좋은 그림책

꼬리따기 그림책

『한밤에 우리 집은』의 글을 보면, 집에 들어가려면 열쇠가 필요하고, 집에 들어가면 불빛이 있고, 불빛은 침대를 비추고, 침대에는 그림책이 있다는 내용이 꼬리따기 형식으로 이어져 있다.

말놀이 그림책

『빨주노초파남보 색깔 말놀이』는 빨주노초파남보 무지개색 순서에 맞춰, 색 이름의 자음을 반복한 말놀이 그림책이다.

* 지양어린이, 2009
박정선, 윤미숙, 시공주니어, 2010

보림, 2001

제 목 오늘은 우리집 김장하는 날

작 가 채인선, 방정화

내 용 가을이 끝날 무렵 엄마들은 배추를 많이 산다. 굵은 소금을 준비하고 커다란 그릇도 준비하여 이웃이 모여 김장을 한다. 올해도 선미네는 김치를 넣을 항아리를 준비하고, 배추를 씻어 절이고, 김칫소를 준비하여 김장을 한다. 선미네 집 뒤에 사는 생쥐네도 선미네를 따라 김장을 한다.

❖ 그림책 특징

우리나라 고유 풍습인 김치를 담그는 과정을 보여 준다. 선미네를 따라 하는 생쥐네의 이야기를 통해 내용이 반복적으로 진행된다. 김장에 필요한 준비물, 과정을 상세히 알 수 있다.

❖ 읽어 주기

[읽어 준 후]

- 선미네 이외에 생쥐네의 이야기를 분리하여 읽어 볼 수 있다.
- 이 책을 요리책 삼아 직접 김치 담그기를 해 볼 수 있다.
- 책에 나온 김치 이외에 다양한 종류의 김치를 알아본다.

함께 읽으면 좋은 그림책

우리나라 고유 음식에 대한 책

『인절미 시집가는 날』은 충북 지방에서 전해지던 전래 동요 '떡 노래'와 요즘 기관에서 많이 불리는 '인절미와 총각김치' 노래를 유아의 눈높이에 맞춰 만든 그림책이다. 우리나라 고유 음식인 떡을 소재로 하고 있다.

우리나라 고유 풍습에 대한 책

『똥떡』, 『팥고물 시루떡』은 각각 변기에 빠졌을 때, 이사 갔을 때 떡을 만들어 돌리는 풍습에 대한 그림책이다.

* 국민서관, 2013
사파리, 2011 / 키즈엠, 2014

사계절, 2008

제 목 잘잘잘 123
작 가 이억배
내 용 전래동요 '잘잘잘'의 노랫말에 맞춘 그림책이다.

❖ 그림책 특징

왼쪽 면에는 전래동요 잘잘잘의 글이, 오른쪽 면에는 글 내용에 따른 그림이 그려져 있다. 숫자의 첫소리와 같거나 비슷한 소리로 시작되는 인물들이 등장한다. 꼬부랑 할머니, 염소 모는 할아버지, 이발사, 생선 장수, 연날리기, 윷놀이 등 우리의 문화와 정서가 담겨 있는 대상과 풍경이 담겨 있다. 마지막에는 이야기 속 등장인물이 모두 모여 기차를 타는 것으로 마무리 되는데, 마치 축제나 소풍을 떠나는 듯한 유쾌한 느낌을 준다.

❖ 읽어 주기

[읽어 주는 동안]

- 숫자와 그림 속 개수를 대응시키며 읽어 준다.
- 가락을 붙여 노래로 불러준다.
- 오른쪽 그림 내용을 토대로 추가 이야기를 지어 본다.

[읽어 준 후]

- 숫자의 첫 글자 발음에서 연상되는 다른 단어들을 찾아본다.
- 끝말잇기나 같은 글자로 시작하는 말놀이를 할 수 있다.

함께 읽으면 좋은 그림책

전래동요의 노랫말로 된 그림책

『새는 새는 나무 자고』는 전래 자장 동요를 글 내용으로 한 그림책이며, 『우리 할아버지가 꼭 나만했을 때』는 우리나라 전래동요의 노랫말대로 닥종이 인형을 꾸며 만든 그림책이다.

* 정순희, 창비, 2006 / 보림, 1999

보림, 1996

제 목 재주 많은 다섯 친구

작 가 양재홍, 이춘길

내 용 엄청나게 힘이 센 단지손이는 세상을 구경하러 집을 떠난다. 여행 중에 콧김으로 파도를 일으키는 콧김손이, 오줌으로 바다를 만드는 오줌손이, 배를 메고 다니는 배손이, 무쇠신을 신고 다니는 무쇠손이와 만나 함께 세상을 구경한다. 그러다 호랑이들을 만나는데 각자의 능력과 재치로 모두 용감하게 물리친다.

❖ 그림책 특징

그림은 한국적인 정서를 담아 민화처럼 그렸다. 다섯 등장인물은 각각 흙, 불, 물, 나무, 쇠를 상징하며, 이를 통해 만물의 근원으로 본 우리의 전통 사상을 엿볼 수 있다. 또한, 협동과 협력으로 위기를 헤쳐나가는 우리 조상의 지혜를 배울 수 있다.

❖ 읽어 주기

[읽어 주는 동안]

- 그림을 보면서 어떤 재주를 가진 친구가 마음에 드는지 이야기하여 본다.

[읽어 준 후]

- 동극이나 역할극으로 그림책의 내용을 재연해 본다.
- 유사한 내용의 우리나라, 다른 나라의 그림책도 읽으며 비교해 볼 수 있다.

함께 읽으면 좋은 그림책

비슷한 이야기 그림책

『재주 많은 일곱 쌍둥이』는 각자 다른 재주를 가진 쌍둥이가 어려운 이웃을 돕고 위기에 처했을 때 현명하게 대처하는 내용의 그림책이다.

우리 옛이야기 그림책

『방귀쟁이 며느리』는 방귀를 소재로 한 우리나라 구전 이야기로 만든 그림책이다.

* 보리, 2012
사계절, 2008

9) 환경과 생활

환경은 인간의 생활에 영향을 미치는 한편 인간에 의해 만들어진다. 따라서 유아는 주변 환경을 탐색하고 적응하고, 사회생활에 필요한 기초지식을 익히며 환경을 보전하고 주도적으로 구성하는 역할을 하게 된다. 생활주제 〈환경과 생활〉은 현대사회에서 강조되는 글로벌 세계시민교육과 경제와 환경이 조화를 이루는 녹색 성장교육에 대한 내용을 다룬다. 유아는 생활주제 〈환경과 생활〉에서 물, 돌, 흙, 바람, 공기, 빛, 소리의 자연 환경적 요소를 경험하고 그 특성과 변화에 관심을 가지며, 자연과 인간의 관계를 소중히 여기고 잘 보존하려는 태도를 익힌다. 〈환경과 생활〉은 자연물을 다루기 때문에 자연탐구에만 치우칠 수 있으므로 다른 생활주제와 연계하여 통합적으로 진행하는 것이 필요하다.

3세 유아는 각 환경 요소 및 자연물의 기본 특성을 탐색하고 이해할 수 있도록 물, 돌, 흙, 바람, 공기, 빛, 소리와 관련된 다양한 놀이를 경험하도록 한다. '물과 우리 생활', '돌 · 흙과 우리 생활', '바람 · 공기와 우리 생활', '빛과 우리 생활', '소리와 우리 생활'을 소주제로 다루고 있다.

3세에 제공하는 그림책은 유아가 주위에서 흔히 접하는 자연물을 소재로 하여 책을 읽고 난 후 탐색과 체험으로 이어질 수 있게 하는 것이 좋다. 유아가 가지고 놀기 좋아하는 돌, 흙뿐만 아니라 형태가 없는 빛, 소리, 바람 등의 환경 요소를 담은 그림책도 읽어 준다.

주니어RHK, 2013

제 목 까만 토끼

작 가 필리파 레더스 / 최지현

내 용 아침에 일어나 굴 밖으로 나온 토끼는 커다란 까만 토끼에 깜짝 놀란다. 무서워 도망가지만, 이 까만 토끼는 자꾸 따라온다. 깊은 숲 속으로 도망간 토끼는 까만 토끼가 따라오지 않자 안도하는데, 그때 자기를 잡아먹으려는 늑대를 만난다. 숲 속으로 햇빛이 비치면서 까만 토끼가 다시 나타나자 늑대는 도망친다.

❖ 그림책 특징

까만 토끼에게서 벗어나기 위해 내달리는 작은 토끼와 그 토끼를 따라가는 커다란 까만 토끼를 묘사하는 간략한 문장과 이를 보충하는 그림은 이야기를 긴장감 넘치고 속도감 있게 전개시킨다.

❖ 읽어 주기

[읽어 주는 동안]

- 까만 토끼로 분한 그림자의 정체를 유아가 인식하는지 살피며 읽어 준다.
- 유아의 반응을 적극적으로 수용해 준다.
- 토끼를 어떻게 도와줄 수 있는지 이야기 나눈다.

[읽어 준 후]

- 빛을 활용하여 그림자를 만들어 보거나 실외에 나가 태양 아래에서 생기는 자기의 그림자를 관찰하기와 같은 추후 활동을 할 수 있다.

함께 읽으면 좋은 그림책

그림자에 대한 그림책

『그림자는 내 친구』, 『누구 그림자일까?』는 그림자의 원리나 이를 응용하여 놀이로 확장시키는 데 도움이 될 만한 그림책이다.

* 박정선, 이수지, 길벗어린이, 2010 / 보림, 2000

시공주니어, 1997

제 목 바람이 불었어

작 가 팻 허친즈 / 박현철

내 용 바람이 사람들의 물건을 하늘로 날려버린다. 사람들은 날아가 물건을 잡기 위해 바람을 따라간다. 바람은 사람들을 놀리기라도 하듯 물건들을 마구 뒤섞었다가 바닥에 내동댕이치고 바다로 가 버린다.

❖ 그림책 특징

양손을 하늘로 뻗은 채 위를 쳐다보는 사람들과 바람에 날리는 사물들의 형태가 어우러진 그림에서 역동성을 느낄 수 있다. 선명하고 상세하게 그려진 그림에서 사람들이 불안해하는 표정이나 당황스러워 하는 감정을 읽어 낼 수 있다. 바람에 물건이 하나씩 날리는 장면이 반복되는데 앞의 장면에서 다음 장면에 등장할 인물과 사물의 단서가 포함되어 있어 유아가 다음 내용을 예측하며 감상할 수 있는 그림책이다.

❖ 읽어 주기

[읽어 주는 동안]

- 그림에 나타난 단서를 유아가 스스로 알아차리도록 그림을 충분히 볼 시간을 주며 읽어 준다.
- 다음에 무슨 일이 일어날지 유아에게 질문을 하며 읽어 준다.

[읽어 준 후]

- 바람 덕분에 배가 둥실 떠가는 마지막 장면을 보며 다음에 이어질 내용을 상상해 본다.
- 바람이 불었을 때 어떤 경험을 했는지 이야기를 나눈다.
- 선풍기나 부채 등으로 바람을 만들어 본다. 바람이 불 때 스카프나 깃털 등 다양한 무게와 재질의 물건이 어떻게 되는지 실험해 볼 수 있다.

함께 읽으면 좋은 그림책

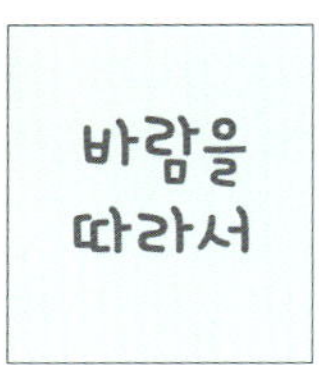

바람을 소재로 한 그림책

『바람이 불지 않으면』, 『바람을 따라서』는 바람이 있고 없음에 따라 일어나는 일을 보여 주며 바람이 필요한 자연 현상임을 일깨워 준다.

* 보림, 2010 / 질 다우니

(주)비룡소, 2011

제 목	비야, 안녕!
작 가	한자영
내 용	비를 좋아하는 삼총사인 풀숲의 지렁이, 달팽이, 거북이는 비가 오자 모두 밖으로 나와 비를 맞이한다. 물왕관도 쓰고, 나뭇잎 사이를 뛰어다니기도 하고, 나뭇잎 배도 타고, 물장구도 치며 빗속에서 즐거운 하루를 보낸다. 비가 그친 후 다시 비가 올 날을 기다리며 비에게 인사한다.

❖ 그림책 특징

물에 번진 듯한 수묵화 그림이 마치 빗물을 머금은 듯하며, 의성어와 의태어로 이루어진 글 내용이 리듬감 있게 전개된다. 비가 내리는 다양한 소리, 빗방울에 비친 사물의 색깔을 다채롭게 표현하였다.

❖ 읽어 주기

[읽어 주는 동안]

- 빗소리를 표현한 의성어를 리듬감을 살려 읽어 준다.
- 읽어 줄 때 빗방울이 떨어지는 부분에서 빗소리와 유사한 소리를 내는 악기를 활용해 볼 수 있다.

[읽어 준 후]

- 비가 오는 날에 들려주고 나서 산책을 하러 나가거나 빗소리를 감상해 본다.
- 빗물이 떨어지는 곳에 여러 가지 재질의 그릇을 놓아두고 빗방울이 떨어질 때 나는 소리를 비교해 본다.
- 비 오는 날 볼 수 있는 동물인 달팽이나 지렁이와 같은 동물을 찾아본다.

함께 읽으면 좋은 그림책

비 오는 날은 정말 좋아

비 오는 날을 소재로 한 그림책

『비 오는 날은 정말 좋아』는 비 오는 풍경을 묘사한 그림책으로, 비가 올 때 하늘에 관심을 갖게 할 수 있다. 다양한 종류의 비에 관심을 갖게 한다는 면에서 『비야, 안녕!』과 함께 보면 좋다.

* 삼성출판사, 2005

(주)비룡소, 1995

제 목 야, 우리 기차에서 내려!

작 가 존 버닝햄 / 박상희

내 용 아이가 강아지 인형과 함께 상상의 기차 여행을 떠났는데, 날씨가 바뀔 때마다 생존을 위협당하는 동물들이 나타나 기차에 태워달라고 한다. 아이는 그때마다 기차에서 내리라고 말하지만, 동물들은 제발 기차에 태워달라고 부탁하며 자기가 살고 있는 곳이 사람들이 개발을 많이 하는 바람에 망가졌다고 이야기한다. 아이는 동물들을 차례로 기차에 태워 여기저기 다니며 신나게 놀이를 한다.

❖ 그림책 특징

날씨가 달라질 때마다 코끼리, 물개, 두루미, 호랑이와 사자가 차례로 등장하는데, 이때마다 같은 대화가 반복되므로 장면이 많은 편이나 이해하기는 쉽다. 각 동물의 서식지가 인간의 개발로 심각하게 훼손되었음을 보여 주며, 환경 문제에 대한 경각심을 불러일으킨다.

❖ 읽어 주기

[읽어 주는 동안]

- 동물들이 기차에 탈 때마다 아이는 우리 기차에서 내리라는 말을 반복하는데, 이 때 유아가 참여하여 함께 그 부분을 읽을 수 있게 한다.
- 기차에서 내려 놀이하는 장면에는 글이 없기 때문에 유아와 함께 이야기를 지으며 읽는다.

[읽어 준 후]

- 환경 문제에 대처하기 위해 우리가 어떻게 해야 할지 관련 그림책을 추가로 읽어 준다.

함께 읽으면 좋은 그림책

동물, 환경 보호에 관한 그림책

『코끼리는 어디로 갔을까?』는 동물보호에 초점을 둔 그림책으로, 『야, 우리 기차에서 내려!』에서 피해를 입은 동물들을 위해 우리가 할 수 있는 일을 같이 생각해 보면서 읽어 주기에 적절한 그림책이다. 『고사리손 환경책』은 자연과 환경을 보호하기 위해 우리가 할 수 있는 바람직한 생활 습관에 대해 알려 준다.

* 사파리, 2015 / 웅진주니어, 2009

10) 봄 · 여름 · 가을 · 겨울

계절은 유아가 살아가는 시공간적 배경으로, 유아는 우리나라에서 살아가는 동안 뚜렷한 날씨와 사계절의 변화를 겪기 때문에 계절의 특징에 대해 잘 이해하고 적합하게 살아가는 것이 필요하다. 생활주제 〈봄 · 여름 · 가을 · 겨울〉은 '봄', '여름', '가을', '겨울'을 각각 소주제로 다루고, 계절별로 날씨 알기, 풍경 즐기기, 계절 동안 지내는 방법에 대한 내용을 포함한다. 계절별로 특성이나 지속시간이 서로 다르므로 〈봄 · 여름 · 가을 · 겨울〉은 계절 변화를 고려하여 교육 시기를 달리할 수 있으며, 계절별로 독립된 생활주제로 전개하는 것이 바람직하다.

3세는 생활에서 직접 경험할 수 있는 날씨 변화를 살펴보고, 여러 감각을 활용하여 자연의 아름다움을 느끼는 데 초점을 둔다. 유아는 바깥놀이를 통하여 봄비, 여름비, 가을바람, 겨울눈 등 계절의 대표적 자연현상을 경험하고 탐색하게 되므로, 이에 대한 내용을 포함한다.

3세에는 계절마다 유아들이 감각적으로 느끼고 경험할 수 있는 내용을 담은 그림책을 제공하는 것이 좋다. 유아와 매우 가까운 곳에서 일어나는 현상이나 유아가 직접 경험할 수 있는 계절 식물, 과일 등을 소재로 한 그림책이 좋으며, 책을 읽고 난 후, 관련된 탐색과 체험을 시도해 본다.

(1) 봄

이야기꽃, 2014

제 목 민들레는 민들레

작 가 김장성, 오현경

내 용 민들레는 어디에 피어도 민들레며, 어떤 모습 또는 어떤 상태로 있어도 민들레라면서, 민들레가 자라고 꽃이 피는 성장 과정을 보여 준다.

❖ 그림책 특징

연약해 보이고 특별해 보이지 않아도 어디에서나 자신만의 특색으로 존재를 알리는 꽃, 민들레에 대한 재발견을 담은 그림책으로, 모든 생명의 가치를 새삼 느끼게 해 준다. 또한, 우리 주변에서 민들레가 자라고 있는 장소들을 보여 주어 관심을 가지고 둘러보면 쉽게 민들레를 만날 수 있으며, 삭막한 환경에서도 꿋꿋이 자라 예쁜 꽃을 피우는 민들레를 통해 평범한 곳에서도 아름다움을 느낄 수 있음을 보여 준다.

❖ 읽어 주기

[읽어 준 후]

- 산책을 하러 나가 민들레를 찾아본다.
- 민들레처럼 작지만 봄의 소식을 알려주는 다른 여러 풀꽃을 찾아본다.
- 민들레나 다른 풀꽃을 모아 봄꽃 책을 유아가 만들어 보게 할 수 있다.

함께 읽으면 좋은 그림책

봄에 볼 수 있는 풍경에 대한 그림책

『봄이 오면』은 나른하고 따사로운 봄 햇살이 가져온 춘곤증으로 졸음에 빠져 있는 세상을 여러 의태어로 묘사한 그림책이다.

꽃과 색에 대한 그림책

『꽃이 핀다』는 꽃을 통해 자연의 색을 감상할 수 있는 그림책으로 한 폭의 동양화를 보는 듯한 느낌을 준다.

* 사계절, 2009
보림, 2007

(2) 여름

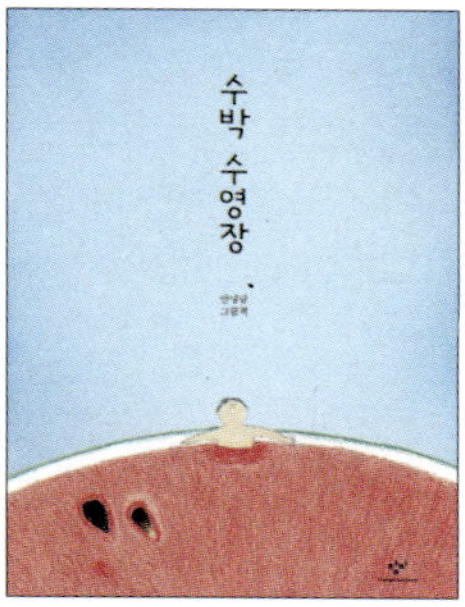

창비, 2015

제 목 수박 수영장

작 가 안녕달

내 용 햇살이 쨍쨍 내리쬐는 여름, 수박 수영장이 개장한다. 커다랗고 시원한 수박 안에서 수영을 하고 수박껍질로 미끄럼을 타거나 수박 과육과 씨로 조각상을 만들며 더위를 피한다.

❖ 그림책 특징

'더운 여름날 시원한 수박 안으로 들어가 수영을 한다면 어떨까?'라는 기발한 상상에 기초한 그림책이다. 사람들이 수박 안에서 수영하는 모습이나 수박씨와 수박 껍질을 이용해 다양하게 노는 모습이 즐거워 보인다.

❖ 읽어 주기

[읽어 주기 전]

- 앞표지를 살펴보고 무슨 이야기일지 상상해 본다.

[읽어 준 후]

- 소반 위에 놓인 수박 한 통과 숟가락이 묘사된 마지막 장면을 보며 다음에 이어질 내용을 상상해 보며 후속 이야기를 지어본다.

함께 읽으면 좋은 그림책

수박에 대한 그림책

『화가 난 수박 씨앗』은 여름 과일인 수박을 소재로 한 그림책으로 작은 씨앗에서 열매를 맺기까지를 보여 준다.

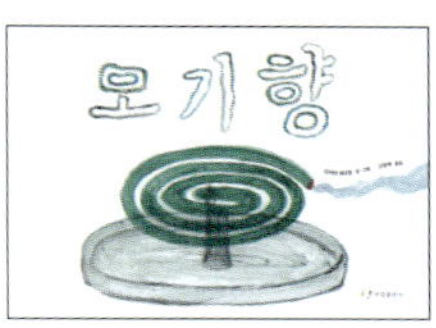

여름에 대한 그림책

『모기향』은 여름철 기승을 부리는 모기를 없애기 위해 피웠던 모기향 때문에 벌어지는 에피소드를 통해 여름철 일상을 보여 준다.

* 한림출판사, 2008
한림출판사, 2011

보리, 1997

제 목 심심해서 그랬어

작 가 윤구병, 이태수

내 용 심심한 돌이는 함께 놀고 싶은 마음에 집에서 키우는 염소, 토끼, 돼지, 닭 등을 풀어준다. 그러나 집짐승들은 사방으로 흩어져 아이와 같이 놀기는커녕 밭을 온통 망쳐 놓는다. 당황한 아이는 울다 잠이 들고, 뒤늦게 돌아온 부모님이 집짐승들을 우리에 다시 넣는다.

❖ 그림책 특징

수채화로 그려진 세밀화는 마치 사진처럼 사실적이다. 글 아래와 위쪽에 그려진 동물은 마치 살아 있는 동물처럼 독자 쪽을 바라보고 있다. 마치 내가 나올 차례임을 독자에게 알려주는 것 같은데 이 동물은 그 장면에서 주인공 돌이와 함께 이야기를 만들어 내는 주체이다. 여름철 시골 풍경을 감상하고 돌이의 이야기를 따라가다 보면 여름에 나는 채소, 집짐승에 대한 사실적인 정보와 지식을 얻을 수 있다.

❖ 읽어 주기

[읽어 주는 동안]

- 세밀하게 그려진 그림을 충분히 감상할 수 있게 장면을 천천히 넘기며 읽어 준다.
- 글 내용과 함께 그려진 동물을 중심으로 무슨 이야기가 나올지 그림을 보며 상상해 본다.
- 시골 풍경에서 보이는 집짐승, 채소 기르기 등에 관련된 유아의 반응을 수용해주며 읽어 준다.

[읽어 준 후]

- 심심할 때 어떤 놀이를 하는지 이야기를 나눈다.

함께 읽으면 좋은 그림책

여름 풍경에 대한 그림책

『심심해서 그랬어』가 시골집과 들판을 보여 준다면, 『여름』과 『촉촉한 여름 숲길을 걸어요』는 여름철 숲 속 풍경을 세밀하게 보여 준다. 여름 숲 속에서 할 수 있는 놀이도 살펴볼 수 있다.

* 푸른숲주니어, 2014 / 김슬기, 시공주니어, 2014

(3) 가을

시공주니어, 2013

제 목 아기 곰과 나뭇잎

작 가 데이비드 에즈라 스테인 / 장미란

내 용 세상에 처음 나온 아기 곰은 떨어지는 나뭇잎을 보며 걱정스러워 한다. 나뭇잎을 주워 나무에 걸어보지만 원래 모습과 달라 실망한다. 나뭇잎은 점점 더 떨어지고, 가을이 지나 겨울이 오자 아기 곰은 잠이 든다. 다음 해, 긴 겨울잠에서 깬 아기 곰은 파릇파릇 돋아난 나무의 새싹을 보며 반갑게 봄을 맞이한다.

❖ 그림책 특징

가을부터 다음 해 봄까지 계절의 변화를 겪은 아기 곰의 이야기로, 계절에 따른 나무와 곰의 생태를 다루고 있다. 거칠고 투박한 선과 투명한 수채화 기법의 그림은 아직 세상 물정 모르는 아기 곰의 감정이나 행동을 잘 표현하고 있으며, 마치 아이가 그린 듯한 그림은 유아에게 친근함을 줄 수 있다.

❖ 읽어 주기

[읽어 주기 전]

- 표지를 보면서 아기 곰이 무슨 생각을 하고 있는지 상상해 본다.

[읽어 주는 동안]

- 아기 곰의 감정(행복, 슬픔, 안타까움, 실망 등)을 잘 살려서 읽어 준다.
- 나무에서 떨어진 나뭇잎을 붙이려고 하지만 잘 되지 않을 때 아기 곰이 어떤 마음이 들지 이야기 나누어 본다.
- 가을에서 겨울로, 다시 봄으로 계절이 바뀌는 장면에서 유아에게 그림이 어떻게 바뀌었는지 질문하거나 자세히 살펴보게 한다.

[읽어 준 후]

- 산책을 나가 나무에서 떨어지는 나뭇잎을 관찰하거나 모아보며 가을의 변화를 느껴 본다.
- 가을이 오면 나뭇잎이 떨어지는 이유를 알아본다.

함께 읽으면 좋은 그림책

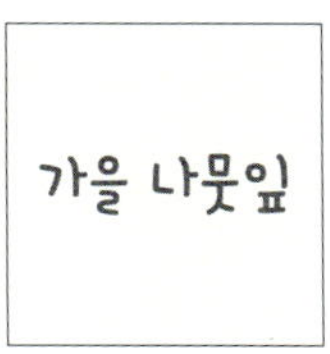

낙엽에 대한 그림책

『나뭇잎 연날리기』는 알록달록 단풍이 든 실제 나뭇잎으로 그림을 구성하여 유아에게 사실적인 가을의 모습을 보여 준다. 『가을 나뭇잎』은 곰이 단풍이 든 나뭇잎으로 옷을 만들어 변신한다는 이야기로, 등장인물의 행동을 다양한 의태어로 표현하였다.

* 키즈엠, 2013 / 대교출판, 2011

(4) 겨울

(주)비룡소, 1995

제 목 눈 오는 날

작 가 에즈라 잭 키츠 / 김소희

내 용 밤새 내린 눈을 보고 신난 피터는 밖으로 나가 눈사람을 만들고 눈 위에 발자국을 찍어보기도 하고, 나무막대로 눈 위에 선을 그리기도 하고, 눈 미끄럼을 타며 놀이를 한다. 집에 돌아갈 시간이 되자 주머니 속에 눈을 넣어 돌아온다. 꿈에서 주머니 속의 눈이 녹아 버려 속상해하지만 밤새 내린 눈에 기뻐하며 다음 날 다시 밖으로 나간다.

❖ 그림책 특징

콜라주 기법으로 그렸으며 피터라는 어린 남자아이가 눈 오는 날 했던 여러 놀이를 순차적으로 보여 준다. 형들의 놀이에 끼지 못했을 때의 속상함, 눈을 주머니 속에 넣어 올 때의 설렘, 꿈속에서 눈이 녹아 버렸을 때의 서운함, 다시 창밖에 펼쳐진 세상을 봤을 때의 환희 등 다양한 감정의 변화를 간접적으로 체험할 수 있다. 에즈라 잭 키츠는 이 책을 시작으로 피터가 등장하는 책을 여러 권 출판하였는데 피터가 어떤 모습으로 성장해 나가는지 비교하며 읽어 볼 수 있다.

❖ 읽어 주기

[읽어 주는 동안]

- 눈 오는 날 했던 자신의 경험을 표현할 수 있게 해주며 읽어 준다.
- 눈에 누워 천사 모양을 만드는 장면, 형들이 놀이에 끼워주지 않는 장면, 주머니 속의 눈이 녹은 것을 확인하는 장면에서 피터가 어떤 감정을 느꼈을지 이야기 나눈다.
- 꿈속에서 눈이 녹아 버렸을 때 피터의 마음을 공감해 본 후에 다음 장면(다음 날 아침에 또 눈이 많이 와있는 모습)을 넘겨 보여 준다.

[읽어 준 후]

- 눈 오는 날 나가서 놀이해 본다.

함께 읽으면 좋은 그림책

눈 놀이를 보여 주는 그림책

『첫눈』, 『썰매를 타고』는 눈 오는 날의 모습, 눈으로 놀이하는 모습을 보여 주며, 눈 오는 날 자신의 경험과 연결지어 가며 읽는 재미를 준다.

* 한솔수북, 2012 / 사계절, 2007

한림출판사, 1994

제 목 장갑

작 가 V. 투르코바, 에우게니 M. 라쵸프 / 배은경

내 용 추운 겨울, 할아버지가 장갑 한 짝을 떨어뜨린다. 그러자 동물들이 하나씩 모여들어 장갑 속으로 파고든다. 잠시 후 할아버지가 장갑을 찾으러 나타나자 동물들은 놀라 숲 속으로 도망친다.

❖ 그림책 특징

우크라이나 민화를 바탕으로 쓴 그림책으로 장갑 안으로 동물이 한 마리씩 추가되는 구성으로 되어 있다. 할아버지가 떨어뜨리고 간 장갑으로 살짝 보이는 동물의 모습은 장갑 속의 풍경에 대해 궁금증을 불러일으킨다.

❖ 읽어 주기

[읽어 주는 동안]

- 앞의 장면과 비교해 볼 수 있게 다시 앞을 보여 주거나 무엇이 달라졌는지 살피며 읽어 준다.
- 동물들이 모두 들어간 장면에서, 보이지 않는 좁은 장갑 속의 모습에 대해 유아에게 상상하게 하며 읽어 준다.

[읽어 준 후]

- 동극으로 표현해 본다.
- 할아버지가 장갑을 가져간 후 동물들은 추운 숲 속에서 어떻게 지낼지 상상해 본다.

함께 읽으면 좋은 그림책

겨울잠에 대한 그림책

『숲 속의 겨울 준비』, 『아기곰이 잠잘 때』는 겨울잠 자는 동물과 아닌 동물이 어떻게 겨울을 준비하고 보내는지 보여 주는 그림책이다.

눈에 대한 그림책

『하얀 겨울』은 하얀 눈 세상으로 변해 가는 숲 속의 겨울 풍경을 이미지를 중심으로 보여 주는 그림책이다. 눈밭 위에 찍힌 여러 동물의 발자국이 누구의 것인지 추측해 보며 읽는 즐거움을 준다.

* 다루이시 마코, 이선아 역, 시공주니어, 2009 / 주니어랜덤, 2009
아오이 후버 코노, 이상희 역, (주)비룡소, 2012

제 10 장

4세반

01 그림책과 읽어 주기

1) 그림책의 의미

4세 유아에게 그림책은 간접적으로 다양한 상황을 경험할 기회를 주며 문학적 즐거움과 감동을 주는 매체이다. 이 시기의 유아는 실제 경험을 다룬 이야기뿐만 옛이야기나 상상의 세계를 다룬 그림책, 지식과 정보를 알려주는 그림책, 노래처럼 운율이 있는 동시책 등 다양한 장르의 그림책을 읽으며 즐길 수 있다. 글과 그림이 서로 관련은 있지만, 각각 내세우는 인물이나 사건이나 시점 등이 서로 다른 그림책, 글과 그림을 함께 보아야 이야기 내용이 풍부해지는 그림책, 또는 유머나 아이러니와 같은 요소가 포함된 그림책이 주는 의미를 알아차리고 즐길 수 있다. 또한, 스스로 그림책을 감상하면서 문장을 만들어 가상으로 이야기 꾸미기가 가능하다. 그러면서 유아는 점점 그림책을 읽는 태도와 읽기에 대한 흥미가 높아지며, 책을 통해 다양한 지식과 경험을 쌓을 수 있다.

2) 그림책의 선정 기준

(1) 유아의 주도성이 담긴 그림책

등장인물 스스로 문제를 해결하거나 성취해 내는 과정이 담긴 그림책은 유아가 스스로 생각하여 계획하고 시도하는 주도성을 북돋을 수 있다. 이런 그림책은 유아가 어떻게 주도적으로 행동할 수 있는지 기준이나 방향을 보여 주는데, 예를 들면 『민들레를 사랑한 기니피그 아삭이』에서 사라지는 민들레를 키워내기 위해 아삭이가 욕구를 참아내고 어떻게 문제를 주도적으로 해결해 내는지 잘 보여 준다.

(2) 여러 입장을 고려할 수 있는 그림책

4세 경 유아는 타인의 생각이나 마음, 의도, 입장에서 생각하고 이해하는 조망능력이 발달(Berk, 2009; Flavell et al., 2003)하기 때문에 그림책 속 등장인물의 입장이 되어 생각해 보고 배려하거나 타인의 마음을 이해하고 느끼며 감정이입하거나 공감할 수 있는 내용이 담긴 그림책이 적절하다. 예를 들어, 마음대로 하라는 문구에 의자 위의 음식을 먹지만 다른 동물을 위해 자신이 갖고 온 음식을 다시 남겨두는 『토끼의 의자』가 있다.

(3) 다양한 정보 그림책

유아가 일상생활에서 경험하는 자연 현상이나 사회 현상에 대한 내용을 담고 있는 정보 그림책은 이 시기 유아의 호기심을 충족시킬 수 있으므로 도움이 된다. 실제 유아가 경험한 내용뿐만 아니라 직관적으로 알기 어려운 정보가 담긴 그림책은 유아의 지적 호기심을 충족시켜 줄 수 있다. 예를 들면, 『갯벌이 좋아요』나 『사시사철 우리 놀이 우리 문화』, 『숫자로 보는 놀라운 동물의 세계』 같은 그림책은 우리가 살고 있는 이 세상이나 자연에 대한 정보와 지식을 알려주어 유아의 궁금증을 풀어 주고 학습 성향을 키우는 데 도움이 될 수 있다.

(4) 글과 그림의 의미를 함께 읽는 그림책

이 시기의 유아에게 글 내용과 그림 내용이 일치하는 그림책뿐만 아니라 글과 그림을 함께 보며 내용을 구성해야 하거나 여러 번 다시 보면서 내용을 구성할 수 있는 그림책도 제공한다. 그리고 글과 그림을 함께 보면서 그림책 속에 담긴 유머나 아이러니를 이해하고 감상할 수 있는 그림책도 보여 주면 좋다. 『도대체 그동안 무슨 일이 일어났을까』는 마지막에 독자에게 질문을 건네는 글 내용을 보고 나서 처음부터 다시 책을 보면 토끼가 집안으로 들어와 이곳저곳에 똥을 싸고 돌아다녔음을 알게 된다. 『이건 내 모자가 아니야』는 작은 물고기의 시점에서 글을 진술하지만 그림에는 큰 물고기의 입장도 담겨 있어 유아는 글과 그림을 함께 읽어야 그림책에 담긴 유머를 이해할 수 있다.

3) 그림책 읽어 주기

- 교사가 그림책을 읽어 주기 전에 그림책 내용이나 유아의 경험과 연관되는 맥락을 제공해 준다면, 유아는 좀 더 그림책에 몰입하며 들을 수 있다. 예를 들면, 갯벌에 대한 그림책을 읽어 줄 때 갯벌이나 바닷가에 다녀온 사진이나 조개껍데기와 같은 관련 소품을 전시해 준다. 소방서나 불을 끄는 내용의 그림책을 읽어 줄 때는 소방서에 현장학습을 다녀온 사진을 전시해 주도록 한다.
- 그림책 본문을 읽어 주기 전에 "표지 그림에 누가 있니? 어떤 이야기가 들어 있을까?", "이 그림책을 지은 사람은 ○○○야. 이 아저씨는 어렸을 때부터 그림 그리는 것을 좋아했대."와 같은 이야기를 들려주어 내용을 상상해 보게 하거나 유아의 흥미를 유발시키거나 책에 주의를 집중하게 한다.
- 그림책의 표지를 비롯한 면지, 헌사 페이지, 판형, 종이 질, 글씨 크기 등 주변 텍스트에 대해서도 유아가 관심을 갖게 하며 읽어 준다. "왜 앞면지와 뒷면지의 색이 다를까?"와 같은 질문으로 유아가 면지와 그림책의 내용을 연관 짓거나 작가의 입장에서 그림책을 생각해 보게 할 수 있다.

- 그림책을 읽어 주는 동안 유아가 자신의 경험과 개인적으로 연결 짓거나("나도 사과 좋아해요.") 내용 이해를 위해 하는 반응("날씨가 더운가 봐요. 재 땀 흘리는 거 봐요.") 등 책의 글이나 그림과 관련된, 유아로부터 나오는 다양한 반응을 수용하며 읽어 준다.
- 유아에게 그림책을 읽어 줄 때 앞의 글과 그림에 기초하여 다음 내용을 추론해 볼 수 있도록 "주인공이 지금 어디로 가고 있는 걸까?", "이다음에는 어떤 일이 일어날까?"와 같은 질문을 적절하게 하여 유아를 읽기 과정에 참여시킨다. 그러나 장면마다 다음 장면에 대한 예측이나 추론을 하기보다는 앞의 내용이 근거가 되거나 그림에 단서가 있을 때 한다. 또한, 그림과 글의 실마리를 이용하여("곰 모습을 보니 곰의 기분이 지금 어떨 것 같아?") 그림책 속 인물의 마음에 공감할 수 있게 해 준다.
- 글 내용뿐만 아니라 그림으로부터 내용을 읽어내어 글을 보충하여 읽어보는 경험을 제공할 수 있다. 그림이 이야기 전개를 담당하는 경우, 그림에 구체적으로 어떤 내용이 있는지 이야기해 보게 한다. "공주님이 보기에 그 머리 모양도 괜찮아 보였다고 했는데, 여기 그림을 보자. 사람들이 어떤 머리 모양을 했기에 공주님이 괜찮아 보였다고 한 걸까?"와 같은 질문으로 유아가 그림에 주의를 기울여 보게 함으로써 그림으로 글 내용을 완성시키며 그림책을 읽을 수 있게 해 준다.

02 생활주제별 그림책

1) 유치원/어린이집과 친구

유아는 유치원/어린이집에 다니게 되면서 가족 이외의 다른 사회적 집단에 소속되어 낯선 환경과 새로운 사람에 적응하면서 집단 내에서 바람직한 사회적 관계를 형성하는 데 필요한 능력을 익히게 된다. 생활주제 〈유치원/어린이집과 친구〉는 유치원/어린이집의 새로운 친구, 선생님, 낯선 환경을 탐색하고 다른 사람들과 바람직한 사회적 관계를 형성하여 새로운 환경에 잘 적응하도록 돕는 데 주안점을 두고 있다.

4세 유아는 새로운 친구와 환경에 대한 기대감을 갖는 동시에 형님반의 일원으로 성장하고 든든한 형으로서의 면모를 보이려고 긴장감을 느끼기도 한다. 이 주제에서는 '유치원/어린이집의 환경', '유치원/어린이집에서의 하루', '유치원/어린이집에서 만난 친구', '함께 만드는 유치원/어린이집'을 다루고 있다. 특히, 학급의 일원으로서 학급 문화를 만들어가는 주체로서의 의미 있는 경험을 강조하고 있다(교육과학기술부, 2013). 집단생활과 또래와의 관계에서 상대방을 배려하고 존중하며 함께 놀이하고 생활하는 데 지켜야 할 규칙이나 방식을 합의하고 이를 지켜나가는 경험을 해 볼 필요가 있다.

일상생활에 자율적으로 참여하여 스스로 계획하고 즐겁게 활동하는 모습이 담긴 그림책, 다른 사람의 입장에서 생각하는 능력을 키울 수 있는 그림책을 제공한다.

(주)비룡소, 2004

제 목 아슬아슬한 여행

작 가 앤 조나스 / 이상희

내 용 학교 가는 길에 밀림에 사는 여러 동물들이 살고 있다고 상상하는 주인공이 등장한다. 학교 가는 길 곳곳에 숨어 있는 동물을 피해 무사히 학교에 도착했지만 집에 어떻게 가야 할지 걱정을 한다.

❖ 그림책 특징

각 장면에 동물들이 숨겨져 있으므로 유아와 함께 그것들을 발견하면서 읽을 수 있다. 더 이상 엄마가 학교에 데려다주지 않고 혼자 학교를 가게 된 아이가 가질 수 있는 두려움, 도전과 성취감이 느껴지는 그림책이다. 마지막에 본문에 어떤 동물이 숨겨져 있었는지 정리되어 있다.

❖ 읽어 주기

[읽어 주는 동안]

- 그림 속 동물들을 찾으며 보도록 힌트를 주거나 시간을 충분히 주며 읽어 준다.
- 기관에 혼자 온다면 어떨지 아이들의 이야기를 들으며 읽어 준다.

[읽어 준 후]

- 주인공을 위해 집에 가는 길 지도를 만들어 준다.
- 집으로 돌아가는 길에 대한 뒷이야기 짓기를 한다.

함께 읽으면 좋은 그림책

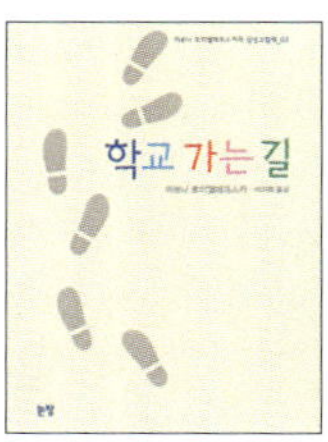

'○○로 가는 길'에서의 경험을 다룬 그림책

『학교 가는 길』은 아이가 학교 가는 길에 보는 가게나 대상(가구점, 치과, 강아지 등)을 발자국 이미지를 토대로 묘사하고 있다. 『집으로 가는 길』에서는 사자가 나타나 학교에서 집까지 가는 길에 만날 수 있는 위험한 사회적 상황으로부터 아이를 지켜준다. 이 그림책은 저자가 살고 있는 콜롬비아가 처한 사회 정치적 상황을 모티브로 하였다.

* 논장, 2011 / 노란상상, 2013

웅진주니어, 2008

제 목 우리는 친구

작 가 앤서니 브라운 / 장미란

내 용 손짓으로 말을 할 줄 아는 고릴라는 동물원 사람들에게 친구가 필요하다고 하였지만 다른 고릴라가 없어 대신에 '예쁜이'라는 작은 고양이를 데려다 준다. 둘은 몸집 크기가 아주 달랐지만 서로 허물을 덮어주면서까지 함께 있고 싶어 하는 둘도 없는 친구가 된다.

❖ 그림책 특징

두 동물의 크기가 워낙 차이가 나는데다 어느 장면에서는 털 하나하나 섬세하게 그리고, 어느 장면에서는 연필로 대강 그리듯 그림의 변화가 커서 이야기가 더욱 극적으로 느껴진다. 작가에 따르면 이 그림책은 '미녀와 야수' 이야기를 모티브로 한 것으로, 그 이야기에서 막내딸 벨이 원했던 장미 한 송이가 이 그림책에 그려져 있다. 흰 장미에는 고양이 얼굴, 붉은 장미에는 고릴라 얼굴이 그려져 있다.

❖ 읽어 주기

[읽어 주는 동안]

- 동물원 사람들이 '예쁜이'를 데려간 이유에 대해 이야기해 본다.
- 사람들이 위험하다고 예쁜이를 데려갔을 때 고릴라의 마음은 어땠을지 이야기해 본다.

[읽어 준 후]

- 서로 달라도 친구가 될 수 있는지, 친구란 무엇이라고 생각하는지 이야기 나눈다.

함께 읽으면 좋은 그림책

서로 다른 친구가 등장하는 그림책

『룰루』, 『파랑이와 노랑이』는 서로 다른 특성을 지닌 두 등장인물이 진정한 친구가 되는 과정을 보여 주는 그림책이다.

돕기에 대한 그림책

『사자와 생쥐』는 자신을 살려준 사자가 위험에 처했을 때 은혜를 갚은 생쥐의 이야기이다. 글 없는 그림책이므로 유아가 이야기를 만들어갈 수 있도록 도와주며 읽어 준다.

* 웅진주니어, 2002 / 물구나무, 2003
열린책들(별천지), 2010

시공주니어, 2013

제 목 이건 내 모자가 아니야

작 가 존 클라센 / 서남희

내 용 작은 물고기가 커다란 물고기의 작은 모자를 훔쳐 달아난다. 작은 물고기는 커다란 물고기가 모를 거라고 자신만만해 하지만 곧 커다란 물고기가 모자를 찾으러 온다. 작은 물고기는 모자가 커다란 물고기보다 자신한테 더 잘 어울린다며 자신의 행동을 합리화하는 변명을 늘어놓으며 물풀 속에 숨는다. 하지만 작은 물고기의 뒤를 쫓아 들어간 큰 물고기는 모자를 찾아 쓰고 나온다.

❖ 그림책 특징

글 내용이 많지는 않지만 글과 그림을 함께 읽어야 재미를 느낄 수 있으므로 대집단보다는 소집단이나 개별적으로 읽어 주는 게 더 효과적이다. 글은 작은 물고기의 시점에서 전개되지만, 그림에는 큰 물고기와 게의 행동까지 담고 있어 글과 그림 간의 차이를 아는 데서 오는 즐거움을 느낄 수 있다.

❖ 읽어 주기

[읽어 주는 동안]

- 글 없이 그림만 있는 장면에서 유아가 이야기를 연결 짓게 도와준다.

[읽어 준 후]

- 큰 물고기가 자신의 모자를 찾아 쓰고 가는 장면에서 물풀 속에 숨었던 작은 물고기는 어떻게 되었을지 자신의 생각을 이야기하고, 뒷이야기를 지어보게 한다.
- 큰 물고기의 입장에서 이야기를 짓게 하여 다른 관점에서 생각해보는 기회를 준다.
- 작은 물고기가 모자를 훔친 행동에 대해 유아의 생각을 이야기해 보게 한다.

함께 읽으면 좋은 그림책

모자를 소재로 한 그림책

『광글왕글의 모자』와 『제니의 모자』는 모자를 중심으로 유아의 상상력을 자극할 수 있는 그림책이다.

* 보림, 1996 / 느림보, 2007

(주)비룡소, 2013

제 목 이 작은 책을 펼쳐 봐

작 가 제시 클라우스마이어, 이수지 / 이상희

내 용 책장을 넘길 때마다 책장의 크기가 작아지면서 새로운 이야기 속으로 들어가다가 다시 책장의 크기가 커지면서 이야기 밖으로 나오게 된다. 무당벌레가 책을 읽는 것에서 시작하여, 개구리, 토끼, 곰, 거인이 책을 펼치며 읽는 이야기로 이어진다.

❖ 그림책 특징

왼쪽 책장에는 무당벌레, 개구리, 토끼, 곰, 거인이 차례로 등장하여 각각 다른 색깔의 그림책을 들고 있다. 반면, 오른쪽 책장에는 그 등장인물들이 읽는 책의 표지가 그려져 있는데, 책장 크기가 점점 줄어들었다가 커지는 것이 특징이다.

❖ 읽어 주기

[읽어 주는 동안]

- 표지에 올록볼록 나온 제목 글씨를 손끝으로 느껴 보게 하고, 책장 크기의 변화에 관심을 모으며 읽어 준다.

[읽어 준 후]

- 마지막 책장에 등장한 아이들은 작가의 다른 그림책, 『우리는 벌거숭이 화가』에 등장한 진이와 훈이다. 그 그림책도 함께 감상해 본다.
- 흑백 그림의 앞면지에서 다양한 색깔의 뒷면지로의 변화에 대해 이야기 나눈다.

함께 읽으면 좋은 그림책

책의 구조나 특징에 대한 그림책

『앗, 그림책이 살아 있어!』는 그림책의 중앙에 있는 접지선 사이로 강아지와 사람, 자동차가 빨려들어 사라지는 마치 책을 놀잇감 다루듯 흥미롭게 대하게 하며 상상력을 자극한다. 『그래, 책이야!』는 전자 미디어와 다른 특성을 지닌 종이책의 특성에 대해 알려주는 그림책이다. 귀여운 등장인물들의 표정과 동작의 변화가 읽는 재미를 준다.

* 푸른숲주니어, 2014 / 문학동네어린이, 2011

북뱅크, 2010

제목 토끼의 의자

작가 고우야마 요시코, 가키모토 고우조 / 김숙

내용 토끼가 의자를 만든 후 아무나 앉아 쉬라고 '아무나'라고 쓴 팻말과 함께 의자를 나무 아래 놓아둔다. 의자를 처음 발견한 당나귀는 자신이 가지고 온 도토리 바구니를 의자 위에 두고 나무 그늘에서 낮잠을 잔다. 그 사이 여러 동물이 나무 아래 나타나는데, 이전 동물이 두고 간 먹거리를 먹고 자신이 가져온 먹거리는 의자에 두고 간다.

❖ 그림책 특징

'아무나'라고 쓰인 팻말의 의미를 오해하면서 벌어지는 유머러스한 사건으로, 읽는 재미를 준다. 여러 동물이 팻말을 보고 의자 위에 놓인 음식을 먹고 자신이 가져온 음식을 다시 두고 가는 사건이 반복되지만 마지막에는 다시 당나귀의 이야기로 돌아가는 회귀적 형식을 띠고 있다. 다른 사람을 배려하는 따뜻한 마음을 느낄 수 있는 그림책이다.

❖ 읽어 주기

[읽어 주는 동안]

- 동물들이 하나씩 나타나 음식을 먹는 행동이 반복되므로 다음엔 어떤 동물이 나타나 어떻게 이야기가 전개될지 예측하며 읽어보게 한다.
- 마지막 장면에서 당나귀가 왜 어리둥절한 표정을 지었을지 생각해보게 한다.

[읽어 준 후]

- 다음 동물들이 의자 위에 놓여있는 물건을 발견하고 어떤 기분이 들었을지 이야기를 나눈다.
- 동극 활동을 통해 등장인물의 느낌이나 생각을 재연해 본다.

함께 읽으면 좋은 그림책

욕심과 나눔에 대한 그림책

『내 거야!』와 『욕심 많은 생쥐』는 혼자보다 여럿이 함께 나눌 때 마음이 더 행복하고 평화로워진다는 것을 알려주는 그림책이다.

* 마루벌, 2003 / 봄봄, 2014

2) 나와 가족

유아는 자신의 몸과 마음, 생각에 대한 이해를 토대로 정체감을 확립하고 가족 구성원으로서의 자신에 대한 이해를 바탕으로 가족 문화와 생활에 대한 다양한 경험을 통해 사회적 관계에 필요한 기술을 배우게 된다. 생활주제 〈나와 가족〉은 유아 자신에 대한 이해와 태어나 처음 접하는 인간관계인 가족에 대한 이해를 돕고 더불어 살아갈 수 있는 능력을 발달시키는 데 주안점을 둔다.

4세는 '나의 몸과 마음', '소중한 나', '소중한 가족', '가족의 생활과 문화'라는 소주제를 통해 자아에 대한 인식을 바탕으로 자신의 감정을 인식하고 조절하는 능력을 강조하고 있으며, 특히 가족구조뿐만 아니라 가족의 문화, 생활 방식에 비중을 두어 다루고 있다(교육과학기술부, 2013).

여러 노력과 도전 끝에 어떤 일을 성취하거나 긍정적 자아 개념이 담긴 그림책이나 부모, 친척 등 가족과의 소소한 경험을 다루거나, 서로를 이해하고 소중히 여기는 마음이나 태도가 담긴 그림책을 제공한다.

풀빛, 2002

제 목 수수께끼 대저택

작 가 마이클 갈랜드 / 김경연

내 용 이모는 토미를 집으로 초대한다. 토미는 이모의 아주 큰 집 안으로 들어선 후 이모가 남긴 쪽지의 지시를 따르거나, 수수께끼를 풀면서 이모를 찾아 간다. 마침내 이모를 만난 토미는 이모가 준비한 생일축하 선물을 받는다.

❖ 그림책 특징

글에서는 토미가 이모를 찾아가는 내용이 전부이지만, 그림에는 토미가 파티 장소로 잘 찾아오는지 토미를 지켜보는 이모가 있다. 컴퓨터 그래픽으로 그려진 그림은 화려하고 복잡하여 그림에서 이모를 찾거나 숨겨진 많은 동물을 찾는 데 즐거움을 준다.

❖ 읽어 주기

[읽어 주는 동안]

- 이모가 낸 수수께끼를 유아가 직접 풀어볼 기회를 주며 읽어 준다.
- 동물들이 여기저기에 그려져 있으므로 그림을 천천히 살필 시간을 주며 읽어 준다.

[읽어 준 후]

- 두 번째 읽을 때는 글에서는 언급되지 않은 이모를 그림에서 찾으면서 읽는다.
- 이모의 입장에서 이야기를 지어본다.

함께 읽으면 좋은 그림책

찾기 놀이를 할 수 있는 그림책

『따로를 찾아라!』는 글을 모르는 외계인이 픽토그램(그림글자)으로 어떤 일을 하는 곳인지 알아내고 찾아가는지 보여 준다. 『빨강부리의 대횡단』은 빨강 선만으로 세밀하게 그려져 단조로워 보이지만 돋보기로 선 사이에 숨어 있는 그림들을 찾는 색다른 즐거움을 준다. 『이모의 결혼식』은 부모형제 이외의 다른 가족인 이모를 소재로 다룬 그림책으로, 결혼식이라는 행사를 통해 여러 가족이 한데 모여 가족의 사랑을 나누는 그림책이다. 『할머니 집 가는 길』에서는 할머니가 주인공을 집으로 초대한다. 할머니 집을 찾아 나서는 길을 마치 모험하듯이 묘사하여 읽는 재미를 준다.

* 노란돼지, 2016 / 보림, 2015
선현경, (주)비룡소, 2004 / 비비아이들(북뱅크), 2005

한울림어린이, 2013

제 목	아빠! 머리 묶어 주세요
작 가	유진희
내 용	은수 아빠는 아기를 낳으러 간 엄마를 대신하여 직장을 다니며 집안일을 하고 은수를 유치원에 보내느라 바쁜 나날을 보낸다. 은수가 유치원에서 생일파티가 열리니 아빠에게 머리를 땋아달라고 하자 머리 묶는 연습을 한다. 결국, 엄마가 집으로 돌아온 이후에도 은수 머리는 아빠가 도맡아 다양한 방식으로 묶어주게 된다.

❖ 그림책 특징

일상생활 모습이 사실적으로 담겨 있어 친근하게 읽을 수 있다. 남자 어린이보다는 여자 어린이들이 더 공감하거나 관심을 보일 소재이지만, 평상시 많이 보지 못하던 아빠의 모습이 담겨 있어 엄마의 역할과 아빠의 역할에 대해 유아들과 함께 이야기를 나누어 볼 수 있다.

❖ 읽어 주기

[읽어 주기 전]

- 머리 묶기나 머리와 관련된 경험을 이야기 나누어 본다.

[읽어 준 후]

- 머리 땋기에 필요한 재료를 주거나 실을 꼬아보는 놀이로 확장시킬 수 있다.
- 머리 손질에 필요한 소품을 제공해 준다.

함께 읽으면 좋은 그림책

아빠에 대한 그림책

『고릴라』와 『종이 아빠』는 아빠와 놀고 싶어 하는 아이의 마음이 담긴 그림책이다. 『오리 아빠』는 커다랗고 수상한 알을 애지중지 품는 오리를 통해 아빠의 무한한 사랑을 느낄 수 있는 그림책이다.

머리 손질 관련 그림책

『곱슬곱슬 머리띠』는 남자아이로 오해받자 언니의 머리띠를 하고 유치원에 가게 된 아이의 이야기로, 다양한 상황에서의 감정을 표정과 몸짓으로 재미있게 보여 주는 그림책이다.

* 앤서니 브라운, 장은수 역, (주)비룡소, 1998 / 웅진주니어, 2014 / 푸른숲주니어, 2011
사계절, 2006

길벗어린이, 2014

제 목	엄마는 회사에서 내 생각해?
작 가	김영진
내 용	회사에 출근하는 엄마가 유치원에 은비를 데려다 주고 회사에 간 후 회사에서 무엇을 하며 하루를 보내는지 보여 주며, 서로의 마음은 연결되어 있음을 알려 준다.

❖ 그림책 특징

책장을 펼쳤을 때 왼쪽에는 회사에서 일하는 엄마 이야기가, 오른쪽에는 유치원에서 생활하는 은비 이야기가 담겨 있다. 같은 시간, 다른 장소에서 각자 다른 일을 하는 모습을 보여줌으로써 다른 사람의 입장에서 생각해볼 수 있는 그림책이다.

❖ 읽어 주기

[읽어 주기 전]

- 내가 유치원/어린이집에 있는 동안 집이나 직장에 다니는 부모님은 무엇을 하고 있을지 생각해 본다.

[읽어 주는 동안]

- 왼쪽과 오른쪽을 분리하여 읽어 보거나 엄마, 아이의 이야기가 잘 구별되도록 읽어 준다.

함께 읽으면 좋은 그림책

엄마와 잠시 떨어져 있는 아이에 대한 그림책

『엄마는 항상 네 곁에 있단다!』는 엄마가 바빠서 나에게 관심이 없어 보이지만 나를 늘 생각하고 챙겨주고 있다는 내용이다. 『엄마가 오는 길』은 일하는 엄마에 대한 내용으로 엄마가 나를 데리러 오는 길을 상상하며, 불안하지만 씩씩하게 엄마를 기다리는 아이의 마음을 보여 주는 그림책이다.

엄마와의 갈등을 담고 있는 그림책

『괴물들이 사는 나라』는 엄마와의 갈등 이후 상상의 세계로 갔다가 다시 현실로 돌아오는 내용의 그림책이다. 그림의 크기가 점차 커짐에 따라 상상의 세계로 갔다가 그림의 크기가 작아지면서 다시 현실로 돌아오는 과정을 살피며 본다.

* 큰북작은북, 2008 / 천개의바람, 2015
모리스 샌닥, 강무홍 역, 시공주니어, 2002

웅진주니어, 1999

제 목 오늘밤 내 동생이 오나요?

작 가 캐서린 월터스 / 이화정

내 용 아기곰 알피의 엄마는 알피에게 동생이 생길 거라고 이야기를 한다. 겨울잠을 자야 하는데 동생이 오지 않자 알피는 걱정을 하며 밖으로 나가 동생을 찾아다닌다. 걱정스러운 마음으로 집에 돌아오니 동생이 태어나 있다.

❖ 그림책 특징

사실적이고 부드러운 색감으로 표현하였으며, 기승전결의 구조로 이야기가 진행된다. 가족을 걱정하고 기다리는 마음을 통해 가족의 소중함을 느낄 수 있는 그림책이다. 동생이 있거나 태어날 예정인 유아가 있다면 개별적으로 읽어 주어 자신의 경험과 비교해 보게 할 수 있다. 새로 태어난 동생으로 인해 속상해하는 유아에게는 위안이 되거나 자신을 되돌아볼 수 있는 기회를 준다.

❖ 읽어 주기

[읽어 주는 동안]

- 추운 겨울이 다가오는데도 동생이 오지 않을 때 알피의 마음이 어떨지 이야기 나눈다.

[읽어 준 후]

- 동생을 간절하게 바라며 기다린 아기곰 알피는 태어난 동생을 보면서 어떤 마음이 들었을지 이야기 나눈다.
- 알피가 새로 태어난 동생에게 어떻게 대해 주었을지 상상해 보거나 뒷이야기를 지어 본다.

함께 읽으면 좋은 그림책

동생의 탄생에 대한 그림책

『동생이 미운 걸 어떡해!』, 『동생이 태어날 거야』, 『피터의 의자』는 동생이 생겼을 때 윗 아이가 갖는 기대, 불안, 질투 등의 복잡하고 다양한 감정을 보여 주는 그림책들이다.

* 국민서관, 2015 / 웅진주니어, 2010 / 에즈러 잭 키츠, 이진영 역, 시공주니어, 1996

문학동네어린이, 2000

제 목 이름 보따리

작 가 장 클로드 무를르바, 장 뤼크 베나제 / 신선영

내 용 이름이 없던 꼬마 늑대는 한 할아버지를 만나 이름을 갖는다. 마지막까지 기다린 꼬마 늑대는 이름보따리 속에서 하나 남은 '이름주는이'라는 멋진 이름을 받고 기뻐한다.

❖ 그림책 특징

이름은 태어날 때부터 이미 주어져 있는 것인데, 왜 그림책에 등장하는 동물들에게는 이름이 없는지 아이들은 그 이유를 궁금해 하며 듣는다. 또한, 동물들은 보따리에서 꺼낸 이름을 받는데, 각 동물이 어떤 이름을 받는지 기대하며 읽게 된다.

❖ 읽어 주기

[읽어 주기 전]

- '이름 보따리'라는 제목을 보고 어떤 이야기가 나올지 예측해 본다.

[읽어 주는 동안]

- 꼬마동물들의 사연을 매번 읽어 주기보다는 유아들이 그림을 보며 이야기를 할 수 있게 할 수도 있다.
- 끝까지 기다렸으나 보따리에 이름이 없다는 것을 알게 된 꼬마 늑대의 마음이 어땠을지 짐작해보게 한다.

[읽어 준 후]

- '이름주는이'가 된 꼬마 늑대가 어떻게 할지, 다음 이야기를 지어본다.
- 그림책 내용을 대본으로 각색하여 동극으로 재연해 본다.

함께 읽으면 좋은 그림책

이름을 소재로 한 그림책

『김수한무』와 『난 내 이름이 참 좋아!』는 독특한 이름으로 생긴 에피소드를 담고 있으며, 『이래서 그렇대요』는 독특한 생김새와 특징에 기초한 동물유래담이다.

* 소중애, 이승현, (주)비룡소, 2013 / 케빈 헹크스, 이경혜 역, (주)비룡소, 2008 / 보림, 1997

시공주니어, 1999

제 목 휘파람을 불어요

작 가 에즈라 잭 키츠 / 김희순

내 용 휘파람을 부는 소년과 휘파람 소리를 듣고 달려오는 강아지를 본 피터는 그 모습이 부러워 휘파람 부는 연습을 열심히 한다. 아빠 모자를 쓴 채 연습을 하기도 하고, 볼이 얼얼해질 때까지 연습하고 또 연습한 끝에 피터는 결국 휘파람을 부는 데 성공한다.

❖ 그림책 특징

휘파람을 불기 위해 노력하는 동안 피터가 느낀 여러 번의 실망과 좌절, 결국 성공하여 부모 앞에서 입을 쭉 내밀고 휘파람을 불며 느끼는 자랑스러움을 느낄 수 있다. 작가는 같은 주인공을 등장시킨 그림책들을 출판하였는데, 이 책에 앞선 『눈 오는 날』과 다음에 출판된 『피터의 의자』의 피터와 서로 비교하며 감상할 수 있다.

❖ 읽어 주기

[읽어 주는 동안]

- 휘파람을 불고 싶어 하는 피터의 심정을 담아 읽어 준다.
- 소년처럼 휘파람이 불어지지 않을 때 피터는 어떤 마음이었을지 이야기를 나누어 본다.

[읽어 준 후]

- 피터처럼 잘하고 싶지만 잘 되지 않았던 것이 있었는지 경험을 나누어 본다.

함께 읽으면 좋은 그림책

성취에 대한 그림책

『앨피가 일등이에요』, 『구룬파 유치원』, 『한밤중의 화장실』은 『휘파람을 불어요』처럼 주인공이, 당면한 문제를 해결하거나 좌절과 두려움을 극복하고 성취해냄으로써 자신에 대해 자부심과 긍정적인 마음을 갖게 되는 성장 그림책이다.

* 보림, 2000 / 한림출판사, 1997 / 한림출판사, 2012

3) 우리 동네

유아기는 가정에서 지역사회의 다른 곳으로 생활범위를 점점 넓혀가면서 자신이 살고 있는 동네의 다양한 모습에 대한 관심이 늘어나고 궁금증도 커지는 시기이다. 생활주제 〈우리 동네〉는 유아가 살고 있는 동네의 다양한 모습에 대해 관심을 갖고 알아보며, 동네에 살고 있는 사람들의 역할이나 기관의 기능에 대해 알고 자신이 사회 구성원으로서 다른 사람과 함께 살아가는 것에 대해 알 수 있도록 하는 데 주안점을 준다. 이를 통해 유아는 사회에서 필요로 하는 지식과 기술, 능력을 갖춘 사회 구성원으로 성장할 수 있으며, 나아가 우리 동네의 역사와 문화적 유산에 대한 관심을 통해 자긍심을 기르며 전통문화를 사랑할 줄 아는 유아로 성장할 수 있도록 하는 데 의의를 둔다.

4세에는 '우리 동네 모습', '우리 동네 생활', '우리 동네 사람들', '우리 동네 전통과 문화'를 소주제로 다루며, 살고 있는 동네에 대한 관심에서 시작하여 동네 생활공간을 알고 활용하며 동네의 전통과 문화를 아끼고 사랑하는 태도를 갖는 것에 교육적 가치를 둔다(교육과학기술부, 2013).

4세에 제공하는 그림책은 동네 공동체의 한 구성원으로서 등장인물들이 서로 도움을 주고받으며 살아가는 모습을 담고 있는 것이 좋다. 동네의 역사가 담긴 그림책이나 과거의 동네 모습이 담긴 그림책 또한 우리의 고유문화에 대해 알게 해주므로 이 시기에 제공하면 좋다.

한림출판사, 2006

제목 바르바르 이발사

작가 이누이 에리코, 니시무라 토시오 / 박미경

내용 마을 외곽 파란 지붕의 바르바르 이발소에 동물들이 찾아와 머리 손질을 맡긴다. 바르바르는 사자, 악어, 양이나 쥐와 같은 동물들이 찾아와 깜짝 놀랐지만 손님의 특별한 요구에 맞추어 머리를 손질해 준다.

❖ 그림책 특징

동물의 특색이나 감정을 짙은 색의 불투명화로 잘 표현하고 있다. 이발을 하러 등장하는 대상에 따라 이발사가 상황에 맞춰 문제를 해결하고 머리를 손질하는 내용이 반복된다. 손님의 어려운 요구에 난감해 하면서도 최선을 다하는 이발사를 통해 포용력과 성실함을 배울 수 있으며, 이발사가 기지를 발휘하여 다양한 상황을 헤쳐 나가는 과정을 보면서 상황에 따라 적절하게 문제를 해결하는 전략에 대해서도 배울 수 있다.

❖ 읽어 주기

[읽어 주는 동안]

- 무서운 동물들이 찾아왔을 때 이발사의 마음이 어땠을지 이야기를 나누며 책을 읽어 준다.
- 동물들이 머리 손질을 요구했을 때 나라면 어떻게 했을지 이야기를 나누어 본다.

[읽어 준 후]

- 그림책을 본 후에 이발사가 하는 일인 머리를 손질하는 일과 관련한 역할놀이로 확장해 볼 수 있다.

함께 읽으면 좋은 그림책

머리 손질에 대한 그림책

『아카시아 파마』와 『장화 쓴 공주님』은 머리를 손질하고 멋지게 꾸미는 것에 관심을 보이는 아이들에 대한 그림책이다. 아카시아 파마는 예전 우리나라 어린이들이 하던 놀이 중 하나로 우리 옛 문화를 엿볼 수 있다.

* 사파리, 2011 / 느림보, 2003

시공주니어, 1994

제 목 바바빠빠

작 가 아네트 티종, 탈루스 테일러 / 이용분

내 용 어느 날 프랑수아네 집 마당에서 자라기 시작한 바바빠빠는 몸이 너무 커져 동물원에 보내졌다. 자신의 몸을 여러 가지 형태로 바꿀 수 있는 바바빠빠는 위험으로부터 사람들을 구하며 영웅이 된다. 이후 바바빠빠는 프랑수아네로 다시 돌아와 행복하게 지낸다.

❖ 그림책 특징

동물원에서 갖가지 동물 모양으로 몸을 바꾸기도 하고, 동네에 불이 났을 때 사람들을 구하기 위해 몸을 계단으로 바꾸기도 하며, 길거리를 활보하는 맹수를 잡기 위해 몸의 모양을 바꾸는 등 몸을 자유자재로 변형시킬 수 있는 바바빠빠는 유아의 상상력을 자극한다.

❖ 읽어 주기

[읽어 주는 동안]

- 바바빠빠가 사람들에게 미움을 받을 때 어떤 마음이 들었을지 공감해 본다.
- 각각의 문제 상황에서 바바빠빠가 몸을 어떤 모양으로 바꿀지 상상하며 이야기를 듣게 한다.

[읽어 준 후]

- 바바빠빠처럼 상상의 인물을 그려보거나 유치원에 바바빠빠가 온다면 어떤 모습으로 변형이 되면 좋을지 그림이나 점토로 표현해 본다.
- BARBAPAPA 철자 모양으로 변한 바바빠빠의 몸 그림이 있는 뒤표지도 함께 감상한다.

함께 읽으면 좋은 그림책

동네에 나타난 동물이나 식물에 대한 그림책

『우리 동네에는 코끼리가 살아요』는 사람들만 사는 곳에 나타난 코끼리 때문에 사람들은 무서워하지만, 코끼리와 함께 살아갈 방법을 찾아내어 평화롭게 지내게 된 이야기를 보여주는 그림책이다. 『거리에 핀 꽃』은 빨간 모자를 쓰고 있는 아이가 거리에 핀 꽃들을 모아 죽은 새, 누워있는 남자, 목줄이 걸린 개, 자신의 가족에게 건네는 이야기를 담고 있다. 무채색의 배경은 차츰 따뜻한 색으로 확장된다.

* 책속물고기, 2013 / 국민서관, 2015

국민서관, 2000

제 목 세상에서 가장 유명한 미술관

작 가 메리디스 후퍼, 알랜 컬리스, 마크 버거스 / 김남중

내 용 미술관의 명화 속에 사는 개들은 일 년에 하루, 밤에 파티를 하는데 파티 때 그림 밖으로 나왔던 몇 마리가 다른 그림 속으로 들어가게 된다. 이 소식을 듣고 세계 각지에서 사람들이 몰렸으나 다음 해 파티 이후 개들은 다시 제자리로 돌아간다.

❖ 그림책 특징

명화 속의 개들이 밖으로 나왔다가 다른 작품 속으로 들어가 새로운 그림으로 거듭나는 일은 유아의 상상력을 자극하는 흥미로운 사건이다. 그림책 뒤에 게재되어 있는 원래 작품에 관심을 갖고 감상할 기회를 준다.

❖ 읽어 주기

[읽어 주는 동안]

- 명화 속의 개들이 모두 나와 신나게 놀이를 한 후 다시 그림으로 들어갔을 때 처음과 무엇이 달라졌는지 찾게 하며 읽어 준다.

[읽어 준 후]

- 일 년 뒤 다시 파티가 열리면 이번에는 또 어떤 일이 생길지 상상해 본다.

함께 읽으면 좋은 그림책

밤새 일어난 일을 소재로 한 그림책

『세상에서 가장 유명한 미술관』이 미술관에 걸린 명화 속 강아지가 에피소드의 주인공이었다면, 『도서관에서 만나요』는 인형의 날에 도서관에 데리고 간 인형이 주인공이다. 문 닫은 도서관에서 인형이 무엇을 하며 보냈을지 상상하며 읽는다.

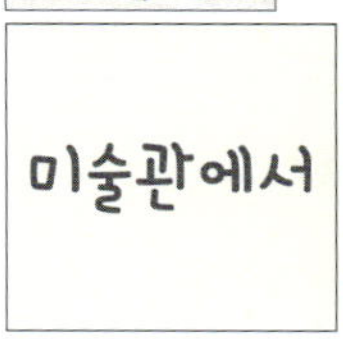

미술관에 대한 그림책

『미술관에서』는 곰 아저씨가 생쥐에게 미술관의 작품을 안내하는 이야기이고, 『미술관 여행』은 할머니 생신에 할머니와 미술관에 간 손녀가 작품 속 상상 여행을 즐기다 오는 내용이다. 미술관의 작품 감상에 대한 동기를 유발시키는 데 도움이 될 수 있다.

* 천개의바람, 2015
황금여우, 2015 / 크레용하우스, 2001

노란돼지, 2012

제 목	욕심쟁이 딸기 아저씨
작 가	김유경
내 용	딸기를 좋아하는 아저씨는 동네의 모든 딸기를 사다가 매일 딸기만 먹었지만 행복하지 않았다. 한편 동네 사람들은 비록 딸기는 못 먹지만 수박을 나누어 먹으며 행복해한다. 한 아이가 수박을 들고 찾아와 딸기를 좋아한다고 했지만, 딸기 아저씨는 아이를 그냥 돌려보낸다. 밤새 후회하게 된 아저씨는 딸기로 잼을 만들어 동네 사람들과 나누어 먹으며 행복을 느낀다.

❖ 그림책 특징

흑백으로 그려진 그림에서 딸기, 수박, 잼, 아저씨의 볼만 빨간색으로 강조되었다. 먹의 번짐이나 다양한 굵기의 선으로 사람의 표정을 섬세하게 보여 준다. 동네 사람들이 한데 어울려 잼을 섞는 장면과 아저씨가 부끄러워 볼이 빨개지는 장면은 함께 나누고 베풀며 사는 모습을 대표하는 장면이다.

❖ 읽어 주기

[읽어 준 후]

- 다른 사람과 음식이나 물건을 나누어 본 경험을 함께 이야기 나눈다.
- 그림책 내용처럼 유아가 직접 만든 음식을 다른 사람과 나누어 먹어보거나, 도움을 줄 수 있는 방법에 대해 생각해 본다. 예를 들면, 다른 반 동생이나 형님에게 도움을 주는 방법, 음식을 만들어 나누어 먹는 방법 등을 통해 나눔을 경험해 본다.

함께 읽으면 좋은 그림책

함께 나누고 배려하는 할아버지들

『배나무 할아버지』는 자신의 정원에 있는 배나무의 배를 다른 사람에게 나누어 주는 할아버지가 등장하는 그림책이고, 『수염 할아버지』는 초등학교 담에 벽화도 그려주고 나무에서 떨어진 아기 새를 위해 수염으로 둥지를 만들어 주며 남에게 베풀며 사는 삶을 보여 주는 할아버지에 대한 이야기이다.

* 웅진주니어, 2005 / 보림, 2001

보림, 1996

제 목 장바구니

작 가 존 버닝햄 / 김원석

내 용 스티븐은 엄마의 심부름을 하기 위해 장바구니를 들고 마트에 간다. 물건을 사고 돌아오는 길에 동물들을 만난다. 동물들은 스티븐의 바구니에 있는 물건을 달라고 하지만 스티븐은 오히려 자신이 산 물건을 이용해 동물들을 따돌리고 집에 돌아온다.

❖ 그림책 특징

아이가 동물들과 같은 문형의 대화를 반복해서 나눔으로써 유아와 다음 내용에 대해 예측하며 읽을 수 있다. 장을 본 물건들 중에서 동물을 따돌릴 때 사용한 물건이 그림에서 하나씩 사라지게 표현한 데서 알 수 있듯이 글과 그림이 서로 보완적이다. 그러므로 유아와 함께 글과 그림을 확인하면서 읽어 준다.

❖ 읽어 주기

[읽어 주는 동안]

- 장바구니에 남은 물건의 개수 등을 세어 보는 것과 같은 수놀이를 하며 읽을 수 있다.
- 마지막 장면에서 엄마의 표정을 보며 어떤 말을 듣게 될지 상상하며 이야기해 본다.

함께 읽으면 좋은 그림책

시장을 소재로 한 그림책

『한이네 동네 시장 이야기』는 재래시장의 모습을 통해 함께 어울려 살아가는 사람들의 모습을 보여 준다. 수와 경제 개념에 관심을 갖게 해주는 그림책이다. 『휘리리후 휘리리후』는 잃어버린 카드를 사러 시장에 가는 길에 보게 되는 사물들을 보여 준다. 앞표지부터 보아도 되고 뒤표지부터 보아도 상관없도록 이미지화 시켰다.

심부름을 소재로 한 그림책

『넉 점 반』은 윤석중의 동시를 텍스트로 한 그림책이다. 지금 몇 시인지 알아오라는 엄마의 심부름을 하러 동네 구멍가게에 갔던 아이가 동네 구경을 하다 어두워져서야 돌아온 이야기를 익살스러운 그림으로 보여 준다.

* 진선아이, 2011 / 웅진주니어, 2006
윤석중, 이영경, 창비, 2004

책읽는곰, 2012

제 목	장수탕 선녀님
작 가	백희나
내 용	엄마를 따라 목욕탕에 간 덕지는 장수탕에 사는 선녀님을 만난다. 선녀님은 덕지에게 냉탕에서 할 수 있는 여러 가지 놀이를 알려 준다. 덕지는 감사의 표시로 자신의 요구르트를 선녀님에게 선물로 준다.

❖ 그림책 특징

이 그림책은, 대중목욕탕을 배경으로 점토 인형을 이야기에 맞춰 배치한 다음 사진으로 찍어서 만든 그림책이다. 점토 인형의 표정과 몸짓은 아주 섬세하여 사실적으로 보인다. 현실 세계에서 상상의 세계로 넘어갔다가 다시 일상으로 돌아오는 과정을 보며 유아는 자유롭게 상상할 수 있다.

❖ 읽어 주기

[읽어 주기 전]

- 대중목욕탕에 가 본 경험에 대해 이야기 나눈다.
- 대중목욕탕에 가본 적이 없는 유아를 위해 어떤 곳인지 사전 정보를 제공한다.
- 앞표지의 인물에 대한 이야기를 나눈다.

[읽어 주는 동안]

- 각 장면을 보며 목욕할 때 자신의 경험과 관련지어 떠오르는 생각이나 느낌을 이야기 나눈다.

함께 읽으면 좋은 그림책

목욕탕에 대한 그림책

『어떤 목욕탕이 좋아?』는 별, 달, 다람쥐 등 다양한 모양의 목욕탕이 등장하여 유아의 상상력을 자극한다. 『지옥탕』은 『장수탕 선녀님』에서처럼 엄마에게 붙들려 대중목욕탕에 간 경험을 아이의 시선에서 담은 그림책이다. 뜨거운 증기와 물, 때를 밀 때의 공포나 두려움을 제목에서부터 엿볼 수 있다.

* 노란우산, 2011 / 책읽는곰, 2011

4) 동식물과 자연

인간은 자연과 조화를 이루어 살아갈 때 생존할 수 있다는 인식을 바탕으로, 유아기부터 동식물과 자연을 존중하는 태도를 배양하는 것을 강조한다. 생활주제 〈동식물과 자연〉은 '궁금한 동식물', '동물과 우리의 생활', '식물과 우리의 생활', '자연과 더불어 사는 우리'라는 소주제로 나누어진다. 유아들이 관심 있는 동식물을 직접 돌보는 경험을 통해 과학적 탐구력을 발달시키고, 동식물에 대한 지식을 확장시키며, 더불어 살아가는 기쁨을 느끼게 한다. 멸종 위기의 동식물에 대해 관심을 가지며, 아름다운 자연에 대해 감사한 마음을 가지도록 한다.

4세 유아는 동식물이 주는 이로움을 생활 속에서 경험하고, 사라져 가는 동식물과 인간과 자연이 맺어온 관계에 대해 관심을 가진다. 또한, 동물과 함께 지내며 가졌던 즐거웠던 경험을 회상하고, 동식물을 대하는 잘못된 태도에 대해 함께 토론함으로써 동식물과 조화를 이루기 위해 노력한다.

4세를 위한 그림책은 동식물에 대한 단편적인 지식보다는 관심 있는 동식물을 지속적으로 돌보거나, 그것들을 탐구하는 과정에서 생기는 궁금증을 해결하는 데 도움이 되는 것이 좋다. 또한, 상상 속 동식물이나 멸종된 동물에 대한 그림책을 제시하여 동식물에 대한 상상력과 자연의 소중함에 대해 생각해 보게 한다.

북극곰, 2012

제 목 안 돼!

작 가 마르타 알테스 / 이순영

내 용 강아지는 산책하러 나가면 빨리 달리고, 음식은 항상 먼저 맛보며, 보물을 찾기 위해 마당을 파헤친다. 이것은 모두 가족을 위한 행동이었다. 하지만 그럴 때마다 가족들은 "안 돼!"라고 소리를 질러 자신의 이름이 '안 돼'라고 생각한다.

❖ 그림책 특징

강아지의 시점과 입장에서 이야기가 진행되고 있으며, 가족의 모습은 나오지 않고 "안 돼!"라고 외치는 말만으로 그들의 존재를 표현하고 있다. 강아지 시점의 이야기는, 강아지가 하는 일이 사람의 눈에는 말썽으로 보이지만 강아지 입장에서는 돕기 위한 행동이었음을 보여 준다. 이를 통해 입장을 바꿔서 생각한다는 것이 서로를 이해하는 데 얼마나 중요한 일인가를 느끼게 한다.

❖ 읽어 주기

[읽어 주는 동안]

- 교사는 강아지가 하는 일에 대한 이야기를 읽어 주고, 가족이 "안 돼!"라고 하는 부분은 유아가 읽어 보게 할 수 있다.

[읽어 준 후]

- '안 돼' 강아지처럼 내가 한 일을 다른 사람이 오해하거나 내 의도와 다르게 받아들인 적이 있는지 이야기 나눈다.

함께 읽으면 좋은 그림책

집에서 키우는 동물을 소재로 한 그림책

『강아지가 태어났어요』, 『찰리가 온 첫날 밤』, 『도대체 그동안 무슨 일이 일어났을까』, 『앵무새 열 마리』, 『크릭터』는 강아지, 토끼, 앵무새, 보아뱀 등 집에서 키우는 동물을 소재로 한 그림책이다. 만약 집이나 기관에서 키우고 있는 애완동물이 있다면 연관지어 읽어 볼 수 있다.

* 조에너 콜, 제론 웩슬러, 이보라, 역, (주)비룡소, 2000 / 에이미 헤스트, 헬린 옥슨버리, 홍연미 역, 시공주니어, 2012 / 재미마주, 2001 퀜틴 블레이크, 장혜린 역, 시공주니어, 1997 / 토미 웅게러, 장미란 역, 시공주니어, 1996

웅진주니어, 2004

제 목 누에콩과 콩알 친구들

작 가 나카야 미와 / 김난주

내 용 모양이 다른 누에콩과 강낭콩은 서로 자기가 최고라고 우긴다. 썰매, 미끄럼틀, 배타기로 자신의 콩깍지를 자랑하는 내기에서 누에콩이 안타깝게 진다. 하지만 누에콩은 강낭콩의 막내가 물에 빠지자 자신의 콩깍지로 막내를 구해준다.

❖ 그림책 특징

콩을 의인화한 그림은 친근감이 느껴지며, 연둣빛 풀밭 배경은 편한 느낌을 준다. 서로 다른 형태의 누에콩과 강낭콩은 콩의 생김새와 특징에 관심을 갖게 해 준다. 서로 비교하고 경쟁하는 심리를 유아의 눈높이에 맞는 이야기로 표현하였다.

❖ 읽어 주기

[읽어 주는 동안]

- 강낭콩이 위험에 처했을 때 어떻게 해결해야 할지 유아에게 미리 생각해 보게 한 후, 다음 장면으로 넘겨 확인해 본다.

[읽어 준 후]

- 콩과 콩깍지를 관찰하거나 다양한 모양의 콩을 관찰하고 비교해 볼 수 있다.
- 친구에게 도움을 주거나 받았을 때 어떤 기분이었는지 경험을 이야기 나누어 본다.

함께 읽으면 좋은 그림책

콩에 대한 그림책

『누에콩과 콩알 친구들』이 콩의 생김새에 대해 보여 준다면, 『다 콩이야』, 『세 엄마 이야기』는 콩을 심고 키워 수확하는 것에 대해 알려 준다. 『가을이네 장 담그기』는 콩으로 메주를 만들고 장을 담그는 우리 전통 음식에 대해 알려 준다.

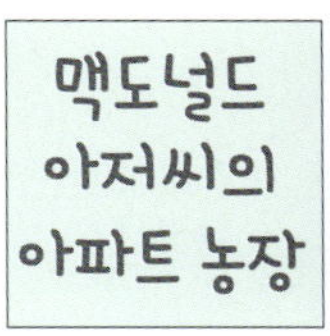

채소를 소재로 한 그림책

『맥도널드 아저씨의 아파트 농장』은 삭막한 도시의 한 아파트 방에서 채소를 키우다가 아예 아파트 전체에서 채소를 키우게 된 이야기를 담은 그림책이다. 『오싹오싹 당근』은 당근을 좋아하는 토끼가 겪는 으스스한 이야기 속에 유쾌한 반전을 담아 읽는 재미를 준다.

* 보리, 2005 / 사계절, 2008 / 책읽는곰, 2008
쥬디 바레트, 론 바레트 / 주니어RHK, 2013

키즈엠, 2014

제 목 숫자로 보는 놀라운 동물의 세계

작 가 롤라 M. 섀퍼, 크리스토퍼 사일러스 닐 / 서소영

내 용 순록이 평생 몇 번의 뿔 갈이를 하고, 딱따구리가 일생 동안 휴식할 수 있는 나무 구멍을 몇 개 만드는지, 악어가 평생 몇 개의 알을 낳는지 등을 알려 준다.

❖ 그림책 특징

순록, 딱따구리, 악어, 거미, 알파카, 해마, 순록, 딱따구리, 악어 등 동물들의 행동과 습성을 숫자와 연관 지어 알려주는 정보 그림책이다. 뒷부분에는 앞부분에서 살펴본 동물들에 대한 자세한 설명이 첨가되어 있어 읽어 주기 전에 미리 읽어보면 책을 읽어 주는 데 도움이 된다.

❖ 읽어 주기

[읽어 준 후]

- 다른 동물들과 숫자를 연관 지어 볼 수 있는 정보를 추가로 찾아본다.

함께 읽으면 좋은 그림책

동물의 모성애/부성애에 대한 그림책

『아빠 해마 이야기』, 『악어 오리 구지 구지』, 『엄마 까투리』는 동물의 세계에서 모성애와 부성애를 보여 주는 그림책이다. 아빠 해마는 아기 해마가 태어나기 전까지 알을 품고 다니는 모습을 통해 부성애를 보여 주며, 자기와 다른 모습을 띤 악어를 엄마 오리는 사랑으로 품어 주는 이야기를 통해 엄마의 사랑을 보여 준다. 엄마 까투리는 화재로부터 자신의 몸을 희생하여 자식을 구해주는 모습을 통해 모성애를 보여 준다.

동물의 생김새에 대한 그림책

『일곱 마리 눈 먼 생쥐』는 코끼리의 모습이 눈이 안 보이는 생쥐들에게는 어떤 모양으로 연상되는지를 보여 주는 그림책이다. 『준치 가시』는 백석의 동시를 가지고 만든 그림책으로 리듬감 있는 시어의 반복을 통해 준치라는 물고기가 이웃의 도움으로 가시를 얻는 과정을 보여 준다.

* (주)더큰컴퍼니, 2005 / 예림당, 2003 / 낮은산, 2008
에드 영, 최순희 역, 시공주니어, 1999 / 백석, 김세현, 창비, 2006

미래아이(미래M&B), 2001

제 목 이상한 자연사 박물관

작 가 에릭 로만 / 이지유

내 용 천둥치는 날, 자연사 박물관으로 날아든 작은 새는 뼈를 모아 재구성해놓은 공룡들 사이를 날아다닌다. 작은 새는 모형의 육식공룡의 입안으로 들어갔지만, 곧 이어 공룡이 살던 시대로 거슬러 올라가 살아 움직이는 공룡이 있는 상상의 세계로 갔다가 다시 현실 세계로 돌아온다.

❖ 그림책 특징

그림틀이 있는 현실 세계에서 이야기가 시작되었다가 그림틀이 사라지면서 작은 새는 공룡들이 살아 움직이는 상상의 공룡 세계로 간다. 그리고 그림틀이 생기면서 작은 새는 다시 현실세계로 돌아온다. 글 없는 그림책이라 유아와 이야기를 지으며 읽을 수 있다.

❖ 읽어 주기

[읽어 주기 전]

- 자연사 박물관은 어떤 것들이 있는 박물관인지 알려 준다.

[읽어 주는 동안]

- 글자가 없으므로 장면에 해당하는 이야기를 유아와 자유롭게 지어가며 읽어 보거나, 작은 새가 되어 자연사 박물관에서의 경험을 이야기로 만들 수 있다.

[읽어 준 후]

- 실제 자연사 박물관에 견학을 다녀온다. 견학을 가기 전에 미리 읽어 주어 유아의 상상과 호기심을 높일 수 있다.

함께 읽으면 좋은 그림책

공룡에 대한 그림책

『공룡 할머니가 들려주는 진화 이야기』는 지구 생명의 역사에 대한 지식을 알려 준다. 공룡이 살던 시대를 사실적으로 묘사하여, 4세반에서 읽고 이해하는 데 큰 어려움이 없을 것이다. 『네 등에 집 지어도 되니?』는 집을 짓기 위해 생사를 넘나드는 익룡 부부의 이야기를 통해 쥐라기 시대 공룡 10종을 살펴볼 수 있다.

* 미래아이(미래M&B), 2002 / 장선환, (주)비룡소, 2012

느림보, 2005

제 목 할아버지의 약속

작 가 손정원, 한병호

내 용 밤나무에 사는 청설모 '이슬이'는 그 밤나무가 아주 오랜 옛날 할아버지가 심은 밤 한 톨에서 시작되었다는 것을 믿지 않았다. 비바람이 치는 어느 날 밤, 밤나무가 쓰러지고 그 밤나무의 열매에서 다시 싹이 돋고 나무가 되어가는 것을 보며 그 말이 맞다는 것을 깨닫는다.

❖ 그림책 특징

동양화풍 그림이라 섬세한 펜 터치로 그렸지만 서정적이고 부드러운 느낌을 준다. 씨앗에서 싹이 트고 자라 커다란 나무가 되어 다시 열매를 맺는 과정을 통해 자연의 순환을 쉽게 설명해 준다.

❖ 읽어 주기

[읽어 준 후]

- 씨앗에서 커다란 나무가 되기까지 식물의 성장 과정에 대한 이야기를 나누어 볼 수 있다.
- 나무가 되어 열매를 맺는 데는 아주 오랜 시간이 걸리기 때문에 우리가 먹는 열매에는 그것을 심고 키운 이들의 정성이 깃들어 있음을 생각해 본다.
- 씨앗이나 나무를 심어 본다.

함께 읽으면 좋은 그림책

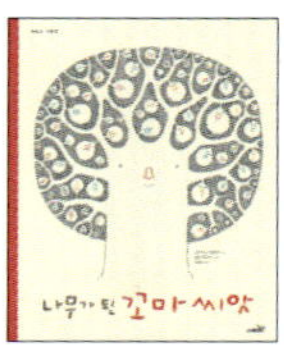

나무의 성장에 대한 그림책

『나무의 아기들』, 『나무가 된 꼬마 씨앗』, 『씨앗은 무엇이 되고 싶을까?』, 『진짜 나무가 된다면』은 커다란 나무도 처음에는 작은 열매나 씨앗에서 시작된다는 것을 보여 준다. 특히, 『나무의 아기들』은 여러 종류의 나무 씨앗 모양에 대한 정보를 사실적으로 보여 준다.

* 천개의바람, 2014 / 사파리, 2011
김순한, 김인경, 길벗어린이, 2001 / 김진철, (주)비룡소, 2010

5) 건강과 안전

심신의 건강과 안전이 유지될 때, 인간은 다른 사람들과 긍정적인 관계를 이루며 행복하고 즐거운 생활을 할 수 있다. 현대사회의 발전 이면에는 유아의 건강과 안전을 저해하는 요소가 있으며, 유아 혼자만의 힘으로 자신의 건강을 유지하기 어렵다. 생활주제 〈건강과 안전〉은 누리과정《신체운동 · 건강》 영역과 밀접하게 관련되어 있으며, 모든 연령에서 공통적으로 '즐거운 운동과 휴식', '깨끗한 나와 환경', '맛있는 음식과 영양', '안전한 놀이와 생활'이라는 소주제를 다룬다. 기본운동능력과 건강과 안전 지식, 기술, 태도를 기르는 데 초점을 두고, 몸과 마음의 균형적인 성장과 발달, 청결과 위생, 건강과 영양, 신변 안전, 미디어 안전, 자연재해 안전 등에 대한 이해와 대처방법을 지도한다. 생활주제가 진행되는 시기 외에도 일상생활에서 건강 및 안전과 관련하여 특별한 경험을 했을 때, 유아가 특별한 흥미와 관심이 생겼을 때, 사회적으로 특별한 이슈를 불러일으키는 관련 사건이 있을 때, 발현적으로 교육과정이 진행될 수 있다.

4세 유아는 생활주제 〈건강과 안전〉을 통해 기본운동능력과 건강하고 안전한 생활을 위한 지식, 기술, 태도를 형성한다. 신체운동능력이 발달함에 따라 행동반경이 커져서 안전사고의 가능성 또한 커지므로 예방교육이 중요하다. 또한, 각종 자연재해 및 안전 외에도 자연 보호, 에너지 절약, 녹색 성장의 개념을 이해하고 실천하도록 지도해야 한다.

4세에는 잘못된 편식 습관을 되돌아보고, 음식과 영양관계에 관심을 갖게 해주는 그림책을 제공한다. 유아의 신체 변화에 대해 정보를 제공하여 심리적 안정감을 줄 수 있는 그림책도 도움이 된다. 유아는 청결, 안전 등 기본 생활 습관을 잘 지키는 것만으로도 건강을 잘 유지할 수 있으므로 건강 규칙을 환기시킬 수 있는 내용의 그림책도 좋다.

키즈엠, 2015

제목	된장찌개
작가	천미진, 강은옥
내용	찬바람이 불던 어느 날, 멸치, 감자, 호박, 버섯, 두부, 대파가 차례로 온천에 들어가 모두 행복해 한다. 마지막에 이 따끈한 온천은 너구리 아빠가 만든 최고의 된장찌개였음이 밝혀진다.

❖ 그림책 특징

된장찌개의 재료를 의인화하였다. 된장찌개의 재료들이 같은 방식으로 더해지면서 이야기가 전개된다. 추위에 떨던 등장인물들이 들어간 곳이 된장찌개의 뚝배기였다는 반전을 통해 이야기의 유머를 느낄 수 있다. 의인화된 사물 캐릭터가 친근감을 준다.

❖ 읽어 주기

[읽어 주는 동안]

- 멸치, 감자, 두부 등이 추위에 떨다 들어가는 탕이 된장찌개임을 보여 주기 직전에 잠시 멈추어 다음 장면에 대하여 기대감을 갖게 한다. 온천물이 사실은 된장찌개 국물이었다는 장면에서 재미를 느낄 수 있도록 감정을 살려 읽어 준다.

[읽어 준 후]

- 그림책 속 재료로 된장찌개를 끓여보는 요리 활동을 해 본다.
- 동극으로 표현해 본다.

함께 읽으면 좋은 그림책

요리, 음식에 대한 그림책

『깊은 밤 부엌에서』는 『된장찌개』처럼 빵이 만들어지는 과정과 재료를 차례로 보여 주는 그림책이다. 요리사들이 미키를 반죽에 섞으며 부르는 노래에 가락을 붙이며 읽어 준다. 『하늘에서 음식이 내린다면』은 음식에 대한 상상력을 발휘해보게 하는 그림책이다.

편식에 대한 그림책

『김치 특공대』, 『난 토마토 절대 안 먹어』는 편식을 소재로 한 그림책으로 야채를 싫어하거나 편식을 하는 유아에게 들려준다.

* 모리스 샌닥, 강무홍 역, 시공주니어, 1994 / 쥬디 바레트, 론 바레트, 홍연미 역, 토토북, 2007
책읽는곰, 2011 / 국민서관, 2001

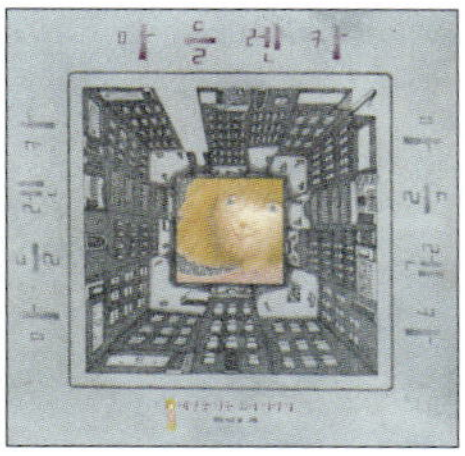

베틀북, 2002

제 목	마들렌카
작 가	피터 시스 / 윤정
내 용	이가 흔들리자 마들렌카는 동네 골목에 있는 가게들을 찾아다니며 이 기쁜 소식을 전한다. 그러자 모두들 마들렌카에게 각 나라의 언어로 축하 인사를 전한다.

❖ 그림책 특징

왼쪽에는 가게에서 만난 사람들과 나누는 인사말, 오른쪽에는 그 가게가 있는 건물을 가는 펜을 사용하여 3차원의 입체로 그렸다. 그림은 위에서, 또는 옆에서, 사선으로 바라보는 시점에서 표현하거나 건물 내부의 모습을 투시법으로 표현하였다. 그러나 글은 간단하게 각국 언어로 건네는 인사말이 반복된다.

❖ 읽어 주기

[읽어 주기 전]

- 앞표지를 보며 어디서 바라본 장면인지, 무엇을 그린 것인지 이야기 나눈다.

[읽어 준 후]

- 그림책에 나온 사람들이 어느 나라에서 살고 있는지 지도에서 찾아본다.
- 블록으로 구성물을 만들어 위, 아래, 옆, 사선 등으로 바라보며 공간 개념을 형성할 수 있도록 도와준다.
- 유치가 빠진 경험에 대해 이야기 나눈다.

함께 읽으면 좋은 그림책

유치 갈기를 소재로 한 그림책

『이가 빠졌어요!』와 『이가 빠지면 지붕 위로 던져요』는 빠진 치아에 대한 상식이나 치아가 빠졌을 때의 세계 여러 나라의 풍습을 알려준다. 『마들렌카』처럼 이가 빠졌을 때 다른 나라에서는 어떻게 하는지 연관 지어 살펴보기에 좋은 그림책들이다.

이닦기에 대한 그림책

『칫솔맨, 도와줘요!』는 건강한 치아 관리법과 올바른 양치질 방법을 알려주는 그림책이다. 그림책과 함께 칫솔과 이 모형을 제시해 주어 칫솔질을 연습해 보게 하거나 실제 이닦기를 지도하는 데 활용할 수 있다.

* 나카가와 히로타카, 오오시마 타에코, 강라현 역, 미래엔 아이세움, 2005 / 북뱅크, 2001
책읽는곰, 2010

보림, 2000

제 목 멍멍 의사 선생님

작 가 배빗 콜 / 박찬순

내 용 멍멍 의사 선생님은 검보일씨네 주치의로, 검보일씨 가족이 병에 걸리게 된 이유를 이해하기 쉽게 알려 준다. 멍멍 의사 선생님은 검보일씨네 가족의 병을 고쳐주고 휴가를 떠났는데 그곳으로 검보일씨네 가족이 찾아온다.

❖ 그림책 특징

청결과 위생에 대한 정보를 재미있는 이야기로 들려준다. 병에 걸린 가족을 한 명씩 진찰하고 병의 원인, 나쁜 습관, 고쳐야 할 행동 등을 설명해 준다. 그림이 상세하면서 유머가 담겨 있어 재미있게 볼 수 있다. 가족 구성원 각각의 병에 대해 의사 선생님이 설명해 주는 방식이 반복된다.

❖ 읽어 주기

[읽어 주는 동안]

- 그림을 보면서 유아가 글 내용이 무엇인지 읽어낼 기회를 준다.

[읽어 준 후]

- 손씻기 및 위생과 관련된 건강한 생활 습관에 대해 이야기를 나눈다.
- 병원놀이 소품을 제공해 주어 그림책과 연관된 역할극놀이로 확장시켜 준다.

함께 읽으면 좋은 그림책

병에 대한 그림책

『뱃속 마을 꼭꼭이』는 『멍멍 의사 선생님』에서처럼, 병에 걸린 인물들이 나오고 앞으로 병에 걸리지 않기 위해서는 어떻게 해야 하는지 바른 식습관과 청결한 생활 습관 등에 대해 알려 준다.

* 안나 러셀만, 박희준, 현암사(은나팔), 1996

문학동네어린이, 1999

제 목	이럴 땐 싫다고 말해요!
작 가	마리 프랑스 보트, 파스칼 르메트르 / 홍은주
내 용	성과 관련된 문제 상황을 보여 주고 상황에 따라 어떻게 행동해야 하는지를 보여 준다. 친한 성인이 힘들게 할 때, 친구가 위험에 빠졌을 때, 지키지 않아도 되는 비밀 등 여러 가지 어려운 상황에서 어떻게 대처해야 하는지, 미미와 가스통이라는 등장인물을 통해 유아에게 알려 준다.

❖ 그림책 특징

성교육과 관련된 활동을 할 때 도움이 되는 그림책이다. 유아가 스스로 자신의 몸을 지키고 대처하는 태도를 기르는 데 활용할 수 있다. 자신의 몸이 소중한 대상임을 먼저 인식시키고, 소중하기 때문에 안전하게 지켜야 함을 다루고 있다.

❖ 읽어 주기

[읽어 준 후]

- 위험한 상황으로부터 대처하는 방법을 실제 상황극처럼 꾸며서 해 본다.
- 관련된 다른 그림책을 통해 유아가 자신의 몸을 지키는 생활 습관을 갖게 한다.

함께 읽으면 좋은 그림책

성교육 그림책

『소중한 나의 몸』은 나의 몸을 위험한 상황으로부터 스스로 지키고 대처하는 방법에 대해 알려 준다. 먼저 몸이 소중한 이유에 대해 알려주고 나서 어떻게 지켜야 할지 알려 준다.

* 정지영, (주)비룡소, 1999

6) 생활도구

현대에는 우리의 생활을 편리하게 해주는 도구의 종류가 다양해졌으며 끊임없이 더 새로운 도구를 필요로 하고 있다. 유아는 다양한 종류의 생활도구를 적절하게 활용하고 바르고 안전하게 사용하는 능력을 기를 필요가 있다. 생활주제 〈생활도구〉는 유아가 다양한 생활도구를 활용하고 새로운 도구에 관심을 가짐으로써 미래 사회의 변화에 대응할 수 있는 역량을 기르는 데 주안점을 둔다.

'다양한 생활도구', '생활도구를 움직이는 힘', '생활도구로서의 미디어', '미래의 생활도구'가 소주제이다. 이 시기의 유아는 자율적이고 능동적으로 도구를 사용하는 기회가 늘어남에 따라 안전사고에 대비하여 도구들을 적절하게 사용하는 방법과 태도를 기르는 데 중점을 둔다(교육과학기술부, 2013).

유아가 직접 사용할 기회가 많지는 않지만, 앞으로 사용하거나 경험하게 될 주변의 다양한 생활도구를 소재로 하는 그림책, 이것들을 창의적으로 사용하는 모습을 보여줌으로써 유아가 다양한 도구에 관심과 흥미를 느끼게 해주는 그림책을 제공한다.

논장, 2011

제 목 생각연필

작 가 이보나 흐미엘레프스카 / 이지원

내 용 연필에서 나오는 생각은 새가 되어 날아다니기도 하고, 때로는 살금살금 다가오는 여우가 되기도 하고, 화살처럼 머릿속으로 날아들기도 한다. 그러다가 비행기가 되어 멀리 날아가 버리기도 한다. 좋은 생각은 자꾸 변하여 다양한 이미지를 만들어 낸다.

❖ 그림책 특징

연필의 이미지에 기초하여 생각이란 어떻게 떠오르는지를 여러 가지 그림으로 보여 준다. 파스텔 톤의 은은한 그림은 마치 생각이 잡힐 듯 잡히지 않는다는 것을 보여 주는 것 같다. 생각이 떠오르는 방식을 구체적인 그림으로 반복해서 보여 주기 때문에 '생각'이라는 추상적인 단어에도 불구하고 어렵지 않게 감상할 수 있다.

❖ 읽어 주기

[읽어 준 후]

- 유아에게 생각은 어떤 때 잘 떠오르는지 이야기 나누어 본다.
- 지은이는 왜 생각연필이라고 제목을 지었을지 토의해 본다.
- 저자에게 궁금한 것에 대해 편지를 써 본다.

함께 읽으면 좋은 그림책

미술도구를 소재로 한 그림책

『마술연필』, 『아트&맥스』는 『생각연필』처럼 나의 생각을 실제로 표현하는 데 사용할 수 있는 여러 가지 그림 도구인 연필, 물감, 크레용을 소재로 한 그림책이다. 자신의 생각을 표현하는 다양한 방법에 대해 이야기 나누어 본다.

* 웅진주니어, 2010 / 베틀북, 2010

책과콩나무, 2014

제 목 아무도 듣지 않는 바이올린

작 가 캐시 스틴슨, 듀산 페트릭 / 천미나

내 용 유치원에 가던 딜런은 지하철역에서 아름다운 바이올린 소리를 듣는다. 더 듣고 싶었지만, 엄마가 서두르는 바람에 그냥 간다. 다른 사람들도 바이올린 소리에 주의를 기울이지 않고 바삐 지나친다. 며칠 뒤 딜런은 라디오에서 똑같은 음악을 듣게 되었고, 이 사람이 조슈아 벨이라는 음악가임을 알게 된다.

❖ 그림책 특징

유명 바이올리니스트 조슈아 벨이 지하철역에서 무료 공연을 한 실화를 바탕으로 한 그림책이다. 바이올린 연주가 진행되는 장면에서 소리는 아름다운 색으로, 지나다니는 사람은 흑백으로 표현하여 사람들이 그 소리를 알아채지도, 감흥을 느끼지도 못했음을 나타낸다. 허름한 복장, 길거리의 연주라고 들을 가치가 없는 것이 아니며, 편견을 갖고 세상을 바라보아서는 안 된다는 것을 일깨워 준다.

❖ 읽어 주기

[읽어 주기 전]

- 제목이나 표지 그림을 보며 무슨 이야기가 나올지 상상해 본다.

[읽어 주는 동안]

- 조슈아 벨의 연주 음악을 배경으로 하여 그림책을 읽어 준다.
- 조슈아 벨이라는 사람의 모습, 연주하는 영상을 소개하며 이 책의 소재로 쓰인 에피소드를 들려준다.

함께 읽으면 좋은 그림책

악기에 대한 그림책

『벤의 트럼펫』과 『패트릭』은 악기를 소재로 한 그림책으로, 트럼펫이나 바이올린 연주를 배경으로 그림책을 감상해 본다. 서로 다른 악기의 음색을 비교해 보거나 음악은 자신의 마음이나 생각을 표현하는 수단이 됨을 알아볼 수 있다.

* 레이첼 이사도라, 이다희 역, (주)비룡소, 2006 / 퀜틴 블레이크, 김서정 역, 문학과지성사, 2012

(주)비룡소, 1998

제 목 아씨방 일곱 동무

작 가 이영경

내 용 빨강 두건 아씨가 잠든 사이에 아씨의 바느질을 돕는 자, 가위, 바늘, 실, 골무, 인두, 다리미는 자기가 제일이라고 다툰다. 아씨는 자신이 없으면 아무 소용이 없다고 하고 다시 잠이 든다. 꿈속에서 일곱 동무가 사라져 바느질을 못 하게 되는 악몽을 꾼 후 아씨는 일곱 동무의 소중함을 깨닫는다.

❖ 그림책 특징

『규중칠우쟁론기』라는 고전문학을 아이들이 읽기 쉽게 다시 쓴 책이다. 한지에 스며든 듯한 부드러운 색감으로 그려진 민화풍의 그림이 익살스럽고 정겹다. 사물을 의인화하여 각 등장인물의 캐릭터가 생생하게 전해진다. 중간에 아씨가 꿈을 꾸는 장면만 흑백으로 표현하여 현실 세계와 구분 지어 표현하고 있다.

❖ 읽어 주기

[읽어 준 후]

- 바느질 도구들을 실물이나 사진으로 보여 준다.
- 작가가 오래전 이야기를 유아가 쉽게 볼 수 있도록 그림책으로 만들었다는 이야기를 들려준다.
- 각 인물을 맡아 동극을 해 본다.

함께 읽으면 좋은 그림책

바느질에 대한 그림책

『스미레 할머니의 비밀』은 바느질을 소재로 한 그림책으로, 우리나라 전통 방식의 바느질과 다른 나라의 바느질 도구를 비교해 가며 읽어 볼 수 있다.

* 작가정신, 2011

(주)비룡소, 1996

제 목	아저씨 우산
작 가	사노 요코 / 박상희
내 용	우산을 소중히 여기는 한 아저씨는 우산을 들고 다니기만 하고 쓰지 않는다. 물론, 다른 사람에게 빌려주지도 않는다. 어느 비 내리는 날, 꼬마들이 함께 우산을 쓰고 가면서 즐겁게 부르는 노랫소리를 듣고 아저씨도 우산을 쓰고 다니게 된다. 그 노래에는 유쾌한 빗소리가 노랫말로 들어가 있다.

❖ 그림책 특징

별다른 배경 그림 없이 아저씨를 중심으로 그려진 그림은 우산을 아끼기만 하고 쓰지는 않는 인물(아저씨)에 더욱 집중하게 한다. 또한, 슥슥 편안하게 그은 굵은 선은 이야기를 더욱 단순화시킨다. 무엇인가를 소중히 여긴다는 것은 아예 쓰지 않는다는 것이라기보다 필요할 때 요긴하게 쓰는 것이며, 아이들이 부르는 노래(빗소리를 흉내 내며 비오는 날의 정취를 즐기는 태도)에서 알 수 있듯이 쓰는 동안 제대로 누리는 일도 포함된다는 것을 알게 해 준다.

❖ 읽어 주기

[읽어 주기 전]

- 표지와 제목을 보고 앞으로 전개될 이야기를 상상해 본다.

[읽어 준 후]

- 읽기 전에 상상했던 이야기 내용과 실제 그림책의 내용을 비교해 본다.
- 비 오는 날 우산을 쓰고 나가 빗소리를 들어 본다.
- 장화를 신고 빗물 위를 첨벙거리며 걷는 소리, 우산에 떨어지는 빗방울의 소리를 음악으로 감상한다.

함께 읽으면 좋은 그림책

우산을 소재로 한 그림책

『우산이 제일 좋아』는 우산을 좋아하는 엘라가 선물로 받은 많은 우산을 비 오는 날 필요한 사람들에게 나누어 주면서 뿌듯해하는 내용의 그림책이다. 『노란 우산』은 비오는 날 우산을 쓴 풍경을 음악과 함께 감상하며 심미적인 경험을 할 수 있는 그림책이다.

* 노란우산, 2010 / 보림, 2007

길벗어린이, 2008

제 목 일과 도구

작 가 권윤덕

내 용 한 여자아이가 고양이와 함께 마실을 간다. 아이와 고양이는 동네를 한 바퀴 돌면서 일하는 공간 안으로 들어가 일터에서 각각 무슨 일을 하는지, 어떤 도구를 사용하는지 살펴본다.

❖ 그림책 특징

농업인(농장), 의사(병원), 제화공(구두 공장), 목수(목공소), 요리사(중국집), 재단사(의상실), 화가(화실)가 사용하는 도구를 양쪽 펼침면에 하나하나 열거하여 매우 사실적이고 세밀하게 보여 준다. 어떤 도구가 사용되는지 상세히 살펴보기 위해 대집단보다는 개별이나 소집단으로 읽어 주는 게 좋다.

❖ 읽어 주기

[읽어 주는 동안]

- 각 일터에서 함께 일을 하거나 참여하는 아이와 고양이의 모습을 찾아볼 수 있다.

[읽어 준 후]

- 우리가 놀이를 하면서 사용하는 도구가 무엇이 있는지 조사해 본다.
- 다른 도구와 연관하여 그것을 사용하는 사람들과 직업에 대해 부가적으로 알아본다.

함께 읽으면 좋은 그림책

도구들에 대한 그림책

『따라와, 멋진 걸 보여줄게』는 너트와 고리, 병뚜껑과 나사의 여행을 의인화한 그림책이다.

직업에 대한 그림책

『석수장이 아들』은 시를 가지고 만든 그림책으로 요즘 보기 어려운 석수장이가 어떤 일을 하는지 알 수 있으며, 아버지를 부끄럽게 여겼던 아들이 반성하는 마음이 담겨 있다. 『요리사가 되고 싶어』는 〈되고 싶어 시리즈〉로 다양한 직업을 가진 사람들이 사용하는 도구와 하는 일을 자세히 보여 준다.

* 낮은산, 2013
권문희, 창비, 2007 / 문학동네어린이, 2007

7) 교통기관

교통기관은 우리가 다른 장소로 이동하는 데 유용하게 사용되며, 사람뿐만 아니라 짐을 실어 나르거나 다른 일을 하는 데 도움이 되는 등 다양한 역할과 기능을 한다. 생활주제 〈교통기관〉은 유아가 다양한 종류의 교통기관을 이용해 본 경험이 많아지며 움직이는 기계에 대한 호기심도 높아짐에 따라 교통 생활과 관련된 기본적인 지식을 습득하여 스스로 안전한 생활의 필요성을 이해하고 사고에 대비하여 교통기관을 안전하게 이용하는 방법 등에 대해서 알게 하는 데 중점을 둔다.

4세는 '여러 가지 육상 교통기관', '고마운 육상 교통기관', '항공/해상 교통기관', '즐거운 교통 생활'을 소주제로 좀 더 광범위한 교통기관의 종류에 대해 알고, 특히 교통안전의식에 대한 태도를 형성하는 데 비중을 두고 있다(교육과학기술부, 2013). 다양한 종류의 교통기관을 소재로 교통기관과 관련된 직업, 장소 등이 다루어진 그림책을 이용하여 다양한 교통기관에 대한 이해를 돕는다.

(주)비룡소, 2007

제 목 기차 ㄱㄴㄷ

작 가 박은영

내 용 ㄱ부터 ㅎ까지의 자음으로 첫 소리가 시작하는 단어를 이어 만든 그림책이다. 기차가 지나가면서 만나는 여러 풍경과 장소에 대한 이야기를 들려준다.

❖ 그림책 특징

기차를 따라 가면서 한글 자음을 익힐 수 있다. 'ㄱ'으로 시작한 문장은 'ㅎ'으로 끝날 때까지 한 호흡으로 연결되어 있다. 왼쪽 면에는 한글 자음과 그 자음으로 시작하는 문장이 쓰여 있고, 오른쪽 면에는 글 내용이 그림으로 표현되어 있다. 밝고 선명한 색으로 그려져 활기가 느껴진다.

❖ 읽어 주기

[읽어 주는 동안]

- 시를 낭송하듯이 읽어 준다.

[읽어 준 후]

- 한글 자음으로 시작하는 다른 단어들을 찾아본다.
- 한글 자음으로 시작하는 단어를 모아 책을 만들어 본다.

함께 읽으면 좋은 그림책

기차를 소재로 한 그림책

『씩씩한 꼬마 기관차』는 다양한 일을 하는 여객 기관차, 화물 기관차의 모습과 하는 일을 보여 준다.

한글자음 그림책

『개구쟁이 ㄱㄴㄷ』, 『생각하는 ㄱㄴㄷ』, 『요렇게 해 봐요』는 글자의 모양, 첫 소리로 시작하는 단어를 통해 한글 자음을 익힐 수 있는 그림책이다.

* 웅진씽크빅, 2006
사계절, 2011 / 이지원, 이보나 흐미엘레프스카, 논장, 2005 / 마루벌, 2011

한림출판사, 2012

제 목 두더지 버스

작 가 사토 마사히코, 우치노 마스미 / 고향옥

내 용 땅속 두더지 마을에는 두더지 버스가 정확한 시간에 노선을 따라 운행한다. 어느 날, 길을 막은 죽순 때문에 버스가 갈 수 없자 두더지 건설에 신고한다. 죽순을 제거하는 동안 동물들에게 사정 이야기를 하고 양해를 구한다. 손님들은 양해를 하고 조용히 기다리다 나중에 죽순을 선물로 받아 집에 돌아간다.

❖ 그림책 특징

여러 사람이 이용하는 버스라는 교통수단의 기능을 알게 해주는 그림책이다. 땅속에서 버스가 다닌다면 어떤 일이 일어날지 보여줌으로써 독자의 상상력을 자극시키며 읽는 재미를 준다. 그림책 속 등장인물을 통해 다른 사람을 배려하고 이해하는 마음을 배울 수 있다.

❖ 읽어 주기

[읽어 주기 전]

- 표지를 보면서 무슨 이야기가 나올지 상상해 본다.

[읽어 주는 동안]

- 갑자기 버스가 멈추었을 때 승객들이 다음에 어떻게 행동할지 생각해 보게 한다.

[읽어 준 후]

- 두더지 버스길을 크게 확대하여 길을 따라 실제 버스 모형을 가지고 놀이해 보게 할 수 있다.
- 교통과 관련된 놀이를 할 수 있는 소품(집, 교통 표지판, 자동차 등)이나 블록을 제공해 준다.

함께 읽으면 좋은 그림책

버스를 소재로 한 그림책

『비둘기에게 버스 운전은 맡기지 마세요!』, 『혼자 버스를 타고』는 여러 가지 탈 것 중 버스 운행과 관련된 에피소드를 다루고 있다.

자동차를 소재로 한 그림책

『악셀은 자동차를 좋아해』, 『잘 자, 자동차야! 잘 자, 꼬마야!』는 재미있는 이야기 속에 여러 가지 탈 것을 등장시켜 다양한 교통수단의 생김새나 하는 일 등에 대해 알려 준다.

* 살림어린이, 2009 / 느림보, 2014
현북스, 2014 / 주니어RHK, 2009

책과콩나무, 2015

제 목 린드버그 하늘을 나는 생쥐

작 가 토르벤 쿨만 / 윤혜정

내 용 친구들은 쥐덫을 피해 모두 자유의 땅으로 떠났다. 린드버그는 이들을 만나기 위해 하늘을 날 수 있는 기계를 만든다. 여러 시행착오 끝에 마침내 날 수 있는 비행기를 만들고 린드버그는 비행에 성공한다.

❖ 그림책 특징

면지에 그려진 연필 스케치는 비행기의 역사를 보여 주며, 이 이야기의 내용을 예측할 수 있게 한다. 섬세하고 세밀한 수채화는 사실처럼 생생함을 느끼게 한다. 1927년 뉴욕에서 파리까지 단독 비행에 처음으로 성공한 찰스 린드버그를 모티브로 한 그림책으로, 인류의 비행기 역사에 대한 지식을 얻을 수 있다.

❖ 읽어 주기

[읽어 준 후]

- 비행기의 역사, 실제 린드버그 사건 등을 조사하여 그림책과 비교하며 읽어 볼 수 있다.
- 비행기가 하늘을 날 수 있는 작동 원리 등에 대해서 알게 된 내용을 바탕으로 블록이나 상자 등을 가지고 비행기를 만들어 본다.

함께 읽으면 좋은 그림책

비행기와 관련된 그림책

『공항』은 비행기를 타는 장소인 공항에서 일어나는 일을 보여 주는 정보 그림책이다. 『비행기를 탄 리자』는 비행기에서 일어나는 일을 보여 주며, 『달과 비행기』는 하늘을 날고 싶은 유아의 마음을 보여 주는 상상 그림책이다.

* 크레용하우스, 2012 / 안느 구트망, 게오르그 할렌스레벤, 이경혜 역, (주)비룡소, 2001 / 마루벌, 2011

보림, 2000

제 목 작은 배

작 가 캐시 핸더슨, 패트릭 벤슨 / 황의방

내 용 한 아이가 만들어 가지고 놀던 작은 배가 바다로 떠내려간다. 작은 배는 배, 등대, 유조선 옆을 지나 먼 바다로 나간다. 풍랑에 시달리기도 하고, 물고기에 잡혀 바닷속에 가라앉았다가 다시 떠오른다. 지구 반대편까지 떠내려간 작은 배는 바닷가에서 한 여자아이를 만난다.

❖ 그림책 특징

지구를 반 바퀴 돌면서 바다를 여행하는 작은 배의 여정이 수채화로 그려져 있고, 여기에 시처럼 서정적인 글이 더해져 유아의 상상력을 불러일으킨다. 처음에 작은 배를 만든 남자아이가 자신의 배는 가라앉지 않는다고 말하고, 마지막에 작은 배가 지구 건너편 해변에 도착하여 만난 여자아이도 같은 말을 반복하며 끝이 난다.

❖ 읽어 주기

[읽어 주는 동안]

- 동시를 낭송하듯이 읽어 주어 감동이나 여운을 느끼게 한다.
- 작은 배가 처한 위험한 상황에서는 긴장감을 느끼게 감정을 담아 읽어 준다.

[읽어 준 후]

- 작은 배가 여행을 떠난 바닷길을 이야기 지도로 표시하여 이야기를 회상해 본다.
- 남자아이처럼 스티로폼으로 작은 배를 만들어 띄워보며 그림책 내용대로 상상놀이로 확장해 볼 수 있다.
- 마지막 장면에서 작은 배를 갖게 된 여자아이에게 앞으로 어떤 일이 일어날지 상상해 보며 뒷이야기를 지어본다.

함께 읽으면 좋은 그림책

배에 대한 그림책

『나는 작은 배의 용감한 선장』은 상상 속에서 배를 타고 항해를 떠나는 이야기이며, 『노란 잠수함을 타고』는 간결하고 운율이 있는 언어와 밝고 환한 수채화 그림으로 친구와 함께 바다로 여행을 떠나는 설렘을 보여 준다.

* 유리 슐레비츠, 최순희 역, 시공주니어, 2010 / 조미자, 시공주니어, 2007

8) 우리나라

유아기는 한 개인으로서의 정체성뿐만 아니라 민족과 국가에 대한 정체성의 기초를 형성하는 시기이다. 생활주제 〈우리나라〉는 유아가 대한민국 국민으로서 자신이 속한 국가에 대한 정확한 이해와 친숙함, 자긍심을 가지고 정체성을 가지도록 한다. 특히, 누리과정 구성 방향은 '사람 · 자연 존중 세계관'과 '우리 문화에 대한 이해'이며, 우리나라 전통 사상은 사람과 자연을 존중해왔으므로 유아가 생활주제 〈우리나라〉를 배우는 동안, 우리나라 역사와 전통문화에 관심을 가지고 이해하고 경험하며 친밀감을 가지도록 접근하는 것이 필요하다. 전통문화는 과거뿐만 아니라 현재와 미래에도 가치 있는 자산으로, 유아가 이를 바르게 이해하고 수용하며 재창조할 수 있도록 돕는 데 주안점을 둔다.

4세는 '우리나라 사람들의 생활', '우리나라의 놀이와 예술', '우리나라의 역사', '우리나라의 자랑거리'를 소주제로 다루고 있다. 한데 묶여있던 것을 '우리나라의 역사', '우리나라의 자랑거리'로 분리시켰으며, 우리나라의 과거와 현재, 미래에 해당하는 내용과 세계 속 자랑스러운 한국인의 모습을 소개하고 있다. 유아 발달 특성상, 직접적이고 구체적으로 체험 가능한 '우리나라 사람들의 생활', '우리나라의 놀이와 예술' 부분에 더 큰 비중을 둔다. 4세부터 북한에 관심을 가지는 내용이 포함된다.

4세를 위한 그림책은 우리 조상의 다양한 생활 모습과 춤, 노래, 문화유산 등을 소재로 하여 유아가 우리 문화에 대한 흥미와 친숙함을 느끼도록 하는 것이 좋다. 사람과 자연을 존중하는 옛 조상들의 가치관이 잘 드러나며, 우리나라의 우수한 전통문화를 소개하는 그림책이 좋다. 전통문화와 역사뿐만 아니라 우리나라의 현재 모습을 다룬 그림책도 소개하여 유아가 우리나라에 대해 시간적으로 확장된 이해를 할 수 있도록 도와야 한다.

느림보, 2014

제 목 꽃살문

작 가 김지연

내 용 아이는 십장생 동식물과 숨바꼭질을 한다. 술래가 된 아이는 제일 먼저 발견한 거북과 함께 조그만 집에 숨은 물, 소나무, 불로초, 바위, 사슴, 학, 구름, 대나무, 해님을 찾아 나선다.

❖ 그림책 특징

십장생 동물들과 숨바꼭질하는 아이의 이야기이다. 목판화로 그려진 그림에서 우리 전통의 멋이 느껴진다. 조그만 집에 들어가 십장생 친구들을 찾으려는 아이에게 문신은 회색 문을 열지 말라고 경고한다. 조그만 집의 네 개의 문은 사계절을 나타는 것이며, 아이가 문을 열자 신화적 공간을 배경으로 환상의 이야기가 펼쳐진다. 뒷면지에는 아이와 거북이가 문살 너머로 숨는 모습이 유머러스하게 그려져 있으며, 면지에 이어 뒤표지에는 문살 사이에 아이와 거북이가 그려져 있어 아이가 문살 너머로 들어갔음을 알게 해 준다.

❖ 읽어 주기

[읽어 주는 동안]

- 술래가 된 아이가 나오는 첫 번째 장면에서 숨바꼭질 노래에 가락을 넣어 리듬감 있게 읽어 준다. 이 장면에서 누가 숨는 대상인지 십장생의 생김새를 자세히 살펴보게 한다.
- 문 뒤에 어떤 장면이 펼쳐질지, 누가 숨었을지 예측한 후 다음 장면을 읽어 준다.

함께 읽으면 좋은 그림책

전통 장식, 문양에 대한 그림책

『누구 없어요?』, 『꽃향기에 나비 날고』에서 옛날 그릇이나 가구, 옷 등에 그려 넣은 전통 문양을 감상할 수 있다. 『십장생을 찾아서』는 선조들이 생활 속 물건에 행운, 장수, 복 등의 의미를 담은 문양을 넣은 것에 대해 알 수 있는 그림책이다.

* 사계절, 2006 / 초방책방, 2007 / 최향랑, 창비, 2007

사계절, 2001

제 목 똥벼락

작 가 김회경, 조혜란

내 용 돌쇠 아버지는 김부자에게 30년간 일한 새경으로 돌밭을 받았다. 풀 한 포기 자라지 않는 땅이지만, 돌쇠와 아버지는 실망하지 않고 좋은 밭을 만들기 위해 열심히 노력한다. 도깨비가 돌쇠 부자를 도와 똥을 모아주었고 결국 많은 수확을 거둔다. 이를 안 욕심쟁이 김부자가 빚을 갚으라고 억지를 부리자 도깨비가 김부자에게 온 동네 똥을 몰아준다.

❖ 그림책 특징

똥이 더럽고 치워버려야만 하는 대상이 아니라 농사를 위한 자원이 됨을 알려 준다. 옛날에 책을 묶는 방식으로 그려진 표지를 보며 우리 전통의 멋을 느낄 수 있다.

❖ 읽어 주기

[읽어 주기 전]

- 제목과 표지를 보면서 어떤 내용이 나올지 상상하며 이야기 나눈다.

[읽어 준 후]

- 김부자와 돌쇠네의 마음, 행동 등을 비교해 보고 왜 도깨비가 이들을 다르게 대우해 주었는지 이야기를 나누어 본다.
- 읽어 주기 전에 예상했던 것과 내용이 어떻게 같거나 다른지 이야기 나눈다.

함께 읽으면 좋은 그림책

똥에 대한 그림책

『똥 도둑질』은 정월 초하룻날 첫 닭이 울 때 부잣집의 똥을 훔치면 부자가 된다는 평안북도의 옛 풍속을 소재로 한 그림책이다.

욕심 경계를 내용으로 하는 그림책

『도깨비감투』와 『빨간 부채 파란 부채』에는 『똥벼락』의 김부자처럼 욕심을 부리면 화를 입는다는 내용이 담겨 있다.

* 휴먼어린이, 2013
정해왕, 시공주니어, 2008 / 이상교, 심은숙, 시공주니어, 2006

재미마주, 2014

제 목 빨간 초코볼의 서울 여행

작 가 이호백, 이석연

내 용 초코볼 봉지를 뜯는 순간 초코볼 한 알이 떨어져 현관 밖으로 굴러간다. 초코볼은 길거리로 튀어 나오다 트럭 바퀴에 치여 수챗구멍으로 빠지기도 하고 플라스틱 빈 물병 위에 떨어진 채 하수도를 따라 한강으로 가기도 한다. 서울 여기저기 여행을 하다 누군가의 신발에 끼인 초코볼. 다음에는 어디로 가게 될지, 이야기는 궁금한 채로 끝이 난다.

❖ 그림책 특징

속표지에서부터 이야기가 시작된다. 초코볼이 서울 곳곳을 이동하며 서울의 랜드마크인 남산타워, 한강 유람선 등 상징물을 보여 준다. 서울의 모습을 사실적으로 보여 주고 마지막에는 질문을 하며 끝을 맺어 뒷이야기에 대한 궁금증을 자아낸다.

❖ 읽어 주기

[읽어 준 후]

- 이야기 속에 나온 곳을 가본 적이 있는지 이야기 나눈다.
- 신발에 낀 초코볼이 어디로 이동할지, 무엇을 보게 될지 상상해 보거나 뒷이야기를 지어 본다.
- 서울의 풍경이 나온 곳을 지도에서 찾아보거나 초코볼이 여행한 길을 따라 지도를 만들어 본다.

함께 읽으면 좋은 그림책

우리나라 지역에 대한 그림책

『동강의 아이들』과 『비무장 지대에 봄이 오면』은 우리나라의 다른 지역의 자연 풍경을, 『연이네 서울 나들이』, 『창덕궁』은 서울의 과거 모습에 초점을 두어 서울의 모습을 보여 주고 있어 『초코볼의 서울 나들이』와 풍경을 비교하며 읽어 볼 수 있다.

* 김재홍, 길벗어린이, 2000 / 사계절, 2010
책읽는곰, 2014 / 웅진주니어, 2008

책읽는곰, 2007

제 목 연이네 설맞이

작 가 우지영, 윤정주

내 용 연이네는 설을 맞아 새 옷을 짓고 차례 지낼 제수를 준비하고 설 음식을 만든다. 집을 깨끗이 청소하고 불을 밝힌 뒤 가족이 모여 새날이 밝기를 기다린다.

❖ 그림책 특징

설을 맞이하여 우리 조상이 어떻게 설을 준비하는지 전통적인 설 풍속을 상세히 보여 준다. 정감 가는 귀여운 등장인물의 모습이 읽는 재미를 주며, 옛날 우리나라의 생활상을 그림을 통해 엿볼 수 있다.

❖ 읽어 주기

[읽어 준 후]

- 설을 맞이하며 가족이 하는 윷놀이를 교구로 내 준다.
- 설날을 지내 본 자신의 경험을 연이네와 비교해 본다.
- 설에 할 수 있는 놀이, 음식 등 우리 고유의 풍습에 대해 알아본다.

함께 읽으면 좋은 그림책

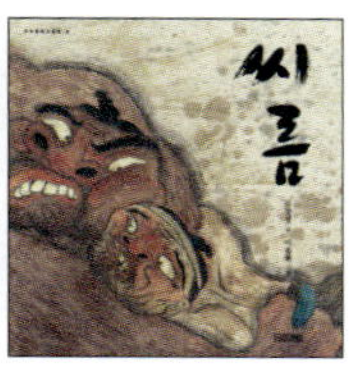

명절에 대한 그림책

『달집 태우기』는 정월대보름, 『솔이의 추석 이야기』는 추석, 『씨름』은 단옷날을 지내는 모습을 담고 있다. 우리나라 세시풍속의 다양한 놀이나 풍습을 보여 준다.

우리 문화에 대한 그림책

『사시사철 우리 놀이 우리 문화』는 우리나라 세시풍속과 절기에 맞춰 먹는 음식, 놀이 등을 보여 준다.

* 현북스, 2015 / 이억배, 길벗어린이, 1995 / 사계절, 2007
한솔수북, 2006

국민서관, 2004

제 목 해님달님

작 가 송재찬, 이종미

내 용 호랑이는 엄마를 잡아먹은 후, 엄마로 변장하여 오누이를 잡아 먹으러 온다. 오누이는 변장한 호랑이가 엄마가 아님을 알고, 재치 있게 물리치고 하늘로 올라가 해와 달이 된다.

❖ 그림책 특징

무서운 이야기 내용에 비해 배경이나 세부 묘사를 생략하여 그림을 단순화하고 상징적으로 표현함으로써 유아들이 보기에 그다지 무리가 없으며, 아이 입장에서 상상할 수 있는 여지를 남겨 두었다.

❖ 읽어 주기

[읽어 주기 전]

- 표지를 보면서 이야기를 상상해 본다.

[읽어 주는 동안]

- 어느 부분이 가장 기억에 남는지, 바꿔보고 싶은 부분이 있는지 이야기 나눈다.

함께 읽으면 좋은 그림책

우리 옛이야기의 호랑이

『줄줄이 꿴 호랑이』, 『호랑이와 곶감』, 『팥죽 할머니와 호랑이』는 우리나라의 옛이야기 중 호랑이를 소재로 한 그림책으로 호랑이의 익살스러운 모습과 해학을 감상할 수 있다. 그림책 속 호랑이는 한 편으로는 힘 있고 두려운 대상이면서 다른 한 편으로는 쉽게 속아 넘어가는 어리석은 존재로 표현되기도 한다.

우리 노래를 소재로 한 그림책

『께롱께롱 놀이 노래』는 옛날에 놀면서 부르던 노래를 모은 그림책으로 흥겨운 우리 가락을 감상할 수 있다.

* 사계절, 2005 / 국민서관, 2004 / 보림, 1997
보리, 2008

9) 세계 여러 나라

세계화 시대를 살아가는 유아는 어렸을 때부터 직·간접적인 경험을 통해 세계 여러 나라에 관심을 가진다. 세계 시민으로 성장하기 위해 필요한 소양과 역량을 기르기 위해 생활주제 〈세계 여러 나라〉에는 '세계 여러 나라 사람들의 생활', '세계 여러 나라의 문화유산', '세계 여러 나라와의 교류', '세계의 자연과 사회 현상'의 소주제가 포함된다. 누리과정의 사회관계 영역 '세계와 여러 문화에 관심 가지기'와 직접적으로 연계되었다.

4세는 생활주제 〈세계 여러 나라〉를 다루는 동안, 세계 여러 나라 사람들의 생활 모습, 풍습, 예술, 경제 활동, 스포츠 등을 알아보거나 경험함으로써 세계에 관심을 가지도록 한다. 또한, 지구촌 사회에서 벌어지는 사건이나 현상을 공동의 문제로 보고 자연 보호, 자연 재해, 여러 나라의 협력과 지원 등에도 유아가 관심을 가지도록 한다. 특히, 4세는 고정관념이 내면화되는 시기이므로 특정 경험에 대해 두려움을 느낄 수 있다. 따라서 세계 여러 나라에 대하여 지도할 때에는 유아에게 친숙한 경험으로부터 다양한 경험으로 확대하는 방식을 취한다. 단순히 세계 여러 나라에 대한 지식이나 정보 위주의 활동보다는 반편견과 다양성을 존중하는 다문화 교육을 강조한다.

4세를 위해 그림책을 제시할 때에는 세계 여러 나라의 다양한 옛이야기를 감상함으로써 이야기의 즐거움과 재미를 느낄 수 있도록 하는 것이 좋다. 또한, 세계 여러 나라의 다양한 의·식·주 생활에 대한 정보가 담겨 있는 그림책을 제공한다.

열린어린이, 2005

제 목 거미 아난시

작 가 제럴드 맥더멋 / 윤인웅

내 용 아난시에게는 여섯 아들이 있다. 큰아들은 '큰일 났다', 둘째는 '길 내기', 셋째는 '강물 다 마셔', 넷째는 '먹이감 손질', 다섯째는 '돌 던져', 여섯째는 '방석'이다. 어느 날 길을 떠난 아난시가 죽을 위기에 처하자 여섯 아들들이 각자 능력을 발휘하고 힘을 합쳐 아빠를 구한다. 아난시는 길에서 주운 빛나는 구슬로 보답하고 싶어 했으나 어느 한 아들에게 줄 수 없어 그것을 신에게 맡긴다. 아직 어느 아들에게 주어야 할지 정해지지 않아 그것은 하늘에 그대로 있는데, 그것이 바로 달이라고 한다.

❖ 그림책 특징

아프리카 아샨티의 옛이야기를 바탕으로 한 이 그림책은 아프리카 전통 문양을 살려 그림으로 표현하고 운율을 살려 리듬감 있는 글로 구성하였다. 기하학적 모양으로 표현된 아난시의 얼굴 표정이 재미있다.

❖ 읽어 주기

[읽어 주기 전]

- 아프리타 아샨티 부족에서 전해 내려오는 옛날이야기임을 알려 준다.

[읽어 주는 동안]

- 아들이 차례로 나와 아난시를 구해주는 장면에서 아들의 이름과 연관 지어 아난시를 구하는데 아들이 어떻게 행동할지 예측해 보게 한다.

함께 읽으면 좋은 그림책

동일 작가의 그림책

『빛을 가져온 갈까마귀』는 북서태평양에서 알래스카에 이르는 곳에 사는 원주민 신화를 소재로 하였으며, 『태양으로 날아간 화살』은 뉴멕시코의 푸에블로 인디언 설화를 소재로 하였다.

다른 나라의 옛이야기 그림책

『용감무쌍 염소 삼 형제』는 노르웨이의 옛이야기로 괴물에게 잡아먹힐 뻔했지만 지혜와 용기로 위기에서 벗어난 염소 삼 형제에 대한 그림책이다.

* 열린어린이, 2011 / 제럴드 멕너덧, 김명숙 역, 시공주니어, 1996
아스비에른센, 모에, 마샤 브라운, 김기택 역, (주)비룡소, 2008

논장, 2009

제 목	누구 발일까?
작 가	정해영
내 용	다양한 신발의 종류와 여러 나라의 신발을 보여 준다. 각국의 신발 모양과 기능과 함께 세계의 풍습, 문화 등을 함께 알려 준다.

❖ 그림책 특징

신발의 기능, 특징을 보여 주고 누구 발인지 질문을 하고 다음 장에서 신발의 모양, 특징, 유래 등을 설명해 주는 정보 그림책이다. 신발을 설명할 때 달각달각, 뽀드득뽀드득, 사뿐사뿐, 사각사각, 폭신폭신, 알록달록 등 여러 가지 의성어와 의태어를 포함시켜 신발의 특징을 재미있게 알려 준다.

❖ 읽어 주기

[읽어 준 후]

- 우리나라에는 어떤 전통 신발이 있는지 알아 본다.
- 내 신발의 종류를 조사해 보고 어떤 기능이 있는지 알아본다.

함께 읽으면 좋은 그림책

세계의 신발, 우리의 신발을 소재로 한 그림책

『무엇을 할까?』와 『뚜벅뚜벅 우리 신』은 다양한 신발의 종류와 기능에 대해 보여 주는 그림책이다. 『누구 발일까?』는 세계의 다양한 신발을 보여 준다면, 이 두 권은 신발의 기능에 좀 더 초점을 둔 그림책이다.

신발을 소재로 한 그림책

『노란 장화』는 화면 전체가 노란색, 파란색처럼 원색으로 그려져 있어 밝은 느낌을 준다. 비슷한 모양의 사물 사이에 노란 장화를 숨겨 놓아 그것을 찾으며 읽는 재미를 준다.

* 논장, 2011 / 보림, 2012
반달(킨더랜드), 2015

보림, 2004

제 목	곰 세 마리
작 가	폴 갤돈 /허은실
내 용	금발머리 여자아이는 곰 세 마리가 산책을 나간 사이에 그들의 집에 몰래 들어간다. 여자아이는 곰 세 마리의 죽을 차례로 먹어보다가 그 중 가장 작은 곰의 죽을 다 먹어버렸고, 세 의자에 앉다가 가장 작은 곰의 의자를 망가뜨렸으며, 침대에 누워보다가 가장 작은 곰의 침대에서 잠이 든다. 집으로 돌아온 곰 세 마리는 침대에서 자고 있는 여자아이를 발견한다.

❖ 그림책 특징

등장하는 곰 세 마리를 아빠 곰, 엄마 곰, 아기 곰이라 칭하지 않고 커다랗고 커다란 곰, 크지도 작지도 않은 곰, 조그맣고 조그만 곰으로 칭하고 그릇이나 의자, 침대 같은 그들의 물건 그림도 곰들의 몸집 크기에 따라 다르게 그렸다. 각각의 곰이나 물건을 지칭할 때도 해당 글자 크기를 다르게 적어 세 등장인물들을 분명하게 크기로 특징짓고 있다. 사물의 크기, 소유에 대한 개념을 알 수 있으며, 그림이 화사하고 생동감이 있다.

❖ 읽어 주기

[읽어 주는 동안]

- 곰 세 마리가 산책을 다녀온 후 집에 들어갈 때, 긴장감을 느낄 수 있게 한 템포 쉬었다가 읽어 준다.

[읽어 준 후]

- 여자아이가 달아나 버린 후의 뒷이야기를 지어 본다.

함께 읽으면 좋은 그림책

같은 이야기, 다른 작가 그림책

『곰 세 마리가 한집에 있어』는 북극 버전으로, 『나와 너』는 현대적 시각으로 영국의 옛이야기인 『금발머리와 곰 세 마리』를 표현한 그림책이다. 폴 갤돈의 『곰 세 마리』와 비교해 가며 읽어 본다.

* 문학동네어린이, 2008 / 웅진주니어, 2010

보림, 1996

제 목 바다 건너 저쪽

작 가 고미 타로 /정근

내 용 한 아이가 바다 건너 저쪽에 무엇이 있을지 궁금해 하고 동경한다. 배도 많고 아이들도 많고 놀이기구나 여러 동물도 있을 것이라고 추측하며 바다 건너 저쪽을 바라본다.

❖ 그림책 특징

간결한 글 내용을 그림이 보완해서 보여 준다. 본텍스트에서는 표지의 아이처럼 뒷모습만 그려진 아이가 건너편을 바라보며 상상하는 내용이 양쪽 펼침면에 그려져 있다.

❖ 읽어 주기

[읽어 준 후]

- 등장인물처럼 바다 건너편에 무엇이 있을지 상상해 본다.
- 마지막 장면에 이어 뒷이야기를 지어본다.

함께 읽으면 좋은 그림책

다른 나라에 대한 그림책
『와! 신나는 세계 여행』은 독특한 색감의 판화 그림을 통해, 『할머니의 선물』은 점토로 빚어 만든 그림을 통해 세계 곳곳의 풍물이나 물건을 소개하는 그림책이다.

다른 나라 사람과 풍습을 소재로 한 그림책
『온 세상 사람들』은 알록달록 화려하고 생동감 넘치는 그림으로 다양한 인종의 다양한 문화를 보여 주며, 『겁쟁이 빌리』는 중앙아메리카의 과테말라 인디언들에게 전해 내려오는 걱정 인형을 소재로 아이의 불안한 심리를 보여 준다.

* 책내음, 2012 / 사계절, 2000
피터 스피어, 이원경 역, (주)비룡소, 2009 / 앤서니 브라운, 김경미 역, (주)비룡소, 2006

10) 환경과 생활

환경은 인간의 생활에 영향을 미치는 한편 인간에 의해 만들어진다. 따라서 유아는 주변 환경을 탐색하고 적응하고, 사회생활에 필요한 기초지식을 익히며 환경을 보전하고 주도적으로 구성하는 역할을 하게 된다. 생활주제 〈환경과 생활〉은 현대사회에서 강조되는 글로벌 세계시민교육과 경제와 환경이 조화를 이루는 녹색 성장교육에 대한 내용을 다룬다. 유아들은 생활주제 〈환경과 생활〉에서 물, 돌, 흙, 바람, 공기, 빛, 소리의 자연 환경적 요소를 경험하고 그 특성과 변화에 관심을 가지며, 자연과 인간의 관계를 소중히 여기고 잘 보존하려는 태도를 익힌다. 〈환경과 생활〉은 자연물을 다루기 때문에 자연탐구에만 치우칠 수 있으므로 다른 생활주제와 연계하여 통합적으로 진행하는 것이 필요하다.

4세는 다른 연령과 공통적으로 '물과 우리 생활', '돌 · 흙과 우리 생활', '바람 · 공기와 우리 생활', '빛과 우리 생활', '소리와 우리 생활'을 소주제로 다룬다. 소주제로 물, 돌 · 흙 보호, 맑은 바람과 공기 만들기를 추가적으로 포함하여 4세 유아가 환경 요소와 관련된 문제에 대하여 해결과 실천을 경험하도록 한다.

4세를 위한 그림책은 비나 바람과 같이 자연현상을 다양하게 느끼고 탐색하는 내용의 것이 좋으며, 환경 문제를 쉽게 이해할 수 있도록 접근하여 유아들이 문제 해결 방법을 생각해보게 하는 것이 좋다.

보림, 2014

제 목	나무늘보가 사는 숲에서
작 가	아누크 부아로베르, 루이 리고 /이정주
내 용	푸르고 울창한 숲 속은 평화로웠다. 그런데 사람들이 나무들을 베자 새와 동물 모두 달아나 버리고 나무늘보만 남아 계속 잠을 잔다. 황폐해진 숲 속에 누군가 씨를 뿌리자 새싹이 돋아나고 숲이 다시 활기를 찾기 시작했다.

❖ 그림책 특징

입체 그림책으로, 나무에 매달려 사는 나무늘보를 장면마다 찾아보는 재미가 있다. 우리가 사는 터전과 자연, 동물은 모두 밀접한 관련이 있으며, 이들을 보호하는 것이 내가 잘 사는 것임을 알고 자연을 지키기 위해 무엇을 해야 할 지를 생각하게 한다.

❖ 읽어 주기

[읽어 주는 동안]

- 나무에 매달려 사는 나무늘보를 찾아보게 하며 유아를 읽기에 참여시킨다.
- 자느라 도망가지 못한 나무늘보는 어떻게 되었을지 상상하게 하며 읽어 준다.

[읽어 준 후]

- 자연을 보호하는 것이 왜 우리에게도 중요한 일인지 이야기 나눈다.
- 자연 보호를 위해 유아가 할 수 있는 일을 조사해 보고 실천 방안을 탐구해 본다.

함께 읽으면 좋은 그림책

자연 보호에 대한 그림책

『숲을 그냥 내버려 둬!』, 『책과 못된 나무』, 『불가사리는 어디로 갔을까?』, 『아마존 숲의 편지』는 산과 바다, 강 등 여러 곳에서 인간의 개발과 욕심으로 자연이 파괴되는 모습을 보여주며, 자연을 보호하고 지키는 것이 소중한 일임을 알려주는 그림책이다.

* 크레용하우스, 1998 / 브라이언 와일드 스미스, 리베카 와일드 스미스, 김선애 역, 시공주니어, 1997
사파리, 2016 / 해솔, 2009

내인생의책, 2010

제 목 민들레를 사랑한 기니피그 아삭이

작 가 샬럿 미들턴 / 서정숙

내 용 민들레 마을의 기니피그들은 민들레 먹는 걸 좋아한다. 어느 날 민들레는 동이 나버렸고, 이제 기니피그들은 민들레 대신 질긴 양배추를 먹을 수밖에 없다. 아삭이는 우연히 발견한 마지막 민들레를 먹고 싶지만, 꾹 참고 민들레가 꽃을 피우도록 열심히 키워낸다. 마침내 아삭이는 언덕에 올라 민들레 씨앗을 불어 마을 전체에 민들레가 가득 자라게 되었다.

❖ 그림책 특징

환경과 관련된 지속 가능한 생활을 위해 어떻게 해야 하는지 보여 주는 그림책이다. 지구를 아끼고 보호해야 하는 이유에 대한 설명보다는 아삭이의 행동을 통해 어떻게 실천할 수 있는지를 느낄 수 있다. 민들레 홀씨가 온 세상에 퍼지는 장면은 아삭이의 인내와 정성이 결실을 맺는 것을 표현한 감동적인 장면이다.

❖ 읽어 주기

[읽어 주는 동안]

- 아삭이가 하나 남은 민들레를 먹지 않고 참아내는 장면, 키워낸 민들레 씨앗을 불어 나눔을 보여 주는 장면은 시간을 두어 그림도 감상하고 생각을 나누며 읽어 준다.

[읽어 준 후]

- 앞으로 민들레가 가득한 마을을 유지하기 위해 해야 할 일에 대해 생각해 본다.
- 이후에 아삭이가 사는 마을에는 어떤 일이 일어날지 뒷이야기를 지어본다.

함께 읽으면 좋은 그림책

보존에 대한 그림책

『꽃섬』은 쓰레기로 망가진 섬이 꽃과 나무로 되살아나는 과정을 보여 주며, 『행복한 주스나무』는 개인의 욕심으로 공공의 물건이 낭비되는 모습을 담고 있다. 모두가 행복하기 위해서는 아삭이처럼 적절하게 사용하고 보존해야 함을 보여 주는 그림책이다.

동물과의 공존에 대한 그림책

『아기 오리들한테 길을 비켜 주세요』는 도시에서 오리 가족에게 길을 비켜주며 사람들이 동물을 아끼는 모습을 보여 준다.

* 웅진주니어, 2012 / 찰리북, 2011
로버트 맥클로스키, 이수연 역, 시공주니어, 1995

풀빛, 2001

제 목 바람이 멈출 때

작 가 샬로트 졸로토, 스테파노 비탈레 / 김경연

내 용 잘 자라는 인사를 하는 엄마에게 아이는 낮이 끝나는 이유, 바람이 멈추는 이유 등 다양한 자연 현상이 왜 끝나는지 질문한다. 엄마는 아이의 질문에 대해 하나하나 대답해주며, 세상 모든 것은 끝나는 게 아니라 다른 곳에서 다시 시작하는 것이라고 말해 준다.

❖ 그림책 특징

눈에 보이지 않는 일들에 대해 사라지거나 없어진다고 여기거나 다음에 무슨 일이 일어날 것인지에 대한 명확한 개념이나 이해가 부족한 유아의 호기심 어린 질문에 대해 엄마는 사라지거나 끝이 아니라 다른 시작임을 서정적이고 시적인 언어로 답해 준다. 아이는 질문을 하고 엄마는 이에 답을 해주는 문답 형식의 구조로 되어 있다.

❖ 읽어 주기

[읽어 주는 동안]

- 잔잔하고 부드러운 어조로 읽어 준다.

[읽어 준 후]

- 그림책 속 아이가 한 질문에 대해 유아와 이야기 나눈다.
- 자연 현상 중 궁금한 것에 대해 질문하고 답을 생각해 본다.

함께 읽으면 좋은 그림책

바람에 대한 그림책

『바람 부는 날』은 바람에 날아간 연을 잡으러 가는 아이의 모습을, 『빨간우산의 세상 여행』은 우산이 하늘을 날아 여행을 하면서 만나는 자연의 모습을 사실적으로 보여 준다. 『바람은 보이지 않아』는 앞이 보이지 않는 소년이 바람의 색을 물어보는 내용으로, 손으로 다양한 질감을 느끼며 보이지 않는 바람의 색이 무엇일지 상상하며 읽을 수 있는 그림책이다.

* 정순희, (주)비룡소, 1996 / 걸음동무, 2013 / 한울림어린이, 2015

(주)비룡소, 2011

제 목 야호, 비 온다!

작 가 피터 스피어 / (주)비룡소 편집부

내 용 두 아이가 마당에서 놀던 중 비가 내리자 집에 들어가 우비, 우산, 장화를 챙겨 입고 다시 밖으로 나온다. 비 오는 날은 모든 곳이 신나는 놀이터가 된다. 신나게 놀이한 두 아이는 집에 돌아가 목욕하고 마른 옷으로 갈아입고 하루를 마친다.

❖ 그림책 특징

비 오는 날의 풍경과 비 오는 날의 하루 일상을 잔잔하게 그려 마치 내가 경험했던 하루를 보는듯하다. 비에 젖은 바깥 세상의 정경이 수채화로 그려져 촉촉한 느낌이 잘 전달된다. 글 없는 그림책이라 유아와 장면에 대한 이야기를 자유롭게 나누며 읽어 준다.

❖ 읽어 주기

[읽어 준 후]

- 비가 오는 날, 밖에 나가 놀이를 해 본다.
- 창문이나 양철통 같은 곳에 빗물을 받으며 빗소리를 들어 본다.
- 물웅덩이를 첨벙거리거나 비 오는 날 만날 수 있는 동물을 찾아본다.

함께 읽으면 좋은 그림책

비에 대한 그림책

『비 오는 날 만나자』는 비 오는 날 만날 수 있는 동물과 풍경을 보여 주는 그림책이다. 『강』은 창밖으로 흐르는 강을 보면서 주변 풍경을 상상해 보는 소녀의 이야기로, 수채화 물감, 마커 펜, 잉크, 연필, 스캔한 직물과 컴퓨터 활용 등 다양한 기법으로 그려진 아름다운 그림을 감상할 수 있다.

* 한림출판사, 2001 / 키즈엠, 2015

봄봄, 2015

제 목 한밤의 선물

작 가 홍순미

내 용 시간은 새벽, 아침, 한낮, 저녁에게 빛으로 아름다운 색을 선물한다. 하지만 한밤은 아무것도 받지 못하였다. 한밤이 슬퍼하자 다른 친구들이 자신이 가진 것을 나누어 주고 한밤도 자신의 일부를 친구들에게 나누어 준다. 그러자 온 세상은 아름다워지고 예쁜 그림자가 생기게 된다.

❖ 그림책 특징

한국 전통의 오방색을 사용하고 한지를 뜯어 붙이는 기법으로 그림을 표현하여 한지의 결이 생생하게 드러나 포근한 느낌을 준다. 시간의 흐름에 따라 변하는 자연의 모습을 한지를 이용하여 섬세하고 아름답게 표현하였다.

❖ 읽어 주기

[읽어 주는 동안]

- 서정적인 그림을 충분히 감상할 수 있도록 천천히 책장을 넘기며 읽어 준다.
- 혼자서만 선물을 받지 못했을 때 한밤의 기분은 어땠을지 이야기를 나누어 본다.

[읽어 준 후]

- 빛과 어둠을 통해 다양한 모양의 그림자를 만들어 본다.
- 자기 전 한밤에 새벽, 아침, 한낮, 저녁이 준 선물을 찾아 본다.

함께 읽으면 좋은 그림책

밤에 대한 그림책

『힐드리드 할머니와 밤』과 『깜깜한 밤』은 어두운 밤을 등장인물이 어떻게 극복해 나가는지 보여 주며, 『한밤의 선물』에서처럼 낮에서 밤까지 풍경의 변화를 보여 준다. 『아빠, 달님을 따 주세요』는 보름달에서 초승달로 달의 모양이 변하는 것을 보여 준다. 보름달 부분은 접혀 있던 부분을 펼쳐 보름달을 입체적으로 느낄 수 있게 되어 있다. 『기묘한 왕복 여행』은 밤 동안 도시로 갔다가 돌아오는 길의 풍경을 흑백 그림에 담고 있다. 도시로 가는 여정은 앞표지로부터 책장을 넘기게 되어 있고 집으로 돌아오는 길의 풍경은 뒤표지로부터 책장을 넘기게 되어 있다.

* 첼리 두란 라이언, 아놀드 로벨, 정대련 역, 시공주니어, 1999 / 도로테 드 몽프레, 최윤정 역, 바람의아이들, 2009
(주)더큰컴퍼니, 2007 / 앤 조나스, 이지현 역, 미래엔 아이세움, 2003

11) 봄 · 여름 · 가을 · 겨울

계절은 유아가 살아가는 시공간적 배경으로, 유아는 우리나라에서 살아가는 동안 뚜렷한 날씨와 사계절의 변화를 겪기 때문에 계절의 특징에 대해 잘 이해하고 적합하게 살아가는 것이 필요하다. 생활주제 〈봄 · 여름 · 가을 · 겨울〉은 '봄', '여름', '가을', '겨울'을 각각 소주제로 다루고, 계절별로 날씨 알기, 풍경 즐기기, 계절 동안 지내는 방법에 대한 내용을 포함한다. 계절별로 특성이나 지속시간이 서로 다르므로 〈봄 · 여름 · 가을 · 겨울〉은 계절 변화를 고려하여 교육 시기를 달리할 수 있으며, 계절별로 독립된 생활주제로 전개하는 것이 바람직하다.

4세는 생활주제 〈봄 · 여름 · 가을 · 겨울〉을 다루는 동안, 3세에서 다루었던 계절별 소주제를 '날씨 느끼기'에서 '날씨 알기'로 심화시켜 다룬다. 또한, 계절에 따른 건강과 안전 수칙을 포함시켜 3세의 내용과 차별성을 두면서 5세의 내용과 연계시킨다. 특히, 4세 유아는 사계절을 체험한 경험을 바탕으로 이전 계절과 현재 계절을 비교하여 현재 계절의 특징, 계절을 잘 지내는 방법 등을 이해하게 된다.

4세를 위한 그림책은 비나 바람과 같이 기후 현상을 다양하게 느끼고 탐색하는 내용의 것이 좋다. 아름다운 계절의 풍경을 감상할 수 있는 그림책, 계절별 기온에 따라 다양하게 나타나는 곤충과 식물의 생태를 알아볼 수 있는 그림책을 제공한다. 음식 문화, 계절별 놀이 등 사람들이 계절별로 건강하고 안전하게 지내기 위해 알아야 할 생활 방식을 소개하는 책도 필요하다.

(1) 봄

보림큐비, 2007

제 목	수잔네의 봄
작 가	로트라우트 수잔네 베르너 / 윤혜정
내 용	봄바람이 부는 어느 봄날에 시골 마을, 시내 거리, 공원, 기차역 등에서 사람들이 제각각 자기가 맡은 일을 하고 있는 모습을 보여 준다.

❖ 그림책 특징

병풍 형태로 된 그림책으로, 4미터 길이의 책을 펼치면 그림을 한 눈에 볼 수 있다. 한 독일마을 사람들의 일상생활 모습을 글자 없이 세밀하게 묘사하고 있다.

❖ 읽어 주기

[읽어 주는 동안]

- 글자 없이 봄날의 일상생활을 보여 주고 있어서 사람들이 무엇을 하고 있는지, 봄을 느낄 수 있는 부분이 어디인지 찾아보게 한다.

[읽어 준 후]

- 배경처럼 책을 펼쳐 세워놓고 인형이나 집, 자동차 등의 소품을 준비해주어 이야기를 꾸며가며 놀이를 해 본다.

함께 읽으면 좋은 그림책

봄에 대한 그림책

『페르디의 봄 동산』과 『봄을 찾은 할아버지』, 『봄이다!』는 날씨의 변화와 식물의 싹틈, 활짝 핀 꽃으로 봄의 모습을 보여 준다.

병풍책

『어제저녁』은 『수잔네의 봄』처럼 병풍처럼 펼쳐서 읽는 그림책이다. 일반적인 책의 모양과 다른 방식으로 책을 읽을 수 있어 유아의 흥미와 상상력을 일깨울 수 있다.

* 느림보, 2010 / 한림출판사, 2011 / 열린책들(별천지), 2012
책읽는곰, 2014

한울림어린이, 2007

제 목	톡, 씨앗이 터졌다
작 가	곤도 구미코 / 햇살과 나무꾼
내 용	꼬투리에 가득 찬 씨앗은 봄에 싹을 틔우고 바람, 동물, 사람에 의해 멀리 세상으로 퍼져 나간다. 씨앗들은 새로 찾은 보금자리에서 여름, 가을과 겨울을 보내고 봄이 오면 다시 예쁜 싹을 틔운다.

❖ 그림책 특징

화사한 봄꽃들이 활짝 피어 양쪽 펼침면 가득 그려져 있어서 마치 꽃밭 속에 들어가 있는 듯한 느낌을 준다. 앞면지에는 여러 가지 꽃이, 뒷면지에는 그 꽃의 씨앗이 그려져 있고 식물은 매우 사실적이며 세밀하게 그려져 있어서 식물도감처럼 활용할 수 있다.

❖ 읽어 주기

[읽어 주는 동안]

- 여러 씨앗의 생김새를 관찰하며 볼 수 있도록 그림을 천천히 볼 시간을 주며 읽어 준다.

[읽어 준 후]

- 주변에서 볼 수 있는 여러 종류의 씨앗을 비교 관찰해 본다.
- 직접 밖으로 나가 씨앗을 수집해 본다.

함께 읽으면 좋은 그림책

봄에 대한 그림책

『겨울눈아 봄꽃들아』, 『살랑살랑 봄바람이 인사해요』, 『할머니, 어디 가요? 쑥 뜯으러 간다!』는 추운 겨울을 이겨내고 새싹과 꽃을 피우는 나무와 풀이 자라난 산과 들의 봄 풍경을 보여 주는 그림책이다.

* 한림출판사, 2008 / 김은경, 시공주니어, 2014 / 보리, 2009

(2) 여름

반달(킨더랜드), 2015

제 목	맴
작 가	장현정
내 용	매미의 일대기를 여름철 다양한 풍경과 함께 보여 준다.

❖ 그림책 특징

눈에 보이지 않지만 매미의 울음소리가 여름임을 알려 준다. 매미 소리, 도시의 소음, 바람 소리 등 몇 개의 의성어 이외에 글자는 없으며, 그림을 통해 이야기가 진행된다. 시뻘겋게 익은 사람들의 얼굴과 여름 햇살에 녹아내리듯 표현된 그림들을 통해서 여름날의 무더움이 잘 느껴진다.

❖ 읽어 주기

[읽어 주는 동안]

- 매미의 울음 소리 외에는 거의 글자가 없기 때문에 그림을 읽으며 그림에서 느껴지는 느낌을 이야기 나누며 내용을 구성해 본다.

[읽어 준 후]

- 매미 소리, 매미를 본 경험을 이야기 나눈다.
- 매미의 일대기를 다룬 정보책들을 통해 매미에 대해 알아본다
- 더운 여름철 날씨를 대하는 여러 가지 방법을 조사해 본다.

함께 읽으면 좋은 그림책

매미에 대한 그림책

『일곱 번째 생일』, 『맴맴 매미의 한살이』는 여름에만 볼 수 있는 매미의 생태를 보여 주는 그림책이다.

* 이형진, 시공주니어, 2011 / 도쿠다 유키히사, 다카하시 키요시, 고향옥 역, (주)비룡소, 2007

(주)비룡소, 2009

제 목 파도야 놀자

작 가 이수지

내 용 한 소녀가 바닷가에 놀러 간다. 하얀 거품을 일으키며 밀려오는 파도를 본 소녀는 처음에는 무서워하며 피한다. 그러다 소녀는 파도에 겁을 주기도 하고 파도에게 장난을 걸며 파도와 하나가 되어 놀이를 하게 된다.

❖ 그림책 특징

유아와 이야기를 붙이며 읽을 수 있는 글자 없는 그림책이다. 왼쪽은 아이가 머무는 현실 세계를, 오른쪽은 아이가 가고 싶어 하면서도 선불리 건너가지 않는 파도의 세계, 환상의 세계를 나타낸다. 아이는 결국 오른쪽의 환상의 세계로 가서 파도와 하나가 되어 놀이를 한다. 그런 후 아이는 파도의 파란색을 몸에 담은 채 생기발랄해져서 현실 세계로 돌아온다. 앞면지에는 회색 모래밭이, 뒷면지에는 모래밭 위에 아이 마음속에 새겨졌을 추억과도 같은 파란색의 조개껍데기 무늬가 그려져 있다.

❖ 읽어 주기

[읽어 주는 동안]

- 글이 없기 때문에 아이가 어떤 표정인지, 어떤 마음일지, 파도의 모양은 어떤지 등 그림에 관심을 기울이게 하여 유아가 직접 이야기를 만들어 보게 한다.

[읽어 준 후]

- 바다에 가 본 경험, 파도가 치는 모습을 본 경험을 공유해 본다.
- 파도가 그려진 명화, 사진 등 다른 매체에서 표현된 파도를 비교해 본다.
- 파도가 일렁이는 영상을 배경으로 유아가 그림책 속 소녀처럼 바닷가에서 놀이하는 모습을 동작으로 표현해 본다.

함께 읽으면 좋은 그림책

여름 바다에 대한 그림책
『파도가 바닷가에 남긴 것』에 그려진 바다나 파도의 그림을 『파도야 놀자』와 비교해 볼 수 있으며, 여름철 바닷가에서 할 수 있는 여러 가지 놀이를 알 수 있다.

여름휴가에 대한 그림책
『건물들이 휴가를 갔어요』와 『여름 휴가』는 더운 여름을 건강하게 보내는 방법으로 여름휴가를 보내는 의미를 알 수 있게 해 주는 그림책이다.

* 키즈엠, 2015
느림보, 2011 / 국민서관, 2010

(3) 가을

느림보, 2008

제 목	페르디의 가을 나무
작 가	줄리아 로린슨, 티파니 비키 / 선우미정
내 용	가을이 되어 푸른 나뭇잎들이 떨어지자 페르디는 나무가 병에 걸린 줄 알고 걱정한다. 떨어지는 나뭇잎을 나무에 붙여보기도 하지만 소용이 없다. 마지막 남은 나뭇잎마저 떨어지자 페르디는 그 나뭇잎을 주워 집으로 돌아간다. 다음 날 외롭게 혼자 남은 나무가 걱정되어 찾아갔는데 놀랍게도 밤새 고드름이 나뭇가지에 달려 아름다운 모습으로 변해 있었다.

❖ 그림책 특징

크레파스의 질감과 수채화 물감의 번짐이 조화롭게 어우러져 가을의 아름다운 풍경을 감상할 수 있다. 시간의 흐름에 따라 나무가 어떻게 달라지는지를 자연스럽게 알게 해 준다.

❖ 읽어 주기

[읽어 주는 동안]

- 가을 풍경을 감상할 수 있게 책장을 천천히 넘기며 읽어 준다.

[읽어 준 후]

- 산책을 통해 가을의 정취를 느껴 보고 떨어진 나뭇잎을 가지고 미술 활동이나 감각 탐색 활동을 해 본다.

함께 읽으면 좋은 그림책

가을에 대한 그림책

『가을을 만났어요』, 『숲 속의 숨바꼭질』은 가을의 풍경을 보여 주는 그림책이며, 『대추 한 알』은 동시로, 대추가 영글어 가는 과정을 보여줌으로써 가을 열매가 맺기까지 자연과 많은 사람의 노력이 필요했음을 알게 해 준다.

낙엽에 대한 그림책

『가랑잎 대소동』은 페르디처럼, 떨어지는 나뭇잎을 안타까워하며 나무에 붙여주려는 청설모가 등장하는 그림책이다.

* 보림, 2002 / 한림출판사, 2000 / 이야기꽃, 2015
조너선 에메트, 캐롤라인 제인 처치 / 신형건, 보물창고, 2011

(4) 겨울

북스토리아이, 2015

제 목	눈이 그치면
작 가	사카이 고마코 / 김영주
내 용	밤새 내린 눈 때문에 온 세상이 하얗게 변해 버린다. 눈이 너무 많이 와 놀러 나갈 수도 없고, 출장 간 아빠도 눈이 그쳐야 올 수 있다고 한다. 그러자 아기 토끼는 눈이 빨리 그쳐 아빠가 돌아오길, 밖에 나가 신나게 놀 수 있게 되길 간절히 바라며 창밖을 바라본다.

❖ 그림책 특징

눈 내리는 어느 날 아기 토끼의 하루를 잔잔하게 그려내고 있다. 부드럽고 따스한 느낌의 그림은 사랑스러운 아기 토끼의 모습과 잘 어울린다. 눈이 그치면 밖에 나가 신나게 놀고 싶다는 아기 토끼의 간절한 마음은 아이들의 마음을 대변해 준다.

❖ 읽어 주기

[읽어 주기 전]

- 제목을 보고 무슨 일이 일어날지, 창밖을 쳐다보는 토끼가 어떤 생각을 하고 있을지 상상해 본다.

[읽어 주는 동안]

- 밖에 나가지 못하는 아기 토끼의 마음이 어떨지 상상해 본다.
- 눈이 멈추고 밖에 나가게 되었을 때 어떤 놀이를 하고 싶은지 상상하며 뒷이야기를 짓는다.

함께 읽으면 좋은 그림책

눈에 대한 그림책

『겨울 할머니』는 눈이 내리는 이유를 문학적 상상력으로 표현하고 있으며, 『세상에서 눈이 제일 좋아』는 춥지만 즐거운 놀이를 하면서 겨울을 즐겁게 보내는 아이들의 모습을 보여 준다.

* 느림보, 2003 / 국민서관, 2008

시공주니어, 1997

제 목 크리스마스 선물

작 가 존 버닝햄 /이주령

내 용 산타 할아버지는 선물 전달을 마치고 집에 돌아가 쉬려는 순간에 선물을 주지 않은 한 아이를 떠올린다. 속상해할 아이를 위해 다시 선물을 전달하려고 하지만 순록이 너무 지쳐 움직일 수 없었다. 그러자 산타 할아버지는 오토바이, 스키, 자일 등을 갈아타고 가서 마지막 선물을 어렵게 전달한다.

❖ 그림책 특징

한 아이에게 선물 주는 것을 잊어버렸다가 뒤늦게 선물을 주기 위해 허둥대는 산타 할아버지의 모습, 순록 대신 현대의 다양한 교통수단을 이용하여 선물을 주는 내용이 재미와 웃음을 준다. 글 내용이 다소 긴 편이나 이동하는 도중에 교통수단을 빌려 타는 이야기가 반복되므로 어렵지 않게 읽을 수 있다.

❖ 읽어 주기

[읽어 주는 동안]

- 산타 할아버지에게 선물을 받지 못한 아이의 마음을 짐작해 본다.
- 순록이 지쳐있는 다음 장면에서 어떤 일이 일어날지 예상해 본다.
- 어렵게 전달한 선물은 무엇일지 상상해 보며 마지막 장면을 보여 준다.

[읽어 준 후]

- 선물을 받은 아이를 대신하여 산타 할아버지에게 하고 싶은 말, 그림책을 본 소감 등을 편지로 써 본다.
- 선물을 배달하러 가는 길에 이용한 교통수단, 길 등을 표현한 이야기 지도를 만들어 본다.

함께 읽으면 좋은 그림책

크리스마스에 대한 그림책

『한밤중의 눈사람』, 『있잖아요, 산타 마을에서는요…』는 산타 할아버지를 소재로 한 그림책이다. 『메리 크리스마스, 늑대 아저씨!』는 따뜻한 마음을 주고받을 때 더 행복한 크리스마스를 느낄 수 있다는 것을 보여 준다.

* 북스토리아이, 2015 / 가노 준코, 고향옥 역, 길벗어린이, 1999 / 미야니시 타츠야, 이선아 역, 시공사, 2002

재미마주, 1998

제 목 손 큰 할머니의 만두 만들기

작 가 채인선, 이억배

내 용 음식을 많이 하는 손이 큰 할머니는 숲 속 동물들과 함께 먹을 만두를 빚는다. 몇 날 며칠 동안 동물들과 만두를 빚지만 좀처럼 끝나지 않자 동물들이 불평을 한다. 할머니는 남은 만두소로 아주 커다란 만두를 만들어 동물들과 나누어 먹는다.

❖ 그림책 특징

한국의 전통 민화풍으로 그려진 그림책이다. 할머니 집에는 부뚜막과 아궁이가 있어 옛날 우리나라의 생활 풍습도 엿볼 수 있으며, 뒤표지에 동물들이 만두를 싸서 돌아가는 모습이 담겨 있어 정겨운 느낌이 든다.

❖ 읽어 주기

[읽어 준 후]

- 다른 사람과 나누고 베풀며 사는 것에 대한 이야기를 나누어 볼 수 있다.
- 실제로 그림을 협동하여 그려보거나 큰 빵이나 전을 간식으로 나누어 먹어보는 등 유아가 다른 사람과 나누어 보는 경험을 해본다.

함께 읽으면 좋은 그림책

겨울 숲에 대한 그림책

『겨울 숲 친구들을 만나요』, 『헨리에타의 첫 겨울』은 겨울 숲 속 풍경을 배경으로 동물과 사람들이 어떻게 추운 겨울을 지내는지 보여 준다. 『장갑나무』는 겨울에 사용하는 장갑을 소재로 한 그림책으로, 할머니가 나무에 장식으로 씌워둔 장갑들을 동물들이 저마다 다르게 유용하게 활용하는 모습이 담겨 있다.

* 이은선, 시공주니어, 2014 / 롭 루이스, 정해왕 역, (주)비룡소, 1996 / 웅진주니어, 2014

제 11 장

5세반

01 그림책과 읽어 주기

1) 그림책의 의미

만 5세 유아는 옛이야기 그림책, 사실 그림책, 환상 그림책, 정보 그림책, 동시 그림책 등 다양한 장르의 구조와 특징을 이해한다(박진희, 권민균, 2010). 예를 들면, "저건 아이의 상상이에요.", "결국 행복하게 잘살게 될 거예요."와 같이 환상 그림책이나 옛이야기의 구조나 특징에 대한 이해에 기초한 반응도 가능하다. 그림책을 읽고 각 유아가 처한 상황이나 배경에 따라 의미를 구성하며, 또래 유아들과 공동으로 의미를 재구성한다. 같은 그림책을 두고 또래 간 토의를 통해 자신의 생각이나 해석을 수정 또는 확장하기도 한다.

2) 그림책 선정 기준

(1) 다양한 또래관계를 볼 수 있는 그림책

또래는 이 시기의 유아에게 중요한 대인 관계 대상으로, 또래의 지지적 반응이나 우정은 유아의 자존감을 향상시키고 중요한 인간관계 기술을 배우는 데 중요한 역할을 한다. 나와 다른 성격과 기질을 가지고 있더라도 함께 협력하고 놀이하며 느끼는 즐거움이 크다는 것과 또래와의 관계에서 필요한 사회적 기술을 다룬 그림책은 이 시기의 유아의 또래관계에 도움이 될 수 있다. 『누가 토플을 달래줄까요?』에는 두려움을 가진 주인공이 자신보다 더 작고 외로움을 느끼는 친구에게 도움을 주는 내용으로 이런 이야기는 유아가 배려, 위로, 돕기 등 이타심을 키우는 데 도움이 된다(McGowan, 1987). 『세 친구』, 『아모스와 보리스』와 같은 그림책들은 다른 성격과 배경을 가진 등장인물이 어떻게 서로 의견을 주고받으며 우정을 나누는지를 보여 준다.

(2) 위기 상황에 대한 그림책

애완동물 또는 가까운 가족의 죽음이나 병으로 인해 유아는 걱정, 불안, 우울 등 부정적인 정서를 경험한다. 『할머니가 남긴 선물』, 『오른발, 왼발』은 아픈 가족을 어떻게 받아들이는지 담담히 그려낸다. 현실 세계의 무거운 주제를 다루는 것이 쉽지는 않지만 그렇다고 전혀 다루지 않게 될 경우, 유아가 현실에서 맞닥뜨리는 어려움을 해결하기 어렵다. 따라서 그림책 등장인물의 이야기를 빌어 생각해 보고 유아의 감정을 적절하게 표현하도록 돕는 것이 필요하다.

(3) 사회적 이슈를 담은 그림책

유아도 흥미와 발달 수준에 적합한 환경, 경제 등 사회적 이슈에 관심을 가진다. 『로드킬, 우리 길이 없어졌어요』, 『용이 사는 섬, 코모도』와 같이 환경 개발과 관련하여 동물의 입장에서 생각해보는 책은 사회 구성원으로서 유아에게 사회에서 벌어지는 심각한 문제를 주체적으로 생각할 수 있도록 한다.

(4) 토론, 토의가 가능한 그림책

갈등 상황에 대하여 설득하고 타협하는 경험을 통해 문제 해결능력이 발달하는 시기이므로 유아가 경험 가능하거나 이해할 수 있는 문제를 중심으로 토론, 토의를 이끌어내는 책을 제공하는 것이 좋다. 예를 들어, 『샌지와 빵집 주인』이나 『종이 봉지 공주』 같은 책은 각 인물이 처한 문제 상황에서 유아가 다양하게 의견을 제시하기에 좋다. 또한, 『코끼리 아저씨와 100개의 물방울』이나 『마음을 지켜라! 뿡가맨』은 유아 수준에서 인물의 상황, 입장을 이해하여 적절한 문제 해결방법을 모색하도록 돕는다.

(5) 상호텍스트적 관련짓기를 돕는 그림책

유아의 인지적 이해 수준이 높아짐에 따라 다른 이야기 간에 관련짓기, 즉 상호텍스트적 관련을 지을 수 있도록 하는 것이 필요하다. 예를 들어, 한 가지 이야기를 다양한 방식으로 변형한 그림책, 『늑대가 들려주는 아기 돼지 삼 형제 이야기』와 『아기 늑대 세 마리와 못된 돼지』에 등장하는 늑대의 성격을 분석하여 등장인물에 대한 이해를 돕거나 이야기에 대한 관점을 확장시키도록 한다.

3) 그림책 읽어 주기

- 유아와 그림책뿐만 아니라 유아와 유아 사이의 활발한 상호교류가 일어나 유아들이 서로의 해석에 의해 영향을 받을 수 있도록 도와준다 그림책의 특정 주제를 중심으로 토의나 토론을 하면서 자신의 해석을 수정하도록 돕고, 다른 사람의 해석과 비교하면서 마음속에 그림책 내용이 새롭게 자리 잡도록

도와야 한다.

- 현재 읽는 그림책과 배경, 인물, 플롯 등과 관련 있는 다른 그림책들을 읽어 주어 유아가 다른 텍스트와 관련지어 의미를 재구성하는 상호텍스트적 반응을 활발하게 할 기회를 주어야 한다. 특히, 연령이 높아질수록 그림 읽기를 가볍게 다루는 경향이 있는데, 그림을 읽고 말과 글로 재표상하고, 세부적인 묘사나 내용을 살펴보면서 놓친 단서는 없는지 그림을 자세히 보도록 한다.
- 이 시기 유아는 또래관계에서 상호작용 경험이 축적되어 가므로 타인 이해 능력이 발달한다. 인지발달을 통해 자신만의 도덕적 기준, 가치관, 원칙 등을 내면화하고, 그림책 속 등장인물의 행위에 대한 도덕적 관점이 명확해지는 시기이다. 연령이 많아질수록 인물의 행동을 이야기의 맥락과 연결하여 해석하는 경향을 보인다. 교사는 유아가 등장인물의 마음으로 상황을 바라보며, 등장인물의 관점에서 도덕적 판단을 시도해 보도록 안내한다. 또한, 그림책 속 갈등에 대해 대안을 제시하거나, 나 같으면 어떻게 할지 생각해 보고 그림책의 인물에 대해 평가를 해보게 한다.
- 상호텍스트성, 패러디, 메타픽션과 같은 특성을 포함하는 포스트모던 그림책은 유아에게 어떻게 읽어야 하는지 정해진 방법을 제시하지 않으면서 유아가 놀이하듯 능동적으로 앞으로 갔다 뒤로 갔다 하면서 인물들을 대변하고 질문을 제기하며, 새로운 문학적 해석을 만들어내게 하며, 비판적 대화와 논쟁을 하게 한다(McGuire, Belfatti, & Ghiso, 2008). 포스트모던 그림책을 읽어 줄 때는 전통적인 그림책을 읽어 줄 때보다 유아의 상상력, 성향, 이전 경험을 바탕으로 그림책의 새로운 자극을 적극적으로 탐색하고, 인지적 혼란과 갈등을 경험하고 해결해 가면서 읽을 수 있게 해 준다.

02 생활주제별 그림책

1) 유치원과 친구

유아는 유치원/어린이집에 다니게 되면서 가족 이외의 다른 사회적 집단에 소속되어 낯선 환경과 새로운 사람에 적응하면서 집단 내에서 바람직한 사회적 관계를 형성하는 데 필요한 능력을 익히게 된다. 생활주제 〈유치원/어린이집과 친구〉는 유치원/어린이집의 새로운 친구, 선생님, 낯선 환경을 탐색하고 다른 사람들과 바람직한 사회적 관계를 형성하여 새로운 환경에 잘 적응하도록 돕는 데 주안점을 두고 있다.

이 주제에서는 '유치원/어린이집의 환경', '유치원/어린이집에서의 하루', '유치원/어린이집에서 만난 친구', '함께 만드는 유치원/어린이집' 같은 소주제가 포함된다(교육과학기술부, 2013). 친구와 협력하며 소속감과 공동체 의식을 느끼며, 특히 다양한 개성과 생각, 서로 다른 문화적 배경과 경험을 가진 유아들 사이에서 일어나는 갈등을 바람직한 방법으로 해결하고, 민주적 합의 과정을 경험하는 것이 중요하다.

친구들 간의 협동놀이나 다양한 갈등 상황이 담긴 그림책이나 서로 다른 입장에 놓인 친구의 이야기를 통해 사회적 기술을 익히고 감정을 이해해 볼 수 있는 기회를 주는 그림책을 제공한다.

(주)비룡소, 2001

제 목 내 친구 루이

작 가 에즈라 잭 키츠 / 정성원

내 용 자폐성향의 루이가 인형극 공연 도중에 벌떡 일어나 인형에게 인사를 건넨다. 수지와 로베르토는 처음에는 당황하지만 수지의 지혜로 루이를 안정시키고 무사히 인형극을 마친다. 인형극이 끝난 후에도 인형극 속의 구씨를 잊지 못하는 루이에게 인형을 전달하자 루이는 편안해진다.

❖ 그림책 특징

이 책에 나오는 수지와 로베르토, 생쥐 인형은 에즈라 잭 키츠의 다른 그림책, 『상자 속 여행』에도 등장한다. 또한, 에즈라 잭 키츠는 흑인 소년, 피터를 주인공으로 한 여러 권의 그림책(『눈 오는 날』, 『휘파람을 불어요』, 『피터의 의자』, 『피터의 편지』, 『피터의 안경』)을 지었다.

❖ 읽어 주기

[읽어 준 후]

- 주인공 루이는 어떤 아이였는지 생각해보고, 수지와 로베르토는 루이를 어떻게 도와주었는지 이야기 나눈다.
- 재활용품을 이용하여 구씨인형을 만들어 역할영역에서 놀이한다.
- 수지와 로베르토는 어떠한 이야기를 인형극으로 들려주었을 것 같은지 생각하여 이야기를 지어볼 수 있다.
- 같은 이름의 인물(예: 피터)이 등장하는 그림책들을 연달아 읽어 주며 인물에 대한 생각을 서로 나누며 감상할 수 있다.

함께 읽으면 좋은 그림책

소외된 친구에 대한 그림책

『깃털 없는 기러기 보르카』에는 깃털이 없어 가족에게조차 이상하게 여겨지던 보르카가 큐 가든으로 간 후 있는 그대로의 모습으로 받아들여지는 과정이 그려져 있다. 로베르토와 수지가 보여 준 바와 같이 타인에 대한 편견 없는 태도를 배울 수 있다. 『위를 봐요』는 교통사고로 다리를 잃고 아파트 복도에서 아래를 내려다볼 수밖에 없는 수지를 위한 사람들의 행동으로 마음이 따뜻해지는 그림책이다.

* 존 버닝햄, 엄혜숙 역, (주)비룡소, 1996 / 정진호, 현암사(은나팔), 2014

(주)비룡소, 1996

제 목 내 친구 커트니

작 가 존 버닝햄 / 고승희

내 용 처음에 떠돌이개 커트니에 대해 부정적으로 생각했던 가족들은 커트니가 요리, 아기 돌보기, 악기 연주 등 여러 가지 도움을 주자 커트니를 소중한 존재로 여긴다. 어느 날 커트니가 사라지고 가족들은 여느 때와 다름 없이 살아간다. 가족들은 바다로 여행을 갔는데, 마침 아이들이 타고 놀던 배의 끈이 끊어져 위험에 처한다. 이때, 누군가 아이들을 구해 준다.

❖ 그림책 특징

존 버닝햄은 2차 세계대전 당시 양심적 병역 거부자인 아버지를 따라 주거용 트레일러를 타고 주거지를 자주 옮겨 다녔고 학교 역시 자주 전학가게 되었으며, 대안학교 형태인 썸머힐을 다니기도 하였다. 그의 작품에는 아이와 어른의 시각차가 대조되어 표현된 경우가 많이 있다. 『내 친구 커트니』에도 떠돌이 개 커트니에 대한 어른과 아이들의 시각차가 담겨 있다.

❖ 읽어 주기

[읽어 준 후]

- 만일 내가 개를 고른다면 어떤 개를 선택하고 싶은지 이야기 나눈다.
- 아이들이 커트니를 선택한 이유와 부모님이 커트니를 처음에 싫어한 이유에 대해 생각해 보고 이야기한다.
- 커트니가 갑자기 왜 사라졌을지 생각해 보고 이야기한다.
- 잃어버린 강아지나 애완동물을 찾는 전단지를 보여 주고, 주인은 어떤 마음일지 이야기해 본다. 커트니가 살던 집의 가족들과 어떠한 차이가 있을지 생각해 본다.
- 집에도 가족처럼 소중히 여기는 애완동물이 있는지 이야기하고, 친구들에게 소개한다.

함께 읽으면 좋은 그림책

편견에 대한 그림책

『블랙독』은 어느 날 집 밖에 나타난 검은 개를 보고 가족들이 두려워하지만, 막내의 용기 있는 행동으로 가족들의 두려움도 사라진다는 내용이다. 『바바야가 할머니』는 마음씨 착하고 아이들을 좋아하는 마녀가 사람들에게 거부당하다가 결국 진실이 드러나면서 마을 사람들로부터 인정받게 된다는 내용이다. 『커트니』에서 다루어진 것처럼 외모나 낯선 것에 대한 편견에 대해 생각해 볼 수 있다.

* 북스토리아이, 2013 / 패트리샤 폴라코, 최순희 역, 시공주니어, 2003

어린이작가정신, 2014

제 목 누가 토플을 달래 줄까요?

작 가 토베 얀손 / 이유진

내 용 친구 없이 혼자 지낸 토플은 친구들 앞에서 부끄러워 어두운 곳으로만 숨어 다닌다. 바닷물에 떠밀려온 병 속에서 도움을 요청하는 미플의 편지를 보고 토플은 용기를 내어 미플을 도우러 떠나고 결국 둘은 서로에게 소중한 존재가 된다.

❖ 그림책 특징

핀란드 동화 작가 토베 얀손은 〈무민 시리즈〉로 유명하며, 무민 골짜기의 친구들에 대해 세 권의 책을 남겼는데, 이 책은 그 중 한 권이다. 그림의 외곽선이 흰색으로 처리되어 있다. 밝고 즐거운 분위기의 다른 친구들이 있는 곳은 채색 처리되어 있는 반면에 외로운 토플의 주변은 검은색으로 펜 처리되어 있다.

❖ 읽어 주기

[읽어 준 후]

- 토플처럼 부끄러워했던 경험이 있는지 이야기한다.
- 부끄러워하던 토플이 미플을 도와주려고 결심한 이유를 생각해 본다.
- 부끄러운 마음을 극복하기 위한 방법을 생각해 본다.
- 용기를 낸 토플에게 하고 싶은 말을 편지로 적어 본다.
- 외로움이나 부끄러움을 느끼는 사람들에게 하고 싶은 말을 편지로 적어 플라스틱병에 넣고 장식한다.

함께 읽으면 좋은 그림책

좋은 친구관계에 대한 그림책

『세 친구』는 서로 다른 친구들이 즐거움과 어려움을 함께 경험하면서 우정을 쌓아 가는 이야기이다.

부끄러워하는 성격의 친구에 대한 그림책

『두근두근』은 모두가 잠든 사이 빵을 만드는 제빵사 이야기이다. 냄새를 맡고 따라온 동물들을 맞이하면서 제빵사는 설레임과 기대감으로 마음을 열게 된다.

* 헬메 하이네, 황윤선 역, 시공주니어, 1998
고래이야기, 2015

천개의바람, 2016

제 목	흔들흔들 다리에서
작 가	기무라 유이치, 하타 고시로 / 김소연
내 용	통나무 다리를 건너는 토끼와 토끼를 잡아먹으려 뒤쫓던 여우는 둑이 무너져 흔들거리는 다리 위에서 옴짝달싹 못하게 된다. 위험한 다리 위에서 함께 시간을 보내며 대화를 나누는 사이, 서로를 걱정하는 마음을 갖게 되고, 결국 둘은 함께 위험에서 빠져나온다.

❖ 그림책 특징

양쪽 펼침면을 넓게 사용하여 흔들거리는 다리 위 양쪽에 위치한 토끼와 여우 중 어느 한 쪽으로라도 기울면 누군가 다리 밑으로 곧 떨어지는 위기 상황을 긴장감 넘치게 보여 준다. 또한, 세로로 긴 페이지를 활용하여 다리 아래로 흐르는 강의 높이를 실감하게 하며, 실그림 기법은 다리 아래 강의 물살이 거칠다는 것을 효과적으로 표현했다.

❖ 읽어 주기

[읽어 주기 전]

- 표지 그림을 보며 어떤 상황인지 예측해 보게 한다.

[읽어 주는 동안]

- 흔들거리는 다리 위에서 여우와 토끼는 각각 어떤 마음이었을지 생각해 본다.

[읽어 준 후]

- 균형을 잘 잡은 튼튼한 다리를 설계하고 블록으로 만들어본다.

함께 읽으면 좋은 그림책

위기 모면에 대한 그림책

『로쿠베, 조금만 기다려』는 어린이들이 구덩이에 빠진 개를 구해 내는 이야기이며, 『으뜸 헤엄이』는 작은 물고기들이 힘을 모아 큰 다랑어를 물리치는 이야기이다. 모두 지혜로 위기를 극복하는 내용을 담고 있다.

* 양철북, 2006 / 마루벌, 1997

꿈터, 2005

제 목 오리와 부엉이

작 가 한나 요한젠, 케티 벤트 / 임정희

내 용 낮에 활동하는 오리와 밤에 활동하는 부엉이가 만나 티격태격하며 싸우지만 결국 서로의 차이를 인정하고 우정을 쌓게 된다.

❖ 그림책 특징

펜으로 그린 세밀화가 매우 섬세하고 아름다우며, 표지를 제외하고는 모두 흑백으로 표현되었다. 모습이나 생활 습성이 모두 다른 오리와 부엉이의 우정 관계가 순탄하지는 않다. 실제로 우정 관계에서 생길 수 있는 갈등과 조정의 과정이 오리와 부엉이의 모습을 통해 매우 실감 나게 묘사되었다.

❖ 읽어 주기

[읽어 주기 전]

- 오리와 부엉이가 친구가 될 수 있을지 유아들의 생각을 들어본다.

[읽어 준 후]

- 오리와 부엉이의 생태에 대하여 인터넷이나 관련 책 등을 찾아 조사한다.
- 만약에 오리가 부엉이처럼 살거나 부엉이가 오리처럼 살게 된다면 어떤 일이 벌어질지 상상해 본다.
- 친구와 나의 비슷한 점과 다른 점을 찾아서 벤다이어그램에 나타낸다.

함께 읽으면 좋은 그림책

서로 다른 친구의 우정에 대한 그림책

『폭풍우 치는 밤에』가 천적 관계의 두 동물 사이의 우정을 극적으로 그려냈다면 『아모스와 보리스』는 겉으로 보면 동등한 우정 관계가 형성될 수 없는 현대판 사자와 생쥐 이야기이다. 난파된 배에서 생쥐 아모스를 구해 준 보리스는 이후에 친한 친구가 되지만 폭풍에 밀려 바닷가로 떠밀려 온다. 아모스의 도움으로 다시 바다로 돌아가는 보리스 이야기를 통해 우정은 생김새나 몸의 크기와 상관없다는 것을 다시금 생각해 보게 한다.

* 키무라 유이치, 아베 히로시, 김정화 역, 미래엔 아이세움, 2005 / 윌리엄 스타이그, 우미경 역, 시공주니어, 1996

2) 나와 가족

유아는 자신의 몸과 마음, 생각에 대한 이해를 토대로 정체감을 확립하고 가족 구성원으로서의 자신에 대한 이해를 바탕으로 가족 문화와 생활에 대한 다양한 경험을 통해 사회적 관계에 필요한 기술을 배우게 된다. 생활주제 〈나와 가족〉은 유아 자신에 대한 이해와 태어나 처음 접하는 인간관계인 가족에 대한 이해를 돕고 더불어 살아갈 수 있는 능력을 발달시키는 데 주안점을 둔다.

5세는 '나의 몸과 마음', '소중한 나', '소중한 가족', '가족의 생활과 문화'라는 소주제를 통해 가족 및 사회 구성원으로서의 나에 대한 이해, 가족 간의 화목을 강조하여 다루면서 자신을 존중하고 다른 사람과 더불어 생활하는 태도를 기르는 데 주안점을 두고 있다(교육과학기술부, 2012).

다양한 가족 구성원과의 관계를 다룬 그림책이나 가족 간의 존중, 협력, 정서적 갈등을 다룬 그림책을 통해 유아가 가정 안에서 바람직한 사회화를 경험하고 가족에 대한 바른 가치를 바탕으로 성인이 되었을 때 다양한 문화와 배경을 가진 사람들을 수용하며 더불어 살아갈 수 있게 돕는다.

시공주니어, 1997

제 목 부엉이와 보름달

작 가 제인 욜런, 존 쇤해르 / 박향주

내 용 추운 겨울밤, 아빠는 딸을 데리고 부엉이를 보여 주기 위해 숲 속으로 간다. 오직 필요한 것은 침묵과 기다림뿐이다. 추위와 적막, 무서움을 뚫고 보름달이 뜬 숲에서 부엉이를 기다리는 동안, 아빠와 딸의 교감이 서정적으로 드러난다. 이미 오빠들은 부엉이 구경을 해본 터이고, 첫 구경에 나선 딸은 부엉이를 기다리며 성장을 위한 통과의례를 경험하게 된다.

❖ 그림책 특징

고요한 겨울밤 멀리서 들리는 슬픈 노래같은 기적 소리와 이에 맞춰 짖는 개들의 울음소리에 대한 묘사는 매우 생생하다. 또한, 아빠 얼굴에 비친 달빛이나 등에 느껴지는 찬 기운, 털목도리의 따스함에 대한 표현은 매우 감각적이며 시적이다. 아이와 아빠를 아주 멀리서, 또는 위에서, 아니면 아주 가까이에서 그린 그림은 그들이 곧 부엉이를 만나게 되리라는 기대감을 준다.

❖ 읽어 주기

[읽어 준 후]

- 부엉이를 매개로 가족이 특별한 추억을 갖게 되는 모습에 대해 이야기 나누고, '가족의 문화', 즉 우리 가족의 특별한 행사(명절, 생일 등), 습관을 조사한다.
- 춥고 어두운 숲 속 눈길임에도 불구하고 부엉이를 만나고자 하는 간절한 마음으로 말없이 걷는 아이의 모습과 부엉이를 드디어 마주한 순간의 모습을 보며 아이의 마음이 어떨지 서로의 감상을 나눈다.
- 혼자서는 힘들지만 부모님의 도움으로 이겨낼 수 있었던 경험에 대해 이야기 나눈다.

함께 읽으면 좋은 그림책

가족 문화에 대한 그림책

『부엉이와 보름달』과 마찬가지로, 『14마리의 달맞이』는 달맞이를 하기 위해 힘을 합쳐 발판을 만들고, 기도도 하고, 준비한 음식을 나누며 달님께 감사한 마음을 전하는 쥐 가족의 이야기를 담고 있다. 달을 만나기까지 하루 동안 시간의 경과에 따른 주변 색채의 변화가 아름답게 나타나 있다.

* 한림출판사, 2003

보림, 2010

제 목 마음을 지켜라! 뽕가맨

작 가 윤지회

내 용 로봇 뽕가맨을 가지고 싶은 준이가 처음에는 뽕가맨을 얻지 못하자 모든 사람이 뽕가맨으로만 보이게 되는데, 나중에 엄마가 뽕가맨을 사주자 이번에는 왔다맨이 보인다.

❖ 그림책 특징

마트에서 엄마에게 물건을 사달라고 실랑이를 벌이거나 문구점 진열장에 마음을 빼앗긴 채 서있는 유아를 만나는 것은 어렵지 않다. 물건에 대한 소비욕구는 커지지만 적절하게 조절하기 어려운 유아의 심리가 잘 드러나 있어 유아가 공감하며 읽을 수 있는 그림책이다.

❖ 읽어 주기

[읽어 주기 전]

- 아이들이 갖고 있는 로봇 장난감이나 인형에 대한 이야기를 나눈다.

[읽어 준 후]

- 조형 활동으로 유아들이 좋아하는 로봇 가면을 직접 만들어 본다.
- 학급에서 특정한 날, 친구와 놀잇감을 나누어 가지고 놀 수 있도록 집에 있는 놀잇감을 가져와서 '놀잇감 잔치'를 열 수도 있다. 반드시 소유하지 않아도 나름대로 만족할 수 있는 방법을 찾아가도록 돕는 것이 필요하다.
- 모둠으로 『마음을 지켜라! 뽕가맨』의 다음편 이야기 '왔다맨'을 지어볼 수도 있다.

함께 읽으면 좋은 그림책

갖고 싶은 마음에 대한 그림책

『아니야, 진짜 진짜 갖고 싶어』의 롤라는 스케이트를 한번 타고 흥미를 잃은 후 몰턴의 씽씽카와 바꾼다. 새로운 물건을 보면 가지고 싶어 하는 유아의 마음이 잘 나타나 있다.

* 국민서관, 2009

(주)비룡소, 1999

제 목 오른발, 왼발

작 가 토미 드 파올라 / 정해왕

내 용 "오른발, 왼발"하며 걸음마를 가르쳐주던 할아버지가 뇌졸중에 걸려 집안에는 침묵과 우울이 감돈다. 손자는 할아버지와 블록놀이를 하며 추억을 되새기고, 할아버지가 그러셨듯이 할아버지를 부축하여 "오른발, 왼발"하며 할아버지의 재활을 돕는다.

❖ 그림책 특징

갈색 톤의 그림으로 주제의 무거움을 담담하게 전해 준다. 할아버지와 손자가 함께 한 시간들이 마치 성장 앨범처럼 순서대로 차례차례 그려져 있다. 무엇보다 이 그림책은 할아버지의 병세로 나타나는 변화를 어린 손자가 받아들이는 과정에서 겪는 복잡한 심리 상태를 잘 드러내고 있다.

❖ 읽어 주기

[읽어 준 후]

- 할아버지와 유아가 함께 찍은 사진을 보며 할아버지와 함께 했던 추억에 대해 이야기한다.
- 아픈 가족이 있을 때, 무엇을 어떻게 도왔는지, 도울 수 있는지 생각해 본다.
- 유아와 할아버지가 한 집에 같이 사는 경우, 할아버지를 초대하여 할아버지에 대해 알아보는 시간을 갖는다(할아버지가 좋아하는 음식, 취미, 운동, 꿈 등).

함께 읽으면 좋은 그림책

조부모와의 추억에 대한 그림책

『할머니의 조각보』, 『미스 럼피우스』, 『할아버지의 이야기 나무』는 조부모와의 추억을 담은 이야기들이다. 긴 시간을 거쳐 조부모가 전해주려 했던 가치에 대해 되돌아보게 한다.

조부모의 죽음에 대한 그림책

『오른발, 왼발』은 노화로 인해 필연적으로 닥칠 수밖에 없는 할아버지의 병에 대해 생각해보는 이야기라면, 『할머니가 남긴 선물』은 죽음을 앞둔 할머니가 홀로 남겨질 손녀를 위해 삶을 마무리하는 과정들을 통해 할머니의 죽음에 대해 생각해보게 하는 그림책이다.

* 미래아이(미래M&B), 2003 / 바버러 쿠니, 우미경 역, 시공주니어, 1996 / 문학동네어린이, 2011
마거릿 와일드, 론 브룩스, 최순희 역, 시공주니어, 1997

사계절, 2011

제 목 우리 엄마야

작 가 샬롯 졸로토, 애니타 로벨 / 서애경

내 용 여자아이는 낡은 사진첩과 집안 곳곳에 놓인 액자에 있는 엄마의 성장 과정 사진을 자신의 인형에게 보여 주며 엄마 이야기를 들려준다.

❖ 그림책 특징

엄마의 성장 모습이 담긴 사진첩을 보며 딸이 인형에게 이야기해 주는 구성으로 이루어져 있다. 왼쪽에는 아이가 엄마의 모습이 담긴 사진을 가리키는 장면이 차분한 색의 작은 컷으로 그려져 있는 반면, 오른쪽에는 엄마의 과거 어린 시절, 또는 젊은 시절의 모습이 다채로운 색의 큰 그림으로 그려져 있다.

❖ 읽어 주기

[읽어 주기 전]

- 엄마의 어릴 적 사진을 보았던 경험에 대하여 유아와 이야기 나눈다.

[읽어 준 후]

- 엄마의 옛 모습이 담긴 사진첩을 보며 이야기 나눈다.
- 엄마와 나의 비슷한 시기에 찍은 사진을 함께 두고 비교하여 이야기한다(예: 엄마는 너처럼 어렸을 때, 무엇을 하며 놀이하는 것을 좋아했던 것 같니?).

함께 읽으면 좋은 그림책

엄마에 대한 그림책

『엄마의 의자』는 갑작스러운 화재로 모든 가재도구가 불에 타는 불행을 당했음에도 불구하고 사랑을 나누는 가족의 이야기이다. 주인공 아이는 엄마, 할머니와 함께 모은 동전으로 퇴근해서 돌아온 엄마가 쉴 수 있는 예쁜 의자를 구입하며 행복한 가정을 꾸려간다.

『망태 할아버지가 온다』에는 아이의 말을 믿어주지 않는 엄마, 아이의 욕구를 일방적으로 억누르는 엄마가 등장한다. 작가는 아이가 아닌 엄마를 망태 할아버지가 잡아갔던 것으로 표현함으로써 아이들 편을 들고 있다. 그림책 속 아이나 엄마에 대한 생각을 나누며 감상한다.

* 베라 윌리엄스, 최순희 역, 시공주니어, 1999 / 박연철, 시공주니어, 2007

고래이야기, 2006

제 목 짧은 귀 토끼

작 가 다원시, 탕탕 / 심윤섭

내 용 짧고 동글동글한 귀를 가진 동동이는 다른 친구처럼 길쭉한 귀를 가지고 싶어서 귀에 빨래집게를 달고 빨래줄에 매달려보기도 하고, 채소가 자라듯 귀에 물을 주기도 하지만 변화가 없다. 빵으로 만든 귀를 길게 붙인 동동이를 독수리가 낚아챘는데, 빵으로 만든 귀 덕분에 동동이는 살아난다. 이 소문이 퍼지고 동동이는 토끼 귀 빵집을 열어 성공한다.

❖ 그림책 특징

귀 길이를 늘리기 위해 여러모로 노력하는 동동이의 모습이 귀여우면서도 안타깝다. 시간이 흐르면 귀가 자라리라 기대하다가 실망하고 급기야 분노를 느끼는 동동이의 마음에 공감하며 읽기 좋다.

❖ 읽어 주기

[읽어 준 후]

- 자신이 다른 사람들과 달라서 속상한 적이 있었는지 이야기해 본다.
- 자신의 단점을 특별한 기회로 바꾸게 된 동동이 이야기를 회상하며 동동이에게 어떤 말을 해 주고 싶은지 이야기 나눈다.
- 신문지를 구겨서 동동이 귀 빵을 만들어 동동이네 빵집놀이를 할 수 있다. 이 외에도 재미있는 모양의 귀 빵을 만들어서 놀이에 사용할 수 있다.
- 오븐을 이용하여 동동이 귀 빵을 실제 만들어 먹는 요리 활동을 해 본다.

함께 읽으면 좋은 그림책

자신의 모습을 찾는 그림책

『짧은 귀 토끼』는 다른 토끼들과 생김새가 다른 동동이가 자아를 찾아가는 이야기라면, 『까만 크레파스』는 까만 크레파스가 다른 예쁜 색깔 크레파스들과 어울려 조화롭고 아름다운 그림을 완성하는 이야기이다.

『줄무늬가 생겼어요』는 남들 시선을 의식하느라 자신이 좋아하는 초록색 아욱콩을 먹지 않다가 병이 난 카밀라의 이야기이다. 이 이야기는 다른 사람과 같아지려고 하기보다 자신이 진짜 원하는 것이 무엇인지 생각해 보게 한다.

* 웅진주니어, 2002 / 데이빗 섀논, 조세현 역, (주)비룡소, 2006

논장, 2002

제 목 터널

작 가 앤서니 브라운 / 장미란

내 용 티격태격하며 다투는 남매 때문에 엄마는 화가 나서 두 아이를 집 밖으로 내몰며 놀다 들어오라고 한다. 어두운 터널에 들어간 오빠를 찾아 동생은 터널을 통과하고, 돌이 되어 있는 오빠를 껴안는다. 다시 사람으로 돌아온 오빠는 동생이 올 줄 알았다고 말한다.

❖ 그림책 특징

앞면지와 뒷면지의 그림이 다르다. 처음에는 오빠와 여동생이 갈등을 겪다가 마지막에는 화해를 하는 이야기로 해석할 수도 있고, 옛이야기에만 파묻혀 살던 여동생이 터널로 들어가서 오빠를 구한 후 자신의 세계를 넓히고 한 단계 성장한 이야기로 해석할 수도 있다. 오빠를 찾아 들어간 숲 속에는 갖가지 옛이야기 속 인물과 소품들이 있어서 유아와 함께 찾으며 읽을 수 있다.

❖ 읽어 주기

[읽어 주는 동안]

- 숲 속의 갖가지 이미지를 찾으면서 여동생의 기분은 어떨지 가늠한다.

[읽어 준 후]

- 왜 오빠가 터널을 지나다가 돌이 되었는지 각자의 생각을 이야기해 본다.
- 앞, 뒷면지의 그림이 어떻게 달라졌는지 비교하며 살펴보고, 달라진 이유를 생각하여 말한다.
- 동생이 자신을 도와준 것을 알게 된 오빠는 어떤 느낌이 들었을지 생각해보고, 만약에 내가 오빠였다면 무엇이라고 말했을지 표현해 본다.

함께 읽으면 좋은 그림책

형제 · 자매 · 오누이에 대한 그림책

『터널』이 남매의 갈등과 화해를 다루었다면, 『우리 언니』는 동생을 세심하게 살피는 언니와 이를 귀찮아하는 여동생이 등장하는 그림책이다. 『조금만』은 동생이 생기고 난 후, 엄마의 관심을 받지 못하는 첫째 아이의 마음을 이해할 수 있는 기회를 제공한다. 『장난감 형』은 실험실 약을 잘못 먹고 작아진 형을 위험으로부터 지키려고 애쓰는 동생의 이야기이다. 『지하철을 타고서』는 누나 지원이가 장난꾸러기 동생 병관이를 데리고 지하철을 타고 할머니 댁에 가는 이야기이다.

* 사파리, 2002 / 한림출판사, 2010
윌리엄 스타이그, 이경임 역, 시공주니어, 2002 / 고대영, 김영진, 길벗어린이, 2006

북스토리아이, 2014

제 목 혼자 집 보는 날

작 가 모리 요코 / 김영주

내 용 엄마가 몸이 편찮으신 할머니께 가는 바람에 혼자 처음으로 집을 보게 된 아짱은 두려움과 불안을 느끼지만 점차 무서움을 떨치게 된다.

❖ 그림책 특징

엄마가 간 뒤의 무료함을 표현하기 위해 아짱이 간식을 먹고, 블록놀이를 하고, 인형놀이를 하고, 누워서 책을 보는 모습을 네 컷 그림으로 표현하고 있다. 부엌의 주방 기구들은 처음에는 무채색이었으나 아짱이 부엌의 환상 세계에 빠져들자 색채를 띠게 된다. 어머니의 귀가와 함께 환상의 세계가 깨지면서 부엌의 기구들은 다시 본래의 무채색으로 돌아간다.

❖ 읽어 주기

[읽어 주기 전]

- 혼자 집에 있었던 경험이 있었는지, 어떤 때 그런 일이 있었는지, 무섭지는 않았는지에 대해 이야기를 나눈다.

[읽어 준 후]

- 색깔이 있는 부분과 색깔이 없는 부분을 왜 나누어 표현했는지 추측한다.
- 부엌 주방기구들이 입이 있다면 아짱을 어떻게 위로해 주었을지 이야기해 본다.

함께 읽으면 좋은 그림책

용기와 책임감에 대한 그림책

『까불지 마!』는 까불지 말라고 외치며 용기와 자신감을 내보이는 아이의 이야기를 담고 있다. 『모치모치 나무』는 아픈 할아버지를 위해 두려움을 떨치고 모치모치 나무를 지나 한밤중에 의사를 불러오는 마메토 이야기이다. 『용감한 아이린』은 눈보라가 치는 밤, 엄마 대신 엄마가 만든 옷을 배달하는 아이린의 책임감 강한 모습을 담고 있다. 『이슬이의 첫 심부름』에서 이슬이는 처음으로 우유 사오는 심부름을 마치고 성취감을 느낀다.

* 논장, 2015 / RHK, 2004
웅진주니어, 2000 / 한림출판사, 1991

3) 우리 동네

유아기는 가정에서 지역사회의 다른 곳으로 생활범위를 점점 넓혀가면서 자신이 살고 있는 동네의 다양한 모습에 대한 관심이 늘어나고 궁금증도 커지는 시기이다. 생활주제 〈우리 동네〉는 유아가 살고 있는 동네의 다양한 모습에 대해 관심을 갖고 알아보며, 동네에 살고 있는 사람들의 역할이나 기관의 기능에 대해 알고 자신이 사회 구성원으로서 다른 사람과 함께 살아가는 것에 대해 알 수 있도록 하는 데 주안점을 준다. 이를 통해 유아는 사회에서 필요로 하는 지식과 기술, 능력을 갖춘 사회 구성원으로 성장할 수 있으며, 나아가 우리 동네의 역사와 문화적 유산에 대한 관심을 통해 자긍심을 기르며 전통문화를 사랑할 줄 아는 유아로 성장할 수 있도록 하는 데 의의를 둔다.

5세는 복잡하고 세분화된 사회의 여러 기관의 역할과 기능에 더해 이해하고, 더불어 살아가는 데 필요한 예절과 태도를 습득하게 된다. 4세와 마찬가지로 '우리 동네 모습', '우리 동네 생활', '우리 동네 사람들', '우리 동네 전통과 문화'라는 소주제를 다룬다. 그러나 이웃에 대한 관심과 배려를 통해 공동체의 구성원으로서 필요한 사회적 자질을 기르고 우리 동네가 가지고 있는 문화적 가치나 사회적 규칙을 알 수 있도록 하는 데 교육적 가치를 둔다(교육과학기술부, 2012).

5세에서 제공하는 그림책은 유아가 경험할 수 있는 다양한 기관의 모습과 역할, 이웃에 대한 관심, 배려, 함께 살아가는 데 지켜야 할 공중도덕과 같은 예절을 다룬 내용이 좋다. 3세와 4세에 다룬 기본적인 동네의 기관에서 한 걸음 더 나아가 복잡한 기능을 하는 기관의 역할이나 동네에 살고 있는 사람들 간의 관계를 담은 그림책을 제공한다.

시공주니어, 2010

제 목	도둑을 잡아라!
작 가	박정섭
내 용	도둑을 잡기 위해 출동한 경찰은 목격자들의 이야기를 듣고 범인을 찾아나선다. 목격자를 만날 때마다 진술이 덧붙여지면서 결국 범인을 검거한다.

❖ 그림책 특징

사건의 진행은 경찰관이 질문을 하고, 목격자가 진술한 내용을 토대로 경찰관이 범인을 찾아가는 반복 구조이다. 아주 많은 동네사람들 틈에서 범인을 찾고 있는 경찰관의 모습을 찾으며 볼 수 있다. 이전 페이지의 장면과 연결 지을 수 있도록 페이지 한쪽에 이전 장소의 모습이 그려져 있다.

❖ 읽어 주기

[읽어 준 후]

- 복잡한 물건이나 사람이 있는 사진을 보여 주고, 유아가 그 특징을 말로 표현하게 한다.
- 잡지에서 오려낸 여러 인물 사진을 칠판에 붙여 놓고, 문제를 내는 사람은 마음속으로 수수께끼 인물을 정한다. 유아가 주사위를 던져서 나온 점의 개수는 힌트의 숫자이다. 힌트를 내면 이야기를 듣고 해당되는 인물을 골라낸다.
- 경찰관이 도둑을 잡기 위해 어떠한 일을 하는지 구체적으로 알아본다.

함께 읽으면 좋은 그림책

도둑에 대한 그림책

『그림 도둑을 찾아라』는 미술관에서 도난당한 그림을 되찾기 위해 주변의 발자국과 흔적을 스케치하여 추리하는 이야기이다. 『도둑을 잡아라』가 목격자의 진술에 따라 대상자의 범위를 좁혀 들어가는 방식이었다면, 『그림 도둑을 찾아라』는 현재에서 과거로 거슬러 되짚어 보는 방식으로 진행된다. 『우산 도둑』과 『너구리와 도둑쥐』는 도둑마저 용서하며 베푸는 마음에 대해 생각해 보게 하는 책이다. 새 우산을 사올 때마다 우산을 도둑맞은 키리마마는 잃어버린 우산을 찾아 우산 가게를 연다. 『너구리와 도둑쥐』에서는 도둑질한 쥐를 혼내는 대신 감자밭을 만들어 주어 자립하도록 돕는다.

* 아서 가이서트, 이수명 역, (주)비룡소, 2008 / 보림, 2011 / 한림출판사, 1989

웅진주니어, 2007

제 목 도서관에 간 사자

작 가 미셸 누드슨, 케빈 호크스 / 홍연미

내 용 도서관장은 사자에게 조용히 걸어 다닌다면 도서관에 와도 괜찮다고 허락한다. 도서관장이 갑자기 쓰러진 날 사자는 규칙을 어기고 으르렁대고, 결국 스스로 도서관을 떠난다. 때로는 규칙을 어길 수밖에 없을 때가 있다면서 도서관장은 새로운 규칙을 사자에게 알려주었고, 사자는 다시 도서관으로 돌아온다.

❖ 그림책 특징

책장을 열면 울타리를 따라 걷는 사자 한 마리가 나오고 이야기가 시작된다. 실제 작가는 도서관 사서로 오랫동안 근무하였고, 도서관에 대한 애정을 담아 펴낸 그림책이다.

❖ 읽어 주기

[읽어 주기 전]

- 도서관에 가 본 경험을 나눈다.
- 사자가 있는 도서관은 어떤 점이 좋을지 이야기해 본다.

[읽어 준 후]

- 도서관 규칙을 지키기 어려웠던 사자의 이야기를 회상하며, 유아가 지키기 어려운 규칙에는 어떤 것이 있었는지 이야기한다.
- 우리 교실에서 바꾸고 싶은 규칙은 어떤 것이 있는지 이야기한다.
- 즐겁게 책을 읽기 위해 도서관에서 바꾸고 싶은 부분에 대하여 이야기하고, 나만의 도서관을 디자인해 본다. 유아들의 아이디어를 모아 학교 도서관이나 지역사회 도서관에 의견을 제출한다.

함께 읽으면 좋은 그림책

도서관에 대한 그림책

『도서관에 간 박쥐』, 『도서관』, 『책읽는 유령 크니기』에는 책 읽기를 즐기는 사람과 박쥐, 유령이 등장한다. 특히, 『도서관』에는 다른 사람들을 위해 자신의 집을 도서관으로 만드는 책벌레 주인공이 등장하는데, 함께 나누는 마음에 대해 생각할 수 있다.

동물원을 나온 동물에 대한 그림책

『행복한 사자』는 동물원의 사자가 동물원 우리를 나와 마을로 들어서면서 겪게 되는 문제를 그렸다.

* 주니어RHK, 2014 / 사라 스튜어트, 데이비드 스몰, 지혜연 역, 시공주니어, 1998 / 벤야민 좀머할더, 루시드 폴 역, 토토북, 2015 루이제 파쇼, 로저 뒤바젱, 지혜연 역, 시공주니어, 1997

웅진주니어, 2000

제 목 미술관에 간 윌리

작 가 앤서니 브라운 / 장미란

내 용 유명한 그림을 감상하기 좋아하는 윌리는 명화를 따라 그리며 새로운 상상력을 펼친다.

❖ 그림책 특징

레오나르도 다 빈치의 모나리자를 포함하여 널리 알려진 명화 속 주인공이 침팬지의 얼굴로 그려졌다. 표지에 윌리가 그리고 있는 인물은 작가의 얼굴이다. 책의 맨 뒷장에는 원작에 대한 소개가 자세히 들어있다. 앤서니 브라운의 작품에는 윌리를 비롯해서 유난히 침팬지와 고릴라가 많이 등장하는데, 그것은 그가 어렸을 때 본 영화 '킹콩'에서 아주 깊은 인상을 받았고, 또 고릴라가 돌아가신 자신의 아버지를 떠올리게 해주기 때문이라고 한다.

❖ 읽어 주기

[읽어 준 후]

- 명화 원작과 윌리의 그림과의 차이점을 이야기 나눈다.
- 다른 명화 속의 얼굴을 자신의 얼굴로 바꾸어 그려 넣는다.
- 명화 속 상황에 말풍선 표시를 하여 글자를 적어 넣는다.
- 윌리가 주인공인 다른 책을 읽어 준 후 윌리의 성격에 대해 이야기 나눈다.
- 윌리가 잘하는 것, 윌리가 두려워하는 것, 윌리의 친구 관계 등을 살펴본다.

함께 읽으면 좋은 그림책

미술관에 대한 그림책

『고흐에서 피카소까지 생쥐를 찾아라!』는 위대한 화가들의 화풍으로 그려진 생쥐를 찾아보며 서양 미술을 접할 수 있다. 『명화로 만나는 나와 정다운 사람들』은 명화에 등장하는 가족 등 친밀한 사람들의 모습을 감상할 수 있다. 『미술관의 초대』, 『여울이의 미술관 나들이』에서는 각각 서양의 명화와 우리나라 옛 그림을 감상할 수 있다.

* 개암나무, 2013 / 호박별, 문지후, 시공주니어, 2010
문학동네어린이, 2013 / 키즈엠, 2013

(주)비룡소, 1999

제 목 우당탕탕, 할머니 귀가 커졌어요

작 가 엘리자베트 슈티메르트, 카를리네 케르 / 유혜자

내 용 새 집으로 이사를 온 가족은 소리에 민감한 아래층 할머니의 구박 때문에 소리를 내지 못한다. 그런데 위층에서 소리가 나지 않자 아래층 할머니는 더욱 민감해져서 급기야 귀가 커진다. 못 들어서 생긴 할머니의 병을 낫게 하기 위해 다시 위층 가족은 예전처럼 시끄러운 소리를 내게 된다.

❖ 그림책 특징

글이 많은 편이지만 그림만으로도 내용 이해가 가능하므로 처음에 읽어 줄 때는 그림만 보며 이야기를 짐작하도록 한다. 층간 소음으로 인해 위층 가족과 아래층에 사는 할머니가 겪는 갈등과 스트레스를 표현했다. 할머니가 처음으로 위층에 올라가 시끄럽다고 항의하는 장면에서 할머니는 거대하게 표현하고, 긴장하고 위축된 위층 사람들의 모습은 조그맣게 그렸다.

❖ 읽어 주기

[읽어 주기 전]

- 위층 소음 때문에 불편했던 경험이나 우리 집이 소란스러워서 아랫집 이웃이 와서 불편함을 이야기한 경우가 있었는지 이야기한다.

[읽어 준 후]

- 할머니 귀는 왜 커졌는지 생각해 본다.
- 이야기의 결론을 바꾼다면 어떻게 바꾸고 싶은지 이야기를 꾸며 본다.
- 작은 소리로 속삭여서 옆으로 말 전하기놀이를 해 본다.

함께 읽으면 좋은 그림책

이웃 갈등에 대한 그림책

『샌지와 빵집 주인』은 빵 냄새 값을 내라고 억지를 부리는 빵집 주인과 샌지의 갈등을 그렸다. 재판을 통해 문제를 해결하는 과정을 살펴볼 수 있다. 『우리집이 더 높아!』는 이웃끼리 생긴 갈등을 어떻게 해결해야 할지 생각해 볼 기회를 제공한다.

* 로빈 자네스, 코키 폴 브릭스, 김중철 역, (주)비룡소, 2000 / 개암나무, 2013

미래아이(미래M&B), 2003

제 목 우체부 아저씨와 비밀 편지

작 가 앨런 앨버그, 자넷 앨버그 / 김상욱

내 용 우체부 아저씨는 곰 세 마리와 금발머리, 잭과 콩나무, 신데렐라, 빨간모자에 나오는 주인공들에게 편지를 전해 준다.

❖ 그림책 특징

여러 옛이야기가 결합되어 새로운 재미를 창출한 패러디 그림책이다. 오른쪽 페이지에는 실제 편지의 봉투처럼 우표와 소인이 찍혀 있고, 다음 장을 넘기면 왼쪽 페이지에 붙어있는 편지 봉투에서 직접 편지를 꺼낼 수 있도록 구성되어 있다.

❖ 읽어 주기

[읽어 주기 전]

- 집에서 편지를 받아보았던 경험을 이야기 나눈다.

[읽어 주는 동안]

- 주인공마다 어떤 내용의 편지를 썼을지 상상하여 이야기한다.

[읽어 준 후]

- 이야기 속에 등장하는 주인공 중에 누구에게 편지를 보내고 싶은지 조사하여 그래프로 표시한다. 그리고 나라면 어떤 내용의 편지를 보냈을지 이야기한다.
- 우체국 방문을 계획해보고, 우체부가 하는 일에 대해 조사한다.

함께 읽으면 좋은 그림책

다양한 직업에 대한 그림책

『나의 를리외르 아저씨』는 낡은 책을 분해하여 새로운 책을 만드는 제본가와 한 소녀의 이야기를 다루었다. 『발레리나 벨린다』는 발레를 잘 하지만 발이 커서 발레리나로 뽑히지 못한 벨린다의 이야기이다. 신체적 편견으로부터 벗어나 진정 춤추는 것을 사랑하는 사람의 자신감과 자유로움이 나타난다. 『못 말리는 음악가 트레몰로』는 시끄러운 연주 때문에 점쟁이의 저주를 받지만 결국 음악을 사랑하는 마음을 이해받아 저주가 풀리고 마음껏 연주를 한다.

* 이세 히데코, 김정화 역, 청어람미디어, 2007 / 느림보, 2003 / 토미 웅거러, 이현정 역, (주)비룡소, 2012

한솔수북, 2015

제 목	텅 빈 냉장고
작 가	가에탕 도레뮈스 / 박상은
내 용	음식 재료가 없어 저녁을 해결하지 못하는 아파트의 이웃들이 십시일반 재료를 모아 다함께 저녁을 해결한다.

❖ 그림책 특징

책장을 넘길 때마다 다른 색깔의 집들이 있고, 각 집에서 얻은 재료들이 더해져 마지막에는 화려한 색이 펼쳐진다. 다양한 이웃의 모습과, 함께하는 삶의 아름다움을 상징적으로 시각화하였다.

❖ 읽어 주기

[읽어 주기 전]

- 유아의 가정에 있는 냉장고에는 어떤 재료들이 있는지 이야기 나눈다.
- 책 제목을 보고 어떤 내용의 이야기인지 상상해 본다.

[읽어 준 후]

- 여러 집에 있는 다양한 재료를 모아 음식을 만들고 나누어 먹었을 때 이웃들은 어떠한 기분이 들었을지 이야기 나눈다.
- 다양한 요리 재료가 있는 잡지 사진을 유아들에게 나누어 주고, 필요한 재료가 있는 친구를 찾아서 함께 요리를 구성하는 콜라주 활동을 한다.

함께 읽으면 좋은 그림책

이웃에 대한 배려가 담긴 그림책

『제랄다와 거인』은 배고파 쓰러진 식인 거인에게 측은지심을 느끼고 음식을 해 준 제랄다 덕분에 식인 거인이 변하고 동네에 평화가 찾아온 이야기이다. 『뒷집 준범이』에서 준범이는 할머니와 둘이 산다. 처음에는 아이들과 선뜻 어울리지 못하다가 동네 친구들의 배려로 친구가 된다. 『할머니의 기억은 어디로 갔을까?』는 기억을 잃어버린 이웃집(양로원) 할머니를 위해 아이가 추억이 담긴 물건들로 기억을 되살리는 가슴 훈훈한 이야기이다.

* 토미 웅거러, 김경연 역, (주)비룡소, 2000 / 보림, 2011 / 키득키득, 2009

4) 동식물과 자연

인간은 자연과 조화를 이루어 살아갈 때 생존할 수 있다는 인식을 바탕으로, 유아기부터 동식물과 자연을 존중하는 태도를 배양하는 것을 강조한다. 생활주제 〈동식물과 자연〉은 '궁금한 동식물', '동물과 우리의 생활', '식물과 우리의 생활', '자연과 더불어 사는 우리'라는 소주제로 나누어진다. 유아들이 관심 있는 동식물을 직접 돌보는 경험을 통해 과학적 탐구력을 발달시키고, 동식물에 대한 지식을 확장시키며, 더불어 살아가는 기쁨을 느끼게 한다. 멸종 위기의 동식물에 대해 관심을 가지며, 아름다운 자연에 대해 감사한 마음을 가지도록 한다.

5세는 3, 4세까지 자연과 함께한 즐거운 경험을 바탕으로 동식물에 대해 소중함과 감사한 마음을 가지게 된다. 특히, 자연의 오염과 파괴에 대해 생각하며, 동식물과 인간이 더불어 살아가기 위해 바른 태도를 형성하도록 한다. 따라서 동물과 안전하고 적절한 공생관계를 맺으며, 식물을 생명체로 여기고 소중히 여기는 태도를 기르고자 한다. 또한, 동식물과 관련된 다양한 직업에 대해 알아보고, 자연에 대한 고마움에 답하기 위해 유아들이 할 수 있는 일에 대해서도 생각해 보도록 한다.

동식물을 돌보는 과정에서 생겨나는 죽음의 문제에 대해서 유아 수준에서 이해하고 받아들일 수 있도록 그림책이 소개될 필요가 있다. 이 시기의 유아는 관심이 있는 동식물에 대하여 깊이 있게 탐구할 수 있으므로, 관련 동식물의 생태에 대해 깊이 있는 지식을 제공해주는 그림책이 제공되어야 한다. 멸종 위기의 동물이나 환경 오염에 의해 사라져 가는 동물에 대한 내용을 담은 그림책은 유아가 자연과 함께 살아가기 위해 바람직한 태도를 발달시키는 데 도움을 준다.

느림보, 2002

제 목 감자는 약속을 지켰을까?

작 가 백미숙, 노영주

내 용 생쥐 가족에게 먹힐 뻔한 감자는 자신을 땅에 묻고 물을 뿌려주면 더 많은 감자를 주겠다고 한다. 생쥐 가족은 감자를 묻고, 시간이 지나길 기다린다. 감자는 싹도 나고 꽃도 피우지만 정작 생쥐 가족이 원하는 감자는 나타나지 않는다. 생쥐 가족은 감자에게 속았다고 생각하고 화를 내지만 땅속에서 감자를 찾아내고 기뻐한다.

❖ 그림책 특징

콜라주 기법을 사용하여 잡지를 오려 붙이고 채색하는 방법으로 그림에 입체감을 주고 있다. 그림책에 등장하는 다양한 의태어가 읽는 재미를 느끼게 한다.

❖ 읽어 주기

[읽어 준 후]

- 언제 감자를 먹을 수 있을지 보채는 아기 생쥐의 역할과 참고 기다리도록 다독이는 엄마 생쥐의 역할을 맡아 적절한 대사를 넣어 동극을 한다.
- 더 많은 감자를 먹기 위해 다시 묻어달라는 감자들의 요구에 대해 만일 내가 생쥐라면 어떻게 했을지 토의한다.
- 직접 텃밭을 계획하여 감자를 심고 키우는 활동을 진행한다.

함께 읽으면 좋은 그림책

동식물의 성장 과정을 담은 그림책

『7년 동안의 잠』은 7년 동안 땅속게 있던 매미 애벌레를 먹지 않고 놓아주는 개미의 이야기를 통해, 하고 싶은 것을 참을 수 있는 마음에 대해 생각해 볼 수 있다. 『덩쿵따 소리씨앗』은 생명이 씨앗에서부터 태어나는 과정을 중모리 장단에 맞춰 역동적으로 보여 준다. 생명의 성장에 대해 흥미를 느끼게 해주는 책이다.

* 어린이작가정신, 2015 / 느림보, 2013

(주)비룡소, 1996

제 목 고래들의 노래

작 가 다이안 셸든, 개리 블라이드 / 고진하

내 용 할머니로부터 고래에 대한 옛이야기를 들은 릴리는 고래에 대한 꿈을 꾸고 바닷가 방파제에 나가 고래를 기다리지만 만나지 못하여 실망한다. 그날 밤 다시 릴리의 꿈에 고래가 나타나고 고래들은 릴리의 이름을 부른다.

❖ 그림책 특징

할아버지가 들려주는 고래에 대한 현실적인 이야기와 할머니가 들려주는 환상적인 이야기가 대조를 이룸으로써 고래를 보고 싶어하는 소녀의 바람이 더욱 간절하게 느껴진다.

❖ 읽어 주기

[읽어 주는 동안]

- 그림책의 몽환적인 분위기에 어울리게 차분한 목소리로 천천히 읽어 준다.

[읽어 준 후]

- 좋아하는 동물을 이야기해 보고, 그 동물을 위해 무엇을 해주고 싶은지, 혹은 무엇을 했을 때 동물이 어떻게 반응했는지 함께 이야기 나눌 수 있다.
- 고래가 꽃 선물을 받고 어떤 기분이 들었을지 이야기하고, 고래가 되어 몸으로 표현한다.

함께 읽으면 좋은 그림책

고래에 대한 그림책

『점프 점프』는 수족관에 갇힌 돌고래가 우연히 바다를 보고 혼돈스러워하며 자유를 갈망하는 이야기이다. 『엄마 말 안 들으면 흰긴수염고래 데려온다!』는 엄마 말을 안 들은 빌리가 벌로 38톤의 흰긴수염고래를 키우면서 벌어지는 일들이 그려진다.

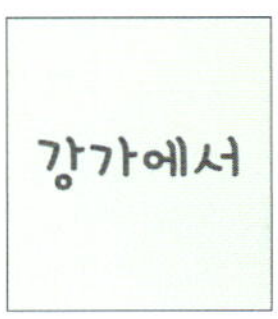

동물에 대한 그림책

『강가에서』는 여러 생명을 만날 수 있는 강가를 배경으로 찰스 다윈의 『종의 기원』의 일부 이야기를 소개한다. 『섬수리부엉이의 호수』는 어두운 밤 고요한 호숫가에서의 섬수리부엉이의 사냥 과정을 묵직한 판화 그림으로 그려냈다.

* 고래뱃속, 2015 / 다산기획, 2010
찰스 다윈, 파비엔 네그린 / 테지마 케이자부로오, 엄혜숙 역, 창비, 2008

다산어린이, 2012

제 목	노라의 장미
작 가	이치카와 사토미 / 정숙경
내 용	감기에 걸려 밖에 나가지 못하는 노라의 집 담벼락에 장미가 피어난다. 사람들이 장미를 가져가는 바람에 한 송이만 남고 노라는 장미를 그림으로 남긴다.

❖ 그림책 특징

아름답고 은은한 수채화풍의 그림이 인상적이다. 똑같은 창가를 중심으로 꽃을 구경하는 사람들의 모습과 감기에 걸려 집 안에 머물러 있을 수밖에 없는 노라의 모습을 대비시켰다. 소가 와서 장미꽃을 먹을까봐 노라가 소를 쫓아내는 장면이 유머러스하다.

❖ 읽어 주기

[읽어 주는 동안]

- 소가 장미꽃을 뜯어먹으려고 할 때, 노라가 어떤 기분이 들었을지 생각해 본다.

[읽어 준 후]

- 만일 나라면 장미를 오래 보기 위해서 어떻게 했을지 생각해 본다.
- 장미 꽃잎을 이용하여 방향제를 만든다.
- 여러 색깔의 장미를 살펴보고 향, 색깔, 꽃잎과 줄기의 모양 등을 탐색한다.

함께 읽으면 좋은 그림책

식물 가꾸기에 대한 그림책

『나에게 정원이 있다면』은 엄마의 정원 돌보기를 돕는 주인공이 자신만의 정원을 상상하는 이야기이다. 『조지 아저씨네 정원』은 화려한 정원에 살고 싶어하던 데이지꽃이 조지 아저씨를 떠나지만 결국 자신을 존중해주는 조지 아저씨에게로 돌아온다는 내용이다. 이 책들은 정원을 돌보는 사람들의 마음가짐을 배울 수 있게 해 준다.

나무에 대한 그림책

『나무는 알고 있지』는 나무의 관점에서 나무의 삶을 조명한다. 『나무집』의 이야기는 표지부터 이야기가 시작된다. 나무집으로 피신한 동물들의 모습이 다양한 색채와 아름답게 어우러진 글 없는 그림책이다.

* 케빈 헹크스, 최순희 역, 시공주니어, 2010 / 베너뎃 왓츠, 게르다 마리 샤이들, 강무홍 역 시공주니어, 1995
보림, 2007 / 여유당, 2010

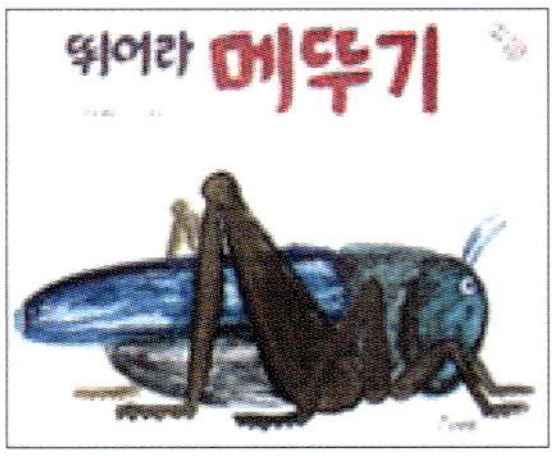

보림, 1996

제 목 뛰어라 메뚜기

작 가 다시마 세이조 / 정근

내 용 뱀이나 사마귀, 새들의 먹이가 되지 않기 위해 피해 다니던 메뚜기가 자신의 잠재능력을 십분 발휘하여 총알처럼 튀어 오르고 날아올라 천적들로부터 자유로워진다.

❖ 그림책 특징

그림책의 굵고 힘찬 선은 점차 자신감을 강화시켜 나가는 메뚜기의 캐릭터와 잘 어울린다. 메뚜기가 천적들로부터 피하는 매우 빠른 동작을 몇 개의 정지 화면으로 보여줌으로써 긴장감을 유발한다.

❖ 읽어 주기

[읽어 주는 동안]

- 메뚜기가 잡아먹힐 뻔한 순간이나 아슬아슬하게 도망치는 장면들은 좀 더 극적인 목소리로 읽어 준다.

[읽어 준 후]

- 힘이 약한 동물들의 생존 전략들(보호색 등)에 대하여 이야기 나눈다.
- 메뚜기가 되어 천적 사진이 붙어있는 장애물을 뛰어넘는 활동을 한다.
- 마지막 책장에 여자 친구로 보이는 메뚜기와 다정하게 있는 메뚜기의 모습에 기초하여 뒷이야기를 꾸밀 수 있다.

함께 읽으면 좋은 그림책

곤충을 소재로 한 그림책

『장난꾸러기 개미 두 마리』는 위에서 또는 아래에서 보이는 조망을 그림으로 표현하여, 장면별로 무엇을 그린 것인지 추측하며 읽는 즐거움을 준다. 『모기는 왜 귓가에서 윙윙거릴까?』는 누적 이야기 구조와 화려한 색을 즐길 수 있는 그림책이다. 『배추흰나비 알 100개는 어디로 갔을까?』는 배추흰나비가 알에서 애벌레를 거쳐 나비로 성장하는 과정을 담았다.

* 국민서관, 2004 / 보림, 2003 / 권혁도, 길벗어린이, 2015

스푼북, 2013

제 목 로드킬, 우리 길이 없어졌어요

작 가 김재홍

내 용 환경 개발로 인해 새로운 곳을 찾아 떠나는 강아지와 너구리가 사람들이 만든 도로를 따라 가는 중에 차에 치인 동물들을 보게 된다. 마침내 도착한 곳도 이미 공사로 파헤쳐져 다시 안전한 보금자리를 찾아 산속으로 떠난다.

❖ 그림책 특징

김재홍 작가는 『동강의 아이들』, 『숲 속에서』와 같이 자연을 배경으르 한 그림책을 써왔다. 로드킬이라는 주제가 죽음을 다루어 지나치게 무겁게 느껴질까봐 어린이들에게 친숙한 강아지와 너구리를 등장시켜 이야기를 전개했다고 한다. 강아지와 너구리의 뒷모습을 따라가며 개발되고 있는 환경을 볼 수 있게 그려져 독자가 강아지와 너구리의 마음에 쉽게 공감할 수 있다.

❖ 읽어 주기

[읽어 주기 전]

- 로드킬에 대해 들어 보았는지, 이에 대해 이야기를 나눈다.

[읽어 준 후]

- 야생동물 주의 표지판과 생태 이동통로(eco-bridge)에 대해 알아본다.
- 관련된 다큐멘터리 〈EBS 하나뿐인 지구 로드킬, 길 위의 죽음/ 국내 야생동물 로드킬 실태 집중조명〉을 편집한 후, 유아들과 함께 감상하고 이야기 나눈다.
- 로드킬 방지 방법에 대해 이야기를 나눈다.

함께 읽으면 좋은 그림책

로드킬을 소재로 한 그림책

『토끼들의 밤』은 아이스크림 운전사에게 로드킬을 당한 친구를 대신하여 토끼들이 복수하는 이야기이다. 로드킬 문제를 우회적이고 유쾌하게 표현했다. 『생태 통로』는 다양한 형태의 생태 통로를 통해 인간과 동물이 공존할 수 있는 방법을 소개한다. 『고라니 텃밭』은 텃밭을 망가뜨린 고라니와 '함께 나누는 삶'을 선택한 김씨 아저씨 이야기이다. 『수달이 오던 날』은 르드킬로 어미를 잃고 연구센터로 옮겨진 수달에 대한 관찰일기로, 수달에 대한 생태뿐 아니라 수달을 돌보는 연구원의 마음도 느낄 수 있다.

* 책읽는곰, 2013 / 논장, 2015
사계절, 2013 / 김용안, 한병호, 시공주니어, 2012

시공주니어, 2009

제 목	용이 사는 섬, 코모도
작 가	피터 시스 / 장미란
내 용	용을 아주 좋아하는 아이가 엄마 아빠를 따라 인도네시아의 코모도 섬에 갔다. 하지만 섬이 관광객으로 붐비고 너무 상업적이며, 아이가 생각했던 용의 이미지와는 달라 아이는 실망한다. 우연히 자연 속에서 코모도용과 마주친 후, 섬은 신비함이 있는 특별한 공간으로 남게 된다.

❖ 그림책 특징

용을 좋아하여 용이 있는 티셔츠, 장식물, 모빌 등 다양한 물건을 수집하거나 그림자조차 용의 모습을 하고 있는 주인공 아이는, 하나에 푹 빠져 있을 때 온통 그 생각만 하는 일반적인 유아의 모습을 닮았다. 아이는 매 페이지에서 용과 관련된 물건을 만지고 있거나 용무늬 옷을 입고 있어서 이것들을 찾으며 보는 재미가 있다.

❖ 읽어 주기

[읽어 준 후]

- 코모도용은 인도네시아에 실제로 존재하며, 육식 공룡의 후예로 알려져 있다. 관련 그림책, 포스터, 사진 자료 등을 이용하여 코모도용에 대한 조사 활동을 한다.
- 지도에서 인도네시아가 어디에 있는지 찾아볼 수 있다.
- 더 알아보고 싶거나 기억에 남는 동물에 대해 조사한다.

함께 읽으면 좋은 그림책

기존 동물원에 대한 비판적인 그림책

『동물원』에서, 동물원을 찾은 가족들은 동물들을 만났지만 별 감흥을 느끼지 못한다. 동물들은 대체로 기운 없이 축 처진 모습이다. 동물원이 동물들을 위한 장소일까를 생각해보게 한다. 『우리, 집』은 가상의 동물원에서 살아가는 동물들의 모습과 넓은 초원을 대비시켜 보여줌으로써, 동물원 동물의 복지와 행복에 대해 생각해보게 한다. 이 책들은 오늘날 동물원의 모습에 대해 비판적인 시각을 보여 준다.

* 논장, 2002 / 고래뱃속, 2015

(주)비룡소, 2007

제 목	이럴 수 있는 거야?!
작 가	페터 쉐소우 / 한미희
내 용	공원에 나타난 여자아이는 키우던 느란 새의 죽음으로 슬픔에 겨워 소리를 지른다. 친구들은 여자아이의 슬픔을 위로하고 이야기를 들어주며 노란 새의 장례식에 참여하고 여자아이는 슬픔과 분노를 잊는다.

❖ 그림책 특징

이럴 수 있는 거냐는 절제되고 간결한 여자아이의 반복되는 외침에 갑작스레 애완동물의 죽음을 맞이한 주인공의 당혹스러움과 상실감이 잘 드러난다. 공원에서 평화로운 일상을 보내는 다른 사람들과 슬픔과 분노에 빠진 여자아이의 모습이 대조적으로 그려졌다. 죽음은 다소 무거운 주제일 수 있으나 키우던 작은 새의 죽음을 소재로 하여 유아도 충분히 공감할 수 있도록 이야기를 풀었다. 만화풍 컴퓨터 그래픽으로 그려졌다.

❖ 읽어 주기

[읽어 주기 전]

- 표지를 보며 무엇이 이럴 수 있냐고 묻는 것일지 아이의 표정을 보며 예측해 본다.

[읽어 준 후]

- 키우던 애완동물이 죽거나 소중한 것을 잃었을 때의 경험을 말해보고 어떤 기분이었는지 이야기한다.
- 다른 사람의 슬픔을 위로하는 다양한 방법에 대하여 이야기 나눈다.
- 만약에 내가 이 여자아이였다면 어떻게 했을지 생각하여 이야기해 본다.

함께 읽으면 좋은 그림책

죽음을 소재로 한 그림책

『이럴 수 있는 거야?!』의 주인공이 사랑하는 애완동물의 죽음을 받아들이기 어려웠던 것에 반해 『세상에서 가장 멋진 장례식』에 나오는 아이들은 우연히 죽은 벌의 무덤을 만들어주며 본격적으로 장례놀이를 하게 된다. 집에서 기르지 않는 동물의 죽음에 대해서도 진지하게 생각해 볼 기회를 준다 『이젠 안녕』은 『이럴 수 있는 거야?!』에서와 마찬가지로, 키우던 강아지를 잃은 아이가 죽음을 인정하지 못하다가 점차 이별을 받아들이는 과정이 감동적으로 펼쳐진다.

* 울프 닐손, 에바 에릭손, 임정희 역, 시공주니어, 2008 / 책과콩나무, 2010

5) 건강과 안전

심신의 건강과 안전이 유지될 때, 인간은 다른 사람들과 긍정적인 관계를 이루며 행복하고 즐거운 생활을 할 수 있다. 현대사회의 발전 이면에는 유아의 건강과 안전을 저해하는 요소가 있으며, 유아 혼자만의 힘으로 자신의 건강을 유지하기 어렵다. 생활주제 〈건강과 안전〉은 누리과정 《신체운동 · 건강》 영역과 밀접하게 관련되어 있으며, 모든 연령에서 공통적으로 '즐거운 운동과 휴식', '깨끗한 나와 환경', '맛있는 음식과 영양', '안전한 놀이와 생활'이라는 소주제를 다룬다. 기본운동능력과 건강과 안전 지식, 기술, 태도를 기르는 데 초점을 두고, 몸과 마음의 균형적인 성장과 발달, 청결과 위생, 건강과 영양, 신변 안전, 미디어 안전, 자연재해 안전 등에 대한 이해와 대처방법을 지도한다. 생활주제가 진행되는 시기 외에도 일상생활에서 건강 및 안전과 관련하여 특별한 경험을 했을 때, 유아가 특별한 흥미와 관심이 생겼을 때, 사회적으로 특별한 이슈를 불러일으키는 관련 사건이 있을 때, 발현적으로 교육과정이 진행될 수 있다.

5세 유아는 젖니가 빠지는 등 신체 변화가 일어나며, 자신의 신체운동능력의 발달을 바탕으로 모험적인 움직임을 한다. 건강은 신체뿐만 아니라 정신 건강을 포함하는 개념이므로 건강 정보뿐만 아니라 자신의 미래 모습에 대해 즐겁고 긍정적인 기대를 하도록 돕는 방법도 알려 준다.

잘못된 식습관으로 인한 비만, 유괴, 실종 등에 대한 내용의 그림책으로 유아들이 이러한 일에 적극적으로 대처할 수 있는 지식, 기술, 태도를 발달시키도록 도와야 한다. 유아들은 질병으로부터 자신을 보호하기 위해 병원이나 약국 등의 도움을 받기도 하므로 관련 기관 및 직업에 대한 그림책도 제공한다.

키다리, 2010

제 목 임금님과 호밀빵

작 가 파멜라 앨런 / 천미나

내 용 임금님은 먹고 싶은 음식을 욕심을 부리며 먹어대다가 뚱뚱해지고, 결국 더 이상 아무것도 먹을 수 없게 된다. 마굿간지기 소년이 내미는 소박한 호밀빵을 건네받고 다시 건강을 되찾는다.

❖ 그림책 특징

파멜라 앨런 특유의 단순한 그림으로 되어 있으며, 등장인물 위주로 표현하였다. 이야기 중 의성어, 의태어에 해당하는 부분은 큰 글씨로 표현되어 있다. 한 페이지 내에 임금님이 점점 뚱뚱해지는 과정을 차례차례 그리거나, 비대해져서 고통스러워하는 모습을 다른 포즈로 연달아 표현함으로써 비만의 불편함을 시각적으로 극화시켰다.

❖ 읽어 주기

[읽어 준 후]

- 살이 찌는 과정, 살이 빠지는 과정을 나타내기 위해 반복적으로 임금님을 여러 차례 그린 장면을 보면서 왜 여러 명의 임금님을 그렸을지 이야기 나눈다.
- 음식을 많이 먹고 싶을 때는 어떤 때인지, 왜 음식을 조절하여 먹어야 하는지 생각해 본다.
- 우리가 하루 동안 먹어야할 1일 권장량에 대해 알아보고, 잡지 등을 오려서 콜라주 활동을 하여 자신만의 식탁을 구성한다.
- 살이 많이 찌는 음식과 살이 덜 찌는 음식을 구별하여 조사한다.
- 책 뒤편에 나온 레시피대로 호밀빵을 직접 만든다.

함께 읽으면 좋은 그림책

건강한 음식에 대한 그림책

동물이나 사람 모두 음식이 필요하며, 건강과도 직결된다. 『바삭바삭 갈매기』는 우연히 사람들이 주는 과자의 맛에 중독된 갈매기가 본래 먹이 습성을 잃고 혼돈스러워하는 모습을 보여 준다. 이와 마찬가지로 『시골쥐와 감자튀김』은 인스턴트 음식과 패스트푸드 음식에 길들여져 쥐를 쫓는 본성마저 잃어버리는 고양이 모습을 통해 인스턴트 음식에 대한 경각심을 불러일으킨다.

* 한림출판사, 2014 / 웅진주니어, 2012

반달(킨더랜드), 2013

제 목 잠잠깨비

작 가 이연실, 김향수

내 용 아이가 잠든 사이에 잠잠깨비, 당당깨비, 쑥쑥깨비가 찾아와 키가 잘 자랄 수 있도록 당겨주며 키 키우기 작업을 한다는 이야기이다.

❖ 그림책 특징

잠잠깨비는 천, 솜 등을 이용하여 만든 인형이지만, 이야기 속 어린이는 사진으로 찍은 실제 모습이라 사실성에 깃든 환상성을 느낄 수 있다. 깨비들이 아이의 키를 키우기 위해 동원한 다양한 도구들과 톡톡톡, 새근새근, 띠링띠링 등 잠과 관련된 다양한 의성어가 흥미를 끈다.

❖ 읽어 주기

[읽어 주기 전]

- 제목을 보며 어떤 이야기일지 추측해 본다.

[읽어 준 후]

- 성장통을 경험한 적이 있는지 유아들과 이야기를 나누고, 우리 몸이 잘 자라는 과정이라는 것을 이야기한다.
- 키가 잘 자라도록 하기 위해 깨비들이 만든 것 같은 장치들을 만들어 본다.
- 깨비들을 만난다면 어떤 이야기를 할지, 포스트잇에 적거나 그림으로 표현한다.

함께 읽으면 좋은 그림책

다리 성장에 대한 그림책

『다리가 쭉쭉』은 완두콩을 먹고 다리가 길어진 아저씨가 간지럼 때문에 원래 다리 길이로 돌아온다는 유머러스한 이야기이다. 성장통을 느끼는 유아들에게 두려움을 잊고 긍정적인 느낌을 갖도록 도울 수 있다.

* 담푸스, 2015

느림보, 2010

제 목 쳇! 어떻게 알았지?

작 가 심미아

내 용 빨간 모자는 할머니께 과자를 전하러 가는 길에 늑대, 돼지 삼 형제, 개구리 왕자, 장화 신은 고양이를 만나 위험에 빠지지만 용기와 지혜로 빠져나간다.

❖ 그림책 특징

빨간 모자 이야기를 기본 틀로 하고 아동 대상 범죄의 주요 수법을 담고 있는 그림책이다. 유괴나 아동학대와 같은 현실적인 문제를 다룬 그림책이라 읽어 주기에 다소 무겁게 느낄 수 있으나, 에피소드마다 친숙한 옛이야기의 주인공이 악당으로 분하여 등장하므로 주인공 아이가 악당을 하나하나 어떻게 지혜롭게 물리치는지의 과정을 살피며 읽는다면 재미있게 읽을 수 있을 것이다.

❖ 읽어 주기

[읽어 주기 전]

- 빨간 모자 이야기를 상기시키고 그 외에도 어떤 옛이야기 인물들이 나오는지 보자고 하며 읽어 준다.

[읽어 준 후]

- 이야기에 등장하는 범죄 수법에 대하여 이야기하고, 어떻게 대처할지 알아본다.
- 아동 대상 범죄는 낯선 사람에 의해서만 벌어지는 것이 아니므로 항상 위험한 상황을 감지하고 판단할 수 있도록 다양한 사례를 소개하고, 대응방법을 알려 준다.
- 누군가 유아에게 이상한 부탁을 할 경우, 거절할 수 있도록 이야기한다.
- 이야기의 내용을 떠올려보고, 간단한 4컷 만화로 만든다.

함께 읽으면 좋은 그림책

* 북뱅크, 2006

아동 성폭력 예방에 대한 그림책

『난 싫다고 말해요』는 아동 성폭력을 예방하기 위해 구체적인 상황에서 어떻게 위기를 극복할 수 있는지 자세히 알려 준다. 『쳇! 어떻게 알았지?』는 이야기 속 주인공을 통해 아동 대상 범죄에 대해 다루고 있다면 『난 싫다고 말해요』는 좀 더 설명적이다.

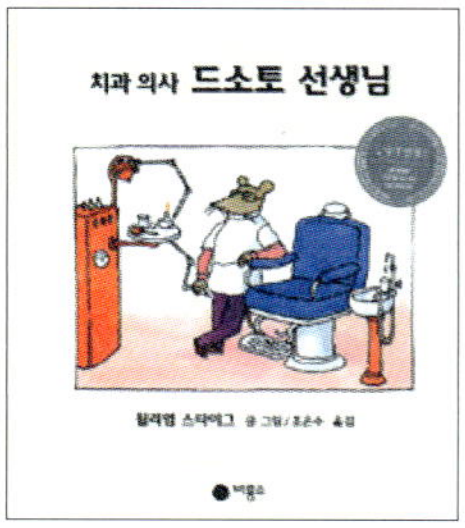

(주)비룡소, 1995

제 목 치과의사 드소토 선생님

작 가 윌리엄 스타이그 / 조은수

내 용 동물들의 이를 치료하는 생쥐 드소토 선생님은 이가 아파 찾아온 여우를 치료해 주지만 여우는 이가 다 나으면 드소토 선생님을 잡아먹으려 한다. 드소토 선생님은 이것을 알아차리고 기지로 위기를 모면한다.

❖ 그림책 특징

쥐가 치과의사이고, 여우는 환자라는 이야기 속 캐릭터 설정과 실제로는 여우가 쥐를 잡아먹는다는 생태계 원칙이 갈등을 일으키면서 긴장을 불러일으킨다.

❖ 읽어 주기

[읽어 주는 동안]

- 드소토 선생님과 부인이 여우에게 잡혀먹지 않을 방법을 궁리하는 장면에서 잠시 멈춰 드소토 선생님이 다음 날 어떻게 할지 생각하여 이야기 나눈다.

[읽어 준 후]

- 의사이면서 생쥐이기 때문에 무서운 동물을 돌보지 않으려했던 드소토 선생님의 행동은 옳은 것인지 의견을 나눈다.
- 몸집이 큰 환자들을 치료하기 위해 드소토 선생님이 개발한 장치들을 살펴보고 특별한 점이나 재미있는 점에 대해 이야기한다. 또 다른 장치에 대한 아이디어를 나눈다.

함께 읽으면 좋은 그림책

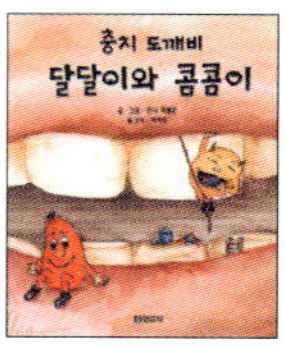

치아 건강과 위생에 대한 그림책

『내 이 봐 봐』는 충치벌레, 튼튼한 이, 썩은 이 등에 대한 정보를 알기 쉽게 소개하므로 치아에 대한 유아의 배경지식을 넓혀 준다. 『충치 도깨비 달달이와 콤콤이』와 『치카치카 군단과 충치 왕국』은 충치가 생기는 과정과 예방법을 재미있게 소개한다.

위기 극복에 대한 그림책

『생쥐를 초대합니다』는 배고픈 고양이가 생쥐를 초대하고, 생쥐는 지혜로 상황을 극복하는 이야기로, 이 책의 생쥐가 처한 상황이 드소토 선생님과 비슷하다.

* 한림출판사, 2009 / 안나 러셀만, 박희준, 현암사(은나팔), 1994 / 상상박스, 2011
다산기획, 2007

6) 생활도구

현대에는 우리의 생활을 편리하게 해주는 도구의 종류가 다양하며, 끊임없이 더 새로운 도구를 필요로 하고 있다. 유아는 다양한 종류의 생활도구를 적절하게 활용하고 바르고 안전하게 사용하는 능력을 기를 필요가 있다. 생활주제 〈생활도구〉는 유아가 다양한 생활도구를 활용하고 새로운 도구에 관심을 가짐으로써 미래 사회의 변화에 대응할 수 있는 역량을 기르는 데 주안점을 둔다.

5세에는 '다양한 생활도구', '생활도구를 움직이는 힘', '생활도구로서의 미디어', '미래의 생활도구'를 소주제로 둔다. 다양한 생활도구를 실제 다루어 보거나 탐색해 볼 기회를 제공하고, 다양한 미디어의 긍정적인 측면과 그것들을 작동시키는 에너지의 중요성에 대해 알아보는 데 중점을 둔다(교육과학기술부, 2012).

유아가 쉽게 접할 수 있는 생활도구를 소재로 한 그림책을 제공하거나 에너지를 다룬 그림책을 제공한다. 도구와 미디어의 유익함을 알게 해주고, 동시에 편리하다는 이유로 무절제하게 사용할 경우 일어날 수 있는 일을 간접적으로 경험하게 하여 도구와 미디어 사용에 대한 바람직한 태도를 기를 수 있게 한다.

다림, 2012

제 목	앗, 깜깜해
작 가	존 로코 / 김서정
내 용	각자의 일에 빠져 있던 가족들은 정전이 되어 한자리에 모이게 된다. 그림자로 장난을 치고 소박한 파티를 벌이며 이웃들과 즐거운 시간을 보낸다.

❖ 그림책 특징

책 앞표지에는 이야기의 배경이 되는 다세대가 모여 사는 아파트가 그려져 있고, 주인공 아이의 집에서만 불빛이 새어나온다. 이 그림책은 만화 기법으로 그려졌으며, 깜깜한 밤에 벌어진 정전을 소재로 했기 때문에 다른 그림책에 비해 검정색이 많이 사용되었다. 정전이 지나간 뒤, 가족들 스스로 전기를 끄고, 어둠 속에서 함께 시간을 보내는 장면에서 검정색은 따뜻하고 편안한 느낌을 준다.

❖ 읽어 주기

[읽어 준 후]

- 정전이 되어 어둠 속에 있었던 경험을 이야기하고, 당시 기분을 말한다.
- 만일 정전이 된다면 무엇을 하고 싶은지 이야기한다.
- 지구촌 전등 끄기 캠페인 'Earth Hour'를 소개하고, 3월 28일에 참여할 수 있도록 한다.

함께 읽으면 좋은 그림책

전기에 대한 그림책

『가로등을 켜는 아이 페페』에서 이민 가정의 페페는 생계를 위해 가로등에 불을 켜는 일을 하면서 살아가는 모습을 보여 준다. 어둠 속에서 생활하는 것이 익숙했던 시대로 거슬러 올라가 당시 생활 모습을 이해할 수 있다.

텔레비전이 없는 가정에 대한 그림책

『텔레비전이 고장났어요!』는 텔레비전에만 빠져 있던 가족들이 어느 날 텔레비전이 망가져 볼 수 없게 되자 텔레비전 대신 가족들과 즐거운 시간을 보내게 된다는 이야기이다.

* 열린어린이, 2005
책읽는곰, 2012

보물창고, 2007

제 목 자꾸자꾸 시계가 많아지네

작 가 팻 허친즈 / 신형건

내 용 히긴스 아저씨는 다락방에서 멋진 시계를 발견하고 시계가 맞는지 알아보기 위해 다른 시계를 사온다. 서로 떨어진 장소에 있는 시계가 서로 시간이 다르자 시계가 고장났다고 생각한다. 그러나 시계방 주인의 휴대용 시계 덕분에 모든 시계가 정상이라는 것을 알게 된다.

❖ 그림책 특징

팻 허친스의 〈자꾸 자꾸 시리즈〉 중의 하나이다. 히긴스 아저씨가 장소를 이동할 때마다 각 장소의 시계가 가리키는 시간은 다르다. 그러나 히긴스 아저씨의 집 내부가 전체적으로 보이게 그려져 있어서 각 방의 시계들은 모두 같은 시간을 가리키고 있음을 알 수 있다.

❖ 읽어 주기

[읽어 주기 전]

- 시계가 없다면 어떠한 불편함이 예상되는지 이야기 나눈다.
- 아침에 일어날 때, 어떠한 방법으로 일어났는지 경험을 이야기한다.

[읽어 준 후]

- 시계와 함께 하루 일과 사진을 찍은 다음 그것을 시간 순서로 정리해 본다.
- 디지털시계, 핸드폰 시계, 손목시계, 방수 시계 등 다양한 시계에 대하여 알아보고 특징을 조사한다.

함께 읽으면 좋은 그림책

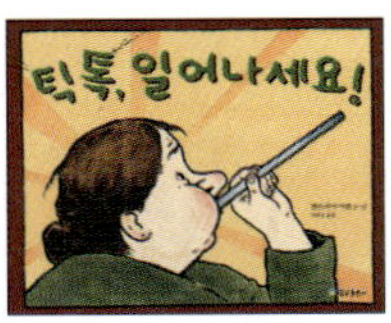

시계에 대한 그림책

『틱톡, 일어나세요!』는 개인에게 시계가 없던 시절, 영국에 있었던 '잠깨우개'라는 특별한 직업에 대한 이야기이다. 시계가 없던 시절의 생활 모습을 살펴볼 수 있다.

삽과 막대기에 대한 그림책

『샘과 데이브가 땅을 팠어요』에서는 샘과 데이브가 어마어마하게 멋진 것을 찾느라 땅속을 파는 모습을 담았다. 상황마다 필요한 도구와 기능들을 이해할 수 있다. 『마법의 막대기』는 마법 막대기로 상상력을 펼치는 이야기이다. 물건을 다른 용도로 창의적으로 사용해 보도록 격려할 수 있다.

* 꿈교출판사, 2012
맥 바넷, 존 클라센, 서남희 역, 시공주니어, 2014 / 같이보는책, 2015

문학동네어린이, 2010

제 목 책 청소부 소소

작 가 노인경

내 용 도서관에 사는 작은 아이 소소는 책 내용 중에서 사람들이 좋아하지 않는 부분의 글자를 지우는 일을 한다. 그러나 글자들은 소소에게 애원하고 소소는 그들을 다락방으로 데려온다. 그러다 쓱쓱싹싹 괴물에 쫓겨 다시 도서관으로 데리고 와서 책의 비어있는 부분에 글자들을 다시 채워 넣는다.

❖ 그림책 특징

소소가 지운 글자들은 시각적 이미지를 가지고 있어서 '파도'라는 글자는 파도치는 모양처럼, '화살'이란 글자는 화살이 날아가는 듯 속도감 있게 나타난다. 책으로부터 지워진 글자들은 소소에게 으름장을 놓기도 하고 울고 매달리고 놀이를 하는 등 마치 살아 있는 존재처럼 움직인다. 작가는 지저분하게 책을 읽는 자신의 독서 습관을 모티브로 1cm도 안 되는 소소라는 인물을 만들어냈다고 이야기한다.

❖ 읽어 주기

[읽어 준 후]

- 사람들은 왜 책에서 어떤 이야기를 지우고 싶었을지 생각해 본다.
- 책제목을 잃어버린 책을 위해 새로운 이름을 지어준다.
- 청소부 소소처럼 상상의 인물을 만들어 내어 이야기를 꾸며본다.

함께 읽으면 좋은 그림책

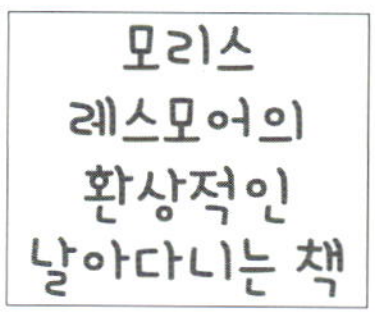

글자에 대한 그림책

『모리스 레스모어의 환상적인 날아다니는 책』에서는 책 읽기에 흠뻑 빠진 모리스를 통해 책 읽기의 기쁨을 간접적으로 느낄 수 있다. 『글자 먹는 악어』는 아기 오리 앞에 나타난 악어가 이야기책에 나오는 글자와 문장을 다 먹고 결국 탈출하려 한다는 이야기이다. 급기야 아기 오리가 하는 말의 글자마저 먹어치우는 악어 때문에 긴박하고 유머러스한 상황이 연출된다.

청소에 대한 그림책

『구리와 구라의 대청소』에서 청소는 지루하고 꺼려지는 일이 아니라 놀이일 수 있음을 보여 준다. 『청소부 토끼』에서는 과학자 토끼들이 청소부 토끼를 달에 보내려고 시도하는 다양한 아이디어와 도구를 만날 수 있다.

* 상상의힘, 2012 / 사파리, 2013
한림출판사, 2003 / 반달(킨더랜드), 2015

7) 교통기관

교통기관은 우리가 다른 장소로 이동하는 데 유용하게 사용되며 사람뿐만 아니라 짐을 실어 나르거나 다른 일을 하는 데 도움이 되는 등 다양한 역할과 기능을 한다. 생활주제 〈교통기관〉은 유아가 다양한 종류의 교통기관을 이용해 본 경험이 많아지며 움직이는 기계에 대한 호기심도 높아짐에 따라 교통 생활과 관련된 기본적인 지식을 습득하여 스스로 안전한 생활의 필요성을 이해하고 사고에 대비하여 교통기관을 안전하게 이용하는 방법 등에 대해서 알게 하는 데 중점을 둔다.

5세는 '교통기관의 종류', '고마운 교통기관', '교통기관의 변천 과정과 구조', '교통 통신과 교통 생활'을 소주제로, 다양한 교통기관의 종류와 차이점을 알아보고 교통기관 유형별 특성, 이용 방법에 대해 스스로 탐구해 보는 데 비중을 둔다. 또한, 스스로 자전거를 탈 수 있으며, 편리하고 안전한 교통 생활을 실천해 보도록 하고 있다(교육과학기술부, 2012).

다양한 교통기관의 기능, 변천이나 구조를 살펴볼 수 있는 그림책을 제공한다. 자전거를 소재로 하거나 상상력이 가미된 그림책을 통해서 미래의 교통수단이나 역할에 관심을 가져보게 할 수 있다.

(주)비룡소, 2004

제 목 꿈의 배 매기호

작 가 아이린 하스 / 이수명

내 용 마거릿은 잠에서 깨어나 자신의 소원대로 멋진 배를 가지게 되고, 동생 제임스와 항해하며 즐거운 시간을 보낸다. 폭풍우가 닥치지만 마거릿은 음식을 만들어주고, 동생을 달래며 평온을 찾는다.

❖ 그림책 특징

컬러 장면과 흑백 장면이 번갈아 나오고, 따뜻한 색감의 그림이 아름답다. 마거릿이 배 선실에서 잠이 깬 것 처럼 표현되어 있지만, 사실상 매기호를 배경으로 펼쳐지는 상상여행은 이 시점부터 시작된다. 부드러운 색채와 여백이 전체적으로 이야기를 몽환적으로 이끌어 간다.

❖ 읽어 주기

[읽어 준 후]

- 쌓기 영역에서 종이블록을 이용하여 매기호를 만들고, 마거릿처럼 여러 가지 상황을 상상하며 놀이한다.
- 나만의 배에 함께 가져가고 싶은 것들을 잡지에서 찾아서 콜라주 기법으로 잘라 붙이고, 그 이유를 친구들에게 소개한다.
- 이야기에 등장하는 동물들 외에도 다른 친구들을 초대하여 함께 여행가는 이야기로 꾸며본다.
- 폭풍우가 불었을 때, 어떤 기분이 들었는지 이야기해 본다.

함께 읽으면 좋은 그림책

배에 대한 그림책

『꼬마 팀과 용감한 선장』은 모험심 많은 팀이 바다를 동경하다가 선원인 맥피 할아버지를 따라 몰래 증기선에 탑승하여 벌어지는 이야기이다. 『꿈의 배 매기호』에 이어 배에서의 생활 모습을 상상해 보는 데 도움이 된다.

자전거에 대한 그림책

『아기 돼지와 자전거와 달님』은 다른 친구들의 도움을 받아 아기 돼지가 자전거를 혼자 타는 데 성공하기까지의 과정이 담겨 있다. 『혼자 탈 수 있어요』는 톰이 아빠의 도움으로 연습 끝에 두 발 자전거를 타면서 성취감을 느끼게 되는 이야기이다.

* 에드워드 아디존, 강무홍 역, 시공주니어, 1996
북극곰, 2015 / 엘리자베스 드 랑빌리, 마리알린 바뱅, 이정주 역, 시공주니어, 2010

시공주니어, 2010

제 목 말괄량이 기관차 치치

작 가 버지니아 리 버튼 / 홍연미

내 용 조그만 역과 대도시를 왕복하는 기관차 치치는 혼자 빨리 달리고 싶어 객차를 달지 않은 채 달려간다. 궤도를 이탈하여 한참 달리던 치치는 연료가 떨어져 멈추게 되었고, 기관사 아저씨들에게 다시 말썽을 부리지 않기로 약속한다.

❖ 그림책 특징

기관차의 속도감 있는 움직임을 목탄의 특성을 살려 표현하였다. 버튼은 스케치를 해서 그림을 벽에 빙 둘러 붙여두고 그림을 몇 번이고 고치다가 더 이상 고칠 것이 없을 때 글을 썼다고 한다(김서정, 2002).

❖ 읽어 주기

[읽어 주기 전]

- 표지 그림을 펼쳐 보이며 기차를 앞으로 기울여 그린 이유와 번지게 그린 이유에 대해 이야기해 본다.

[읽어 준 후]

- 기관차가 되어 가보고 싶은 곳을 함께 이야기 나눈다.
- 치치가 여행한 곳을 상상하여 이야기를 지어보고, 그 이야기로 동극을 한다.

함께 읽으면 좋은 그림책

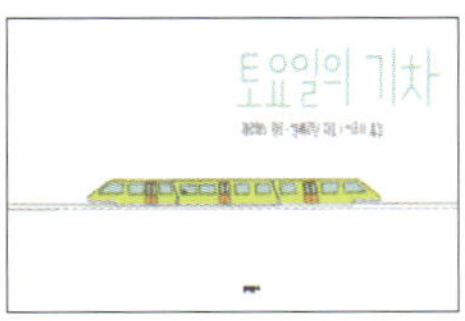

기차에 대한 그림책

『토요일의 기차』는 시골 할머니댁까지 기차 타고 가는 과정을 펜화로 세밀하게 그렸다. 공장 지대와 구조물, 들판 등, 차창 너머로 다양한 세계가 펼쳐진다. 유아는 기차여행 경험을 돌아보며 이야기할 수 있다.

동일 작가의 그림책

『케이티와 폭설』과 『마이크 멀리건과 증기 삽차』는 단순히 제설차와 증기 삽차가 하는 일뿐만 아니라 물질 문명의 등장으로 인해 사라지는 것들의 모습을 보여 준다.

* 문학동네어린이, 2013
버지니아 리 버튼, 홍연미 역, 시공주니어, 1997 / 버지니아 리 버튼, 서애경 역, 시공주니어, 1996

사파리, 2013

제 목 세상에서 가장 행복한 100층 버스

작 가 마이크 스미스 / 노은정

내 용 매일 똑같은 일상에서 벗어나 빨간 2층 버스 운전기사 아저씨는 새로운 길로 모험을 떠난다. 처음 보는 정류장에서 사람들을 태우며 버스는 한층 한층 올라가서 100층에 이른다.

❖ 그림책 특징

폴더 구성으로 자꾸 길어지는 책이다. 100층에 이르러 페이지를 펼치면 100층 버스 전체의 모습을 볼 수 있다. 버스에 탄 다양한 사람들과 독특한 집, 정원, 풍차, 놀이공원, 수영장 등이 합체되어 특별한 버스가 그려져 있다. 1년이 되어 버스가 고장나지만 하늘 위 열기구가 태워주어 버스는 하늘에서 또다른 모험을 기약한다는 결말이다. 유아들이 좋아하는 교통기관을 소재로 상상력을 자극한다.

❖ 읽어 주기

[읽어 주는 동안]

- 2층 버스를 타본 경험이 있는지 이야기 나누고, 2층 버스를 탔을 때 좋은 점에 대해 알아본다.

[읽어 준 후]

- 여러 가지 교통기관의 좋은 점에 대해 비교하고, 버스에 더 첨가하고 싶은 기능을 조합하여 새로운 교통기관을 설계해 본다.

함께 읽으면 좋은 그림책

다양한 길에 대한 그림책

『두 가지 길』은 구불거리는 옛날 빨간 길과 고속도로로 가는 파란 길이 한 페이지에 함께 그려져, 달라진 도로의 모습과 정취를 비교하며 감상할 수 있다. 『세상에서 가장 행복한 100층 버스』에 나오는 다양한 길의 형태에 대하여 이야기를 하고 난 뒤에 함께 보면 좋을 책이다.

버스에 대한 그림책

『빨간 버스』는 언니가 아파 혼자 버스를 탄 키티가 학교에서 돌아오다가 그만 잠이 들어 버스에서 내리지 못하여 겪게 되는 이야기로, 버스와 관련된 경험을 나누기에 좋다.

* 해솔, 2011
파랑새어린이, 2009

다산기획, 2009

제 목 위대한 비행

작 가 앨리스 프로벤슨, 마틴 프로벤슨 / 윤인웅

내 용 하늘을 날고 싶은 욕망을 실현하기 위해 루이 블레리오는 끈기 있게 여러 차례 도전을 거듭하여 결국 영국 해협 횡단 비행을 이룬다.

❖ 그림책 특징

시행착오를 거쳐 비행기가 1호기 블레리오 앵에서 11호기 블레리오 옹즈까지 계속 변화하는 모습을 살펴볼 수 있다. 20세기 초 유럽의 생활상을 엿볼 수 있으며, 갈색톤 그림이 빛바랜 옛사진을 보는 듯한 느낌을 준다. 아이가 화자가 되어 아빠 블레리오의 비행 과정을 간결한 문장으로 소개한다.

❖ 읽어 주기

[읽어 준 후]

- 꼭 도전하고 싶은 일이 있는지 생각해 보고 함께 이야기 나눈다.
- 블레리오 아저씨처럼 실패를 했을 때 포기하지 않으려면 어떤 마음을 가져야 할지 생각해 본다.
- 블레리오 외에 하늘을 날기 위해 꿈을 꾸었던 레오나르도 다 빈치, 라이트 형제의 이야기를 들려준다. 오늘날 사람들이 편리하게 이용하는 비행기는 여러 사람의 도전과 발명을 통해 이루어낸 성과라는 것을 소개한다.
- 왜 블레리오의 비행을 위대하다고 표현했는지 생각해 본다.

함께 읽으면 좋은 그림책

비행기와 우주선에 대한 그림책

『궁금해요 비행기 여행』에는 공항에서부터 뉴질랜드에 도착할 때까지 거치는 장소와 절차에 대한 지식이 세세하게 담겨 있어서 비행기와 공항에 대한 배경지식이 된다. 『루이의 우주선 상상 1호』는 아버지가 고물상을 한다고 놀림을 받는 루이를 위해 엄마, 아빠가 고물로 우주선 상상 1호를 만들어 주었고, 루이는 친구들과 함께 상상놀이를 한다. 『위대한 비행』을 읽고 난 후, 유아들에게 상상놀이를 제안할 때 도움이 된다.

* 감, 시공주니어, 2014 / 웅진주니어, 2009

8) 우리나라

유아기는 한 개인으로서의 정체성뿐만 아니라 민족과 국가에 대한 정체성의 기초를 형성하는 시기이다. 생활주제 〈우리나라〉는 유아가 대한민국 국민으로서 자신이 속한 국가에 대한 정확한 이해와 친숙함, 자긍심을 가지고 정체성을 가지도록 한다. 특히, 누리과정 구성 방향은 '사람 · 자연 존중 세계관'과 '우리 문화에 대한 이해'이며, 우리나라 전통 사상은 사람과 자연을 존중해왔으므로 유아가 생활주제 〈우리나라〉를 배우는 동안, 우리나라 역사와 전통문화에 관심을 가지고 이해하고 경험하며 친밀감을 가지도록 접근하는 것이 필요하다. 전통문화는 과거뿐만 아니라 현재와 미래에도 가치 있는 자산으로, 유아가 이를 바르게 이해하고 수용하며 재창조할 수 있도록 돕는 데 주안점을 둔다.

5세에는 '우리나라 사람들의 생활', '우리나라의 놀이와 예술', '우리나라의 역사', '우리나라의 자랑거리'를 소주제로 다루고 있다. 유아의 생활과 직접적으로 연관되는 내용 외에도 경제, 사회, 정치 등 추상적이고 거시적인 내용도 포함된다. 5세에는 유아 스스로 역사적 주체로서 유아 수준과 위치에서 할 수 있는 역사 이해, 자랑거리 활동, 나라 사랑의 방법을 경험하여 우리나라에 대한 자긍심을 가지도록 하였다. 특히, 전래동화 외에도 『사소절』과 같이 옛 책 속에 담긴 이야기들을 통해 선현들의 생활 모습과 예절을 느낄 수 있도록 했다.

5세에 제공하는 그림책은 웃음과 재미 외에도 존중, 배려, 나눔, 협력, 질서, 효의 가치관이 담겨 있는 것이 좋다. 또 우리나라 옛이야기와 비슷한 세계 여러 나라의 이야기를 담은 그림책을 함께 제시해주는 것이 좋다. 연관성 있는 그림책들을 묶어 읽어 주면 유아는 우리 문화와 다른 나라의 문화의 시간적 · 공간적 연속성을 느끼게 되어 우리나라 전통문화의 우수성을 느낄 수 있다.

사계절, 2006

제 목 가시내

작 가 김장성, 이수진

내 용 여자아이는 이웃 나라의 침략에 맞서 함께 싸우기 위해 전쟁터로 갔지만, 전쟁은 남자들의 일이라며 장군은 이를 허락하지 않는다. 우리 군사가 위기에 몰리자 여자아이는 신분을 숨기고 갓을 쓴 채 전쟁터에 나가 전쟁을 승리로 이끈다. 적을 두찌른 아이를 칭송하는 갓 쓴 애는 이후 가시내로 불려진다.

❖ 그림책 특징

여자아이를 낮춰 부르는 것으로 알려졌던 경상도 사투리 '가시내'의 어원을 찾아 도전적이고 씩씩한 여성의 이미지로 재해석하였다. 특별한 채색 없이 화려한 선의 운용과 여백을 활용하여 이야기에 긴장감을 불러오고, 활기 넘치는 여자아이의 모습을 표현해냈다. 한국화를 전공한 작가 이수진의 배경이 그림에 묻어난다.

❖ 읽어 주기

[읽어 주기 전]

- '가시내'라는 말을 들어보았는지, 그때 기분은 어땠는지에 대해 이야기한다.

[읽어 준 후]

- 여자아이가 전쟁에서 싸우는 것을 장군이 허락하지 않은 이유에 대해 생각해 본다.
- 특별히 남자만 또는 여자만 할 수 있는 일은 무엇이 있는지 알아본다.

함께 읽으면 좋은 그림책

성역할에 대한 반편견 그림책

『안젤리카』는 태어날 때부터 몸집이 큰 여자가 곰을 물리치는 이야기로 순응적인 여자 주인공 이야기에 싫증이 난 유아의 흥미를 끈다. 특히, 별자리 큰곰자리에 대한 새로운 해석이 소개되어 천체에 대한 유아의 관심을 유도하기에 적합하다. 『종이 봉지 공주』는 수동적이고 아름답기만 한 '공주'에 대한 편견을 뒤집고 진취적이고 도전적인 여성상을 보여 주어 『가시내』와 비교하여 읽어볼 수 있다.

* 앤 이삭스, 폴 젤린스키, 서애경 역, (주)비룡소, 2001 / 로버트 문치, 마이클 마첸코, 김태희 역, (주)비룡소, 1998

(주)비룡소, 2006

제 목 어처구니 이야기

작 가 박연철

내 용 하늘나라의 말썽꾸러기 이구룡, 저팔계, 손행자, 사화상, 대당사부는 상제 앞에 끌려오게 된다. 사람들을 해코지하는 '손'이라는 귀신을 잡아오면 용서해주겠다는 말을 듣고 귀신을 잡을 계략을 세우지만 손행자의 실수로 실패한다. 손이 잡힐 때까지 어처구니는 궁궐 추녀마루 끝을 지키게 되었다.

❖ 그림책 특징

귀신을 쫓기 위해 우리나라 궁궐 지붕 위에 올린 잡상 어처구니를 소재로 한 그림책이다. 이야기에 등장하는 이구룡, 저팔계, 손행자, 사화상, 대당사부는 각 특성에 맞게 손과 발, 눈과 입 등을 강조하여 매우 익살스럽게 그려졌다. 다섯 어처구니를 표현하기 위해 오방색을 사용하였다.

❖ 읽어 주기

[읽어 준 후]

- 흙점토를 이용하여 어처구니를 만든다. 쌓기 영역에서 궁궐을 구성해보고 유아들이 만든 흙점토를 올린 후에 감상한다.
- 어처구니 각각의 특성에 맞추어 창의적으로 디자인한 후, 나무젓가락을 붙여 막대 인형으로 사용한다.
- 손을 잡으려 했던 엄나무와 두릅나무에 대한 사진 자료를 보여 주고 조상들은 이 나무들을 어떻게 사용했는지 알아본다. 기관에 나무가 있다면 그것은 어떤 특성이 있는지 알아본다.

함께 읽으면 좋은 그림책

옛날 집의 디자인, 장식을 살펴보는 그림책

『가고일의 밤』은 어처구니와 유사하게 지붕이나 처마에 있는 가고일에 대한 이야기이다. 『어처구니』와 비교하여 가고일의 환상의 세계를 살펴보면 좋겠다. 『어처구니 이야기』처럼 우리 전통문화의 아름다움을 느낄 수 있는 책들이 있다. 『그림 옷을 입은 집』은 단청에 담긴 우리나라 고유의 멋과 아름다움을 나타냈으며, 『임금님의 집 창덕궁』은 궁궐 내 여러 건축물과 기능, 궁궐 양식 등 볼거리를 만날 수 있다.

* 어린이작가정신, 2015 / 사계절, 2002 / 웅진주니어, 2008

보림, 2005

제 목 쪽빛을 찾아서

작 가 유애로

내 용 가을 하늘빛과 푸른 바닷빛을 닮은 옷감을 만들고 싶었던 물쟁이 아저씨는 쪽풀을 이용하여 쪽빛 옷감을 만들고자 한다. 여러 차례 실패 끝에 조개가루가 섞인 쪽물을 가지빛 거품이 일 때까지 충분히 저어야 한다는 사실을 알게 되고, 마침내 원하던 쪽빛 옷감을 얻는다.

❖ 그림책 특징

천에 물감을 들인 후, 그 위에 그림을 그려서 전체적으로 은은한 느낌을 준다. 쪽빛을 얻기 위해 사람들을 찾아 물어보고, 옛날 책을 찾기도 하고, 하늘을 보기도 하고, 바닷물에 손을 담구기도 하는 물장이의 모습을 통해 예술가의 집념을 느낄 수 있다. 뒷장에는 쪽물 들이는 방법에 대한 정보가 담겨 있어 따라서 해 볼 수 있다.

❖ 읽어 주기

[읽어 주기 전]

- 옛날 사람들은 어떤 방법으로 옷에 색깔을 물들였는지 생각해 보도록 한다.

[읽어 준 후]

- 치자, 황토, 소목, 쑥, 양파 껍질 등을 이용하여 작은 면 보자기나 광목 천, 하얀 색깔의 옷에 염색을 하고 전시회를 연다.
- 자연 염료로 만든 옷을 입으면 어떤 점이 좋은지 이야기 나눈다.
- 물장이가 쪽빛을 얻기 위해 노력했던 과정을 살펴보며, 자연의 색깔을 만들어내는 옛 장인에 대해 관심을 가지고 조사한다.

함께 읽으면 좋은 그림책

옛날 복식, 섬유에 대한 그림책

『책보』는 『쪽빛을 찾아서』를 읽고 염색 활동을 한 후에 읽으면 좋은 책이다. 조각천을 연결하여 보자기를 만들고 그것을 책보 등 다양한 용도로 사용하였던 옛 조상의 지혜가 담겨 있다. 불편하지만 한편으로는 가방에 비해 장점이 있는 책보를 통해 옛날 문화에 대해 친숙함을 느낄 수 있다. 『효재의 보자기 놀이』는 보자기를 가지고 하는 다양한 놀이 방법을 배울 수 있다.

* 사파리, 2013 / 마루벌, 2012

시공주니어, 2006

제 목 콩중이 팥중이

작 가 이주혜, 홍선주

내 용 새엄마와 팥중이의 미움을 받으며 살던 콩중이는 암소의 도움으로 원님의 잔치에 간다. 원님과 결혼도 하지만 팥중이의 계략으로 연못에 빠져죽는다. 팥중이는 콩중이인 체하며 원님과 살게 되고, 콩중이는 아내가 바뀐 줄도 모르는 원님의 어리석음을 깨우쳐 준다. 결국 팥중이는 내쫓기고 콩중이는 원님과 행복하게 살게 된다.

❖ 그림책 특징

옛이야기 채록본 그대로 주인공 이름도 '콩중이', '팥중이'가 되었다. 이 책은 결혼 후반 콩중이가 죽고 난 뒤 환생하기까지 후속 사건들이 이어지면서 콩중이가 적극적으로 상황을 극복하는 등 이야기 원형 그대로를 담았다.

❖ 읽어 주기

[읽어 주기 전]

- 우리 집과 다른 형태의 가족이 있을 수 있다는 것을 알려주고, 여러 가지 가정의 형태를 소개한다(부모님 없이 할머니, 할아버지와 함께하는 가정, 엄마만 있는 가정, 새 아빠와 함께 사는 가정 등).

[읽어 준 후]

- 유아가 알고 있는 '콩쥐 팥쥐 이야기'와 비슷한 점과 차이점에 대해 이야기한다.
- 만약에 콩중이였다면 어떻게 대처했을지 이야기 나눈다.

함께 읽으면 좋은 그림책

다른 나라의 비슷한 이야기 그림책

『오러와 오도』는 먀오족의 콩쥐 팥쥐 이야기이다. 기본 줄거리는 『콩중이 팥중이』와 유사하지만, 직접 먀오족 마을을 보고 그린 자연 풍경과 사람들의 옷차림을 통해 먀오족의 생활상에도 관심을 가질 수 있다. 『콩중이 팥중이』에서 콩중이의 지혜가 발휘되었다면 『오러와 오도』에서는 착한 오러를 구하기 위한 샤오나의 기지가 눈에 띈다.

* 이영경, 길벗어린이, 2008

사계절, 2001

제 목	사물놀이 이야기
작 가	김동원, 곽영권
내 용	잿빛 귀신을 쫓아내기 위해 밝은 나라 공주와 왕자는 동서남북 지킴이를 찾아가 네 가지 보물인 꽹과리, 징, 장고, 북을 가지고 돌아온다. 악기들이 모두 모이자, 세상이 평안해진다는 태평소가 울린다.

❖ 그림책 특징

사물놀이의 뜻과 기원을 신화 형식으로 표현했다. 사물놀이 이야기 멀티 그림책, 오디오북, '삼도 풍물굿' 음악이 들어있는 CD-ROM이 부록으로 제공된다. 천둥을 닮은 꽹과리, 바람을 닮은 징, 비를 닮은 장고, 구름을 닮은 북을 표현하며, 각 악기마다 구음을 맛깔나게 연결시켰다. 동서남북 지킴이들을 우리나라 상상의 동물인 주작, 현무, 청룡, 백호로 소개하여 전통문화에 대한 흥미와 관심을 끈다.

❖ 읽어 주기

[읽어 준 후]

- 그림책 없이 오디오 CD로만 감상하며, 어떤 악기를 이용하여 표현한 부분인지 생각을 떠올려 본다.
- 사물놀이에 사용되는 악기 소리를 각각 탐색해보고, 익숙해지면 한 가지씩 첨가하여 소리를 낸다. 악기들이 한데 어우러져 나는 소리의 느낌을 이야기해 본다.

함께 읽으면 좋은 그림책

우리나라 지역에 대한 그림책

『나는 독도에서 태어났어요』는 천연기념물 괭이갈매기를 통해 독도의 역사, 지리, 자연을 소개하므로 우리나라 영토로서의 독도를 인식하고 정보를 획득할 수 있다.

우리나라 글에 대한 그림책

『우리말을 담는 그릇, 한글』은 글자를 몰라 억울하고 안타까운 일을 겪는 조상들의 사연을 바탕으로 세종대왕의 한글 창제 배경을 알기 쉽게 소개한다. 우리 문화유산을 소중히 여기는 태도를 배양하는 데 도움이 된다.

* 마루벌, 2004
책읽는곰, 2008

길벗어린이, 2014

제 목 혹부리 영감과 도깨비

작 가 오호선, 윤미숙

내 용 산에 나무를 하러 간 착한 혹부리 영감은 우연히 도깨비들의 춤판에 끼어들어 혹을 떼는 행운을 얻지만, 나쁜 혹부리 영감은 불협화음으로 흥을 깼다는 이유로 오히려 혹을 더 얻게 된다.

❖ 그림책 특징

많이 알려진 혹부리 영감 이야기는 사실 일본에서 전해진 이야기이지만 이 그림책은 우리나라에서 전해져오는 이야기에 바탕을 두고 있다. 우리나라 장단에 맞춰 잔뜩 고조된 흥을 표현하기 위해 "홍홍양양"이라는 노랫말을 반복해서 사용하기도 하였고, 판을 깨기 위해 "양양양양"이라는 말로 춤판의 분위기를 전하는 등 우리말의 어감과 특성을 전달하려고 하였다.

❖ 읽어 주기

[읽어 주기 전]

- 혹부리 영감님처럼 몸에 혹이 있다면 어떨지 생각해 본다.

[읽어 준 후]

- 도깨비 가면을 만들어보고, 전통 장단에 맞추어 도깨비처럼 춤을 춘다.
- 기존에 잘 알려진 혹부리 영감님을 들려주고 어떻게 내용이 다른지 비교하여 이야기한다.
- 만약에 도깨비와 함께 놀 수 있다면 무엇을 하면서 놀고 싶은지 생각해 본다.

함께 읽으면 좋은 그림책

도깨비에 대한 그림책

『깜박깜박 도깨비』, 『도깨비와 범벅 장수』는 우리나라의 유머러스하고 정감 있는 도깨비상을 볼 수 있는 그림책들이다. 자꾸 까먹고 잊어버려서 빌린 돈을 매일 갚으러 오는 도깨비, 호박범벅을 먹고 그 맛에 반해 범벅 장수에게 돈을 채워 주다가 범벅장수가 부자가 되어 더 이상 오지 않자 돌멩이를 던지며 화를 내는 도깨비 이야기들을 만날 수 있다.

* 사계절, 2014 / 국민서관, 2005

9) 세계 여러 나라

세계화 시대를 살아가는 유아는 어렸을 때부터 직·간접적인 경험을 통해 세계 여러 나라에 관심을 가진다. 세계 시민으로 성장하기 위해 필요한 소양과 역량을 기르기 위해 생활주제 〈세계 여러 나라〉에는 '세계 여러 나라 사람들의 생활', '세계 여러 나라의 문화유산', '세계 여러 나라와의 교류', '세계의 자연과 사회 현상'의 소주제가 포함된다. 누리과정의 사회관계 영역 '세계와 여러 문화에 관심 가지기'와 직접적으로 연계되었다.

5세를 위한 〈세계 여러 나라〉 지도 내용에는 우리나라와 세계 여러 나라의 다양성과 동질성을 이해하는 내용이 포함된다. 세계 여러 나라의 과거 사건이나 문화재 등을 다루되 단순히 다른 나라를 둘러보는 관광식 교육은 지양한다. 미래 사회의 변화, 지속발전 가능성을 다룬다. 특히, 여러 형태의 국제 교류나 협약, 전쟁이나 자연재해, 가난 등의 사회 현상에 관심을 가지고 극복하기 위한 방법을 포함한다. 세계의 위인을 알아보고 음악과 춤, 미술과 건축물 등 나라마다 독특한 문화에 관심을 가지도록 한다. 또한, 나라끼리 협력해야 한다는 것을 아는 것뿐만 아니라 평화의 의미, 정보 교류, 국제 봉사 단체 등 협력의 구체적인 내용을 소개한다.

5세에 제공하는 그림책은 세계 여러 나라에 대한 단편적인 지식보다 사회 문화적 배경, 환경에 따른 생활 방식을 이해할 수 있는 것이 좋다. 또한, 세계 여러 나라의 음악, 미술 등의 문화에 관심을 가질 수 있는 소재를 포함하는 것이 좋다. 세계 여러 나라 환경에 대한 사실적인 정보를 기반으로 한 그림책이라면 풍부한 볼거리를 제공해 준다. 오늘날 세계의 문제는 특정 국가만의 문제가 아니므로 사회적 문제에 대해서도 관심을 가질 수 있도록 지구촌에서 생겨나는 전쟁과 기아 등의 사회적 이슈를 다루는 그림책도 제공될 필요가 있다.

웅진주니어, 2014

제 목	머나먼 여행
작 가	에런 베커
내 용	부모가 바빠서 놀아주지 않자 외로운 소녀는 마침 방에서 마법펜을 발견하고 환상의 세계로 떠난다. 위험에 처한 신비의 새를 구하다가 마법펜을 잃어버리지만 결국 보라색 펜을 가진 소년을 만난다.

❖ 그림책 특징

펜과 수채 물감으로 채색하여 섬세하면서도 부드러운 느낌을 주는 글 없는 그림책이다. 주인공 소녀의 얼굴이 무표정하여 독자는 자신의 의도에 따라 다양하게 해석하여 이야기를 꾸밀 수 있다. 그림책의 첫 장에 보라색 펜을 들고 있는 소년이 보이는데, 소녀의 여행이 끝날 무렵 보라색 문을 통과하면서 앞서 보라색 펜을 들고 있던 소년을 만날 수 있어 이야기는 다시 하나로 연결된다.

❖ 읽어 주기

[읽어 주는 동안]

- 길이 끊기는 곳이나 위험에 빠질 때마다 소녀가 빨간펜으로 어떻게 위기를 모면하는지 생각해 보도록 한다. 유아들이 생각할 수 있는 시간을 주면서 읽어 준다.
- 보라색 펜을 가진 소년과 빨간색 펜을 가진 소녀가 만나 어떤 곳을 여행했을지 생각하여 그림으로 그려볼 수 있도록 한다. 두 명씩 짝을 지어 화이트보드판 위에 빨간 마커펜과 보라 마커펜으로 그림을 그리게 할 수 있다.

함께 읽으면 좋은 그림책

여행에 대한 그림책

『벤의 꿈』은 세계 유적에 대한 책을 읽다가 깜빡 잠이 든 벤이 꿈속에서 물에 잠긴 세계 유적을 보는 이야기이다. 『노란 풍선의 세계 여행』은 글 없는 그림책으로 노란 풍선을 따라 지구촌의 다양한 지리와 문화, 익히 알려진 이야기 속 주인공을 만날 수 있다. 현실로부터 환상의 세계로 여행한다는 점에서 『머나먼 여행』과 유사하다. 『엄마의 여행 가방』은 멕시코 여행을 갔다가 잃어버린 여행 가방을 되찾기 위한 가족들의 이야기로, 보다 사실적인 여행 정보에 기반하고 있다.

* 문학동네어린이, 2001 / 마루벌, 2005 / 선현경, (주)비룡소, 2008

한림출판사, 2001

제목 수호의 하얀 말

작가 오츠카 유우조, 아카바 수에키치 / 이영준

내용 몽골의 가난한 양치기 소년 수호는 하얀 말을 새끼 때부터 애지중지 키운다. 원님이 주최하는 말 달리기 대회에 출전하였다가 말은 화살을 맞은 채 수호에게 돌아왔으나, 수호의 품에서 죽었다. 그러자 수호는 죽은 말의 뼈와 털로 마두금이라는 악기를 만든다.

❖ 그림책 특징

그림을 맡은 아카바 수에키치는 몽골 초원의 느낌을 재현하기 위해 7년간 몽골에서 작업을 했다고 한다. 양쪽 펼침면에 펼쳐진 초원을 달리는 말들의 경주 장면이 장관이다.

❖ 읽어 주기

[읽어 준 후]

- 하얀 말이 자신의 뼈와 털로 악기를 만들라고 한 까닭을 생각해보고 이야기 나눈다.
- 마두금 소리를 들으면서 수호가 어떤 생각을 했을지 상상하여 말한다.
- 원님의 행동에 대하여 함께 이야기 나누고, 원님에게 편지를 쓴다.
- 여러 가지 물건을 이용하여 소리를 만든다.

함께 읽으면 좋은 그림책

유사한 다른 나라 이야기 그림책

『수호의 하얀 말』에서와 마찬가지로 『신기한 붓』에서도 욕심 많은 원님이 등장한다. 신기한 붓으로 그림을 그리게 되면 그림 자체가 살아서 움직이게 된다는 설정이 환상적이다. 『태양의 악사들』은 고대 아스텍 신화로, 신들의 우두머리이자 밤의 제왕이 어둠과 침묵의 세상을 바꾸기 위해 바람을 시켜 태양에게 잡혀있는 악사들을 구해오는 이야기이다. 『수호의 하얀 말』에서 유목민들에게 마두금이 위로가 되는 악기였듯이 음악이 사람들에게 주는 행복과 기쁨에 대해 생각해 볼 수 있다.

* 사계절, 2012 / 봄봄, 2009

시공주니어, 2007

제 목 아기 돼지 삼 형제

작 가 폴 갈돈 / 이상희

내 용 아기 돼지 삼 형제는 짚과 나무, 벽돌로 각각 자신의 집을 짓는다. 늑대가 나타나 첫째와 둘째를 잡아먹고 셋째 돼지는 살아남는다. 혼자 살아남은 셋째 돼지는 기지를 발휘하여 늑대를 물리친다.

❖ 그림책 특징

이 그림책은 집을 짚으로 지었던 첫째 돼지, 나무로 지었던 둘째 돼지가 살아남는 내용의 그림책과는 주제가 좀 다르다. 이 그림책은 한 마리 돼지의 실패를 통한 성장 이야기라 할 수 있다. 처음과 두 번째에는 허술하게 집을 지었지만 시행착오를 통해 세 번째에는 벽돌로 단단하게 집을 지었으며, 이로써 늑대로부터 스스로를 보호할 뿐 아니라 힘으로는 이길 수 없는 늑대를 지혜로 물리치게 되었다는 이야기를 들려준다.

❖ 읽어 주기

[읽어 준 후]

- 유아들이 알고 있는 아기 돼지 삼 형제의 이야기와 어떤 점이 비슷하고 다른지 이야기한다.
- 첫째 돼지와 둘째 돼지가 죽고 혼자 늑대와 맞서 자신을 지켜야 하는 셋째 돼지의 입장을 생각해보고, 용기와 지혜로움을 칭찬하는 편지를 써본다.
- 짚, 나무, 벽돌로 집을 지었을 때의 장점과 단점에 대해 생각하여 표로 기록해 본다.

함께 읽으면 좋은 그림책

원작을 패러디한 그림책

『아기 늑대 세 마리와 못된 돼지』, 『늑대가 들려주는 아기돼지 삼 형제 이야기』와 『아기 돼지 세 마리』는 패러디 그림책으로 주인공의 역할, 배경, 관점을 달리하여 새롭게 쓰였다. 원작 『아기돼지 삼 형제』와 비슷한 점과 차이점을 생각해 보면서 읽으면 즐거움이 커진다.

* 헬린 옥슨버리, 유진 트리비자스, 김경미 역, 시공주니어, 2006 / 보림, 1996 / 마루벌, 2002

(주)비룡소, 1997

제 목 여섯 사람

작 가 데이비드 맥키 / 김중철

내 용 성실하게 지내던 여섯 사람이 땅을 일구고 수확을 하게 되자 재산을 지킨다는 명목 하에 군대를 만들어 다른 사람의 재산, 땅을 가지려 하다가 결국 전쟁이 일어난다. 모든 것이 초토화된 후 여섯 사람은 처음으로 돌아가 다시 새로운 땅을 구한다.

❖ 그림책 특징

펜으로 그려졌으며, 전쟁이 일어나는 과정을 간명하게 잘 보여 준다.

❖ 읽어 주기

[읽어 주기 전]

- 친구들과의 다툼을 사례로 이야기를 나눈다. 서로 양보하거나 용서하지 않으면 어떻게 될지 생각해 보도록 한다.

[읽어 준 후]

- 전쟁으로 아픔을 겪고 있는 사람들의 사진을 보여 주며, 전쟁이 주는 폐해에 대해 생각해 보도록 한다. 지구촌에서 아직 전쟁을 겪고 있는 나라는 어떤 나라가 있는지 알아본다.
- 전쟁을 반대하는 국가 간의 협정에 대해 알아본다.

함께 읽으면 좋은 그림책

전쟁에 대한 그림책

『곰인형 오토』는 유태인 다비드가 독일군에게 끌려간 뒤 홀로 남겨진 곰인형 오토가 전쟁에서 겪은 이야기이다. 전쟁이 끝난 후 되찾은 평화와 친구들의 우정이 돋보인다. 『지바는 보트를 타고 왔어요』는 총소리의 공포를 피해 난민고무보트에 올라탄 세 살배기 아프가니스탄 소녀 지바의 이야기이다. 두 그림책은 『여섯 사람』에비해 전쟁의 실상과 참담함이 좀 더 짙게 전달된다.

평화에 대한 그림책

『다른 쪽에서』에서는 철조망이 있는 장벽을 경계로 서로 다른 땅에 사는 아이들이 우연히 공을 주고받으며 소통을 한다. 『평화란 어떤 걸까?』는 중국, 일본, 우리나라 작가가 함께 기획한 책으로 전쟁으로 잃는 소중한 것들을 되돌아보며, 평화를 지키는 방법에 대해 생각해 보는 기회를 준다.

* 토미 웅거러, 이현정 역, (주)비룡소, 2001 / 봄봄, 2008
다림, 2014 / 사계절, 2011

(주)비룡소, 2003

제 목 이글루를 만들자
작 가 울리 쉬텔처 / 곽성화
내 용 북극에 사는 투킬키 키국탁 아저씨와 아들 조피는 사냥할 동안 쓸 이글루를 만든다. 넓고 눈이 단단한 곳을 찾아 걸음짐작으로 원을 그리고 눈을 벽돌모양으로 잘라 쌓으며 이글루를 완성한다.

❖ 그림책 특징

캐나다의 다큐사진작가 율리 쉬텔처가 2년간 이누이트족과 함께 생활하면서 찍은 흑백사진 23장으로 이야기를 만들었다. 눈덩이를 벽돌 모양으로 자르고, 다듬고 쌓으며 출입구와 굴뚝, 창을 만들기까지의 과정이 생생하게 잘 나타나 있다.

❖ 읽어 주기

[읽어 준 후]

- 벽돌 블록을 이용하여 이글루 만들기 활동을 한다.
- 만약에 내가 집을 짓는다면 어떠한 재료와 장치를 추가하여 만들고 싶은지 생각하여 설계해 본다.
- 우리나라 전통 가옥과 비교하여 어떤 재료를 사용하는지, 어떤 구조로 만드는지 글이나 그림으로 표현한다.

함께 읽으면 좋은 그림책

다른 나라 풍습에 대한 그림책

아시아, 아프리카, 아메리카의 11개 나라의 가족들이 아기를 업는 방법은 모두 다르다. 『엄마 등에 업혀서』는 아기를 업은 엄마의 모습과 함께 지역의 풍습과 신앙, 다양한 문화를 엿볼 수 있다. 『별이 되고 싶어』는 한국, 티베트, 인도 등 여섯 나라의 죽음과 관련된 전통과 독특한 신념을 소개한다. 이 책들은 공통적으로 나라마다 독특한 문화를 보여 준다. 이 그림책들은 『이글루를 만들자』처럼 다른 나라 사람들이 다른 환경에서 어떤 생활 풍습을 갖고 사는지에 대해 살펴보기 좋다.

* 에머리 버나드, 더가 버나드, 박희원 역, (주)비룡소, 2008 / 이민희, 창비, 2008

10) 환경과 생활

환경은 인간의 생활에 영향을 미치는 한편 인간에 의해 만들어진다. 따라서 유아는 주변 환경을 탐색하고 적응하고, 사회생활에 필요한 기초지식을 익히며 환경을 보전하고 주도적으로 구성하는 역할을 하게 된다. 생활주제 〈환경과 생활〉은 현대사회에서 강조되는 글로벌 세계시민교육과 경제와 환경이 조화를 이루는 녹색 성장교육에 대한 내용을 다룬다. 유아들은 생활주제 〈환경과 생활〉에서 물, 돌, 흙, 바람, 공기, 빛, 소리의 자연 환경적 요소를 경험하고 그 특성과 변화에 관심을 가지며, 자연과 인간의 관계를 소중히 여기고 잘 보존하려는 태도를 익힌다. 〈환경과 생활〉은 자연물을 다루기 때문에 자연탐구에만 치우칠 수 있으므로 다른 생활주제와 연계하여 통합적으로 진행하는 것이 필요하다.

5세도 '물과 우리 생활', '돌 · 흙과 우리 생활', '바람 · 공기와 우리 생활', '빛과 우리 생활', '소리와 우리 생활'을 소주제로 다루지만, 이전보다 좀 더 심화된 환경 요소에 대한 내용을 다룬다. 특히, 물 부족 현상을 중심으로 생명체와의 관계를 이해하고 물 자원의 오염과 보호에 대한 내용이 포함되어 있다. 에너지로서 바람과 공기를 이해하고 맑은 공기를 지키기 위한 실천 방안도 포함한다. 생활환경에서 끊임없이 만나는 빛과 소리는 유아에게 과학적 호기심의 대상이 되지만 지나친 오 · 남용은 자연과 인간 생활을 어렵게 하므로 바른 이용에 대한 내용도 다룬다. 이와 같이 5세가 되면 환경 요소의 특성이나 중요성뿐만 아니라 인간의 잘못된 이용으로 빚어지는 결과를 이해하고, 실천하는 데 주안점을 둔다.

5세에 제공하는 그림책은 주변에서 쉽게 접하는 물질적이고 자연적인 요소를 소재로 하며, 각 환경 요소의 다양한 특성과 개념을 이해하는 데 도움이 되어야 한다. 지구촌에서 생겨나는 환경 문제는 더 이상 한 나라에 국한되지 않으므로 다른 나라에서의 계절 및 환경 변화에 대한 내용도 포함될 수 있다. 또한, 우주에 대한 내용도 가까운 미래에 유아의 생활 환경이 될 수 있으므로 그림책의 내용으로 소개할 수 있다.

베틀북, 2012

제 목 구름 공항

작 가 데이비드 위즈너

내 용 구름과 친구가 된 소년은 구름을 만들어내는 '구름 공항'에 이르고, 거기서 구름 모양에 불만인 구름들을 만난다. 소년은 물고기 모양의 구름들을 창조하지만 구름 공항 직원들은 소년에게 화가 나서 소년을 쫓아낸다. 그러나 소년은 밖에 떠다니는 물고기 모양의 구름을 보고 행복해한다.

❖ 그림책 특징

글 없는 그림책 작가로 유명한 데이비드 위즈너의 작품이다. 그는 고등학교 시절부터 무성 영화, 대사 없는 만화 등을 그리며 그림으로 이야기를 창조하고 표현하는 데 관심을 가졌다. 데이비드 위즈너는 달리나 마그리트 등 초현실주의 작가를 좋아하고 그들에게서 영감을 받아 그림에 많은 이야기를 담고 있다.

❖ 읽어 주기

[읽어 주기 전]

- 글 없는 그림책이므로 그림을 잘 살피면서 이야기를 꾸미며 읽어보자고 한다.
- 구름 공항은 어떤 곳일까 잠시 생각해 보고 읽어 준다.

[읽어 준 후]

- 만약에 소년처럼 구름의 모양을 디자인한다면 어떤 모양으로 만들어보고 싶은지 디자인한다.
- 구름 위에서 잠을 자는 소년은 어떤 마음이 들었을 것 같은지 상상해 본다.
- 생활 주변(문화재, 그림, 베개, 울타리 등)에서 다양한 구름의 모양 찾기를 한다.

함께 읽으면 좋은 그림책

구름에 대한 그림책

『구름 나라』는 아빠, 엄마와 산에 갔다가 발을 헛디뎌 구름 나라에 떨어진 앨버트의 이야기이다. 다양한 종류의 구름을 사진 자료로 만날 수 있고, 구름 세상에 대한 유아의 상상력을 자극한다. 『구름으로 만든 옷』은 구름으로 옷을 만드는 특별한 능력을 가진 소년이 욕심 많은 왕의 명령으로 옷을 만드느라 하늘에 있는 구름을 모두 써 버린다. 비가 내리지 않아 세상은 곤경에 처하자 구름의 필요성을 깨닫는다.

* 존 버닝햄, 고승희 역, (주)비룡소, 1997 / 키즈엠, 2013

(주)비룡소, 1996

제 목 달 사람

작 가 토미 웅거러 / 김정하

내 용 달 사람은 지구인들과 놀고 싶어 지구에 오지만 지구인들은 달 사람을 감옥에 가둔다. 달 사람은 시간이 흘러 모양이 바뀌자 위기를 모면하고 달에 돌아간다.

❖ 그림책 특징

달 사람이 지구에서 지내는 사람들의 삶을 동경하여 지구로 내려온다는 발상이나, 보름달이던 달 사람이 시간이 지남에 따라 모양이 이지러지면서 감옥을 빠져나왔다는 아이디어가 재미있다.

❖ 읽어 주기

[읽어 준 후]

- 달 사람에게 지구 사람들은 왜 기분 나쁘게 대했을지 생각해보고, 만일 나라면 어떻게 했을지 생각하여 이야기해 본다.
- 만일 달 사람이 집에 온다면 달 사람과 무엇을 하고 싶은지 상상하여 그림으로 표현한다.
- 실제로 우리가 보는 밤하늘의 달도 이야기 속의 달 사람처럼 모습이 바뀌는지 일정 기간 동안 관찰하여 그림으로 표상한다.
- 모양이 바뀔 때마다 달을 부르는 이름을 알아본다.

함께 읽으면 좋은 그림책

달과 환경에 대한 그림책

『달 샤베트』는 달마저 녹아내리는 아주 더운 여름에 반장 할머니가 녹아내린 달 물을 샤베트 통에 넣고 얼려서 이웃과 나누어 먹었다는 이야기이다. 『달 사람』과 마찬가지로 달을 소재로 현실에서 일어날 수 없는 이야기를 함으로써 유아의 상상력을 자극한다.

밤에 대한 그림책

『밤의 과학』은 밤에 나타나는 여러 가지 자연 현상을 소개하며, 별자리, 별과 지구의 거리, 밤의 동물 등 다양한 정보를 제공한다. 『달 사람』을 읽고 밤과 달의 변화에 관심을 가지게 되었다면 『밤의 과학』은 깊이 있는 과학 지식을 제공한다.

* 책읽는곰, 2014
책속물고기, 2016

마루벌, 1995

제 목 선인장 호텔

작 가 브렌다 기버슨, 메건 로이드 / 이명희

내 용 사와로 선인장 씨가 사막에 떨어져 거대한 선인장으로 자라자 동물들이 찾아온다. 선인장에는 딱따구리, 올빼미 등 여러 동물이 사는 구멍들이 가득하다. 200년이 지나 늙은 선인장이 쓰러진 후에도 개미, 도마뱀 등 다른 동물들이 찾아오고, 주변에는 선인장 숲이 생긴다.

❖ 그림책 특징

메마른 사막에서 250년을 사는 사와로 선인장을 중심으로 생태계의 순환 과정을 아름답게 보여 준다. 사막쥐가 우연히 떨어진 선인장 열매를 먹다가 수염에 씨 하나를 붙인 채 가다가 떨어뜨리고, 씨앗은 땅에 자리를 잡아 거대한 선인장으로 자란다. 선인장이 다른 동물들의 보금자리가 되었다가 마침내 자연으로 돌아가 양분이 되기까지의 과정이 그려졌다. 책의 앞표지에는 선인장 호텔에 찾아온 동물들의 모습이 나오고, 뒤표지에는 동물의 그림자가 나온다.

❖ 읽어 주기

[읽어 준 후]

- 선인장에서 살게 된 동물들은 선인장을 위해 무엇을 해주었는지 회상한다. 그리고 서로 도움을 주고받으며 사는 동물이나 식물들의 이야기(개미와 무당벌레, 조개와 물고기, 벌앞잡이새와 벌꿀오소리, 소등쪼기새와 물소, 숨이고기와 해삼 등)를 들려준다.
- 클레이와 이쑤시개 등의 여러 가지 재료를 활용하여 선인장 호텔을 만들어본다.
- 선인장이 죽음을 맞이해 다시 흙으로 돌아갈 때, 어떤 생각이 들었는지 이야기 나누고, 선인장에게 편지를 쓴다.

함께 읽으면 좋은 그림책

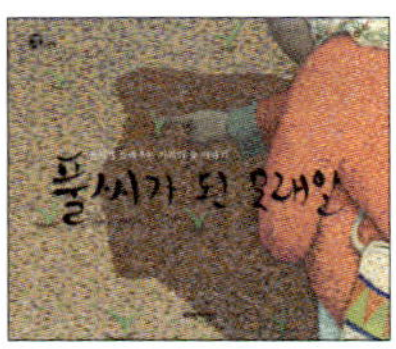

사막에 대한 그림책

『대머리 사막』은 사람들이 자연을 어떻게 망가뜨리는지, 점차 황폐해지고 결국 모래 바람이 부는 사막만 남게 되는 과정을 사실적인 그림으로 보여 준다. 『풀씨가 된 모래알』은 사막에 풀씨와 나무를 심어 숲을 이룬 인위쩐이라는 인물의 실화에 바탕을 둔 그림책이다. 이 그림책들은 인간의 지나친 욕심을 경계하고, 책임감 회복에 대해 이야기한다. 『선인장 호텔』의 배경이 되는 사막에서 일어나는 환경 문제에 유아의 관심을 모을 수 있다.

* 미세기, 2010 / 이미애, 오진욱, 파란자전거, 2009

(주)비룡소, 2014

제 목 이봐요, 까망씨!

작 가 데이비드 위즈너

내 용 고양이 까망씨의 장난감 공 사이에 숨어 있던 외계인들은 딱정벌레와 개미의 도움을 받아 탈출하여 떠난다. 여전히 곤충 친구들에게 까망씨는 위협적이지만, 남아있는 외계인과 곤충들은 마치 까망씨에 대적할 작전이라도 짜듯 벽에 그림을 그리며 궁리를 한다.

❖ 그림책 특징

글 없는 그림책이면서 만화적 구성으로 되어있다. 데이비드 위즈너는 고양이의 유연하고 역동적인 움직임을 담기 위해서 자신의 검은 고양이를 직접 촬영하고 분석하여, 드러눕고 거만하게 걷고 껑충 뛰어오르는 등의 생기 있는 움직임을 그림에 담았다. 외계인들이 남긴 깃발과 옷, 장비 등을 물려받은 곤충들의 모습이나 벽화를 그리고 있는 곤충의 모습은 유머러스하다.

❖ 읽어 주기

[읽어 준 후]

- 왜 벽화를 그렸을지 생각해 본다.
- 만일 외계인이 UFO를 타고 나타난다면 어떨지에 대해 이야기 나눈다.
- 작은 외계인이 곤충들과 친구가 되면 어떤 일이 벌어질지 생각하며 이야기를 만든다.

함께 읽으면 좋은 그림책

우주, 우주선, 외계인에 대한 그림책

『라이카는 말했다』는 스푸트니크 2호를 타고 우주 여행을 한 러시아 강아지 라이카의 이야기이다. 실제로 다시 돌아오지 못했지만 우주에서 외계인을 만났을 것이라는 상상력으로 이야기를 마무리한다. 『왜요?』는 끊임 없이 "왜요?"라고 묻는 릴리가 지구를 파괴하러 왔다고 말하는 외계인에게 "왜요?"라고 되물으며 외계인을 당황하게 만들어 외계인을 퇴치한다는 유머러스한 내용의 이야기이다.

* 느림보, 2007 / 베틀북, 2002

북뱅크, 2010

제 목 지하 100층짜리 집

작 가 이와이 도시오 / 김숙

내 용 쿠는 누군가의 초대를 받고 지하 100층의 세계로 들어간다. 지하로 내려갈 때마다 다양한 땅속 동물들을 만나게 되고, 가장 깊은 지하 100층에서는 거북이 할머니의 100세 생일파티가 열린다.

❖ 그림책 특징

세로로 긴 판형의 그림책이라 책장을 옆으로 넘기는 게 아니라 위로 넘기면서 보게 되어 있다. 책장을 위로 한 장씩 넘길 때마다 주인공은 지하로 열 개 층씩 내려가 결국 지하 100층에 이른다. 층마다 숫자가 적혀 있고, 10개 층 단위로 지하에 사는 동물들이 소개된다.

❖ 읽어 주기

[읽어 주는 동안]

- 특정 페이지는 해당 층을 흰 종이로 가리고 누가 나올 것 같은지 추측해 보게 하거나 함께 수 세기를 할 수 있다.

[읽어 준 후]

- 거북이 할머니의 생일 카드를 만들어 본다.
- 땅속에서 살게 된다면 무엇을 해보고 싶은지 생각하여 아코디언 모양으로 접은 책(세로로 방향을 돌려서 사용함)에 그림이나 글자로 꾸며 본다.
- 같은 작가의 지구환경 시리즈 그림책,『100층짜리 집』과『바다 100층짜리 집』도 읽어 준다.

함께 읽으면 좋은 그림책

사사사삭 땅속으로 들어가 봐

지하 세계에 대한 그림책

『사사사삭 땅속으로 들어가 봐』,『땅속 생물 이야기』는 지하 세계와 땅속 생물에 흥미를 갖게 된 유아에게 제공할 수 있는 정보 그림책이다.

* 대교출판, 2009 / 진선출판사, 2001

웅진주니어, 2009

제 목	태양이 주는 생명 에너지
작 가	페니 치솔름, 몰리 뱅 / 이은주
내 용	모든 생명체에게 없어서는 안 될, 생명의 근원으로서의 햇빛의 역할을 알려 준다. 햇빛이 태양으로부터 출발하여 인간의 생명 에너지가 되기까지의 과정을 담고 있다.

❖ 그림책 특징

이 책을 지은 페니 치솔름은 미국 매사추세츠공과대학교(MIT)에서 생태학을 가르치고 있으며, 몰리 뱅은 '생명'으로 서로 연결된 우주, 햇빛, 바다 식물들을 빨강, 파랑, 노랑, 초록의 명료한 색들로 표현하였다.

❖ 읽어 주기

[읽어 준 후]

- 만일 태양이 없다면 어떤 일이 벌어질지 상상하여 그림을 그린다.
- 햇빛을 쬘 때와 쬐지 않은 때 어떠한 차이가 있는지 알아보기 위해 무의 뿌리 부분을 햇빛에 노출시키고 일부는 차단하여 나타나는 변화를 관찰한다.

함께 읽으면 좋은 그림책

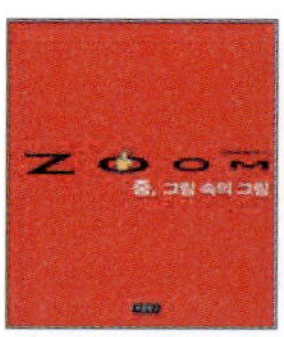

지구, 생태, 생명, 환경에 대한 그림책

『줌, 그림 속의 그림』은 아주 가까이에서 그린 근접 그림으로부터 멀리서 바라본 지구의 모습까지를 담고 있는 글 없는 그림책이다. 『멀리 더 멀리 가까이 더 가까이』 역시 동식물을 가까이에서 또는 멀리서 바라본 장면을 담고 있다.

『지구는 왜 똥으로 가득 차지 않을까요?』는 주인공 강아지가 의문을 갖고 이에 대한 답을 찾는 형식으로 전개된다. 똥의 생태 순환과정을 알게 해 준다. 『살아 있어』에는 살아 있다는 것에 대한 다양한 생각과 감성이 담겨 있다. 사람에만 국한된 것이 아니라 주변의 동식물을 보며 생명의 존엄성과 가치에 대해 깨달은 내용들이 시적으로 짧게 소개되었다. 『태양이 주는 생명 에너지』와 같이 생명에 대한 통합적 사고를 돕는다.

* 이슈트반 바녀이, 보물창고, 2013 / 스푼북, 2016
마쓰오카 다쓰히데, 고향옥 역, (주)비룡소, 2015 / 보물상자, 2008

베틀북, 2012

제 목 태풍이 온다

작 가 미야코시 아키코 / 송진아

내 용 바다를 보러가기로 한 아이는 갑작스러운 태풍 때문에 나들이 계획을 포기하지만, 꿈속에서 태풍을 물리치는 모험을 하고, 다음날 갠 하늘을 맞이한다.

❖ 그림책 특징

목탄으로 태풍의 역동성을 과감하게 표현하였다. 간밤에 태풍으로 긴장감이 흐르던 시간은 무채색으로 처리되고, 태풍이 물러간 뒤의 커튼 너머 세계는 상대적으로 파랗다. 거친 비를 피해 우산을 받쳐 든 행인의 모습이나 고양이, 주인공 아이에 이르기까지 뒷모습을 담은 그림이 자주 등장하지만, 주변 상황이나 배경의 변화로 그들의 기분이나 감정을 짐작할 수 있다.

❖ 읽어 주기

[읽어 준 후]

- 태풍처럼 비가 거세게 오는 걸 본 적 있는지 경험을 나눈다.
- 꿈속에서 아이는 태풍을 몰아내기 위해 무엇을 했는지 회상한다.
- 커튼을 걷고 파란 하늘을 보았을 때 아이의 기분은 어떠했을지 말해 본다.

함께 읽으면 좋은 그림책

태풍에 대한 그림책

『태풍이 온다, 긴급 출동!』은 태풍에 대비하여 다양한 현장의 사람들이 어떤 준비를 하여 극복하는지 보여 주는데, 다양한 장소에서 직접 수집한 생생한 현장 자료가 유익하다. 『허리케인』에는 허리케인을 경험하는 형제의 이야기가 담겨 있고, 『천둥 케이크』는 천둥의 공포를 이겨내기 위해 할머니와 케이크를 만드는 소녀의 이야기이다. 이 책들은 자연에 대한 두려움, 공포에서 한 걸음 더 나아가 우정, 감사, 경이로움 등에 대한 이야기를 나누기에 적합하다.

* 박경화, 강전희, 창비, 2014 / 미래아이(미래M&B), 2005 / 패트리샤 폴라코, 임봉경 역, 시공주니어, 2000

11) 봄 · 여름 · 가을 · 겨울

계절은 유아가 살아가는 시공간적 배경으로, 유아는 우리나라에서 살아가는 동안 뚜렷한 날씨와 사계절의 변화를 겪기 때문에 계절의 특징에 대해 잘 이해하고 적합하게 살아가는 것이 필요하다. 생활주제 〈봄 · 여름 · 가을 · 겨울〉은 '봄', '여름', '가을', '겨울'을 각각 소주제로 다루고, 계절별로 날씨 알기, 풍경 즐기기, 계절 동안 지내는 방법에 대한 내용을 포함한다. 계절별로 특성이나 지속시간이 서로 다르므로 〈봄 · 여름 · 가을 · 겨울〉은 계절 변화를 고려하여 교육 시기를 달리할 수 있으며, 계절별로 독립된 생활주제로 전개하는 것이 바람직하다.

5세에는 계절별로 경험하게 되는 황사, 봄비, 장마, 태풍, 가을 하늘의 변화, 눈, 얼음 등의 기후 현상이 포함된다. 특히, 기후가 빠르게 변하고 계절 특성이나 지속 시간도 변하고 있기때문에 5세가 되면 지속적으로 날씨와 자연의 변화를 관찰하고 탐구할 수 있는 경험을 제공해야 한다. 또한, 유아가 계절별로 달라지는 자연과 교감하며 감성을 기르고 자연을 소중히 여기고 자연과 조화를 이루며 살아가는 것의 중요성을 알게 해줘야 한다.

5세에 제공하는 그림책은 유아가 계절별로 직접 경험 가능하며, 흥미로워하는 활동이 포함된 것이 좋다. 예를 들어, 알의 부화, 텃밭 가꾸기, 계절별 요리 활동 등은 계절에 따라 유아가 기관에서 경험할 수 있는 일반적인 활동이므로 이와 연관된 흐름에 따른 환경과 동식물의 생태 변화를 담은 그림책을 제공한다.

보물창고, 2009

제 목 애벌레에서 나비까지

작 가 조앤 라이더, 린 체리 / 신형건

내 용 두 아이가 파슬리 잎에 있는 알을 관찰한다. 알 속에서 꼬물거리면서 나오는 애벌레는 탈피 과정을 지나 호랑나비가 되어 날아간다.

❖ 그림책 특징

『애벌레에서 나비까지』는 알에서 호랑나비가 되기까지의 과정을 서정적으로 표현하였다. 독자가 알에서 나비가 되기까지의 움직임과 주변 자연의 변화를 느낄 수 있도록 섬세하게 묘사하고 있다. 세밀화 그림이 특징적이며, 작은 생명체의 성장을 포착할 수 있도록 부분적으로 확대 그림을 제시하였다. 나비뿐만 아니라 봄에 볼 수 있는 여러 동식물을 함께 감상할 수 있다.

❖ 읽어 주기

[읽어 주기 전]

- 꽃을 가까이에서 매일 볼 수 있다면 어떤 기분일지, 어떤 때 꽃을 보고 싶은지 이야기 나눈다.

[읽어 준 후]

- 신문지나 잡지에 있는 꽃 그림을 잘라 빨대에 붙여서 모둠별로 꽃밭을 꾸민다.
- 꽃씨를 관찰하고, 우유통을 활용하거나 미니 화분에 직접 키워보는 활동을 한다.
- 우리 동네에서 꽃밭이 필요한 곳을 생각하여 그림으로 그린다.
- 꽃병에 있는 꽃과 화단에 있는 꽃은 어떻게 다른지 비교하여 표에 그림으로 그리거나, 글로 적어본다.

함께 읽으면 좋은 그림책

동물 생태에 대한 그림책

『아기 너구리네 봄맞이』는 이야기 주인공인 동물들이 자연과 어우러져 지내는 모습이 담겨 있는 따뜻한 느낌의 그림책이다. 겨울잠에서 깨어 산등성이에 핀 봄꽃에 감탄하는 너구리 가족으로부터 자연을 즐기고 사랑하는 방법을 배울 수 있다. 『큰 고니의 하늘』은 철새, 큰 고니 가족이 병든 아기 고니를 위해 떠나지 못하고 다시 돌아오는 이야기이다. 큰 고니의 생태, 이별, 가족 간의 사랑이 감동적이다.

* 권정생, 송진원, 길벗어린이, 2001 / 테지마 케이자부로오, 엄혜숙, 창비, 2006

길벗어린이, 1997

제 목 오소리네 집 꽃밭

작 가 권정생, 정승각

내 용 우연히 회오리 바람에 날아간 오소리 아줌마는 장터와 학교에서 본 예쁜 꽃을 보고 집으로 돌아와 꽃밭을 만들려고 한다. 괭이질을 하는 곳마다 이미 피어 있는 예쁜 꽃을 보며 일부러 꽃밭을 만들려던 것을 포기하고 이미 있는 자기만의 꽃밭을 즐기게 된다.

❖ 그림책 특징

오소리는 한번 맺은 짝과 평생을 하는 특성이 있으며, 그림책에서 다정한 부부로 등장한다. 면지에는 그림 작가 정승각이 오소리의 생태에 대해 조사한 내용을 글과 그림의 메모로 기록한 것을 담았다.

❖ 읽어 주기

[읽어 준 후]

- 만일 나만의 정원을 만든다면 어떤 꽃을 심고 싶은지 생각하여 쌓기 영역에서 꽃밭을 구성한다.
- 들에 핀 꽃과 꽃밭에 심는 꽃에 대해 조사하고, 책에 나왔던 우리 고유의 들풀 이름과 사진을 찾아본다.
- 꽃밭을 가꾸는 조경 관련 직업에 대해 알아보고 직접 기관에 초대하여 궁금한 것을 알아본다.

함께 읽으면 좋은 그림책

봄꽃에 대한 그림책

주변에서 쉽게 보는 민들레의 생명력에 초점을 두어 다양한 정보를 제공하고 있다. 민들레가 항상 땅에만 피어 있는 것이 아니라 지붕 위나 돌담 위에도 자랄 수 있다는 것을 사실적인 그림으로 나타냈다. 잎이 뜯겨나가도 드 자라나는 민들레의 생명력은 땅속 굳건한 뿌리 그림에서도 느껴진다.

* 히라야마 가즈코, 이선아 역, 시공주니어, 2003

마루벌, 1994

제 목 찔레꽃 울타리 세트

작 가 질 바클렘 / 이연향

내 용 치즈 버터 공장의 눈초롱과 방앗간의 바위솔이 결혼을 하고, 마을 들쥐들은 결혼식에 함께하며 둘의 결혼을 축하해 준다.

❖ 그림책 특징

5년 동안의 관찰과 연구, 한 장당 80여 장에 이르는 스케치, 세밀한 묘사가 인상적이며, 영국에서 피터 래빗과 쌍벽을 이루는 고전 그림책이다. 계절별로 『봄 이야기』, 『여름 이야기』, 『가을 이야기』, 『겨울 이야기』가 있는데, 책 제목이기도 한 '찔레꽃 울타리'는 들쥐 마을 이름이고, 이야기에 등장하는 들쥐들의 이름은 야생초 이름에서 따온 것이다.

❖ 읽어 주기

[읽어 준 후]

- 그림 속에 등장하는 꽃와 풀의 모습과 실제 사진을 짝지어 살펴본다.
- 그림책 각 장면에서 들쥐들이 여름을 보내는 방법에 대해 함께 이야기하고, 유아의 경험을 나눈다.
- 만약에 눈초롱과 바위솔의 결혼식에 초대된다면 무엇을 하고 싶은지 생각하여 이야기한다.
- 결혼식에 가본 경험을 이야기하고, 눈초롱과 바위솔의 결혼식을 계획하여 역할 영역에서 구성하여 놀이한다.
- 평화롭고 아름다운 찔레꽃 울타리 마을에서 살기 위해 마을 주민들이 지켜야 할 약속은 무엇이 있는지 생각하여 적어본다.

함께 읽으면 좋은 그림책

여름철 웅덩이 속 생물에 대한 그림책

『소금쟁이가 들려주는 물속 생물 이야기』는 생명이 탄생하는 장소인 여름철 둠벙에서 볼 수 있는 여러 가지 곤충과 물풀의 생태를 보여 준다. 『찔레꽃 울타리 세트』에서 계절별로 살펴보았던 풍경이나 곤충, 식물을 관련지어 찾아볼 수 있다.

* 철수와영희, 2010

한림출판사, 2009

제 목 군고구마 잔치

작 가 사토 와키코 / 한수연

내 용 낙엽이 떨어지는 가을날, 호호 할머니는 아이들과 함께 모닥불을 피워 고구마를 구워 먹는다. 구우면 어떻게 될지 궁금했던 재료들을 넣어 구워 먹어 보고, 남은 군고구마를 모다 새들을 위한 크리스마스 트리로 만들어 나무에 걸어 둔다.

❖ 그림책 특징

만화처럼 등장인물이 유머러스하게 그려져 있고, 등장인물의 대화가 말풍선으로 처리되어 있다. 군고구마를 만드는 과정이 구체적으로 잘 표현되어 정보를 제공한다. 인스턴트 음식에 익숙한 유아들에게 자연 음식에 대한 호기심을 불러일으키고, 즐거운 군고구마 만들기를 간접 경험하게 해 준다.

❖ 읽어 주기

[읽어 준 후]

- 오븐기나 직화 냄비를 이용하여 군고구마를 구워 보고 조리 방법이 다른 찐고구마, 생고구마와 맛, 느낌을 비교해 본다.
- 군고구마가 익은 후, 껍질을 벗겨 한입을 베어 먹었을 때의 뜨거움, 입안에 퍼지는 달콤함 등을 떠올리며 동시를 지어보도록 한다.
- 고구마 외에 구워 먹을 수 있는 재료들(감자, 밤, 마시멜로 등)을 모아 구워 먹고 재료가 어떻게 달라졌는지 맛보고 이야기한다.

함께 읽으면 좋은 그림책

가을 수확에 대한 그림책

『아주 아주 큰 고구마』는 고구마 캐기 체험을 가지 못하여 낙심한 아이들이 직접 고구마를 그려서 캐고 씻고 요리하는 등 상상놀이를 하는 이야기이다.

* 아까바 스에끼찌, 양미화 역, 창비, 2007

다섯수레, 2014

제목 동물들은 어떻게 겨울나기를 하나요?

작가 한영식, 남성훈

내용 겨울잠을 자지 않는 토끼는 심심해져서 다람쥐, 곰 등의 동물들이 어떻게 겨울을 나는지 찾아다닌다.

❖ 그림책 특징

국립생물자원관 주최 자생동식물세밀화 공모전에서 두 번 수상한 화가와 곤충학자가 지은 그림책이다. 산토끼의 눈으로 곤충을 포함하여 다양한 동물의 겨울나기를 살펴본다.

❖ 읽어 주기

[읽어 주기 전]

- 겨울나기란 무엇을 말하는지 알려 준다.

[읽어 준 후]

- 여러 동물의 겨울나기 중에서 어떤 방법이 기억에 남는지 이야기한다.
- 먹지 않고 어떻게 겨울잠을 잘 수 있는지 생각해 본다. 겨울잠을 자는 동물과 그렇지 않은 동물은 어떤 점이 다른지 생각해 본다.
- 동물들의 겨울나기의 방법에 따라 비슷한 것끼리 분류해 본다.
- 겨울 동안 먹이를 구하지 못하여 어려움을 겪는 동물들에 대한 동영상 자료를 보고 어떤 도움을 줄 수 있는지 이야기 나눈다.

함께 읽으면 좋은 그림책

겨울 숲에 대한 그림책

『큰 눈 내린 숲 속에는』은 추운 겨울을 대비한 동물들의 준비과정이 담겨 있는 그림책이다. 동물 묘사가 세밀하고, 동물의 감정이 고스란히 드러나게 잘 표현되어 유아가 감정을 이입하며 볼 수 있다. 『겨울잠 자니?』는 여러 가지 동물과 식물이 각자 특별한 방법으로 추운 겨울을 보내는 모습을 소개한다. 병풍책처럼 길게 연결되어 유아에게 들려준 뒤, 전시하여 볼 수 있게 한다.

* 지양어린이, 2011 / 보리, 2005

길벗어린이, 2013

제 목 애너벨과 신기한 털실

작 가 맥 바넷, 존 클라센 / 홍연미

내 용 신기한 털실 상자를 갖게 된 애너벨은 새하얀 눈과 까만 검댕밖에 없는 추운 마을에 갖가지 색깔의 털실로 스웨터를 떠준다. 귀족은 이 털실 상자를 탐내어 훔쳐가지만, 안에 털실이 없자 내다 버린다. 결국 털실 상자는 애너벨에게 다시 돌아온다.

❖ 그림책 특징

애너벨이 털실 옷을 짜주기 전에는 주변이 온통 흑백 세상이었으나, 애너벨이 털실 옷을 짜 입힌 후, 그림책의 화면은 갖가지 색이 칠해지면서 점차 밝게 바뀐다.

❖ 읽어 주기

[읽어 주기 전]

- 털실로 된 옷을 게시하여 만져 보고 느낌을 이야기한다.

[읽어 준 후]

- 털실이나 리본 테이프를 이용하여 직조 활동을 해 본다.
- 다양한 굵기와 질감을 가진 털실을 이용하여 스웨터 모양의 종이에 찍기 활동을 한다.

함께 읽으면 좋은 그림책

겨울 날씨에 대한 그림책

『겨울 저녁』은 시간에 따라 달라지는 겨울철 도시의 모습과 사람들의 생활을 담았다. 『눈사람 아저씨』는 눈사람과 하늘을 날기도 하면서 즐거운 시간을 보내는 아이에 대한 환상 이야기를 담고 있다. 『폭설』은 폭설에 갇혀 생활에 불편을 겪던 아이가 알고 있던 지식을 활용하여 마침내 눈에 대한 두려움을 해결하는 이야기이다.

색 변화에 대한 그림책

외로우면서도 혼자 지내기를 좋아하는 엘리제 할머니에게 어느 날 한 소년이 찾아오면서 할머니의 집은 색깔을 찾기 시작한다. 할머니의 감정 변화를 색깔로 표현했다. 『애너벨과 신기한 털실』에서처럼 색깔은 무미건조하고 삭막한 세상에 활기를 불러일으킨다.

* 유리 슐레비츠, 이상희 역, (주)비룡소, 2015 / 마루벌, 2007 / 다림, 2014
한울림어린이, 2015

참고문헌

곽금주 · 김연수(2014). 영아발달. 서울: 학지사.

교육과학기술부(2013). 연령별3-5세 누리과정 해설서. 서울: 교육과학기술부.

권민균 · 석미경(2004). 친사회적 동화를 활용한 소그룹 토의 활동이 유아의 친사회적 행동에 미치는 효과. 미래유아교육학회지, 11(4), 359-378.

김경희(2004). 정서심리학. 서울: 박영사.

김금주(2000). 영아-어머니의 상호작용 유형과 영아의 언어발달에 관한 연구-놀이 · 일상 · 책 읽어 주기 상황을 중심으로. 덕성여자대학교 대학원 박사학위논문.

김영실 · 박미영 · 강상(2011). 페이지브레이크가 있는 그림책 읽어 주기가 유아의 확산적 사고에 미치는 영향. 어린이미디어연구, 10(1), 213-230.

김정원 · 남규 · 서정숙(2011). 영아문학교육 프로그램. 서울: 창지사.

다케우치 오사무(2008). 그림책은 재미있다 (양미화 역). 서울: 문학동네.

문혜련(2011). 만 5세 유아들의 우정의 질과 자기조절능력 간의 관계. 이화여자대학교 대학원 박사학위논문.

박대근(2005). 유아기 대 · 소근육 운동 발달의 과정적 특성. 중앙대학교 대학원 박사학위논문.

박성연(2006). 아동발달. 서울: 교문사.

박진희 · 권민균(2010). 그림책 텍스트의 장르 구조와 특징에 대한 유아의 이해. 유아교육연구, 30(5), 193-217.

박후정(2007). 어린이 그림책의 비문자 체계적 언어소통에 관한 연구. 이화여자대학교 디자인대학원 석사학위논문.

서정숙(2011). 글 따로 그림 따로 그러나 하나로 어우러지는 그림책. 열린 어린이 4월호.

서정숙 · 남규(2013). 유아문학교육(개정증보). 서울: 창지사

서정숙 · 박경자 · 현정희(2010). 그림책 면지 탐색 활동이 유아의 읽기흥미도와 언어표현력에 미치는 영향. 유아교육연구. 30(10), 75-93.

송하나 · 최경숙(2010). 어머니의 그림책 읽기 상호작용이 아동의 정서적 경험과 이야기 회상에 미치는 영향. 아동학회지, 31(1), 219-234.

신명희 · 강소연 · 김은경 · 김정민 · 노원경 · 서은희 · 송수지 · 원영실 · 임호용(2016). 유아발달. 서울: 학지사.

심향분(2009). 정보그림책 읽기의 즐거움. 어린이문학교육연구, 10(1), 137-153.

유효순 · 원혜경 · 김정희 · 문명희(2016). 영유아발달. 서울: 창지사.

윤민희(2008). 새로운 조형예술의 이해. 서울: 예경

이경우 · 장영희 · 이차숙 · 노영희 · 현은자(1997). 유아에게 적절한 그림책. 서울: 양서원.

이경하 · 임영심 · 한남주(2012). 만 1세 영아의 그림책 행동특성. 어린이문학교육연구, 13(2), 99-117.

이문정 · 최윤정 · 곽아정(2013). 유아들이 선호하는 그림책의 특성. 어린이문학교육연구, 14(2), 63-79.

이숙재 · 이봉선(2008). 영유아의 발달과 교육. 서울: 창지사.

이종숙 · 신은수 · 박은혜 · 김영태 · 유영의 · 최일선 · 유홍옥(2009). 영 · 유아 언어, 인지, 사회 · 정서 발달 평가도구 문항 개발을 위한 예비연구. 교육과학연구, 40(3), 117-148.

이지현 · 마송희 · 김수영 · 정정희(2015). 영유아를 위한 언어교육. 서울: 공동체
이차숙(2004). 유아언어교육의 이론적 탐구. 서울: 학지사.
이차숙(2012). 그림책 읽기의 의미 구성적 과정에 대한 이해. 한국영유아보육학, 73, 55-80.
임춘금(2007). 그림책을 활용한 이야기나누기가 유아의 언어능력 및 마음이론 발달에 미치는 영향. 덕성여자대학교 대학원 박사학위논문.
정남미(2005). 유아언어교육. 서울: 창지사.
정미림 · 권민균(2013). 그림책 읽기에서 드러난 유아의 상호텍스트적 반응-포스트모던 그림책을 중심으로-. 유아교육연구, 33(1), 47-73.
정옥분(2004). 영유아발달의 이해. 서울: 학지사.
정옥분 · 정순화 · 임정하(2007). 정서발달과 정서지능. 서울: 학지사.
조복희(2006). 아동발달(개정판). 서울: 교육과학사.
조성연 · 이정희 · 천희영 · 심미경 · 황혜정 · 나종혜(2005). 아동발달의 이해. 서울: 신정.
조운주 · 최일선(2013). 유아교육기관에서의 유아생활지도. 서울: 창지사.
조형숙 · 박은주 · 강현경 · 김태인 · 배정호(2013). 유아 발달. 서울: 학지사.
조희숙(2006). 유아의 그림책텍스트 이해 연구: 아이콘적 텍스트와 언어적 텍스트 사이의 격차 해결방식을 중심으로. 열린유아교육연구, 11(6), 273-290.
최예린 · 박찬옥(2010). 1세 영아의 그림책 읽기 행동 변화 탐색. 열린유아교육연구, 15(3), 425-450
최윤정 · 한동욱(2013). 1세 영아의 그림책 읽기 과정에 나타난 개인적 내러티브 사례 연구. 어린이문학교육연구, 14(4), 375-397
홍지명(2014). 그림책을 활용한 나눔교육활동이 유아의 사회적 능력 및 행복감에 미치는 영향. 어린이미디어연구, 13(3), 29-50.

Bang, M.(2000). Picture this: how pictures work. Chronicle books.
Bauer, P. J., & Mandler, J. M.(1992). Putting the horse before the cart: the use of temporal order in recall of events by one-year-old children. *Developmental Psychology*, *28*, 441-452.
Beaty, J.(2001). 유아를 위한 친사회적 행동 지도 (이기숙, 강숙현 공역). 서울: 이화여자대학교출판부.
Bentley, R. J., & Nissan, L. G.(1996). *The roots of giving and serving: A literature review studying how school-Age children learn the philanthropic tradition*. IN: Indiana University Centeron Philanthropy.
Berk, L.(2009). 생애발달-영유아기에서 아동기까지 (이옥경, 박영신, 이현진, 김혜리, 정윤경, 김민희 공역). 서울: 시그마프레스.
Berk, L.(2014). 아동발달 (9판) (이종숙, 신은수, 안선희, 이경옥 공역). 서울: 시그마프레스.
Bjorhovde, P. O.(2002). Teaching philanthropy to children: Why, how, and what. *New Directions For Philanthropic Fundraising*, *36*, 7-20.
Cratty, B. J.(1986). *Perceputal and motor development in infants and children* (3rd ed.). Englewood Cliffs, NJ: Prentice-Hall.
D'angelo, K.(1981). Wordless picture books and the young language-disabled child. *Teaching Exceptional Children*, *14*(1), 34-37.

Dillon, D., & Searle, D.(1981). The role of language in one first grade classroom. *Research in the Teaching of English*, *15*, 311-328.

Eckerman, C. O., & Didow, S. M.(1996). Nonverval imitation and toddler's mastery of verbal means of achieving coordinated action. *Developmental Psychology*, *32*, 141-152.

Eeds, M., & Wells, D.(1989). Grand conversations: An exploration of meaning construction in literature study groups. *Research in the Teaching of English*, *23*, 4-29.

Fish, S.(1980). Literature in the reader: Affective stylistics. In S. Fish (Ed.), *Is there a text in this class? The authority of interpretive communities* (pp. 21-67). Cambridge: Harvard University Press.

Flavell, J., Miller, P. H., & Miller, S. A.(1993). *Cognitive development*(3rd Ed.). Englewood Cliffs, N. J. : Prentice Hall

Gressnich, E., & Meibauer, J.(2010). First-person narratives in picturebooks: An inquiry into the acquisition of picturebook competence. In T. Colomer, B. Kümmerling-Meibauer, & C. Silva-Díaz (Eds.), *New directions in picturebook research* (pp. 191-204). Oxon, UK: Routledge.

Hetherington, E. M., Parke, R. D., Gauvain, M., & Loke, V. O. (2006). *Child Psychology: A Contemporary Viewpoint*. NY: McGraw-Hill.

Holdaway, D.(1979). *The foundation of literature*. New York: Ashton Scholastic.

Hopkins, L. B.(1979). Look! No words! *Teacher*, *96*(28), 30-31.

Iser, W.(1978). *The act of reading: A theory of aesthetic response*. Baltimore, MD: The Johns Hopkins University Press.

Jalongo, M. R.(2003). A Position Paper of the Association for Childhood Education International: The Child's Right to Creative Thought and Expression. *Childhood Education*, *79*(4), 218-228.

Kummerling-Meibauer, B., & Meibauer, J. (2015). Picturebooks and early literacy: How do picturebooks support early conceptual and narrative development? In B. Kummerling-Meibauer, J. Meibauer, K. Nachtigäller, & K. J. Rohlfing (Eds.), *Learning from picturebooks: Perspectives from child development and literacy studies* (pp. 13-32). New York: Routledge.

Lynch, J., van den Broek, P., Kremer, K., Kendeou, P., White, M., & Lorch, E.(2008). The Development of Narrative Comprehension and Its Relation to Other Early Reading Skills. *Reading Psychology*, *29*(4), 327-365.

Many, J. E., & Wiseman. D. L.(1992). The effect of teaching approach on third-grade students' response to literature. *Journal of Reading Behavior*, *24*(3), 265-287.

Mason, J. M., Peterman, C. L., & Kerr, B. M.(1989). Reading to kindergarten children. In D. S. Strickland & L. M. Morrow (Eds.), *Emerging literacy: Young children learn to read and write* (pp. 52-62). Delaware, OH: International Reading Association.

McGowan, T. M.(1987). *Children's fiction as a source for social studies skill-building*. (ERIC Document Reproduction Service No. ED 285 797).

McGuire, C., Belfatti, M., & Ghiso, M. P.(2008). 'It doesn't say how?': Third graders' collaborative sense making from postmodern picturebooks. In S. Pantaleo & L. R. Sipe (Eds.), *Postmodern picturebooks: Play, parody, and self-referentiality* (pp. 193-206). New York: Routledge.

Morrow, L.(1985). Retelling stories: A strategy for improving children's comprehension concept of story structure and oral language complexity. *Elementary School Journal*, *85*(5), 647-661.

Morrow, L.(1988). Young children's response to one-to-one story reading school settings. *Reading Research Quarterly*, *21*(1), 89-107.

Morrow, L.(1990). Preparing the classroom environment to promote literacy during play. *Early Childhood Research Quarterly*. *5*, 537-554.

Piaget, J.(1985). *The equilibration of cognitive structures: The central problem of intellectual development*. Chicago: The University of Chicago Press.

Raines, S., & Isbell, R.(1994). *Stories: Children's literature in early education*. New York: Delmar Publishers Inc.

Rogoff, B., Mosier, C., Mistry, J., & Goncu, A.(1993). Toddlers' guided participation with their caregivers in cultural activity. In E. A. Forman, N. Minick, & C. A. Stone (Eds.), *Contexts for learning* (pp. 230-253). New York: Oxford University Press.

Rosenblatt, L. M.(1964). The poem as event. *College English*, *26*, 123-128.

Rosenblatt, L. M.(1982). The literary transaction: Evocation and response. *Theory int Practice*, *21*, 268-277.

Rosenblatt, L. M.(1985). The transactional theory of the literary work: Implications for Research. In C. R. Cooper (Ed.), *Researching response to literature and the teaching of literature: Points of departure* (pp. 33-53). Norwood, NJ: Ablex Publishing Corporation.

Santrock. J. W.(2005). 영유아발달. 이경민, 이경선, 한석실, 이정화, 박호철, 조부월, 이수권, 이승은, 이세나, 박정연, 조은미, 최윤정, 전재선, 이은주 공역. 경기: 문예미디어. (원본 발간일 2004년)

Schickedanz, J., & Collins, M.(2014). 놀면서 배우는 읽기와 쓰기 (이영자, 이지현 공역). 서울: 이화여자대학교 출판부.

Siegler, R., & Alibali, M.(2007). 아동 사고의 발달 (박영신, 이현진, 정윤경, 최영은 공역). 서울: 아카데미프레스.

Sipe, L. R.(2012). Revisiting the relationships between text and picture. *Children's Literature in Education*, *43*, 4-21

Sipe, L. R.(1998). How picturebooks work: A semiotically framed theory of text-picture relationships. *Children's Literature in Education*, *29*(2), 97-108.

Sipe, L. R.(2011). 유아교사의 그림책 읽어 주기: 유아의 문학적 이해 및 문학교육 (서정숙 역). 서울: 창지사.

Goswam, U.(2010). 인지발달 (정명숙, 박영신, 이현진, 김경미 공역). 서울: 시그마프레스.

Whitehurst, G. J., Falco, F. L., Lonigan, C. J., Fischel, J., DeBaryshe, B. D., Valdez-Menchaca, M. C., & Caufield, M. (1988). Accelerating language development through picture book reading. *Developmental Psychology*, *24*(4), 552-559.

Williams, H. G.(1983). *Perceptual and Motor Development*. Englewood Cliffs, NJ: Prentice Hall.

Wittmer, D., & Petersen, S.(2011). 영아 발달과 반응적 교육 -관계중심 접근법- (이승연, 김은영, 강재희, 문혜련, 이성희 공역). 서울: 학지사.

저자소개

서정숙

이화여자대학교 대학원 교육학과 유아교육 전공(문학박사)
현) 그림책과 어린이교육 연구소 소장, 이화여자대학교 유아교육과 겸임교수
전) 한국어린이문학교육학회 회장, 한국간행물윤리위원회 좋은 책 선정위원

[대표 저서 및 역서]
『그림책에게 배웠어』(2016), 『(개정증보) 유아문학교육』(2013), 『그림책 작가의 이해』(2013), 『영아문학교육 프로그램』(2011), 『유아교사의 그림책 읽어주기(역서)』(2011), 『그림책을 보는 눈(역서)』(2011), 『민들레를 사랑한 기니피그 아삭이(역서)』(2010), 『유아문학교육 프로그램』(2008), 『독서치료』(2004), 『시치료 이론과 실제(역서)』(2004), 『부모의 그림책 읽어주기』(1999), 『환상 그림책으로의 여행』(1999)

[대표 논문]
그림책 장르별 만 3세 유아의 반응 분석(2014), 퍼스(Peirce)의 기호학적 관점에 의한 그림책 분석-이수지의 [동물원]을 중심으로-(2014), 패러디 그림책의 유형 분석(2012), 그림책 면지 탐색 활동이 유아의 읽기 흥미도와 언어표현력에 미치는 영향(2010), 메타픽션 그림책의 기법 분석과 그에 대한 유아의 이해(2009), 그림책 중심 문학교육의 실시 과정에서 나타난 유아교사의 문학교육에 대한 인식의 변화(2009), 그림책 단원 중심 문학교육 프로그램의 실시 과정에서 나타난 유아의 문학적 반응에 대한 질적 탐구(2008), 그림책 중심의 문학교육 프로그램이 유아의 문학적 능력과 흥미에 미치는 영향(2006), '유기체로서의 그림책' 분석을 위한 기준 연구(2004), 유아문학교육 내용과 교수계획에 대한 논의(2001), 그림책의 교육적 활용 양상과 문제점(2000), 칼데콧 메달 도서의 특성 분석(1996)

김언경

이화여자대학교 대학원 유아교육학과 유아교수학습방법 전공(문학박사)
현) 이화여자대학교 이화어린이연구원 수석교사 겸 이화어린이집 원장, 그림책과 어린이교육 연구소 연구원
전) 수영유치원 교사
전) 이화여자대학교, 안산대학교, 김포대학교, 신구대학교 시간강사

[대표 논문]
교사-유아 상호작용의 동시성 분석(2015), 기질, 또래유능성의 관계, 쌓기놀이 영역 지도에 대한 유아교사의 인식과 현황(2015), 어머니가 인식한 형제 차별 대우, 형제 상호작용과 또래유능성 간의 관계(2014), 영아-교사 간 상호작용의 동시성 분석(2013), 유아기 형제간 사회적 놀이와 형제구조(2013)

안은희

이화여자대학교 대학원 유아교육학과 유아교수학습방법 전공 박사수료
현) 시흥군자초등학교병설유치원 교사, 그림책과 어린이교육 연구소 연구원
전) 서울미고부설 예림유치원, 포항제철유치원, 화성석천초등학교병설유치원, 화성장안초등학교병설유치원 교사

[대표 논문]
부모-교사 협력을 통한 유아의 쓰기 기초능력 및 쓰기 활동 증진(2007)

최현주

건국대학교 대학원 교육학과 유아교육 전공(교육학박사)
현) 한국교원대학교 유아교육원 대학중점연구소 전임연구원, 그림책과 어린이교육 연구소 연구원
전) 그림마을유치원 교사, 예림몬테소리어린이집 원장
전) 건국대학교, 아세아연합신학대학교, 서일대학교, 대림대학교 시간강사

[대표 논문]
교사질문의 추상화수준과 유아의 어휘다양도 및 평균발화길이의 관계(2015), 점심시간에 나타나는 교사질문과 유아반응의 추상화수준 분석(2015), 그림책 장르별 만 3세 유아의 반응 분석(2014), 만4세 자유선택놀이에서 나타나는 또래문화의 특성(2013), 만4세 또래관계에서 또래인기아의 행동특성에 대한 분석(2012)

최소린

건국대학교 대학원 교육학과 유아교육 전공 박사수료
현) 한국성서대학교 외래교수, 그림책과 어린이 교육 연구소 연구원
전) 한국성서대학교 부설 어린이집 교사
전) 경인여자대학교, (구) 신흥대학교 시간강사

[대표 논문]
레오 리오니의 그림책을 활용한 유아인성교육 프로그램의 구성 및 적용 효과(2015), 부모애착표상과 가족건강성이 예비영유아교사의 심리적 안녕감에 미치는 영향(2013)

그림책 읽어 주기의 실제
- 영유아교사를 위한 연령별/생활주제별 안내서 -

초판 1쇄 발행 2016년 7월 20일
초판 2쇄 발행 2019년 6월 18일

지 은 이 | 서정숙 · 김언경 · 안은희 · 최현주 · 최소린
펴 낸 이 | 김기섭
편 집 인 | 이혜란
펴 낸 곳 | 창지사 www.changjisa.com
08589 서울시 금천구 가산디지털 1로 83 파트너스타워1차 9층
전화 (02) 719-2211~3
팩스 (02) 701-9386
등 록 | 1977년 4월 28일 · 제1-421호

ISBN 978-89-426-0887-4 (93370)

값 24,000원

이 도서의 국립중앙도서관 출판예정도서목록(CIP)은 서지정보유통지원시스템 홈페이지(http://seoji.nl.go.kr)와 국가자료공동목록시스템(http://www.nl.go.kr/kolisnet)에서 이용하실 수 있습니다.(CIP제어번호: 2016017359)